现代金融投资工具

姚延中 著

图书在版编目(CIP)数据

现代金融投资工具 / 姚延中著. —杭州:浙江大学出版社，2016.8
ISBN 978-7-308-15511-3

Ⅰ.①现… Ⅱ.①姚… Ⅲ.①金融投资—基本知识 Ⅳ.①F830.59

中国版本图书馆 CIP 数据核字（2016）第 001994 号

现代金融投资工具

姚延中 著

责任编辑 傅百荣
责任校对 董凌芳 高士吟
封面设计 刘依群
出版发行 浙江大学出版社
（杭州市天目山路 148 号 邮政编码 310007）
（网址：http://www.zjupress.com）
排　　版 浙江时代出版服务有限公司
印　　刷 杭州钱江彩色印务有限公司
开　　本 787mm×1092mm 1/16
印　　张 22.75
字　　数 568 千
版 印 次 2016 年 8 月第 1 版 2016 年 8 月第 1 次印刷
书　　号 ISBN 978-7-308-15511-3
定　　价 68.00 元

目　录

第一章　金融知识基础

20 世纪 80 年代以来，随着改革开放政策的不断深化，中国经济取得了巨大的成就。作为肩负重任的财经工作人员，熟练掌握经济金融领域的相关知识，洞悉国家的宏观经济运行和相关政策，更好地了解中国经济变化的趋势和前景，是为客户提供良好服务的关键。本章对经济金融领域的相关知识给予简要介绍，为学习后面的内容打好基础。

第一节　宏观经济知识解读

一、经济指标解析

（一）国内生产总值

国内生产总值（GDP）是指在一定时期内（一个季度或一年），一个国家或地区的经济中所产出的全部最终产品和劳务的市场价值。它不但可以反映一个国家或地区的经济状况与表现，更可以反映一国或地区的国力与财富，尽管有众多指责和质疑，仍被公认为是衡量国民经济整体状况的最佳指标。

GDP 统计的对象，一般而言主要包含以下项目：

(1)消费——即居民生活消费支出，包括耐用品支出（电冰箱、汽车等）、非耐用品支出（衣服、食物等）、劳务支出（教育、医疗、旅游）等。消费支出通常占到 GDP 的一半以上。

(2)投资——分为居民住房投资、企业固定资产投资和存货投资。企业固定资产投资指企业用于厂房、设备等投资；存货投资指企业存货量超过实际销售或消耗量的存货积累。

(3)政府购买——政府购买的产品与劳务总和。

(4)净出口——出口减去进口得到的差额，出口是本国向外国提供的产品和劳务，进口是外国向本国提供的产品和劳务。

由于每一时期的价格水平都在变动，GDP 又分为名义 GDP 和实际 GDP。前者是用物品和劳务的当年价格计算的全部最终产品的市场价值；后者则是用某一年作为基期的不变价格计算的全部最终产品的市场价值。

（二）经济增长率

经济增长率通常即 GDP 增长率，是反映一定时期经济发展水平变化程度的动态指标，也是反映一个国家经济是否具有活力的基本指标。一国 GDP 的大幅增长，反映出该国经济的发展蓬勃，国民收入增加，消费能力也随之增强。在这种情况下，该国中央银行将有可能提高利率，紧缩货币供应，国民经济表现良好及利率上升会增加该国货币的吸引力。反过来说，如果一国的 GDP 出现负增长，显示该国经济处于衰退状态，消费能力减低。该国中央银行可能减息以刺激经济再度增长。

(三)通货膨胀率/通货紧缩率

通货膨胀(Inflation)是指产品和劳务价格水平普遍而持续的上升,相对而言,通货紧缩(Deflation)就是指总体价格水平的持续下降。它们分别用通货膨胀率和通货紧缩率来衡量。通货膨胀(紧缩)率被定义为价格水平的变速,一般用以下公式衡量:

$$\pi=(P_t-P_{t-1})/P_{t-1}\times100\%$$

式中,π 代表 t 年的通货膨胀(紧缩)率,P_t 为 t 年价格总水平,P_{t-1} 为 $(t-1)$ 年价格总水平。应当注意的是,通货膨胀(紧缩)率衡量的是平均价格水平的变动大小。

通货膨胀与通货紧缩通常用物价指数表示。物价指数是衡量物价总水平变动情况的指数,是用一揽子固定物品(与劳务)不同年份的价格变化来表示物价总水平的变动。经常采用的物价指数主要包括消费者价格指数、生产者价格指数和GDP缩减指数。这三个指数都反映了物价水平变动的情况,反映物价水平的升降变动趋势也是相同的。但因一揽子物品中包括的物品与劳务不同,各种物品与劳务的价格变动又有差异。三个指数计算出的物价指数并不相同,据此反映的通货膨胀率或通货紧缩率也不尽相似,一般所说的通货膨胀率,都是指消费者价格指数的变动。

通货膨胀与通货紧缩的内容还有很多,将在后文专门说明。

(四)失业率

失业是指一定年龄阶段有劳动能力的人,在某一时间没有职业或工作时间没有达到规定标准,并且正在寻找有报酬工作时所处的状态。衡量失业有失业人数和失业率两个指标。失业率(unemployment rate)一般是指失业人数占就业人数与失业人数之和的比重,即:失业率=失业人数/(失业人数+就业人数)。

低失业率(或高就业率)是社会经济发展追求的重要目标,失业率上升与下降是以GDP相对于潜在GDP的变动为背景,是现代社会的主要问题。失业率很高时,人力资源浪费,人们收入减少,经济痛苦往往会蔓延影响人们的情绪和家庭生活,进而引发出一系列的社会问题。一般情况下,失业率下降代表整体经济的健康发展;失业率上升便代表经济发展的放缓和衰退。若将失业率配以同期的通胀指标来分析,则可知当时经济发展是否过热,会否构成加息的压力,或是否需要通过减息来刺激经济的发展。

失业率的反面是就业率(employment data),其中最有代表性的是非农业就业人口数据。这个数字主要统计从事农业生产以外的职位变化情形,能反映出制造行业和服务行业的发展及其增长。当社会经济较快发展时,消费随之增加,消费性以及服务性行业的职位也就增多。该数据作为反映一国宏观经济发展的晴雨表,是观察社会经济和金融发展程度和状况的重要指标,预示着该国经济当前与前景发展的好坏,势必影响货币政策的制定。

我国引用失业率指标时,还要考虑到下岗工人及待业问题。

(五)货币供应量

一国流通中的货币量主要是由中央银行决定。货币供应量是单位和居民个人在银行的各项存款和手持现金之和,其变化反映着中央银行货币政策的变化,对企业生产经营、金融市场,尤其是证券市场的运行和居民个人的投资行为有重大影响。

从我国现行统计方法看,我国货币量度量分为以下三个层次:

(1)M_0——流通中的现金:指经济活动中企业和居民手持的现金。单独设置现金层次是我国货币量度量体系的特色，现金在 M_1 中所占比例较高，具有特殊重要性，调节方式主要是公开市场操作。

(2) M_1——狭义货币供应量：$M_1=M_0$＋企业活期存款＋机关团体部队存款＋农村存款＋个人持有的信用卡内存款，它体现了现实购买力。

(3) M_2——广义货币供应量：$M_2=M_1$＋城乡居民储蓄存款＋企业存款中具有定期性质的存款＋外币存款＋信托类存款，它体现了社会总需求。

中国人民银行从 1994 年第四季度开始，定期公布 M_0、M_1、M_2 数据。

货币数量增加过快，超过了实际需要的量就会导致通货膨胀；如货币供应持续萎缩就是通货紧缩。中央银行可通过增减货币供应量来控制货币市场，实现对宏观经济的干预。

（六）利率

利率(interest rate)或称利息率，是指在借贷期内利息与所贷资金的比率。利率直接反映信用关系中债务人支付给债权人的使用资金的代价，是债权人出让资金使用权可以获取的报酬。

从宏观经济分析的角度看，利率市场化波动可反映市场资金供求的变动。在经济发展的不同阶段，市场利率有不同的表现。经济持续繁荣增长时期，因资金供不应求使利率上升；经济萧条、市场疲软时，利率会随着资金需求的减少而下降。利率变动不仅跟整体经济状况密切相关，还受到物价上涨幅度的牵制。

利率通常由国家的中央银行控制，随着市场经济的发展和政府宏观调控能力的增强，利率已成为行之有效的货币政策工具。利率水平对外汇汇率有着重要影响。某种货币的利率上升，则持有该种货币的利息收益增加，吸引投资者买入该种货币，对该种货币有利好支持，该种货币行情看好将会升值；如该种货币利率下降，持有该种货币的收益减少，吸引力减弱，该种货币将会贬值。

（七）汇率

汇率(exchange rate)又称汇价，是指一国货币折合为另一国货币的比率或比价。实质上可以把汇率看作是以本国货币表示的外国货币的价格。

一般用“升值”和“贬值”来描述汇率变动。升值表示用更少量的本币就能换得一定数量的外币，或一定数量的外币只能换得更少数额的本币。升值使本国货币的兑换价值提高，又称本国货币变强了。贬值表示的情况则正好相反，使本国货币兑换价值下降。依据升值和贬值发生机制的不同，又分为法定升值或贬值与市场升值或贬值两类情况。法定升值或贬值，是指政府当局规定和宣布提高或降低本国货币对外币兑换的价值；市场升值或贬值，是指由于外汇市场供求关系变动，造成的本国货币对外币兑换价值的上升或下降。

一国的汇率会因该国的国际收支状况、通货膨胀水平、利率水平、经济增长率等因素变化而变动；汇率的适当变动又会影响一国的进出口额和资本流动，进而对该国的经济发展发挥重要作用。特别是在当前国际分工异常发达，各国间经济联系十分密切的情况下，汇率的变动对一国的国内经济、对外经济及国际的经济联系，都会产生重大影响。

（八）财政收支

财政收支包括财政收入和财政支出两方面内容。财政收入是国家为了保证实现政府职能的需要，通过税收等渠道集中的公共性资金；财政支出则是为满足政府执行职能需要而使用的财政资金。

核算财政收支总额是为了进行财政收支状况的对比。收入大于支出是财政盈余，收入小于支出则出现财政赤字。如财政赤字过大，弥补手段不足以平衡收支，或者即使总量上能勉强平衡，却又形成结构上的失衡，都会引起社会总需求的膨胀和社会总供求的失衡。

（九）国际收支

国际收支是指一国居民在一定时期内与非本国居民在政治、经济、军事、文化及其他往来中所产生的全部交易的系统记录。这里的居民是指在国内居住一年以上的自然人和法人。国际收支项目包括经常项目和资本项目。经常项目主要反映一国的贸易和劳务往来；资本项目则集中反映一国同国外的资本往来，反映一国利用外资和偿还本金的执行情况。全面了解掌握国际收支状况，有利于从宏观上对国家的开放规模和速度进行规划、预测和控制。

二、宏观经济政策——财政政策

政策是政府凭借其拥有的政治权力，为了实现一定的目标而对社会经济发展的某些方面或环节采取的一系列措施和行为，国家实施的各类经济政策，最重要的有财政政策和货币政策两种。

（一）财政政策的基本含义

财政政策是政府操控财政收入和支出的增减以便影响总需求的状况，进而影响就业和国民收入的增长，是政府依据客观经济规律制定的，指导财政工作和处理财政关系的一系列方针、准则和措施的总称，是政府干预经济的主要政策之一。财政政策分为长期、中期和短期三种政策。各种财政政策都是为相应时期的宏观经济调控的总目标和总政策服务的。

短期财政政策的目标，是促进经济稳定增长，主要通过预算收支平衡或财政赤字、财政补贴和国债等政策手段影响社会总需求，促进社会总需求和社会总供给趋向平衡。中长期财政政策的目标，是资源的合理配置和收入的公平分配。目前，世界各国尤其是经济发达国家，通常运用税收和转移支付手段，调节各地区和各阶层居民的收入差距，兼顾公平与效率，达到经济社会协调发展之目的。

（二）财政政策的手段及功能

1. 国家预算

国家预算是财政政策的主要手段，又是各种财政政策手段综合运用结果的反映。作为政府的基本收支计划，能全面反映国家财力规模和平衡状态，在宏观调控中具有重要作用。

国家预算收支的规模和平衡状态，可以对社会供求的总量平衡发生影响。一定时期里，当其他社会需求总量不变时，财政赤字具有扩张社会总需求的功能，财政结余或缩减财政支出则具有缩小社会总需求的功能。国家预算的支出方向可以调节社会总供求的结构平衡。财政的建设性投资主要运用于能源、交通及重要的基础产业、基础设施建设等。这些投资的额度和方向，直接影响和制约国民经济的产业结构，具有造就未来经济结构框架，矫正当期结构失衡的功能。

2. 税收

税收是国家凭借政治权力参与社会产品分配和再分配的重要形式，具有强制性、无偿性和固定性的特征，既是筹集财政收入的主要工具，又是调节宏观经济的重要手段。

税收调节经济的首要功能，是调节企业和居民收入的分配。税制设置可以调节和制约企业间的税负水平，区别对待可达到鼓励或限制部分企业发展的目的。公平税负的税制设置则可使各类税负水平大致相当。为适应社会主义市场经济发展的需要，我国通过税制改革，设置统一的内资企业所得税和中性税率的增值税，就是发挥公平税负的政策效应，以此来促进各类企业公平竞争。税收还可以调节社会总供求的结构，根据消费需求和投资需求的不同对象设置不同税种，或在同一税种中实行差别税率，以控制需求数量和调节供求结构。税收对促进国际收支平衡具有重要的调节功能，对出口产品的退税政策可用来鼓励出口，进口关税的设置可用来调节进口商品的品种和数量。

3. 国债

国债是国家按照有偿信用原则筹集财政资金，是实现财政政策、进行宏观调控的重要工具。政府借债依据偿还期限，可分为短期、中期和长期国债三类。短期国债一般通过出售国库券取得，利息较低，主要进入短期资本市场即货币市场；中长期国债一般通过发行中长期债券获得，一般来说，1 年以内为短期债券，1～5 年为中期债券，5 年以上为长期债券。

国债可以调节国民收入初次分配形成的格局，将部分企业和居民收入以信用方式集中在政府手中，以扩大政府收支的规模。国债可以调节国民收入的使用结构和产业结构，将部分用于消费的资金转化为投资资金，用于农业、能源、交通和基础设施等国民经济的薄弱部门和瓶颈产业的发展，调整固定资产投资结构，促进经济结构的合理化。国债可以调节资金供求和货币流通量，主要通过扩大或减少国债发行，降低或提高国债利率和贴现率及公开市场业务等手段来达到。

4. 财政补贴

财政补贴是国家为了某种特定需要，将部分财政资金无偿补助给企业和居民。我国财政补贴主要包括：价格补贴、企业亏损补贴、财政贴息、房租补贴、职工生活补贴和外贸补贴等。

5. 财政管理体制

财政管理体制是中央与地方、地方各级政府之间及国家与企事业单位间资金管理权限和财力划分的一种根本制度，主要功能是调节各地区、各部门之间的财力分配。

6. 转移支付制度

转移支付制度是中央财政将集中的部分财政资金，按一定的标准拨付给地方财政的一项制度。主要功能是调整中央政府与地方政府间的财力纵向不平衡，以及调整地区间的财力横向不平衡。

（三）财政政策的运作及其影响

财政政策分为扩张性财政政策、紧缩性财政政策和中性财政政策。紧缩性财政政策会使过热的经济受到控制，扩张性财政政策则会刺激经济的快速发展。

扩张性财政政策的手段及其政策效应是：

(1)减少税收，降低税率，扩大减免税范围。政策效应是增加微观经济主体的收入，同时增加他们的投资需求和消费支出，从而使得社会总需求增加。总需求增加又反过来刺激企业的投资需求，改善经营环境，增强盈利能力，同时又刺激企业进一步扩大生产规模，增加利润总额，活跃市场需求，进而降低还本付息的风险，从而促进股票和债券价格的上扬。

(2)扩大财政支出，加大财政赤字。政策效应是扩大社会总需求从而刺激投资，扩大就业。政府通过增加政府购买和公共支出来增加商品和劳务的需求，从而激励企业增加投入，提高产出水平，于是企业利润增加，经营风险降低，促动股票和债券价格上升；同时居民在经济复苏中增加收入，股市和债市交易趋于活跃，价格上扬。特别是与政府购买和公共支出相关的企业，将直接从财政政策中获益。

(3)减少国债发行或回购部分短期国债。政策效应可以增加货币流通量，扩大社会总需求，进而刺激生产。发行国债的收入将用来引导投资和消费，刺激经济增长，这将对债市特别是国债产生直接影响。

(4)增加财政补贴。财政补贴使财政支出扩大，政策效应是扩大社会总需求，刺激社会总供给增加。

紧缩性财政政策的手段及其政策效应，与扩张性财政政策实施的状况和结果恰好相反，不再一一赘述。

1998 年以来，除少数年份外，中国连续实施着积极扩张的财政政策。国家财政部提交十届全国人大三次会议审议的《关于二〇〇四年中央和地方预算执行情况及二〇〇五年中央和地方预算草案的报告》显示，2005 年，稳健的财政政策将主导中国经济。报告提出，中国经济供求关系已发生变化，产业结构调整任务突出，有必要也有条件由扩张性的积极财政政策转向松紧适度的稳健财政政策。

2005 年尤其是 2008 年以来，全国各地区、各部门全面落实中央经济工作会议和全国人大会议精神，继续加强和改善宏观调控，防范和积极应对美国金融危机的影响，保持了国民经济平稳较快发展。固定资产投资增幅继续回落，消费增长加快，进出口贸易持续扩大，城乡居民收入进一步增加。

三、宏观经济政策——货币政策

(一)货币政策的基本含义

货币政策是中央银行为实现一定的宏观经济调控目标，运用各种货币政策工具调节货币供求的方针和策略的总称，是政府干预经济的主要政策之一。一般是指政府货币当局(中央银行)通过银行体系变动货币供给量来调节总需求。

各个国家根据不同时期的经济环境和市场状况确定货币政策目标，并适时进行调整。在现代社会，货币政策的目标总体上包括：稳定币值(物价)；充分就业；经济增长和国际收支平衡。货币政策目标间的关系十分复杂，充分就业与经济增长比较协调，稳定物价与充分就业则存在一定矛盾，稳定物价与经济增长、稳定物价与国际收支平衡、经济增长与国际收支平衡间的关系则十分复杂，充分就业与国际收支平衡间则相对独立，这就要求货币政策应在各个目标间进行权衡，并根据当时的经济环境有所侧重，解决主要矛盾。

货币政策目标本身不能操作、计量和控制，为实现货币政策目标需要选定可操作、可计量、可监控的金融变量，即中介指标。在市场经济比较发达的国家一般选择利率、货币供应量、超额准备金和基础货币等金融变量作为中介指标(有的还包括汇率)。中央银行对利率和货币供给量的调控力和方便程度相对较弱，但作用过程距离政策实施的最终目标较近，对超额准备金和基础货币的调控能力和方便程度较强，但其作用过程距离货币政策的最终目标较远。

(二)一般性货币政策工具

货币政策工具是指中央银行为调控中介指标，实现货币政策目标所用的政策手段。可分为一般性政策工具和选择性政策工具。公开市场业务、再贴现政策和法定存款准备金率是西方发达国家经常采用的三大政策工具：

1. 公开市场业务

公开市场业务是指中央银行在金融市场上公开买进或卖出二级市场债券，特别是政府债券，来增加或减少货币供给量的操作。中央银行认为总需求过大和经济过热，需要减少货币供应量，可在市场上出售债券；相反，当中央银行认为金融市场资金短缺，存在总需求不足问题，需要扩大货币供应量时，则买进债券以增加基础货币。这些操作都通过改变银行系统的准备金规模发挥作用。

2. 再贴现政策

再贴现政策是指中央银行对商业银行用持有的未到期票据，向中央银行融资所做的政策规定。再贴现政策一般包括再贴现率的确定和规定再贴现的资格条件。再贴现率主要着眼于短期，中央银行根据市场资金供求状况调整再贴现率，以影响银行借入成本，进而影响商业银行对社会的信用量，从而调节货币供给总量。在传导机制上，商业银行需要以较高的代价才能获得中央银行的贷款，便会提高对客户的贴现率或提高放款利率，其结果是信用量收缩，市场货币供应量减少；反之亦然。中央银行对再贴现资格条件的规定则着眼于其长期抑制或扶持作用，并改变资金流向。

3. 法定存款准备金率

商业银行被法定要求在中央银行存留相当于特定比例的存款准备金，这些资金不能获得利息收益。中央银行可通过改变准备金比率来调节货币供应总量。当中央银行提高法定存款准备金率时，商业银行可运用的资金减少，贷款能力下降，货币乘数变小，市场货币量便会相应减少。通货膨胀时，中央银行可提高法定准备金率；反之则降低。

法定准备金率的作用效果十分明显。它在很大程度上限制了商业银行体系创造派生存款的能力，其他货币政策工具也都是以此为基础，提高法定准备金率就等于冻结了部分商业银行的超额准备。法定准备金率对商业银行的资金总量影响巨大，对应数额庞大的存款总量，并通过货币乘数的作用，对货币供给总量产生更大的影响。人们通常认为这一政策工具的效果过于猛烈，它的调整会在很大程度上影响整个经济和社会心理预期，一般对此工具的使用都持谨慎态度。

(三)选择性货币政策工具

这是指不同于一般性政策工具的一些可供选择使用的新措施。主要有两类：

1. 直接信用控制

直接信用控制是以行政命令或其他方式，直接对金融机构尤其是商业银行的信用活动进行控制。具体手段包括规定利率限额、信用配额、信用条件限制、规定金融机构流动性比率和直接干预等。

2. 间接信用指导

间接信用指导是指中央银行通过道义劝告、窗口指导等办法，间接影响商业银行等金融机构行为的做法。

(四)货币政策的运作及其影响

货币政策的运作主要是指中央银行根据客观经济形势采取适当的政策措施调控货币量和信用规模，使之达到预定的货币政策目标，并以此影响经济运行。根据运作方向可以将货币政策的运作，分为紧缩性货币政策和扩张性货币政策。

1. 紧缩性货币政策

紧缩性货币政策是指减少货币供应量，提高利率，加强信贷控制。如果市场物价上涨，需求过度，经济过度繁荣，秩序混乱，这种状况会被认为社会总需求大于总供给，中央银行会采取紧缩性货币政策以减少需求。

2. 扩张性货币政策

扩张性货币政策是指增加货币供应量，降低利率，放松信贷控制。如果市场产品销售不畅，经济运转困难，资金短缺，设备闲置，这种状况会被认为是社会总需求小于总供给，中央银行会采取扩大货币供应的办法增加总需求。

总的来说，经济衰退时总需求不足，政府采取扩张性货币政策；经济扩张时总需求过大，则采取紧缩性货币政策。

四、通货膨胀与通货紧缩

当一国经济中大多数商品和劳务的价格在一段时间内呈现普遍上涨时，宏观经济学就称该国经济正经历着通货膨胀。[①] 通货膨胀率是价格水平上升的速率。

(一)通货膨胀的含义

理解通货膨胀的概念，需要注意以下几个方面：

1. 通货膨胀是物价的普遍持续上涨，如果仅有一种或几种商品的价格上升，或是季节性的、偶然性的、暂时性的价格上涨，都不是通货膨胀。只有大多数商品和劳务的价格持续上升才是通货膨胀。

2. 物价上涨的方式可以是公开的，也可以是隐蔽的。“公开的”是指直接表现出来的价格上升；“隐蔽的”是指物价表面上没有上涨，但是由于商品价格受到严格管制不能变化，实际上存在巨大的产品供求缺口。隐蔽性通货膨胀一旦显化，将导致价格指数大幅上涨(至少在短期内是如此)。

3. 通常所指的通货膨胀是一种病态现象，而正常的物价上涨，如商品或劳务质量的提高或少数资源成本的提高等引起的价格上升，不应算作通货膨胀。

(二)通货膨胀的衡量

对通货膨胀没有单独性的确实量测法，因通货膨胀值取决于物价指数中各特定物品之价格比重，以及受测经济区域的范围。通用测量方法包括：

1. 消费者物价指数(CPI)

消费者物价指数测量由“典型消费者”所购买物品之价格。在许多工业国家中，该指数的年度性变化百分比为最通用的通货膨胀曲线报告。该项测量值通常用于薪资报酬谈判中，因为雇员希望薪资(名目)能相等或高于 CPI。有时劳资合约中会包含按生活指数调整条款，表示名目薪资会随 CPI 的升高自动调整，其调整之时机通常于通货膨胀发生之后，幅度较实际通货膨胀率为低。

2. 生产者物价指数(PPI)

生产者物价指数测量生产者收购各种物料的价格，与 CPI 于物价津贴、盈利与税负上

---

① 魏埙等:《现代西方经济学教程》，南开大学出版社 2009 年版。

有所不同，导致生产者之所得与消费者之付出产生差距。PPI 随着 CPI 升高而上升，具有典型的延迟。虽说其具有多样化的组合，一般相信这种延迟的特性使得根据今日的 PPI 通货膨胀粗估(rough-and-ready)明日的 CPI 通货膨胀成为可能；各种的论述与内容有极重要的不同。

3. 批发物价指数

批发物价指数测量选择性货品之批发价格变化(特别是销售税)，与 PPI 极为类似。

4. 商品价格指数

商品价格指数测量选择性商品售价之变化。若使用金本位制，则其所选择的商品为黄金。美国使用复本位制，其指数包含黄金与白银两者。

5. GDP 平减指数

GDP 平减指数为基于国内生产总值的计算，名义 GDP 与经通货膨胀修正后的 GDP(即实际 GDP)两者间所使用的金钱之比例。这是对价格水准的宏观测量。本指数也用来计算 GDP 的组成部分，如个人消费开支等。美国联邦储备改用核心个人消费平减指数及其他平减指数，作为制订“反通胀政策”的参考。

6. 个人消费支出价格指数(PECPI)

PECPI 是美国联邦储备委员会常用的衡量通货膨胀的指标。

7. 生活费用指数(CLI)

生活费用指数为个人生活所需费用的理论增幅，以消费者物价指数概估计算。经济学家对特定的 CPI 值应估计为高于或低于 CLI 值有不同看法。这是因为 CPI 值公认具有“偏向性”。CLI 可用“购买力平价”来调整以反映区域性商品与世界物价状况的广泛差距。

(三)通货膨胀的分类

对于通货膨胀，西方经济学家从不同角度进行了分类。

1. 按照价格上升的速度进行划分

通货膨胀像疾病一样会表现出不同程度，经济学家按照价格上升的速度将其分为三种类型：温和的通货膨胀、奔腾的通货膨胀、超级的通货膨胀。

(1)温和的通货膨胀(low inflation)，是指每年物价上升的比例在 10%以内。它的特点是价格上涨缓慢并且可以预测。许多国家都存在着这种通货膨胀。此时物价相对来讲比较稳定，人们对货币比较信任，乐于持有货币。许多经济学家认为这种温和而缓慢上升的价格，对经济增长有积极的刺激作用。

(2)奔腾的通货膨胀(galloping inflation)，指年通货膨胀率在 10%以上到 100%以内。这种急剧的通货膨胀局面一旦形成并稳固下来，就会出现严重的经济扭曲。在这种形势下，货币贬值非常迅速，人们尽量在手中保留最低限度的货币以应付日常交易。公众预期价格还会进一步上涨，会采取各种手段减少损失，这使通货膨胀更为加剧。尽管价格体系的运转已经如此糟糕，但一般情况下经济还可以继续增长。

(3)超级的通货膨胀(hyper inflation)，又称为恶性通货膨胀，指月通货膨胀率超过 50%的通货膨胀，或年通货膨胀率在 100%以上。发生这种通货膨胀时，价格持续猛涨，货币购买力急剧下降，人们对货币完全失去信任，以致货币体系和价格体系最后完全崩溃，甚至出现社会动乱。产生这种通货膨胀的原因，是货币供给的过度增长。

2. 按照对价格影响的差别进行划分

按照对不同商品的价格影响的大小分为：

(1)平衡的通货膨胀，即每一种商品的价格都按同一比例上升，这里所说的商品价格包括生产要素的价格。

(2)非平衡的通货膨胀，即各种商品价格上升的比例并不完全相同。

3. 按照公众的预期进行划分

按照人们对通货膨胀的预期程度可分为：

(1)未预期到的通货膨胀，即价格上升的速度超出公众的预期，或是通货膨胀是不可预期的。

(2)预期到的通货膨胀，即价格的上升在人们的预期之中。假定所有商品价格每年都上涨3%，且每一个人都预期这种趋势会继续，那么这种通货膨胀就会存在于经济中并自我维持下去。

(四)通货膨胀与通货紧缩

1. 通货膨胀与通货紧缩的区别

(1)含义和本质不同。通货膨胀是指纸币的发行量超过流通中所需要的数量，从而引起纸币贬值、物价上涨的经济现象。其实质是社会总需求大于社会总供给。通货紧缩的成因主要是社会总需求小于社会总供给，长期的产业结构不合理，形成买方市场及出口困难导致的。

(2)表现不同。通货膨胀最直接的表现是纸币贬值，物价上涨，购买力降低。通货紧缩往往伴随着生产下降，市场萎缩，企业利润率降低，生产投资减少，以及失业增加、收入下降，经济增长乏力等现象。主要表现为物价低迷，大多数商品和劳务价格下跌。

(3)危害性不同。通货膨胀直接使纸币贬值，如果居民的收入没有变化，生活水平就会下降，造成社会经济生活秩序混乱，不利于经济的发展。不过在一定时期内，适度的通货膨胀又可以刺激消费，扩大内需，推动经济发展。通货紧缩导致物价下降，在一定程度上对居民生活有好处，但从长远看会严重影响投资者的信心和居民的消费心理，导致恶性的价格竞争，对经济的长远发展和人民的长远利益不利。

(4)治理措施不同。治理通货膨胀最根本的措施是发展生产，增加有效供给，同时采取控制货币供应量，实行适度从紧的货币政策和量入为出的财政政策等措施。治理通货紧缩要调整优化产业结构，综合运用投资、消费、出口等措施拉动经济增长，实行积极的财政政策、稳健的货币政策、正确的消费政策，坚持扩大内需的方针。

2. 通货膨胀与通货紧缩的联系

(1)两者都是由社会总需求与社会总供给不平衡造成的，亦即流通中实际需要的货币量与发行量不平衡造成的。

(2)两者都会使价格信号失真，影响正常的经济生活和社会经济秩序，都必须采取有效的措施予以抑制。

(五)中国的通货膨胀与通货紧缩

1. 我国的通货膨胀状况

通货膨胀是现代经济社会普遍存在的一种经济现象，我国也不例外，特别是在我国从传统的计划经济向社会主义市场经济转轨的时期，随着经济体制改革和对外开放的逐步深化，企业自主权的扩大，市场调节价格比重迅速上升，到目前为止，大致经历了如下 4 次通货膨胀高峰：

第一次，1962 年以来，我国的显性通货膨胀率长期维持在 2%以内，价格总水平呈现超稳定状态。1980 年商品零售价格指数上涨率达到 6%，形成改革以来通货膨胀的第一次高峰。1979 年和 1980 年的货币流通量的增长率为 20.8%和 22.6%，货币供给增长经过一定时期滞后推动了价格的上升。造成这次货币过量发行的主要原因是财政赤字过高，1979 年和 1980 年分别为 170.6 亿元和 127.5 亿元。产生较高财政赤字的部分原因是提高农副产品价格，减免部分农村税收，调整部分职工工资，特别是为挽回“文革”中失去的时间，加快实现现代化，实行了“洋跃进”，使基本建设支出大幅度增长。对这次物价上升，政府通过以压缩投资规模为主要内容的紧缩政策才得以控制。

第二次在 1985 年，商品零售价格指数上涨率达到 8.8%，再创新高，成为改革以来通货膨胀的第二次高峰。这一时期中央关于经济体制改革的决定推动改革进入了一个新阶段，伴随着决策权下放，进一步扩大地方和企业的自主权，出现工资奖金失控、投资扩张等问题。在银行管理体制不完善的情况下，资金敞开供应，银行推销贷款，最终引起信贷膨胀。政府主要通过对专业银行的贷款总额和固定资产投资贷款指令性计划控制和投资规模的行政控制，制止了物价持续上升。

第三次在 1988 年，商品零售价格指数上涨率 18.5%，又创新高，成为改革以来通货膨胀的第三次高峰。这次物价上升是在进一步扩大地方和企业的收入分配和支出自主权情况下出现的，特别是价格改革“闯关”的消息，使人们对通货膨胀的预期突然加强，导致全国性的“抢购风”，消费需求迅速扩张，引发了全国性的通货膨胀。面对宏观经济的不稳定情况，政府从 1988 年第四季度开始，实行以货币金融计划控制为主的经济调整，使过热的经济迅速降温，同时也出现了市场疲软，企业间出现较严重的“三角债”。

第四次在 1994 年，商品零售价格指数上涨率达到 21.7%，成为改革以来通货膨胀的第四次高峰。伴随经济增长的加速，经济生活中出现了“四热、四高、四紧、一乱”的问题，即房地产热、开发区热、集资热、股票热；高投资膨胀、高工业增长、高货币发行和信贷投放、高物价上涨；交通运输紧张、能源紧张、重要原材料紧张、资金紧张；经济秩序混乱，特别是金融秩序混乱。这一次政府实施以治理通货膨胀为首要任务的宏观调控。政府在 1993 年 6 月就及时提出了宏观调控的措施，控制住了经济扩张的强度。同时根据经济运行的具体状况进行微调和预调，防止出现过度经济滑坡。比如，适时调整信贷结构，增加农业贷款，保证农产品特别是粮食的收购需要；增加对效益好的企业的流动资金贷款，保持生产与市场的活力。最终成功地实现国民经济运行的“软着陆”，使得国民经济的运行平衡地回落到适度增长区间。

考察我国转轨时期的通货膨胀，我们发现：改革开放以来的通货膨胀，呈现出明显的周期性，每一周期的通货膨胀幅度有逐步加大趋势，而且高通货膨胀总是与高经济增长相伴。

2. 我国通货紧缩的状况

通货紧缩是一个与通货膨胀相对应的概念，通常指价格总水平持续下降这样一种经济现象。目前国际上对通货紧缩的普遍理解为“与货币和信贷供应紧缩同时发生的一般物价水平的下降”。通货紧缩可能是需求下降造成的，也可能是供给增长过快造成的。

在 1998 年至 2001 年间，中国经济出现了轻微的通货紧缩，依据是中国的通货膨胀出现了负增长。1997 年 9 月党的十五大以后，我国开始启动新一轮的经济增长。但与以前历次宏观经济调控下的景气循环不同，投资和消费需求增长乏力，1998 年 GDP 增长率只达到了 7.8%。而宏观经济软着陆期间 GDP 年增长率最低的 1997 年也仍然达到 8.8%。月度居民消费价格同比指数从 1998 年 3 月开始一直是负增长。1998 年全年零售商品价格指数比 1997 年下降 2.6%，居民消费价格指数比 1997 年下降 0.8%。尤其是非政府投资增长缓慢。这种通货紧缩是中国改革开放以来很少有过的现象。

导致此次通货紧缩的主要原因有三个：

首先是来自于制度方面的原因。随着经济体制改革的深化，企业投融资制度和金融制度改革都取得了实质性的进展，但企业在激烈竞争的市场环境中捕捉投资机会的能力不足。在金融企业风险机制强化后，金融机构出现信贷紧缩的趋向。

其次是来自政策方面的因素。1993 年起为了治理通货膨胀，我国实行了长达五年的紧缩性宏观经济政策，严格控制固定资产投资规模，压缩财政赤字规模。由于政策带来的乘数效应，以及在经济运行客观要求宏观调控方面由约束需求转变为刺激需求的形势下，没能及时调整政策，使通货紧缩的压力不断增大。

最后是来自国际方面的原因。1997 年下半年开始的亚洲金融危机使我国承受了外需减少和进口商品价格下降的双重压力。到 1997 年我国进出口产值已达到 GDP 的 36%，年平均增长 17%左右。而 1998 年出口增长率仅为 7%。同时金融危机爆发后，国际市场商品价格大幅下跌，对我国商品价格产生了一种压制作用。

在投资和消费不振时，我国政府采用了积极的货币政策来刺激投资和当前的消费。从 1996 年 5 月开始到 1999 年 6 月中国人民银行连续 7 次降息。在实施货币政策同时又配合了积极的财政政策。1998 年发行 1000 亿元人民币国债支持基础建设。扩大政府的财政支出直接形成了社会需求。随着积极财政政策和货币政策的出台和治理，通货膨胀转为 1%～2% 的增长率。2001 年之后，中国经济开始出现持续的繁荣。从统计上看，支撑这个繁荣的因素，主要是资本形成而非消费增长。固定资产投资出现了加速增长的趋势，尤其是在少数行业，尽管投资和经济增长在加速之中，但到目前为止还没有出现通货膨胀。一个流行的理论是：中国出现了供给过剩，这种现象的出现是投资过度增长，只有投资可以转化为生产的增长。

五、宏观经济状况的变动对理财决策的影响(见表 1-1)

表 1-1 经济状况和理财决策

经济要素	测量内容	对理财决策的影响
消费者价格	美元价值、通胀率变化	如果价格上升速度较消费者收入快，就无法购买相同的产品和服务；消费者价格高也会让利率升高
消费者开支	个人和家庭对商品及服务的需求	高额消费者支出会创造更多的工作、提高工资收入，高额消费者支出和借贷也会拉升消费者价格和利率
利率	资金成本；贷款成本；投资或存款成本	高利率将提高信贷成本，高利率还将促进储蓄和投资，降低贷款
货币供应	可以消费的货币	随着储蓄和投资人数增加，利率将趋于下降；高储蓄可能降低工作机会
失业	愿意且具有能力工作的未失业人数	有工作的人应降低负债水平，同时建立紧急储蓄基金，以备支付未来失业时的生活成本；高失业率将降低消费性支出和就业机会

续表

经济要素	测量内容	对理财决策的影响
住房	新建住房	住房增加将创造更多的就业机会、更高的工资、更多的消费性支出以及整体经济扩张
国民生产总值	一国境内生产商品和服务总值，包括用国外资源生产商品	国民生产总值能说明对个人就业及资产增值产生影响的一国经济活力
贸易差额	一国进出口的差额	当一国出口额高于进口额时，利率可能上升，国外商品和国外旅游的成本也会上升
道琼斯指数及其他股指	指数所代表的股票相对价值	这些指数代表了股票价格的一般性走势

第二节 利 率

一、利率的定义及度量

(一)利率的定义

利率，利息率的简称，是用百分比表示的一定时期内利息额与本金的比率。利率是衡量利息数量大小的尺度，用以反映利息水平的高低。

利率是比利息更有意义的经济指标，总是表现为一个既定的、明确的量。利息额在总利润中所占的比重，虽然是贷者和借者在再生产过程之外通过竞争决定的，但由于货币具有可以向任何商品转化的特点，其投向不受地区、部门和企业的限制，这种竞争又是在货币所有者和货币使用者两类人之间进行而非由个别竞争决定。影响利率的因素相当复杂，这些因素综合作用的结果，使利率表现为一个既定、明确的量。

(二)利率的度量

1. 单利

单利是指以本金为基数计算利息，所生利息不再加入本金计算下期利息。在单利条件下，假设年利率为 i，那么1元本金在第一年末的本利和为 $1+i$，根据单利的定义，第一年末所生利息不再加入本金计算下一期利息，则第二年末本利和为 $1+2i$，以此类推，第 n 期的利息为 i，期末的本利和为 $1+ni$，单利的计算公式可以表示为：

$$I_n = Pin$$

$$S_n = P + I_n = P + Pin = P(1+in)$$

式中，I_n 表示第 n 期利息总额，P 表示第一年初的本金，i 表示年利率，n 表示时间(或计息期数)，S_n 表示第 n 期本金与利息之和。

假定某客户在银行存了10000元，期限5年，利率为10%，单利计息。则该客户在5年后能收回的本金和利息之和为 $10000\times(1+5\times10\%)=15000$(元)。

在单利条件下，如果令 i 为单利利率，在时点 t 的本利和为 S_t，在时点 $t+1$ 的本利和为 S_{t+1}，则从时点 t 开始的一个时期内的当期利率 i_t 可表示为：

$$i_t=\frac{S_{t+1}-S_t}{S_t}=\frac{[1+i(1+t)]-(1+it)}{1+it}=\frac{i}{1+it}$$

由上式可见，在单利利率为常数的条件下，当期利率是时间的递减函数，随着时间的推移，当期利率越低。时间越往后，利息的积累越多，因为这些利息不再产生利息，所以当期的利率就越来越低。

2. 复利

在现实利率计息中，更有意义的往往是复利。复利也称利滚利，计算时要将每一期的利息加入本金一并计算下一期的利息。在复利条件下，假设年利率为 i，那么，1 元本金在第一年末的本利和为 $1+i$，根据复利的定义，第一年末的本利和，可作为第二年的本金进行投资，可获取利息 $i(1+i)$，再加上年初的本金 $1+i$，即得到第二年末的本利和为 $(1+i)^2$；第二年末的本利和作为第三年本金进行投资，可获取利息 $i(1+i)^2$，再加上年初的本金 $(1+i)^2$，即得到第三年末的本利和为 $(1+i)^3$。以此类推，第 n 年末的本利和应为 $(1+i)^n$，复利的计算公式可以表示为：

$$S_n=P(1+i)^n$$

式中，P 表示第一年初的本金，i 表示年利率，n 表示时间，S_n 表示以复利计算的第 n 期本金与利息之和。

假定某客户在银行存了 10000 元，期限 5 年，利率为 10%，如果该利率为复利，则该客户在 5 年后能收回的本金和利息之和为 $10000\times(1+10\%)^5=16105$（元）。

在复利条件下，如果令 i 为复利年利率，在时点 t 的本利和为 S_t，在时点 $t+1$ 的本利和为 S_{t+1}，则从时点 t 开始的一个时期内的当期利率 i_t 可表示为：

$$i_t=\frac{S_{t+1}-S_t}{S_t}=\frac{(1+i)^{t+1}-(1+i)^t}{(1+i)^t}=i$$

由上式可见，在复利条件下，复利利率等于当期利率。

二、利率的类型

利率按照不同的标准可划分出多种类别，这有利于表明各类利率的特征，认识各类利率之间和其内部的联系，从而更好地分析问题、说明问题。需要注意的是，各类利率之间和利率内部都有一定联系，并相互制约，保持着相对的结构，从而形成相应的利率体系。下面对几种主要利率进行介绍。

（一）年利率、月利率和日利率

根据计算利息的时间期限单位的不同，利率可分为年利率、月利率和日利率。年利率是以年为单位计算利息，月利率是以月为单位计算利息，日利率是以日为单位计算利息，习惯上称为“拆息”。通常年利率按本金的百分比（%）表示；月利率按本金的千分比（‰）表示；日利率按本金的万分比（‱）表示。如果按每月 30 天计，三者之间的关系可以表示为：年利率＝月利率×12＝日利率×360。如有某一笔贷款本金为 100 万元，每年利息为 7.2 万元，即年利率为 7.2%，月利率为 6‰，日利率为 2‱。

（二）名义利率和实际利率

按利率的真实水平，利率可以分为名义利率与实际利率。名义利率是以名义货币表示的利率，包含通货膨胀因素在内，也即我们平时所说的利率。如存款利率为 1.98%，这个利率就是名义利率。实际利率是名义利率剔除通货膨胀因素以后的真实利率，是假定物价不变从而货币购买力保持不变条件下的利率。

在投资决策中，区分并认真计算名义利率和实际利率，对每一项投资决策都有重要意义与实际作用。在纸币流通的条件下，纸币代表的价值量随纸币数量的变化而变化，当纸币流通的数量超过市场需要量时，单位纸币代表的实际价值量必然下降，这使得借贷过程中，债权人不仅要承担债务人到期无法偿还本金的信用风险，还要承担因通货膨胀而引起的货币贬值风险。将利率分为名义利率和实际利率，正是从这个角度出发使借贷双方有效规避后一种风险，保证信用活动的正常运行。

与名义利率相比，实际利率能更好地反映资金借贷活动的动力，更准确地说明金融市场银根的松紧，对经济产生实质性影响。人们通常能操作的只是名义利率。名义利率与实际利率的划分，为分析通货膨胀下的利率变动及其影响提供了依据，便利了利率杠杆操作。自从人们发现名义利率与通货膨胀率之间存在着密切联系后，计算实际利率就成为可能。通常情况下，名义利率扣除通货膨胀率即可视为实际利率。公式表示为：

$$r=i-p$$

其中，r 代表实际利率，i 代表名义利率，p 代表通货膨胀率。例如，当名义利率为 8%时，如果通货膨胀率为 2%，则实际利率为 6%。

上式对实际利率和名义利率的计算只是粗略估算，更准确的计算表达应为：

$$i=(1+r)(1+p)-1$$

即

$$r=\frac{1+i}{1+p}-1$$

（三）短期利率和长期利率

按信用行为期限的长短，可以将利率划分为短期利率与长期利率。短期利率一般指借贷时间为 1 年及 1 年以下的利率，包括存（贷）款期在 1 年以内的各种存（贷）款利率和期限在 1 年以内的各种有价证券利率。长期利率一般指借贷时间在 1 年以上的利率，包括期限在 1 年以上的存款、贷款和各种有价证券的利率。

利率的高低与期限长短、风险大小有着直接联系。如果利率是复利计息时，长期利率一定会高于短期利率。这是因为，短期存款或短期债券到期后产生的利息又可作为本金再储蓄来获取利息，长期利率则必须高于短期利率，才能弥补利息收入的差距。即使利率是单利的形式，长期利率一般也比短期利率高，原因是期限越长，投资市场变化的可能性越大，借款者经营风险越大，贷款机构遭受损失的风险也越大，故要求的利率也越高。尤其在现代纸币流通条件下，通货膨胀是一种普遍现象，时间越长通货膨胀的幅度可能越大，只有利率较高才能使贷款机构避免通货膨胀的损失。另外，短期利率一般比长期利率波动幅度大，为寻求较高的利息回报，判断利率的走势就尤为重要。但在不同种类的信用行为之间，由于有种种不同的信用条件，对利率水平的高低不能简单地进行对比。

（四）固定利率和浮动利率

按借贷期内利率是否浮动，利率可以分为固定利率与浮动利率。固定利率是指在整个借贷期限内，利息按借贷双方事先约定的利率计算，而不随市场上货币资金供求状况而变化。固定利率的最大特点，是利率不随市场利率的变化而变化，具有简便易行、易于计算借款成本等优点，适用于借贷期限较短或市场利率变化不大的情况。但在借贷期限较长或市场利率波动较大的时期，则不宜采用固定利率。因为固定利率一旦由双方协定，就不能单方面变更。在此期间，通货膨胀和市场上借贷资本供求状况的变化会使借贷双方都可能承担利率波动的风险。因此，在借贷期限较长、市场利率波动频繁时，借贷双方往往倾向于采用浮动利率。

浮动利率又称为可变利率，是指借贷期限内，随市场利率的变化而定期进行调整的利率。适用于借贷时期较长，市场利率多变的借贷关系，也多用于较长期的借贷及国际金融市场。浮动利率调整期限和作为调整基础的市场利率的选择，由借贷双方在借款时议定。例如，欧洲货币市场上的浮动利率，调整期限一般为三个月或半年，调整时作为基础的市场利率大多采用伦敦市场银行间三个月或半年的拆借利率。浮动利率能够灵活反映市场上资金供求的状况，更好地发挥利率的调节作用。同时，鉴于浮动利率可以随时予以调整，利息负担同资金供求状况紧密结合，有利于减少利率波动所造成的借贷双方承担的利率风险，从而克服了固定利率的缺陷，但由于浮动利率变化不定，使借贷成本的计算和考核相对复杂，利息负担也可能加重。

（五）即期利率和远期利率

当借款合约签订，借款资金立即从一方转入另一方，并在未来某一特定时点连本带利还清，这时在合约中采用的利率就是即期利率。如果签订的借款合约规定资金在一年以后借出，两年后才还本付息，该合约采用的一年期利率就是远期利率。可见，远期利率虽然是在当期签订的合约中确定的利率条件，但却是在未来某一时期进行实际交割，而届时的实际即期利率水平却无法完全预知。

（六）官方利率、公定利率和市场利率

按利率的决定方式可以分为官方利率、公定利率和市场利率。

官方利率又称为“法定利率”，是一国货币管理部门或中央银行所规定的利率，是国家实现宏观调控目标的一种政策手段。例如，中央银行对商业银行和其他金融机构的再贴现率和再贷款利率。

公定利率是由非政府金融行业自律性组织确定的各会员必须执行的利率。通常由银行公会确定的各会员银行必须执行的利率，就是公定利率的主要形式，如香港银行公会定期公布和调整并要求会员银行执行的存贷款利率。

市场利率是按照市场规律而自由变动的利率，即由借贷资本的供求关系直接决定并由借贷双方自由议定的利率，包括借贷双方直接融资时商定的利率、金融市场上买卖各种有价证券的利率。它是资金供求状况的标志，资金供大于求时，利率下降，反之上升。市场利率的变化非常灵敏地反映借贷货币资金的供求状况，是国家制定利率的重要依据。国家根据货币政策的需要和市场利率的变化趋势调整利率，调节资金供求，以实现调节经济的目标。

在现代经济生活中，利率是对经济行为间接控制的重要杠杆，为了使利率水平的波动体现政府的政策意图，各国几乎都形成了官方利率、公定利率与市场利率并存的局面，三者之间有密切关系。市场利率的变化能灵敏反映出借贷资本的供求状况，是制定官方利率、公定利率的重要依据；同时，市场利率又会随着公定利率、官方利率的变化而变化。官方利率和公定利率在一定程度上反映了非市场的强制力量对利率形成的干预，代表着政府的货币政策意志，其升降直接影响借贷双方对市场上利率变化的预期，进而影响信贷供给的松紧程度，并使市场利率随之升降。但市场利率又要受借贷资金供求状况等一系列复杂因素的影响，并不一定与公定利率和官方利率的变化相一致。

(七)基准利率和差别利率

按照利率的制定和作用发挥，可以分为基准利率与差别利率。

基准利率是指在多种利率并存的条件下起决定作用的利率。当它变动时，其他利率也相应发生变化。了解这种关键性利率水平的变动趋势，也就了解了全部利率体系的变化趋势。基准利率，在西方国家通常指中央银行的再贴现率和短期资金市场利率，如美联邦的基金利率。在我国，主要是指中央银行对各金融机构的贷款利率。

差别利率是指针对不同的贷款种类和借款对象实行的不同利率。一般可按期限、行业、项目、地区设置不同的利率。我国实行的差别利率主要有存贷差别利率、期限差别利率和行业差别利率。实行差别利率，是运用利率杠杆调节经济的重要方面。利率水平的高低直接决定着利润在借贷双方的分配比例，影响借款者的经济利益，对国家支持发展的行业、地区和项目实行低利率贷款，有利于支持产业结构的调整和经济协调发展。

优惠利率是差别利率的有机组成部分，即对国家支持的贷款种类和借款对象实行优惠的低利率贷款。如有些国家为了支持本国产品出口，对出口商或进口商实行优惠利率贷款。优惠利率与银行自身的短期经营效益相矛盾，但有利于整体经济协调、稳定地发展，这正是银行赖以生存和发展的基础，因而实行优惠利率与银行的长期利益是一致的。此外，国家为了减少银行的经营损失，也可以对某些贷款实行贴息，财政部门也会给银行一定的税收优惠或财政补贴。

按照不同的标准，利率还可以划分为许多种类。如按照借贷主体的不同，可以划分为中央银行利率、商业银行利率、非银行利率；按照利率是否具备优惠性质，可以划分为一般利率与优惠利率等。由于划分标准本身可以是交叉的，故一种利率可能同时具备几种性质。

三、利率的风险结构与期限结构

(一)利率风险结构

利率风险结构(risk structure of interest rates)是指导致债券利率产生差异的各种原因。

1. 违约风险

违约风险(default risk)是债券发行者不能支付利息和到期不能偿还本金的风险。公司债券或多或少都会存在违约风险，财政债券由国家作后盾，一般没有违约风险。

假定某公司的债券在最初也是无违约风险的，那么，它与相同期限的财政债券有着同等的均衡利率水平。如果公司经营不善出现了违约风险，或违约风险有上升趋向，同时会伴随着预期回报率下降。因而，公司债券的需求将减小，利率将上升。财政债券相对于公司债券的风险减少，预期回报上升，财政债券的需求将增大，利率将下降。这表明，违约风险的不同，是相同期限的债券之间利率不同的一个重要原因。

2. 流动性

流动性(liquidity)的差异，是造成相同期限的不同债券之间利率不同的重要原因。假定在最初某公司债券与财政债券的流动性是完全相同的，其他条件也相同，因而该利率标准也相同。如果该公司债券的流动性下降，交易成本上升，需求将减小，从而利率上升。同时，财政债券相对于公司债券的流动性上升，财政债券的需求将增大，利率将下降。

3. 税收因素

税收因素(taxation)与利率的差异密切相关。在美国，市政债券一般可以免交联邦所得税。因而，相对于其他没有免税优惠的债券而言，如果其他条件相同，他们更关心的是税后的预期回报，而不是税前的预期回报。如果一种债券可以获得免税优惠，就意味着这种债券的预期回报率会上升，对这种债券的需求将增加，导致利率下降。相应的，其他债券的需求将减小，利率将上升。因此，税收优惠将会造成一定的利率差异。

相同期限的不同债券之间的利率差异，除了与违约风险、流动性、税收因素有密切关系外，还会与其他一些因素有关。例如，债券附有的可赎回与可转换条款等。可赎回条款会降低债券的价格，提高债券的收益率。可转换条款会提高债券的价格，降低债券的收益率。

(二)利率的期限结构

违约风险、流动性、税收等因素完全相同的债券，由于距离债券到期日的时间不同，利率也往往不同。我们称这种差异为利率的期限结构(term structure of interest rate)。这个期限结构可以形象地用收益率曲线表示出来。如果我们以横轴表示距离到期日的时间，以纵轴表示利率，将不同期限的利率连接起来，就会形成一条收益率曲线。如果收益率曲线向上方倾斜，说明长期利率大于短期利率；如收益率曲线向下方倾斜，则说明短期利率大于长期利率。如果收益率曲线是水平的，就说明短期利率与长期利率相同。

四、利率的久期

(一)久期的定义

由于债券付息方式的不同(譬如息票式与零息票式)，债券的到期时间并不能完全反映债券期限的性质。例如，息票率为8%的20年期债券和年利率为8%的20年期零息票债券期限的性质是不同的，前者在到期还本之前有多次付息的安排，每次付息就相当于部分债券的到期，零息票债券的所有本息都要在到期时才支付，它的期限是不折不扣的20年。为了更好地定义期限的性质，美国学者麦考利提出了久期(Duration)的概念，即根据债券的每次息票利息或本金支付时间的加权平均来计算期限。也就是说，债券久期是债券本息支付的所有现金流的到期期限的加权平均，用途主要是说明息票式债券的期限。

(二)久期的计算

久期是持券人对拥有债券的实际持有期限。零息票债券中途没有利息支付，债券的实际期限与名义期限是一致的；如是息票式债券，债券到期前的每次付息，都会对债券的实际期限产生影响，付息的时间提前或数量增加(先多付后少付，不是均付)，都会使债券的实际期限缩短。因此，债券久期的计算方法分两个步骤：首先计算出每次支付(付息或还本)的现值，占当前债券价格的比例，将此比例作为计算债券久期的权重；然后将每次支付的权重乘以每次支付的期限(时间)，得出每次支付的加权期限，再将各次的加权期限加总，得到该债券的久期。其公式为：

$$w_t = [CF_t/(1+y)^t]/\text{债券价格}$$

$$D = \sum(t \times w_t)$$

式中，w_t 为计算久期的权重，CF_t 为 t 时支付现金流的现值，y 为债券的到期收益率，D 为债券的久期，t 为时间，因为按到期收益率折现的现金流之和应等于债券价格，故权重之和为 1。

假定有一期限为 3 年的息票式债券，息率为 4%，债券的到期收益率为每年 5%或每半年 2.5%。我们还假定有一种 3 年期的零息票债券，债券的到期收益率也是 5%。它们的久期计算见表 1-2。

表 1-2　息票式债券和零息票债券的久期计算

	(1)支付的时间(年)	(2)支付额(元)	(3)半年 2.5%折现支付(元)	(4)权重	(5)(1)×(4)(年)
4%息票式债券	0.5	20	19.512	0.0200	0.0100
	1.0	20	19.036	0.0195	0.0195
	1.5	20	18.572	0.0190	0.0285
	2.0	20	18.119	0.0186	0.0372
	2.5	20	17.667	0.0180	0.0450
	3.0	1020	879.543	0.9040	2.7120
总计			972.449	1.0000	2.8522
零息票债券	0.5～2.5	0	0	0	0
	3.0	1000	863.84	1.0	3
总计			863.84	1.0	3

表中第(1)列数字为本息每次支付的时间；第(2)列数字由债券的息票利率和两种债券的本金额决定；第(3)列数字是债券本息的折现值，其计算公式为：支付额/1.025^n，0.5 年的 n 值为 1，1 年的 n 值为 2，2 年的 n 值为 4，等等，本列最后一个数字为该债券的价格；第(4)列数字为计算久期的权重，由每次支付额除以债券价格得出；最后一列中的最后一个加总的数字就是债券的久期，可以看出，它是债券本息支付额为权重加总得到的债券期限。因此，可以把它看成是债券的实际期限。从表中我们也可以看到，由于息票式债券共有 6 次本息的支付，因此，它的久期比其实际期限要小一些。债券的期限为 3 年，久期只有 2.85 年，零息票债券只有到期时才有本息的支付，它的期限就是它的久期，两者都是 3 年。

(三)利率敏感性的测度

久期主要用于固定收益的投资和资产组合的管理中，即用于各种债券的投资和债券的资产组合的管理中。使用久期可以测度持有债券或债券的资产组合的实际期限，并在此基础上设计避免风险的套期保值方案，还可以测度债券资产组合的利率敏感性。这里我们只讨论债券的利率敏感性问题。比较长期债券与短期债券对利率波动的敏感度。前者胜于后者，现在我们利用久期作为标尺可以量化这个关系。我们有公式：

$$\Delta P/P = -D \times [\Delta(1+y)/(1+y)]$$

式中，$\Delta P/P$ 为债券价格的变化比率，D 为久期，$\Delta(1+y)/(1+y)$ 为债券本息的变化比率，债券收益的变化与债券价格变化是负相关关系，故在久期前有一负号。上式表明，债券价格变化率等于(1+债券收益率)的变化率乘以久期。如果我们让 $D^* = D/(1+y)$，并将其定义为“修正久期”，$\Delta(1+y) = \Delta y$，上式就可以写成：

$$\Delta P/P = -D^* \times \Delta y$$

债券价格的变化率，恰好等于修正久期与债券到期收益率的变化之积，即债券价格变化率与修正久期成比例。我们就可以用修正久期来测度债券在利率变化时的风险暴露程度。

第三节 货币时间价值

一、现金流

每种投资机会都可以用其产生的现金流作充分描述。简单地说，现金流就是支出或收入的款项，具有三个重要特征：一是现金流的大小或数量；二是现金流的方向；三是现金流发生的时间。收入的款项常称为现金流入，而支出的款项则称为现金流出。

财经工作人员在帮助客户讨论现金的流入（收入）和流出（支出）时，必须按照时间的顺序，列明现金的流动情况。这种按照时间顺序列明的现金流入量和流出量，称为现金流量。计算现金流量时，需要分析两个重要因素。一是时间间隔的长短，即时间上的联系；二是金额的高低，即价值上的联系。

现金流量计算或称现金流量分析，是为客户财务策划的第一步，是最基本的计算和分析方法。最典型的现金流量计算包括：终值、现值、年金、不等额年金、永久年金和递延年金等层面的计算。

用来描述某一特定投资的一整套现金流，通常称为现金流序列或收支序列。一个现金流序列可能是确切知道的，也可能不是确切知道的。现金流序列的确定性越大，则其相关的投资机会的风险就越小。

现在我们分别考虑以 A 和 B 代表的两个投资机会。它们从 1 年后开始提供现金流，到第 4 年末结束。投资 A 与投资 B 相比，提供的现金流合计较大。假设初始成本相同，投资 A（从会计意义上）会提供较大的利润（或较小损失）。但这并不意味着从财务意义上讲，投资 A 就优于投资 B。

二、时间价值

前面以投资 A 和投资 B 表示的现金流的财务价值，与会计利润并不等同。这是因为财务估值要明确地考虑现金流的时间价值，而会计利润却并非如此。也就是说，时间是具有价值的，而这种价值在现金流估值时必须明确地加以考虑。

由于不同时间单位货币的经济价值不同，所以不同时间单位的货币收入需要换算到相同时间单位的基础上才能作精准比较。货币的时间价值是指货币随着时间的推移，经过投资和再投资而获得的价值。在存在借贷关系的经济活动中，现在的 1 元钱与一年或几年后的 1 元钱的经济效用不相等。即使通货膨胀率为零，人们将当期的钱存入银行也能在未来时期获得利息。货币的循环和周转以及由此实现的货币增值，使货币总量随着时间的变化按几何级数增长。货币的时间价值从量的规定性来看，等于没有风险和通货膨胀率为零的情况下，社会平均的资金使用回报率。

（一）未来值

未来值（Future Value）即终值，指从当前时刻看，发生在未来某时刻的一次性支付（收入)的现金流量。它通常是把现在或未来某些时刻之前多次支付(收入)的现金额,按照某种统一利率(亦称"贴现率")计算出的在未来某一时点的值。

1. 单利终值和复利终值(simple interest future value & compounded future value)

终值按计算利息的方法不同可以分为单利终值和复利终值。

单利终值计算公式为:

$$F=P(1+in)$$

复利终值计算公式为:

$$F=P(1+i)^n$$

式中,F 为终值,P 为现值,i 为年利率,n 为年数。

如某本金的当前值为 1000 元,年利率 8%,期限为 3 年。如果利率按单利计,则 3 年后本金的终值为 $1000(1+3\times 8\%)=1240$ 元。如果利率按复利计,则 3 年后本金的终值为 $1000(1+8\%)^3=1259.71$ 元。

2. 周期性复利终值

在复利终值计算过程中,可以按年(如上例),也可以按半年、按季度、按月和按日等不同的周期计算复利,这称为周期性复利。按周期性计算复利的公式为:

$$F=P\left(1+\frac{r}{m}\right)^{mn}$$

式中,r 为名义年利率,m 为 1 年中计算复利的次数,n 为年数。

如上例中复利按每季度计算,则 3 年后本金的终值为 $1000\times(1+0.08/4)^{3\times 4}=1268.24$ 元。

(二)现值

未来的货币收入在目前时点上的价值就是现值(Present Value)。它既可以是未来一次支付(收入)的现金流量折算到现在的值,也可以是未来某些时刻多次支付(收入)的现金流量,按某种利率贴现到现在的价值。现值可以用符号 P 表示。假设未来的现金收入为 F,即期利率为 i,时期为 n 年,则:

单利现值可从单利终值公式中导出,单利现值计算公式为:

$$P=\frac{F}{1+ni}$$

复利现值可从复利终值公式中导出,复利现值计算公式为:

$$P=\frac{F}{(1+i)^n}$$

式中的 $(1+i)^{-n}$ 称为现值系数,它只与贴现率和年限有关,也称为贴现因子。这个数值代表 n 年以后的 1 元钱,以贴现率 i 折算到现在的数值。

某个客户在 3 年后能获得 1000 元,年利率 8%,如利率为单利,则 3 年后的 1000 元的现值为 $1000/(1+3\times 8\%)=806.45$ 元;如利率为复利,则 3 年后 1000 元的现值为 $1000/(1+8\%)^3=793.83$ 元。

同样,对于周期性复利,其现值计算公式为:

$$P=\frac{F}{\left(1+\frac{r}{m}\right)^{mn}}$$

若复利按每季度计算，则 3 年后 1000 元的现值为 $1000/(1+0.08/4)^{3\times4}=788.49$(元)。

现值计算是终值计算的逆运算。简单地说，终值计算是现在一笔钱在未来某一时刻的本利和，而现值计算是将来一笔钱相当于现在的多少钱。这是现金流量计算和分析中最基本也最为重要的换算关系。

每个现金流都有相应的现值，所有现金流的现值都应当具有相同的时间做参考点，如当前时点，它们是可以直接相比较的，从而也就是可叠加的。把现值相加是确定总体价值的关键。求现值的和首先要分别确定每个现金流的现值，然后再将各个现值相加求和。

投资机会的成本常常是以当前零时刻支出的单独一笔现金的形式出现。我们假设两个投资机会在零时刻可以以 12000 元的成本得到。手中持有的 12000 元现金的现值，一定是 12000 元，我们很容易发现任何零时刻的现金流，无论是作为成本的现金流出，还是作为收入的现金流入，其现值一定与其自身相等。故而，这样的价值可以从已经得到的现值的总和中，直接加上(如果是正的)或者减去(如果是负的)。

随着年数增长，现值系数 $(1+i)^{-n}$ 将减少，同样一笔钱，离当期越远现值就越小。同时，随着贴现率提高，现值系数将减少，即同样一笔钱，贴现率越大现值就越小，反之亦然。

(三)现值计算

对于比较不同的收入流或支出流的价值大小，现值的概念是重要的。现金流现值的总和与零时刻成本间的差，被称为净现值。净现值常常以 NPV 来表示，净现值对分析和比较投资机会是非常有用的。如同样的 1 万元，期限 3 年投资 A 的利润是 2770.92 元，投资 B 的利润为 2598.72 元。很明显，投资 A 优于投资 B。

从会计核算意义上讲，项目 A 提供较多的利润合计数，似乎更为可取，但从财务分析和评估的角度来看，必须考虑到货币的时间价值时，则并不一定是这样。如采用了 10% 的贴现率对项目的未来现金流进行折现，结果表明项目 B 的利润实现期间早于项目 A，实际价值可能更高。

在一般情况下，未来的现金流在事先是不能确知的，这是投资风险所表现的一个方面。退一步来讲，即便未来的现金流事先能够确知，如市场上的利率水平发生波动，投资者的融资成本直接会受到影响，从而对未来现金流适用的贴现率也应作出相应改变，而贴现率的改变又使得投资项目的净现值出现波动，并最终影响到项目的取舍。因此，在项目评估的过程中，有必要进行货币时间价值的敏感性分析，即通过评估投资项目的净现值在各种可能的贴现率下出现变化的情况，以考察投资项目对贴现率变动的敏感性。

仍续上例，假定市场利率水平出现下降，贴现率 i 降低至 5%，这会导致项目的评估结果出现变化，即不管是从会计价值还是从财务价值来看，都是项目 A 更为可取。

三、年金概念及计算

(一)年金概念

以上论及的终值和现值，都是以单笔资金为分析对象，单笔资金的概念与年金的概念是不同的。所谓年金(annuities)，是指在一个特定的时期里，每隔一段相等时间就有一笔相等金额的收入或支出。年金在经济生活实践中的运用范围较广，如采用直线法的折旧以及租金、利息、保险金、工资、养老金、分期付款信贷协议等，通常都是采用年金形式进行货币收付。

年金有两种类型：一类是收入或支出发生在期末，称普通年金(an ordinary annuity)，这是典型的年金形式；另一类是收支发生在期初，称即付年金(an annuity due)，如房租的支付通常就采用即付年金的形式，即租房合约一旦签订，首期租金就要支付。

如果某个年金会无限期地延续下去，称作永续年金(perpetual annuities)。财务状况非常稳定的大公司会发行一种定期支付股息的优先股，股息率是固定的，又没有到期年限。这种优先股派发的股息也可看作是一项永续年金。

某种年金每隔一段相等的时间就会发生一笔收入或支出，但每期的金额并不相等，这可称为"变额年金"。这类年金又可分成三种：(1)等差变动的年金，这实际上是一个等差数列；(2)等比例变动的年金，包括递增等比数列和递减等比数列；(3)不规则变动的年金。这几类变额年金按首期收支发生的时间，又有期末和期初的区别。

还有一类递延年金(deferred annuities)，这是指第一期年金发生在事项已经出现后若干时间的 n 期。根据年金的金额是否相同，它又可分为等额递延年金和变额递延年金。

(二)年金的原理

年金是商业人寿保险公司销售的一种投资产品，它可以在一定时期内周期性地(通常按月)给客户提供一系列的支付额。将年金纳入退休计划是客户更积极地为自己规划未来退休生活的一种有效措施。客户购买年金，实质上是与人寿保险公司签订了一个长期合同来管理自己的资金，通常可以用来避免因通货膨胀等因素造成的未来支付能力的损失，为客户将来的退休生活提供一定的辅助收入。因此，如何选择年金投资使其保值增值，就是一个重要问题。

从某种意义上说，年金可以看作是一个反向的人寿保险。正如我们在后文保险计划中提到的，人寿保险是一种系统的资产积累程序，通过这种程序客户可以在一定程度上规避早逝给家庭带来的财务风险。相反，年金是一种系统化地分摊资产的程序，通过这种程序客户可以在一定程度上规避长寿可能带来的经济困难。客户为了购买年金而支付保费的期间称为累积期，保险公司向客户支付年金的期间相应称为支付期。

就一个纯粹的养老年金而言，保险公司承诺每月向客户支付一笔金额，直到该客户去世为止。客户从这种年金中获得的分配可能有三种情况：本金返还、利息收益或年金保单余额。其中，本金是由年金购买者在累积期内支付的保费构成，利息是客户从所支付保费积累的资金中获得的收益，而年金保单余额则是在客户去世之前用来支付给客户的本金和利息。保险公司通过对死亡率和投资回报率的判断，可以计算出针对特定年龄层客户的具体支付额，并且这种支付额不会使保险公司因为支付过度而出现累积资金的枯竭。对客户来说，年金是一种非常安全的投资方式。

(三)年金的终值

年金的终值(future value of an annuity)是指一系列金额相等的定期收入或支出的终值之和。即若每年等额的流入(流出)量为 A，每年利率为 i，共 n 年，则 n 年的现金流量总和折算到 n 年末，为现金流量的终值，用符号 F_a 表示。年金计算可以分为年金终值计算和年金现值计算。

一般来说，每年的年金现金流的利息也具有时间价值，故此，年金终值和现值的计算通常采用复利形式。按年金等额发生量发生时间的不同，可分为期初年金和期末年金。现在介绍一下年金终值的计算。

1. 即付年金终值

每年年初发生等额的现金流量 A，利率为 i，则 n 年的现金流量按复利计算的和称为即付年金终值。各年现金流的终值如表 1-3 所示：

表 1-3 复利期初年金的各年现金流终值

1 年初	2 年初	…	$(n-1)$年初	n 年初
$A(i+1)^n$	$A(i+1)^{n-1}$	…	$A(i+1)^2$	$A(i+1)$

则
$$F_a=A\frac{(1+i)[(1+i)^n-1]}{i}$$

上式中$\frac{(1+i)[(1+i)^n-1]}{i}$称为即付年金本利和系数。如某个客户在未来 10 年内能在每年年初获得 1000 元，年利率 8%，则 10 年后这笔年金的终值为：

$$1000\times\frac{(1+0.08)[(1+0.08)^{10}-1]}{0.08}=15645.49(元)$$

2. 期末年金终值

每年年末发生的等额现金流量为 A，利率为 i，则 n 年的现金流量按复利计算的和称为期末年金终值。各年现金流的终值如表 1-4 所示：

表 1-4 复利期末年金的各年现金流终值

1 年末	2 年末	…	$(n-1)$年末	n 年末
$A(i+1)^{n-1}$	$A(i+1)^{n-2}$	…	$A(i+1)$	A

则
$$F_a=A\frac{(1+i)^n-1}{i}$$

上式中$\frac{(1+i)^n-1}{i}$称为期末年金本利和系数。如某客户在未来 10 年内能在每年期末获得 1000 元，年利率 8%，10 年后这笔年金的终值为：

$$1000\times\frac{(1+0.08)^{10}-1}{0.08}=14486.65(元)$$

（四）年金现值

将每年等额的现金流量 A 按一定贴现率折算到现在，称为年金现值(present value of an annuity)，它是年金终值的逆运算。按年金等额发生量发生时间的不同，可以分为期初年金现值和期末年金现值，贴现率通常采用复利形式。年金现值用符号 P_a 表示。

1. 复利期初年金现值

每年年初发生等额的现金流量 A，利率为 i，则 n 年的现金流量按复利计算的现值和称为复利期初年金现值。各年现金流的现值如表 1-5 所示：

表 1-5 复利期初年金的各年现金流现值

1 年初	2 年初	…	$(n-1)$年初	n 年初
A	$A/(i+1)$	…	$A/(i+1)^{n-2}$	$A/(i+1)^{n-1}$

则
$$P_a = A\frac{(1+i)^n-1}{i(1+i)^{n-1}}$$

上式中$\frac{(1+i)^n-1}{i(1+i)^{n-1}}$称为期初年金现值系数。如某客户在未来10年内能在每年期初获得1000元，年利率8%，则这笔年金的现值为：

$$1000\times\frac{(1+0.08)^{10}-1}{0.08\times(1+0.08)^{10-1}}=7246.89(\text{元})$$

2. 复利期末年金现值

每年年末发生等额的现金流量A，利率为i，则n年的现金流量按复利计算的现值和称为复利期末年金现值。各年现金流的现值如表1-6所示：

表1-6 复利期末年金的各年现金流现值

1年末	2年末	…	($n-1$)年末	n年末
$A/(i+1)$	$A/(i+1)^2$	…	$A/(i+1)^{n-1}$	$A/(i+1)^n$

则
$$P_a = A\frac{(1+i)^n-1}{i(1+i)^n}=A\frac{1-(1+i)^{-n}}{i}$$

上式中$\frac{1-(1+i)^{-n}}{i}$称期末年金现值系数。如某客户未来10年内在每年期末可获得1000元，年利率8%，则这笔年金的现值为：

$$1000\times\frac{1-(1+0.08)^{-10}}{0.08}=6710.08(\text{元})$$

（五）年金分类

年金按照不同的标准（如保费支付方式、收入处置方式以及收益计算方法等），可以分为各种类别。下面，我们对这些不同的类别逐一进行简要的介绍。

1. 一次付清保费年金和分期支付保费年金

客户在购买年金时可以通过两种方式支付保费，一种是一次性付清所有的保费，另一种是通过分期付款的方式支付保费。前者称为一次付清保费年金，目前在许多国家非常流行，不仅可以为客户的退休生活带来一笔稳定的收入，且在税收方面有许多吸引投资者的优惠条款。大部分客户虽然是通过一次付清的方式购买年金，但仍然有部分客户愿意通过分期付款的方式来购买，即所谓分期支付保费年金。在这种年金中，客户首先支付一定的首期保费，以后每月或每季支付分期保费。客户可以选择首先支付较高的首期保费，然后分期支付较低数额的分期保费；或者首先支付较低的首期保费，然后分期支付较高数额的分期保费。此外，还有一种结合上述两种年金特点的弹性年金。在弹性年金中，客户首先支付一笔较大数额的首期保费（这一点与一次付清保费年金非常相似），此后，客户可以选择是否继续追加投资。

2. 无退款终身年金、最低保证年金、定期年金和限期给付生存年金

所有的年金都需要遵循“当前支付、今后收益”的基本原则，客户可以利用年金来满足他们的未来现金需要，同时还可以获得显著的税收优惠。年金的发放可以采用多种形式，比如一次性支付，或在一定期间内，如指定期限直到死亡等分期支付。按年金的发放方式又可将年金分为无退款终身年金、最低保证年金、定期年金、限期给付生存年金等类型，下面分别予

以介绍。

在无退款终身年金中,客户会在其生存年限(也许是 1 年,但也有可能是 50 年)中获得某一特定金额的年金收入,一旦客户死亡,其家庭将得不到任何退款。在所有的年金类型中,无退款终身年金是月支付额最高的一种。因为,保险公司在客户死亡之后不必向客户的继承人退还年金的本金。无退款终身年金并不是一种很流行的年金形式,缘由是大多数客户并不希望如果自己在退休之后不久去世,所有的资金都付诸东流。

最低保证年金正是为了克服无退款终身年金的缺陷而产生的,有两种基本类型:最低年限终身年金和退款年金。在这两种年金中,客户都需要指定一个受益人,这样在客户死亡后,就可以让受益人继续获益。在最低年限终身年金中,客户可以在其生存期限内按月获得一定数额的收入,即使客户已经死亡,保险公司都必须满期支付到约定的最低年限(如 5 年或 10 年)。这样,即使客户在刚开始得到年金支付时就先行死亡,其受益人也可以在约定的年限中继续获益。而在退款年金中,如果客户死亡,保险公司必须按月向指定的受益人退款,直到年金的总购买价格退还完毕为止。

定期年金是保险公司在特定的年限内按月向客户支付特定余额收入的一种年金。例如某客户购买了一项期限为 10 年的定期年金,保险公司则需要在客户退休之后连续支付 10 年,不论客户是否已经死亡。定期年金可以用来满足客户在某一特定时期的现金需要。例如,某个 50 岁的残障客户选择期限为 10 年的定期年金,他就可以在 60 岁开始有社会保障收入之前,获得一项比较稳定的现金收入。

限期给付生存年金与定期年金十分相似,不同的是限期给付生存年金只有在客户在世的情况下才予以支付。如上一例中的残障客户在 62 岁时死亡,保险公司将停止年金的支付。正是由于限期给付生存年金的收益权不可以转移,因而其每月的年金支付额比定期年金要高。这个特点决定了它比较适合那些没有受益人的客户,出于与无退款终身年金相同的原因,该年金并非广泛使用。

3. 定率年金和可变年金

当客户将资金投入年金中后,保险公司会代替客户进行各种投资,这就好比客户将资金投入共同基金中,客户可借此获得一定的回报。按照回报计算方式的不同,可以将年金分为定率年金和可变年金。

在定率年金中,保险公司在确保客户本金安全的同时,还保证向客户支付不低于某一最低利率的回报。这一最低利率通常比签订年金购买协议时的货币市场利率稍高一些。定率年金的价值不受市场利率的影响,客户的本金永远是安全的。总的来说,定率年金是一种保守的、低风险的年金产品,比较适合那些比较保守的客户,他们往往对投资的安全性和每月现金流的稳定性有较高的要求。

与定率年金不同,可变年金作为一种投资方式,它的特性介于股票、债券与货币市场基金之间,同时又可以提供一定的税收优惠。在可变年金中,客户最终获得的支付额,随着保险公司投资收益率的变化而变化。客户的收益甚至本金价值都是不确定的。当市场指数上涨时,可变年金可以让投资者获得较高的收益率;当指数下滑时,客户可能会遭受巨大的损失。可变年金的回报率,在很大程度上取决于市场的整体表现,客户承担这种相对较高的风险,也使其总是要求获得比定率年金更高的收益率。客户的月收益状况往往不如预期的那样好。当然,客户在风险面前也并非无能为力,他们可以通过调整高低风险投资的比例来控制风险高低。此外，保险公司在某些情况下，还向客户提供转换为定率年金的机会，客户可以根据自己的判断作出选择。

4. 永续年金

永续年金又称“永久年金”，是一种特殊形式的年金，没有期限，收益的期数永远继续，是永久性质的年金。与一般年金性质的合约相比，永续年金性质的合约较为少见。英国政府曾发行过一种永远公债，它没有到期日，作为发行者的政府不承担归还本金的义务，但承诺定期支付固定数额的利息，直到永远。在美国，优先股是典型的永续年金的例子，即发行公司每年向优先股股东支付固定数额的股息，而且这种承诺是无限期的。除此之外，永续年金的现金流形式在不动产交易中也经常用到。

永续年金的终值是发散的，终值无穷大或者说没有终值。永续年金的现值是收敛的，有极值。根据期末年金现值公式 $P_a=A\frac{1-(1+i)^{-n}}{i}$，当 $n\rightarrow\infty$时，则：

$$P_a=A\lim_{n\rightarrow\infty}\left[\frac{1-(1+i)^{-n}}{i}\right]=\frac{A}{i}$$

因此，永续年金的现值就是每期年金数额除以贴现率。

5. 递延年金

递延年金是指第一次年金发生在 m 年以后的 n 次年金。在 m 年后的每年末发生的等额年金，称为期末递延年金；m 年后的每年初发生的等额年金，称为期初递延年金。

(1)期末递延年金现值。如在第 m 年以后的每年末发生等额年金为 A，利率为 i，则 m 年后的 n 年的现金流量现值和称为期末递延年金现值。

如果贴现率为复利，期末递延年金现值可以用复利期末年金现值公式将 n 次支付(收入)折现到第 m 年末为：$A\frac{1-(1+i)^{-n}}{i}$，再从第 m 年末折到现在时刻的现值为：

$$P=A\frac{1-(1+i)^{-n}}{i(1+i)^m}$$

(2)期初递延年金现值。如在第 m 年以后的每年初发生等额年金为 A，按利率 i 贴现，则 m 年后的 n 年的现金流量现值之和，称为期初递延年金现值。

如贴现率为复利，期初递延年金现值可以用复利期初年金现值公式将 n 次支付(收入)折现到第 m 年初为：$A\frac{(1+i)^n-1}{i(1+i)^{n-1}}$，再从第 m 年初折现到现在时刻的现值为：

$$P=A\frac{(1+i)^n-1}{i(1+i)^{n-1}(1+i)^m}$$

(六)年金的来源与成本

年金通常是由人寿保险公司管理的，人寿保险公司是销售年金的主渠道。此外，年金还可以通过股票经纪人、互助基金管理公司、银行和理财规划师等渠道获得。

年金作为一项投资，同样是有交易成本的，客户购买年金时应当充分考虑决定年金交易成本的各种因素，如年金的期限、年金开始交付的时间、年金支付的方式、生存年限的保障时间以及客户的性别等。通常，女性所承担的交易成本要比男性高，主要是因为女性的寿命往往比男性长。此外，值得注意的是，年金与互助基金一样需要缴纳某些管理费用和维持费用，这些费用最终都会降低客户的回报率，并抵消部分税收递延带来的收益。另外，大多数的年金还要收取高额的提前撤销违约金，这意味着客户在选择退出表现较差的年金时必须承担额外的损失。以上这些费用结合在一起，构成了年金的交易成本，它是个人年金投资决策时必须加以考虑的重要因素。见表 1-7、1-8、1-9。

除以上产品以外，目前还有集合理财和信托产品，都是募集资金后，由专业机构进行投资，前者的投资对象是债券、股票或货币市场产品，后者一般用于已完工且投入经营的基础设施等项目。投资人要综合考虑自己的投资目标、风险承受能力、预期收益、资金量大小等因素，合理配置资产，积累投资理财经验，并借助银行、基金公司等专业机构的力量，不断实现资产的保值增值目标。

表 1-7 金钱的时间价值换算表(压缩表)

A. 1 元的未来价值

年	比例				
	5%	6%	7%	8%	9%
5	1.276	1.338	1.403	1.469	1.539
6	1.340	1.419	1.501	1.587	1.677
7	1.407	1.504	1.606	1.714	1.828
8	1.477	1.594	1.718	1.851	1.993
9	1.551	1.689	1.838	1.999	2.172
10	1.629	1.791	1.967	2.159	2.367

B. 年系列存款的未来价值

年	比例				
	5%	6%	7%	8%	9%
5	5.526	5.637	5.751	5.867	5.985
6	6.802	6.975	7.153	7.336	7.523
7	8.142	8.394	8.654	8.923	9.200
8	9.549	9.897	10.260	10.637	11.028
9	11.027	11.491	11.978	12.488	13.021
10	12.578	13.181	13.816	14.487	15.193

C. 1 元的现值(单一金额)

年	比例				
	5%	6%	7%	8%	9%
5	0.784	0.747	0.713	0.681	0.650
6	0.746	0.705	0.666	0.630	0.596
7	0.711	0.665	0.623	0.583	0.547
8	0.677	0.627	0.582	0.540	0.502
9	0.645	0.592	0.544	0.500	0.460
10	0.614	0.558	0.508	0.463	0.422

续表

D. 年系列存款的现值(年金)					
年	比例				
	5%	6%	7%	8%	9%
5	4.329	4.212	4.100	3.993	3.890
6	5.076	4.917	4.767	4.623	4.486
7	5.786	5.582	5.389	5.206	5.033
8	6.463	6.210	5.971	5.747	5.535
9	7.108	6.802	6.515	6.247	5.995
10	7.722	7.360	7.024	6.710	6.418

表 1-8　在不同利率下,1000 元的投资基金在不同年份的价值(总和终值)

年度净收益率(复利)	1000 元的投资年限							
	5	8	10	12	15	20	25	30
3	1159	1267	1344	1426	1558	1806	2094	2427
4	1217	1369	1480	1601	1801	2191	2666	3243
5	1276	1478	1629	1796	2079	2653	3386	4 322
6	1338	1594	1791	2012	2397	3207	4292	5744
8	1469	1851	2159	2518	3172	4661	6484	10064
10	1611	2144	2594	3138	4177	6727	10835	17449
15	2011	3059	4046	5350	8137	16367	32919	66212

表 1-9　不同利率、不同年份每年投资 100 元的价值(年金终值)

年度净收益率(复利)	每年投资 100 元的投资年限							
	5	8	10	12	15	20	25	30
3	531	889	1146	1419	1860	2687	3646	4758
4	542	921	1201	1503	2002	2978	4165	5608
5	553	955	1258	1592	2158	3307	4773	6644
6	564	990	1318	1687	2328	3679	5486	7906
8	587	1064	1449	1898	2715	4576	7311	11328
10	611	1144	1594	2138	3177	5728	9835	16449
15	674	1373	2030	2900	4758	10244	21279	43474

最近几十年来,年金保险产品销售额在国外保险公司总营业额中的比例有了显著上升。这种变化在很大程度上源于客户的退休财务策划。此外,很多国家在年金税收上的优惠也吸引了大批投资者。

第四节 金融市场

金融市场是未来财经工作人员活动的主要舞台，要想成为一个优秀的财经工作人员，为客户提供优质的理财服务，必须对金融市场与金融制度有较为深刻的了解。基于以上认识，本节简要介绍中国的金融市场体系。

一、金融市场的要素构成

（一）金融市场的主体

金融市场的主体即金融市场的参与者。主要指政府、个人/家庭、企业、金融机构、中央银行和其他中介机构。它们参与金融市场交易的动机是多样化的，而目的也并非一成不变，具有相当的可变性；其目的往往也非单一的，而是同时具有双重甚至多重目的。

1. 政府

政府是一国金融市场的最高管理者，又是主要的资金需求者，在货币市场和资本市场都是发行主体。政府管理者的身份主要是通过银监会、保监会、央行制定金融政策，实施宏观调控来得以实现。在国际金融市场上，政府的资金需求者身份有所改变。在美国，地方政府也大量发行债券。在中国，则只有中央政府才可以发行国债，即使地方政府有特殊需要发行债券，也只能附着于中央政府的债券发行。

政府部门通过金融市场，发行政府公债来筹集资金调节财政收支，或用于基础设施建设，支持国有企业、公用事业发展等“资本性支出”。政府还是金融市场上重要的监管者和调节者，为维护交易主体的利益，保证正常的交易活动进行，政府要制定相关的法律法规。政府对金融市场的监管，主要是授权给监管机构，并向金融市场施加经常性影响；作为调节者主要通过公开市场业务来调节货币流通量。

2. 个人/家庭

个人/家庭是金融市场上重要的资金供给者，是各类金融工具的主要认购者和投资者。他们将日常结余收入用于购买金融资产，执行投资理财计划，来实现个人财富的保值和增值。同时，他们还会以预期收入为支撑，借入资金购买房地产、耐用消费品等满足当期需求，从而谋求在跨期消费中获得最大效用。

个人参与金融交易还有投机、套利、避险等目的。个人既持有银行存款、股票、债券、保险等，又通过消费信贷等获得资金融通。个人收入与投资多元化和分散性的特点，使其投资者和资金供给者的身份具有一贯性，使金融市场具有广泛的参与性和聚集长期资金的功能。

3. 企业

从世界上任何国家和地区来看，企业都毫无例外地是经济活动运行的基本实体，是金融市场运行的基础。现代企业的重要特征是投资主体的多元化，是资本联合的重要形式。这个资本联合的过程必须通过金融市场实现。从法律形态看，企业主要有独资企业、合伙企业和公司三种组织形式。

企业因从事商品生产和金融市场紧密联系在一起。企业生产经营过程中发生的资金余缺，必须通过金融市场进行融通。企业既是金融市场中主要的资金需求者，又是重要的资金供给者。企业生产经营过程中的现金流入、流出,及在时间和数量上的不一致,有时会出现资金短缺或资金闲置。企业为解决资金不足,就需要从金融市场筹集资金,用于短期的资金周转或满足技术改造、新产品开发、扩大经营规模等中长期的资金需求。企业的经营资金闲置时,则将其投入金融市场,以获取投资收益。企业也可以出于投机、套利、避险等目的进行金融交易。

4. 金融机构

金融机构是金融市场的主要组织者和参与者,为此向政府、企业和个人提供各种金融服务。金融机构参与市场交易的目的多种多样,如赚取资金借贷利差,赚取交易佣金,获取金融工具买卖价差等。

金融机构在金融市场上主要提供以下服务:(1)将最终借款者的债务转换成更容易为投资者接受的资产,形成自己的负债;(2)代理业务,代客户买卖金融资产;(3)自营业务,为自己的账户买卖金融资产;(4)发行业务,协助发行人创造金融资产,并将这些金融资产销售出去;(5)为客户提供投资咨询和其他中介业务;(6)管理其他市场参与者的投资组合。

5. 中央银行

中央银行是较为特殊的非利益驱动的交易者,有行为主体和监管主体的双重身份。其目的主要是借助金融市场上的操作,来吞吐基础货币或干预市场价格的波动,同时对其他金融市场主体的经济行为产生影响,以实现宏观调控的目标。当金融机构面临技术上的清偿危机时,中央银行也可能充当最后的贷款人。

6. 其他中介机构

广义上的金融市场参与者,还包括为市场活动提供各类专业性服务的机构,如会计师事务所、律师事务所、理财师事务所、资产评估事务所、证券评级机构、清算机构、登记机构等。

金融市场主体的数量、结构和素质等,对金融市场的发展状况及水平具有决定性意义。

(二)金融市场的客体

金融市场的客体是指金融市场的交易对象或交易的标的物,一般指债券、股票、外汇、票据、金融衍生品等金融工具。

金融工具有利于明确界定交易双方的权利和义务,保护双方的权益,在心理上获得较高的安全保障。金融工具由市场定价,其价格反映着由社会经济环境和债务人自身经济实力决定清偿的可能性,有利于交易者在追求盈利和保障安全之间权衡和选择。金融工具与实物资产相比,有着较大的流动性优势,能够降低交易成本,且更具有可分性,有利于引导资源的有效配置和使用。一般而言,金融工具的品种丰富和数量增多,是金融市场发达的重要标志。

各种金融工具看上去形形色色,如发行者的身份、发行目的、期限、附着权利和义务、发行方式和交易方式、担保条件等,但概括起来主要有流动性、风险性和收益性三方面差异。金融市场的交易主体需要根据自己的评估和偏好,在三者间进行权衡,以寻求最佳组合。

(三)金融市场的价格

价格机制是金融市场运行的基础,金融产品的交易价格与交易者的实际收益直接相关,是关注的焦点。不同的金融工具具有不同的价格,表现为利率、证券价格、汇率、黄金价格等,其变化趋势受众多宏观和微观因素影响,也是这些宏观与微观因素变量的综合反映。

金融市场不可或缺的构成要素还有:①市场设施,包括有形市场如证券交易所的种种设施及无形市场的各种通信设施;②市场管理机构,负责制定交易规则并监督执行。

二、金融机构

(一)金融机构的作用

在金融市场上,金融机构有下列积极作用:

1. 提供期限中介

金融是资金盈余者与资金赤字者间的资金融通。但融通双方可能在期限上无法达成一致。如个人有短期、小额的资金闲置,而企业却需要时间相对较长、金额相对较大的资金投入。如没有金融中介机构(如银行)的参与,融资行为就难以顺利发生。银行介入后就可以吸收短期存款,发放长期贷款,借此降低企业长期贷款的成本。

2. 分散和减少风险

普通投资者可通过资产多元化来分散和化解风险,但在盈余有限的情况下,分散投资必须支付较高的交易成本。如购买金融中介机构发行的金融资产,就可以降低成本以分散风险。

3. 降低订立合同和处理信息的成本

由于信息不对称,投资者如要融出资金,必须要充分地搜集、整理信息,有效地选择借款人,防止出现逆向选择。选择了借款人后,又必须签订完备的贷款合约,防止出现道德风险。这种成本是高昂的,投资者甚至会因此而望而却步。金融中介机构因规模经济等原因,可以有效地降低此类成本。

4. 提供支付机制

由于银行的出现与发展,支付制度发生了巨大的变化,银行创造的支票结算和信用卡发行,极大地改变了我们的生活。

(二)存款性机构

金融机构可划分为存款性机构与非存款性机构两大类。前者是通过吸收存款而获取可利用资金,并将其贷给需要资金的经济主体及投资证券等,以获取收益的金融机构。它们是金融市场的重要中介,也是套期保值和套利的重要主体。主要包括:

1. 商业银行

商业银行是银行体系的主体,是以经营存款、放款为主要业务,唯一能吸收存款货币的金融组织。传统银行主要靠吸收活期存款这种短期资金来源,并主要从事短期的商业性放款业务,故被称为“商业银行”。

2. 储蓄机构

储蓄机构在金融服务业中的重要性仅次于商业银行,主要功能是鼓励私人储蓄并通过抵押贷款的方式,提供建房、买房与消费信贷融资。储蓄信贷协会和储蓄互助银行的资产主要是长期的房地产抵押贷款。

3. 信用合作社

信用合作社是一种合作金融组织。信用社由社员拥有,社员的存款被作为股份,支付给社员的收益不是利息而是股利。

(三)非存款性机构

非存款性金融机构是以吸收存款之外的方式筹集资金的金融中介机构。主要包括:

1. 保险公司

保险公司是经营保险业务的金融组织，既具有经济补偿功能又有投资功能。在金融市场的功能主要是供应资金并防范风险，主要投资于风险较低且流动性较好的金融工具，如政府债券等，股市、不动产市场也对保险资金相继开放。

2. 养老基金

养老基金是指雇主和职工为职工退休后的养老生活进行储蓄而形成的基金。这里的养老基金是指养老基金组织利用所筹措的养老基金进行各种投资，主要投资于长期公司债券、绩优股和发放长期贷款。

3. 投资基金

这是一种汇集不同投资者的资金，交由专家管理，主要投资于股票、债券等各种有价证券或投资于实业，获得收益后由投资者按出资比例分享的投资组织形式。

4. 投资银行

目前，投资银行在金融市场中越来越成为重要的中介组织。传统的投资银行与现代投资银行已有了很大区别。前者只是证券公司(券商)，主要进行证券的承销和自营；后者则可以称为“金融百货公司”，专门从事各种方式的金融活动。

5. 其他金融机构

金融市场上还有其他金融机构，如租赁公司、小额贷款公司、财务公司(金融公司)及各种政策性的金融机构等。

第二章　投资理财

投资理财目前已经成为社会的热点话题，在谈论众多的投资理财工具之前，首先需要对投资理财的一般状况等予以较为深入全面的说明。本章谨对此作出相应的探讨。

第一节　投资理财基础

一、个人理财的提出

个人理财应该是一个标准化的程序，具体包括建立和界定与客户的关系、收集客户的财务数据并判断客户的财务目标与期望、分析客户当前的财务状况，最终提出理财方案、执行理财方案及监督理财方案的执行。为此，要求金融理财的从业人员，应该是受过严格培训并取得相应水平证书的专业人员。

面对快速发展和急剧变化的社会经济状态，人们对整个人生周期的不确定性表示担忧，甚至出现恐惧心理，对个人理财的需求开始显现出来。中国经济景气监测中心公布的一项调查结果表明，就全国范围看，约有 70%的居民希望得到理财顾问的指导。国外的大量调查也表明，在没有得到专业人员的指导和咨询时，几乎百分之百的人一生中损失的个人财产从 20%到 100%不等。如何解决在经济发展和国民财富增长之后的理财问题，已成为当前国人生活的一件大事。

理财规划涉及保险、投资和风险管理、税务策划、退休计划及员工福利等诸多方面，以确保客户资产的保值与增值。理财师运用专业知识帮助客户在其可接受的风险范围内进行有效、合理的设计，从而使客户获得理想的回报，是客户与复杂的金融产品之间的中介。理财师的工作是和金钱打交道，设计合适优化的资金管理方案，又被称为“金钱设计师”。

与金融产品和投资型实体产品相比较，以理财咨询顾问机构、法律咨询机构和理财媒体为代表的“第三方”综合理财服务机构，形成了市场上冷静而不甘寂寞的“后起之秀”。除了独立于任何金融机构的理财咨询机构外，不少理财媒体如《理财周刊》、《卓越理财》等如雨后春笋般地纷纷现身，理财博览会也在大张旗鼓地举办。网络媒体对理财市场的关注，则体现了更强的参与性和互动性，各种理财频道的强势推介和现场讲座吸引了不少眼球，相关网络作为理财媒体和理财咨询顾问的双重资质，使其推广活动和理财讲座更具理论深度和实战操作指导价值。

二、确定合理的投资规模

投资规模是投资人计划投入资金的数量，具体可分为项目总投资规模、年度投资规模、实际投资规模等。投资目的是为了获取利润，利润是在收益减去成本的基础上形成的。确定合理的投资规模时，不能为了投资而投资，单纯追求投资数量的多少，应该把成本、收益、利润等因素综合起来考虑。

投资并不是规模越大越好。从投入和产出的关系看，规模收益的变化存在着三种情形：规模收益递增，即产出增长率大于投入增长率；规模收益不变，即产出增长率等于投入增长率；规模收益递减，即产出增长率低于投入增长率。比如，房地产投资是在土地上投资，土地收益的变化同样存在着以上三种情形。房地产投资的合理规模不是第一种情形形成的，而是要加大投入，扩大投资规模。当边际收益等于边际成本时，规模收益达到最大，实现利润的最大化，此时的投资规模应是最佳。

上述理论对于投资者确定合理的投资规模有重要作用。但在现实生活中不一定完全可行。投资是分项目进行的，很难在同一项目上达到边际收益等于边际成本的状态。对每个项目来说，较为现实的合理投资规模选择是：在确保既定目标实现的前提下，通过降低成本，缩短投资周期，回避、排除和转嫁风险等途径尽量减少投资。

三、个人生涯与理财

基于理财目标的不同，各个生命阶段的特点往往可以影响人们对理财工具的选择和理财组合的选择：

（一）单身期

单身期指从参加工作至结婚的这段时期，一般为 2～8 年，年龄大致为 22～30 岁之间。个人在这一时期刚刚迈入社会参加工作，大多有了自己独立的收入，尽管收入水平一般不高，但因没有太多的经济负担，可支配收入较多。单身期的个人大多具有以自我为中心的消费倾向，其消费性开支较大。这一时期又往往是家庭资金的原始积累期，个人进修求职、结婚成家、就业创业等，成为这一时期个人的主要理财目标。因此，这一时期的个人应该是积极寻找高薪职位并努力工作，此外也要广开财源，尽量每月都能有部分结余参与小额投资，尽可能多地获得财富，同时为今后的理财积累经验。这一时期的个人风险承受能力最高，个人理财投资策略中，风险资产比重也应占据投资组合较大的比例。

（二）家庭形成期

家庭形成期指从结婚到新生儿诞生的这段时期，一般为 1～3 年，这时个人的年龄一般为 24～35 岁之间，家庭初始组建，伴随子女的出生，经济负担加重。双薪家庭的经济收入有了一定的增加且生活开始走向稳定。这个阶段的家庭，尽管财力仍不是很强大，但呈现出蒸蒸日上的趋势。而这一时期又是家庭的主要消费期，购房、子女教育等往往成为个人的主要理财目标。家庭最大的支出一般为购房建房，对此应仔细规划，使月供负担能够在自己的经济承受范围之内。另外，此时开始考虑准备高等教育费用，以减轻子女接受高等教育时的资金压力。同时，这一时期的个人风险承受能力较高，但低于单身期的个人风险承受能力，个人理财投资策略中，风险资产的比重仍应占据投资组合的较大比例，但小于单身期的投资比例。

（三）家庭成长期

家庭成长期指子女出生到子女完成大学教育的这段时期，一般为 18～22 年，这时个人的年龄一般为 25～45 岁之间。这一时期，家庭成员不再增加，整个家庭成员的年龄都在增长,经济收入增加的同时花费也随之增加,生活已经基本稳定。随着子女的自理能力增强,父母精力充沛,又积累了一定的工作经验和投资经验,投资能力大大增强。但子女上大学后,由于高等教育支出的增加,家庭支出会有较大幅度上升。这一时期,保健医疗、子女教育等成为个人的主要理财目标。同时,这一时期的个人风险承受能力适中,个人理财投资策略中,应选择风险资产与无风险资产比重的投资组合。

(四)退休前期

退休前期指子女参加工作到个人退休之前的这段时期,一般为10～15年,这时个人的年龄一般为43～63岁,家庭已经完全稳定,子女已经济独立,家庭收入增加,支出减少,资产逐渐增加,负债逐渐减少。此时个人的事业发展一般处于巅峰状态,但身体状况开始下滑。这一时期,扩大投资、准备养老金等成为个人的主要理财目标。同时,这一时期的个人风险承受能力下降,个人理财投资策略中应适当降低风险资产的比重,获取更加稳健的收益。

(五)退休期

退休期指退休后到死亡的这段时期,个人的年龄一般为55～63岁以后。进入退休期,个人肩负的家庭责任减轻,锻炼身体、休闲娱乐是生活的主要内容,收支情况表现为收入减少,而休闲、医疗费用增加,其他费用降低。这一时期,个人的主要目标是安度晚年,享受夕阳红,并开始有计划地安排身后事,医疗保健等成为个人的主要理财目标。同时,这一时期的个人风险承受能力较低,对资金安全性的要求远远高于收益性,资产配置上要进一步降低风险资产的投资比例。

四、银行推出个人理财业务

(一)商业银行投资理财业务的一般状况

商业银行理财业务在国内是一项新兴业务,也是当前商业银行致力开办的一项业务,各家银行都希望站在一个较高的立足点上,使自己能够走得更靠前一些。要想站得高、走得远,银行首先应该了解目前国内理财业务的客户以及潜在客户,对理财业务有足够的认知,然后再进行准确的定位,这样才能在众多的竞争者中脱颖而出,抢得这个新兴业务的制高点。

在较长一段时期内,中国居民的收入水平较低,理财观念也较为保守,金融机构的理财业务开展也相对滞后,加上政策上的限制,理财产品和服务还较为缺乏,因此,不管是国内居民,还是银行的大部分工作人员,他们对于理财业务的认知程度都还比较浅,具有局限性,观念中的理财业务和发达国家金融机构开展的理财业务,还有较大的差异。

(二)商业银行投资理财业务的一般事项

商业银行在开展理财业务时,需要花更多的工夫在以下几点:

1. 提供专业的咨询服务

理财服务并非单纯把本银行开发的某些理财产品强推给客户就算完事,单纯的推销产品是不负责任的,也是一种短视现象,把不适合的产品推销给客户,只会降低客户对银行的信任。比较完善的理财服务应该更注重在“理”上面下功夫。客户接受银行的理财服务常常是因为其缺乏专业知识,银行的理财业务要能体现其专业性,应该要能为客户提供专业的理财咨询服务,为客户设计更适合的、在风险范围内能承受的实现其资产最大化增值的方案。国内个人理财业务中,理财咨询往往是推销理财产品的“附赠品”,这是一种本末倒置,理财服务最核心的产品反而没能获得相应的收益，如此做的后果是降低了商业银行对理财咨询服务改善和创新的动力。所以，商业银行在开展理财业务时，有必要认清这项业务是“销售主导”还是“服务主导”，才能使该业务找到侧重点。

2. 提供更全面和合理的服务和产品结构

目前国内商业银行理财业务的产品大多集中在本外币理财产品、定期存款和本行代销的债券、基金等，产品范围狭窄，加上产品销售的倾斜，这样既使客户的选择受到局限，难以满足其多样化的需求，又难以设计出分散和对冲风险的产品组合。国内商业银行理财手段的局限性，一方面来源于我国政策的限制，银行业的分业经营以及某些金融产品经营上的限制，但另一方面，产品类型少，每种类型中的可选择产品单一，也在很大程度上限制了客户的选择范围。因此，根据政策适时地进行金融创新，不断推出新的产品，以及对各个产品线进行进一步细分，满足各种层次的客户需要是十分必要的。

3. 更注重个性化的全面策划

在个人理财业务发达的国家和地区，银行提供理财产品和服务的多样化，而且具备高素质的个人理财师，能够为客户提供全面的、长期的理财规划服务。个人理财规划一般包括结婚成家规划、证券投资计划、房地产投资计划、子女教育投资计划、保险计划、税务计划、退休养老计划和遗产计划等。理财师与客户深入接触，了解客户的财务目标，为客户制定个性化的财务计划，是个人理财业务成熟的标志。

（三）商业银行投资理财的注意事项

随着私人财富不断累积，私人的消费与投资行为引起的社会金融流量，事实上已经成为金融业务中增长最快的部分。但是长期以来，国内居民的理财意识并没有跟上经济发展和财富积累的步伐，对于如何制定适合自己的财务目标，合理配置储蓄、保险、信托、证券、房产等投资品种上的资金分配，如果缺少专业金融机构的投资建议，而单靠个人常识和经验进行自主投资，要真正规避投资风险，实现资产的保值与增值难度相当大。

现今国内大中城市的中资商业银行推出的理财业务，实际上还较多地停留在业务宣传和一般服务层面上。员工新业务知识贫乏，“个人理财”其实仅是提供普通的金融产品信息资料和商业银行行情等咨询业务，帮客理财和代客理财业务实则无从谈起，这与居民日益多元化的投资需求差距较大，即真正能提供专家理财服务的不多。尽快建立一支熟悉金融、保险、税务、法律、证券投资等方面知识的高素质复合型专业理财员工队伍，为客户提供全面、最佳的个人理财服务，实现资产的增值和其自身利润的最大化，是发展个人理财业务所必需的。

第二节　投资策略

一、多元化的投资策略

投资策略是投资者将自己的资金分散开来同时投向若干处，或同时经营若干种类的商品、广开门路的多元化经营的策略。

(一)多元化投资的长处

多元化投资可以降低投资风险。对投资者来说,激烈竞争瞬息万变的市场,时时处处都充满着"不测风云",没有一块"永远晴朗的天空"。面对这种形势,分散投资的策略正如把鸡蛋分别放在不同的篮子里一样,可以分散风险。

多元化投资便于充分利用已有条件。有时为经营某一项目所准备的条件不一定会被完全利用,如果借助于这些剩余条件再搞个项目,则可以收到事半功倍的效果。如商店可将剩余的营业面积搞快餐和娱乐项目。

银行多元化经营可以使所经营的项目相辅相成。如生产企业常用精工细做的高档产品来扩大声誉,用中档产品赚取利润,用低档产品培训员工。这样不同的项目或产品,各自承担不同的角色,共同演活经营这场"大戏",也便于资金的内部流动。

(二)多元化投资需具备的条件

投资人要有雄厚的资金基础。在投资活动中,因资金不足而功亏一篑的教训屡见不鲜。投资者必须保证在"干一项成功一项"的前提下扩大经营范围,这就要求投资者要有足够的资金。如若捉襟见肘,则将一事无成。

投资人要有较强的自我扩张能力。投资者要扩大经营范围,就等于把自己的脚伸向别人的床铺,有时又属以己所短攻人所长的行业跨越,这就要求投资者不但要有强烈的扩张欲望,而且还要有强大的扩张实力。

(三)多元化投资需注意的事项

扩大经营范围尽管有很多好处,但所经营的项目也要量力而行,否则会顾此失彼,在确定投资范围时要综合考虑人、财、物、时、管理等各种因素。

多元化投资要充分考虑组合风险和各种投资的相关性,所谓相关性,是指各种投资在将来经济形势下的发展趋势的比值。如果各投资项目之间具有"一损俱损、一荣俱荣"的关系,多元化投资便起不到降低风险的作用。只有各投资项目之间具有"此损彼荣"的关系时,才能保证万无一失。

二、家庭理财的投资策略

(一)选择适合自己的投资取向及理财方式

任何投资都存在风险,每个家庭要正确评价家庭成员的性格特点和风险偏好,并在此基础上对自己的投资取向及理财方式作出选择。多设计一些长期规划,选择一些稳健的产品。只有根据收入状况、年龄和预期风险承受能力合理分流资金,使之以不同形式组成家庭或个人资产,才是理财的最好方法。家庭在投资理财的过程中,必须要善于把握经济规律,避短就长,根据家庭成员的实际状况,再结合自身的资金实力,综合考虑自身的职业性质和知识素质,作出对自己和家人最佳的投资选择。

现实生活中很多人对一种投资理念可能烂熟于心,那就是"分散投资"、"东方不亮西方亮",总有一处能赚钱。这也是现在不少人奉行的理财之道。可是实际运用中,不少投资者却反向而行,过分地分散风险,使得投资追踪困难或"分心乏力",专业知识素质跟不上,分析判断不到位,导致预期收益下降甚至出现资产缩水的危险。对于资金量较大的客户来讲,有必要通过资产分散投资以达到规避风险的目的。对资金不多的投资者而言,投资过于分散,收益可能不会最大化。具体操作时,建议集中资金投资于最佳项目中,这就能让有限资金产生的收益实现最大化。各个家庭的实际情况往往不同，在具体投资理财中，应当立足现在，重视长远。一般情况下，投资可以获得收益，但工薪家庭不应将自己所有的资产全部用于投资。

（二）制定合理的家庭理财规划

一个好的家庭理财规划，至少应对家庭经济生活中的几个“宏观”问题妥善考虑，具体是：合理开源，扩大家庭收入，采用各种投资以增加资产的价值；控制预算，提倡节流，减少不必要的支出；全面考虑家庭重要支出事项（如高等教育经费），有效累积大额和长期性的资金；确保家庭财产安全，对家庭资产妥善管理；处理好家庭人际经济利益问题，防患于未然。

（三）储蓄型保险有泡沫，谨慎购买多思量

当前，分红型寿险和投资型寿险占到整个保险品种的绝大多数份额，很多投保者是相中了此类保险具有投资功能，将其当成了储蓄的替代产品。然而，存款利率上调后，这种产品的现金收益率可能会比不上银行，再加上近年来分红保险的实际分红状况并不理想，故此，单纯追求现金收益的投资者，可以将收益低的保险产品转换为收益高的银行储蓄。当然，根据个人的实际情况，投资者也应充分考虑到投资分红型保险的其他保障功能。不要盲目退保，以免出现更大的资金损失。

（四）学会消费理财，以合理的消费来分享升息抑制通胀的成果

利率上调之后，储蓄的人多了，消费的人就少了，一些相对价格较高的商品就会出现价格下跌现象，对通货膨胀会有一定的抑制。作为消费者，在这种时期学会消费理财便会达到“少花钱、多办事”的效果。此外，理财的最终目标是为了生活得更加美好，只有适度消费、提高生活质量才符合理财的初衷，否则，一见利率上涨就只储蓄不消费，这样存下的钱再多也不是科学理财。

（五）理财和投资账户分设

每月收入到账时，应立刻将每月预算支出的现钱单独存放入一个活期储蓄账户中，这个账户中的钱绝不可以用于任何投资。每月收入减去预算支出，等于可以进行投资的资金。建议作预算时，尽可能地放宽松一些，集中于某月支付的大额支付应提前数月列入预算中，剩下的资金才可以存入投资账户。投资账户可分为以下几种：国债账户、银行定期存款账户、证券投资账户、保险投资账户等。只要遵循上述步骤，理财目标也就近在咫尺了。

（六）现金流入和流出记账

对于记账，很多人都觉得麻烦，特别难以坚持，甚至觉得记流水账对自家的财务筹划没有多大意义。其实，家庭记账能使家庭人员对自家的经济收支及其结余情况心中有数，又能使家庭人员本着先收后支、量入为出的原则，有计划地合理安排收支开销，节省费用。通过记账，还能为制订下年度家庭经济收支计划提供参考资料，有利于家庭理财。家庭理财是一门高深的课程，虽然有些人能够无师自通，但也无法避免地会犯一些令自己懊悔不已的错误。大家从记账入手，充分考虑各种风险因素，遵循家庭理财的规则有条理、有计划地支配自有资金，使自有资金的管理规范化，进一步提高资金的使用效率。

三、投资理财法则

（一）投资要量力而行

个人投资法则中最基本的一条，就是要衡量自己实力有多强。它要求投资者在投资前

要对自己正确评估，了解自身潜力、承受风险能力和对投资管理的能力。如果投资者只想到赚钱后的美景，完全不考虑赔钱的后果，将会使投资成为沉重负担，甚至负债累累而终生不幸。

（二）自有资金不足时要学会“四两拨千斤”

所谓“四两拨千斤”就是用举债资金进行投资，也即是对财务杠杆原理的运用，其最大好处是用少数自有资金享受大量的增值收益。自有资金不足的一种策略是“集合小资本联合投资”。它采取联合方式，募集数人的资金，形成小的“共同基金”，交由其中一两个人进行操作，常会有意想不到的投资收益。

（三）不要把所有的鸡蛋放在同一个篮子里

这是一种稳健的投资法则。投资与投机的最大不同在于“戒贪”。它要求投资者把资金分散在股票、债券、房地产、基金或存于银行等多种投资渠道。这可借鉴传统的投资“三分法”，虽然其收益不可能极大化，但可以减弱风险，保证投资者绝不会一无所获。

（四）投资必须快人一步

很多人在风潮一起，就赶快跟随追涨。这自然可以赚上一笔。但想大赚一笔，就必须在市场还没有形成风潮前，先预期到可能发生的变化，事先在低价投资，这就需要先行投资研究，所谓一分心力，一分收获。如冷门投资或冷门生意，常可以风潮一起成为热手货。

（五）投资要顺应市场发展趋势

不论何种投资渠道或投资工具，都有所谓“风潮”，即一般人对某类投资形成一股热潮以后，就会有蜂拥而至的资金，这种潮流不会瞬间即逝，投资操作一定要顺势而为，不可逆势操作。

（六）经济转向景气时买实物资产，景气转衰时买金融资产

社会经济发展存在景气循环周期，不同的循环阶段，对各种资产有不同的投资价值。经济景气时，物价通常会上涨，景气高潮时尤其如此。在经济转向景气时，及时买进房地产、黄金、珠宝饰物等可获较高利润。相反地，当经济转衰，快要走下坡路时，利率已到高水平，赶快买些债券，或存定期存款。

（七）如果自己不行，就把钱交给别人

中国人很难破除“把钱交给别人用”的想法，更难以接受“赚赔的风险要由自己负担”的状况。然而，这正是当代投资的新潮流、新动向。现在，全世界投资渠道、投资工具越来越多样化，多种信息收集要做到准确、全面将更加困难，收集成本也越来越高。个人投资者在市场上很难常立于不败之地。把资金委托给他人，或购买收益凭证，或组建共同基金，也是投资成功的窍门。

（八）长期而言，投资股票一枝独秀

投资学专家研究指出，对股票投资的时间若已经过两个经济循环，即长达十年之久，它将比其他投资方式更为优越，能保证“稳赚不赔”。但这有两个前提条件：一是不买会倒闭的公司股票；二是经济保持一定的增长率。就当前我国的上市公司而言，都是一些国家支柱产业的大公司，一般不会倒闭，而且经济增长速度居于世界一流。所以，对股票作长期投资仍是投资者理想的选择。

（九）房地产：地段重于一切

投资房地产有句名言：“投资好地段的烂房子，比投资烂地段的好房子要好上十倍。”因

为好地段的烂房子,一般会考虑到拆除重建,它的价值不在房子而在地段!而烂地段的房子,则很少有人问津,不少人还嫌好房子贵,使投资者无法脱手。如果钱多一点的话,可以直接投资土地,特别是市区附近的土地,人口增长会使市中心向外拓展,土地可能有翻倍以上的增值。

(十)高收益必然高风险,绝无例外

这是投资学的铁的规律,风险和收益总是呈现正比例存在,它要求投资者有足够的风险防范意识。赚大钱的可能当然存在,血本无归的可能也同样高。对高风险的投资,投入的资金比例一定要比较少,才是稳健的投资行为。

第三节 理财风险与误区

一、投资理财风险

(一)经济循环风险(business cycle risk)

经济有盛有衰,循环不息。经济好景的时候,物业、股票、收藏品、部分期货,甚至贵重金属都会升值。不过经济不好景的时候,揽现钱和债券就更为有利,而股票、物业都会跌价。即是说,经济好景或衰退,都会有些投资升价,有些投资跌价。一个完善理财,自保又出击的组合,应该包括不同的投资项目,在什么情形之下都以自保为先。遇到经济好景,可以把握时机,赚得更多。全部钱投资在容易受经济衰退影响而大幅贬值的项目上,譬如股票和物业,就不是那么理智。分散投资可以减低经济循环风险。

(二)行业风险(industry-wide risk)

有时经济本身好景,但某些行业却越来越低迷。譬如今天的内河航运业,在高速公路、高铁如此发达的今天,无论你何时投资航运业,如何精细策划,勤奋经营等,都逃不过蚀本的厄运。就算行内人专家身份亦一样看不清楚前景而惨败。作为局外人,就更加不好集中投资在该行业。理财三角模式教我们守防攻战,其实就是分散投资,减低风险。

(三)通胀风险(inflation risk)

有时你投资,从数字上看是赚到了钱,但如通货膨胀率高过获利回报率的话,购买能力实际上会有损失。一定要在理财组合里面包括一些专门在通胀期会升值的投资项目。譬如物业、股票、黄金等。一般股票基金都应该在通胀时期升值。其他在组合内的现金存款、债券等可能会出现追不上物价指数的现象。但只要资金作适当的分配,拉上补下,仍然不致有损失。

(四)利率风险(interest rate risk)

利率上升,会打击股票、债券、物业的价值,但理财三角模式却已经将利率风险预计在内。有储蓄存款和外汇存款,亦可以玩期货、期指、沽空游戏,将利率风险减到最低程度。

(五)政府管制风险(government regulations risk)

无论哪种投资或者投机市场,都可能受到政府管制或干扰。譬如我们将全部钱放入银行,突然之间,政府宣布存款管制,一日限提 50 元。存入银行的钱就算十年都未必取得回。这种风险有没有得解救?有,就是分散投资于不同市场,包括作海外投资。

(六)外围风险(overseas countries risk)

风险并不局限于本地政治经济范围,其实全世界没有一个角落绝对安全。如果存外币,一定不可以只存一种,外国亦一样会出现政治经济的动荡。投资外国的物业,或基金或债券,也不要只投资一个国家。如果只是存美元,看着某一时期美元兑所有外币都一路下跌的那种感受,你一定已经深刻地认知了这个风险。

(七)过于集中风险(over conentrate risk)

强调分散投资,将资金作出多种途径安排的重要性。如将资金分成物业、储蓄,买股票、债券,炒期数、外汇等。投资或投机项目不可以太过集中,譬如买股票就不应该全部买入地产股或任何一类股票。最好买入多种不同类型的,以免这个行业衰退时,出现一面倒的蚀本情形。

无论怎样安置钱财,都一样会有风险,应该将每种投资或投机项目潜在的风险作出细心分析,看看有哪些办法可以减低风险,避免损失,分散投资及攻守两备,才是完善的理财之道。

二、理财观念的误区

(一)理财意识淡薄

在目前的中国,大多数人的理财意识比较淡薄,普通居民家庭的生活压力普遍较大,没有太多的财富可供支配。受传统文化和教育的影响,普通民众对于财富的敏感度并不高。在欧美,理财是被放入基础知识中对所有国民进行普遍教育的;而在中国,学校目前尚未开设这样的课程。

很多人认为,理财只是有钱人和金融机构、企业的事,认为家庭和个人只要好好过日子就可以了,不存在理财的问题。这种普遍误区导致的严重后果是,原本不多的财产,在淡薄的理财观念下,没有得到合理的配置,在遇到较大的生活困境时,往往瞬间使得家庭经济形势濒临崩溃。大多数人对理财的长期性和生命周期性认识不足,也容易导致短期行为的发生。

(二)投资渠道单一

这个问题的责任不能完全归咎于普通居民家庭自身的理财观念。由于银行储蓄、国债等业务的风险较低,大多数家庭将绝大多数投资都投放在此类金融产品中,虽然获利较少,但可以保证一定的资金安全。

而对于股票、期货、黄金、保险等金融产品,近几年金融的巨大动荡,加之普通民众对这些产品的认识和信任度不够,也缺乏大规模投资的能力,尽管可能有小股资金的参与,但是通过这些金融产品增加的收入并不多。

(三)忽略自身需要

多数民众对投资理财的目的不明确,很多人之所以参与金融产品投资,完全是一种“随大流”的盲从心态。缺乏对自身需要的充分了解,对金融产品的特点也认识不足,一旦遭遇到投资失败,往往容易丧失对理财的信心。这对科学理财观念的建立本身又构成了一层伤害。

(四)风险防范意识较差

除了谨小慎微、不相信投资产品以外,近些年的普通居民理财呈现另一种极端——高风险态势。很多人因为盲目追求高收益率,幻想通过投资一夜暴富,忽略了对金融产品风险的评估，造成大量资金投入后的损失。

三、投资理财需要健康心态

投资理财往往要经历一个漫长的时间周期，需要有一个长期的规划和打算。对普通投资者而言，应该通过合理的理财计划，使自己现有的财富以合理的速度保值增值。有了正确的目标，才能拥有并保持良好的心态，从而形成正确的理财观念。

勇气是一种精神，只有具有健康心态的人才有勇气。害怕跌倒，永远跑不快。未来的世界变化极快，不论在企业、经济、金融、政治、社会等各层面，必将毫无例外地卷进迅猛发展、快速多变的漩涡。投资理财的环境随之将变得更为复杂。可以预见，未来财富的重新分配也必然会加速进行。规避风险是人类的天性，过去的计划经济形态中，大家可以不冒险，安安稳稳地坐吃大锅饭。如今面对多变的投资环境，不敢冒险反倒成为最大的冒险，人们更需要勇气来面对这个新的投资领域，没有健康、良好的心态，就不会成为一个真正的勇士。

缺乏勇气，害怕风险，使人们迟迟不敢投资，与致富失之交臂。将钱存到银行似乎是很安全的，不需要冒什么风险，但通货膨胀将严重地侵蚀金钱的实际价值。因此，就理财的观点而言，不能一味地规避风险，风险其实没有那么可怕，有风险才有报酬，冒一定风险获得报酬是应当面对的。

培养冒险精神、克服恐惧感，是培养健康心态的重要内容。冒险精神并非与生俱来，多半是由训练而来的，经由冒险、失败、再冒险、再失败，一步步锻炼出来的。

当一个人能够控制恐惧感，便能较容易地控制自己的思想和行为，自控能力能让他在纷乱的环境下处变不惊，无畏于后果的不确定性，作出该做的决定。当结果并不如其所愿时，也有充分的心理准备来承担失败的结果，这种临危不乱的勇气与冒险的精神，正是投资人应具备的良好心理素质。

勇于冒险的人并非不惧风险，只是因为他们能认清风险，进而克服对风险的恐惧。勇气源于控制恐惧，培养冒险精神则始于对风险的了解，特别是了解风险所造成的后果。

四、个人理财风险控制的措施

理财是一项风险行为，理财过程中不可避免地会遭遇到一定的风险，但对普通居民家庭来说必须注意防范。首先是准确识别风险，这需要对各种理财方式和理财产品有一个全面认识，通过各种渠道学习理财活动中可能遇到的风险；然后是根据自己的财富水平和投资能力进行评估，评判风险一旦发生，对自己可能造成的影响。如果这个风险后果是自己或者家庭所不能承受的，最好不要购买这样的理财产品。这一方法虽然理性，但容易丧失一些赚钱的机会，如果可能的话，可以寻求其他方式转嫁或分担风险。如通过选择不同理财产品组合投资的方法，将风险高的项目可能产生的风险分担到风险系数低的项目上去；或者通过购买保险，从保险公司挽回损失。

要及时掌控理财过程中风险的发生情况，在风险发生的初期，如果能及时发现苗头，适时改变理财计划，控制并降低风险，就可以将损失降到最低。即使风险一旦发生，也能做好心理准备去接受风险带来的后果，不能因为经济上遭受损失，一时想不开而去寻短见。

首先，应考虑自己的需求和目标，如近期有无资金使用的计划、可投资的期限、期望达到的投资收益率等，制定并及时修正自己的理财方案。

其次，客观分析自己的风险偏好，判定自己的风险偏好和承受能力。在考察投资产品时，除了收益率之外，还要关注本金和收益的安全性、流动性、投资的分散程度、门槛高低等因素，其中安全性和流动性是十分重要的两个指标。对于一个投资理财者来说，财力或许有大小，知识或许有多寡，能力或许有高低，但根据自身实际情况，有的放矢地选择投资理财对象和确立投资理财策略，则是共通的。理财如穿鞋，适合自己的才是最好的。

第三，构建合理的资产组合。就一般家庭而言，资产应在房屋按揭、日常支出、储蓄、货币型基金、保险以及股票等风险较高的理财品种之间进行分配、组合，通过这种资产组合的方式，在保证家庭有较高收益的同时，还可以防范理财风险。目前有人提倡一种理财的“三三制法则”，即把家庭总收入平均分为三份：1/3 用于日常开支和必要的大额花销，以满足基本的物质需求；1/3 储蓄在银行，虽然收益较其他投资偏低，但对于侧重于安稳的家庭来说，基本可以实现保值的目的，控制不冷静的随意开支；另 1/3 用于投资，如通过货币市场投资、健康投资、社会公益投资、绿色事业投资、债券、基金、期货、股市、固定资产投资等方式，让钱生钱。通过这种方式能使个人理财达到稳健而长远的目标。

第四，尽量做到长期投资。理财是长期行为，要以长期投资心态来对待理财产品。一年两年投资成功，不能证明很会理财。理财需要长期持续进行，让它成为一种生活习惯，只有在较长的时期内才能看到理财的明显效果。

对普通人来说，规避通货膨胀的办法只有两个，一是通过投资战胜 CPI，二是通过购买价格上涨速度最快的商品来避免货币贬值的风险。后种方法虽然规避了通胀风险，却没有为今后的养老做好经济上的准备，自己的未来也许潜伏着更大的养老风险。只有投资，才能在规避通胀风险的前提下，为自己的养老储备“弹药”。从国外资本市场的长期发展经验来看，一般投资 20 年以上的股票升值速度远超过同期 CPI 的累计涨幅，即使是国债的长期投资成绩也能和 CPI 打个平手甚至小胜。规避通胀风险，不仅需要靠投资，更重要的是做到坚持长期投资。

不同年龄段的人应该采取不同的养老金风险规避策略。对已经退休的人来说，由于每时每刻都需要使用养老金，并且自己完全无力承受养老金亏损给生活带来的负面影响，退休族的养老金投资应该遵循“保本至上”的原则，即使有时战胜不了通胀，只要不亏损，就不会影响到日常的退休生活。具体操作方法可以借鉴保本基金的投资策略，将绝大部分资金投资于固定收益类产品（如债券），通过固定利息收入先实现保本，然后再拿少部分资金投资于权益类产品（如股票），来博取超额收益。

第四节 理财产品

一、银行个人理财产品分类

这里首先沿用前人的分类方法，从理财产品的根本性质和投资方向，对市场上的理财产品进行分类，在“准货币市场基金类”、“结构性存款类”、“混合类”三大类基础上，根据资料搜集，把握当今市场演进特征，在前人基础上进行了扩展和补充，增加了“信托基金型”类，将个人理财产品分为了四大类（见表 2-1）。

表 2-1　银行个人理财产品分类简表

分类	运作模式	投资对象	风险收益	实例
准货币市场基金类	个人投资者与银行签署一份到期还本付息的理财合同	流动性较好的短期金融工具	收益稳定，高于银行储蓄；风险低、流动性良好；投资成本低	光大银行“阳光理财 B 计划”
结构性存款型	衍生金融工具与传统存款业务的结合，银行通常有赎回权	利率、汇率、股票指数、国际商品价格为挂钩因素	通过各种期权工具应用，风险收益高于其他种类银行理财	浦发银行“汇理财”
信托基金型	银行以个人理财产品方式推出的信托基金，委托专家经营操作	除了股票、债券、货币市场基金等证券基金类对象，还包括收入来源稳定的政府项目或大型国有企业等实业领域	收益有保障，风险较低	工商银行“稳得利”
组合型理财产品	上述方向的组合投资	典型的固定收益产品，如债券、货币市场产品，如拆放或CD、结构性存款等	风险收益调节灵活，保本浮动受益型	农业银行“本利丰”

二、个人理财产品发展历程

银行个人理财产品业务在我国目前尚处于不成熟阶段。个人理财在我国起步较晚，开始于 20 世纪 90 年代中后期。在我国商业银行发展的前 10 年，国内尚无现代意义的理财概念，近年来随着我国加入世界贸易组织（WTO）和金融体制的不断改革，股份制银行的大举出现和外资银行的纷纷进入，国内金融市场竞争激烈，加之近年来随着我国经济的快速发展，城乡居民收入水平不断提高，使得我国的个人理财业务得到了快速发展。其发展历程见表 2-2。

表 2-2　中国银行业个人理财产品发展历程

理财发展阶段	销售模式	实例
打包开拓阶段	内部产品组合模式	存款、交费一卡通（招行）、一本通（中行）
交叉开拓阶段	银行代理模式	银行柜台保险、“银证通”
联合开拓阶段	“金融超市”模式	招行个人理财专户、工行“理财金账户”、农行“金融超市”、浦发行“理财小区行”
综合开拓阶段	个人综合理财服务模式	个人综合理财平台、理财规划师

注：表格资料来自赵立航：《我国个人理财服务的历史发展》，《上海经济研究》，2007。

1995 年至 2001 年，出现理财概念并在业内传播。1995 年，招商银行推出“一卡通”，集本外币、定活期存款集中管理及代理收付功能于一体，至此国内首度出现了个人理财产品。之后其他银行也纷纷跟进，但这一阶段的理财业务，仍仅局限于一些原有业务的重新组合，对产品和对客户需求的认识都比较粗浅。

1997 年，中信实业银行广州分行率先在国内商业银行成立私人银行部，同年，工商银行上海分行向社会推出包含理财咨询设计、存单质押贷款、外汇买卖等 10 多项内容的理财系列服务；2000 年，工商银行上海分行以杨绍敏等 6 位优秀理财员命名的“个人理财工作室”首次亮相；2001 年，农业银行推出“金钥匙”金融超市，为客户提供“一站式”理财服务；2002 年，招商银行推出“金葵花”理财，同年，工商银行相继推出“幸福快车”、“理财金账户”，建行也推出了“金秘书理财”、“乐当家”等个人理财产品……

2005 年 9 月 29 日，中国银监会颁布了《商业银行个人理财业务管理暂行办法》和《商业银行个人理财业务风险管理指引》，并从 2005 年 11 月 1 日起实施。根据该暂行办法的定义，商业银行在个人综合理财服务活动中，可以向特定目标客户群销售理财计划。理财计划是指商业银行在对潜在目标客户群分析研究的基础上，针对特定目标客户群开发设计并销售的投资和管理计划。

2006 年，“金融综合经营”作为一项国策，被正式列入“十一五规划”。当年年底，我国对外开放包括个人理财在内的人民币业务，标志着我国金融业开始迈向综合开拓阶段。

三、银行个人理财产品与其他理财产品的投资价值比较

银行理财产品、证券市场股票投资与衍生证券投资、保险理财产品、基金、信托，是目前我国的主要投资领域。银行理财产品与其他投资工具各有利弊，有其独特的投资价值（见表 2-3）。

表 2-3 各类金融机构理财业务概况

	业务内容	盈利模式	客户群体	行业优势
银行	账户管理、外汇理财、人民币理财、财富管理顾问、优惠措施、企业财务顾问等	大部分服务免费。外汇理财业务人民币理财业务中，银行在客户新增收益中分成，收取手续费	偏好安全稳定的收益和传统银行服务的客户	基于便利的短期融资条件，先进的电子清算系统，庞大的外汇交易平台，众多的营业网点，资讯和人员方面优势，银证、银保等兼业合作
基金	偏股型基金、平衡型基金、偏债型基金、债券型基金	根据基金资产规模收管理费，分享基金红利，一般为基金资产净值 1%～2.5%	创业承受能力较低、追求收益的稳定性的大众客户和机构客户	专家理财；组合投资，分散创业；间接投资于证券市场
证券	客户资产管理	既有管理费，也参与超出一定收益水平的利益分享	创业承受能力较强、投资额至少为 5 万元的个人和机构客户	投资于沪、深证券交易所上市交易的股票、债券、证券投资基金
信托	资金信托，财产信托	管理费，利润分成	创业承受能力强的机构投资者和有一定资金实力的个人投资者	信托产品投资范围较广，包括有价证券和实业。委托财产可以是现金、动产、不动产、物权、债权等
保险	各类寿险、财险、投资连结险、分红保险等投资类保险	承保利润和投资利润。承保利润主要取决于创业发生率	客户范围最广，全社会的个人和机构	将未来不确定的意外和偶然性财务创业固定化；具有保障、避险特点

从表中可以看出，银行个人理财产品具有以下投资价值：①银行信誉较高，具有专业理财人才，理财产品一般更注重风险的控制；②银行理财产品允许投资的领域比较广，能根据流动性要求设计产品，可以兼顾安全性和收益性，能够较好地满足不同风险偏好型客户的需求；③随着《商业银行个人理财业务管理暂行办法》的颁布实施，银行个人理财产品的信息披露上将会更加透明；④银行个人理财产品收取的管理费较低。因此，银行个人理财产品在众多投资工具中具有一定特色，对部分特定客户群还是具有相当吸引力的。

第三章　信托、期货、期权投资

要从事投资，就必须有相应的投资工具。本章介绍信托、期货、期权三种金融衍生工具。这三者都是现代金融理财中不可缺少的内容，也是各种金融理财中较为复杂的工具。本章对这些理财工具的状况、特点给予一般性介绍，对其在理财中可发挥作用及工具运用等，组织了较为详细的探讨。

第一节　投资工具选择

一、投资工具设计和比较

理财人员根据可供选择的资产种类及投资者的风险偏好及其他约束条件，运用金融投资的理论及实践经验，为客户提出几组可供参考的投资理财方案，以及各项投资方案的收益计算与风险衡量工具，以便于客户计算和比较。这些工具大体上包括对不同投资方案的利率敏感性分析；对不同保险、证券投资与银行储蓄的收益率水平进行比较；国债买卖中到期收益率计算、持有期收益率计算及当年收益率计算；帮助投资者计算诸如住房贷款、汽车分期贷款等的实际利率水平。

这里将国内常见的各种投资工具，从其安全性、获利性和变现性三个方面加以比较，得出状况见表 3-1。评估一般投资品种的要素如安全性、风险性、收益性等见表 3-2。

表 3-1　家庭常用投资工具比较

投资工具	安全性	获利性	变现性
储蓄	*****	*	*****
债券	****	**	***
基金	***	***	****
股票	**	****	*****
期货	*	*****	****
房产	****	****	*
收藏	***	***	**

说明：*号越多，相应的指标越高。

表 3-2 评估一般投资品种的要素

投资分类	投资品种	安全性	风险性	收益性	增长性	流动性
传统投资	普通股	中	中	中	高	中
	优先股	中	中	高	中	中
	企业债券	中	中	高	低	中
	政府债券	高	低	低	低	高
	共同基金	中	中	中	中	中
	房地产	中	中	中	中	低
风险投资	期权	低	高	高	低	中
	衍生工具	低	高	高	低	中
	商品	低	高	低	低	中
	贵金属、宝石和收藏品	低	高	高	低	低

需要说明，在投资工具的风险性、收益性、流动性的判断标准中，投资者总是希望自己的投资风险相对较小，收益相对较高且又具有一定的流动性。这个愿望本身就是既对立又统一的。投资者只有结合自己个人因素的具体情况进行运作，才能达到令人满意的效果。

二、各种投资工具的选择

今日，中国的城市居民家庭是如何就各种理财方式作出选择的呢？北京某市场调查有限公司曾经在北京、上海、广州、武汉、重庆、西安和沈阳七城市范围内，进行了一项有关居民理财风险的调查，在一定程度上回答了这一问题（见表 3-3）。

表 3-3 七城市居民家庭拥有各类投资工具的情况 （单位：%）

理财方式	北京	广州	重庆	西安	上海	武汉	沈阳	总体平均
银行存款	99	99	100	98	98	100	99	99
股票	11	32	28	27	40	15	18	24
国库券	68	50	50	64	71	38	57	57
各类债券	21	30	15	20	35	21	16	23
保险	26	29	23	30	41	15	15	26
其他	2	3	7	3	2	4	2	3

城市之间的差别，反映的是各地金融市场活跃的程度以及人们金融投资观念和投资技巧的差异。在金融市场比较活跃、居民投资知识丰富的地区，如上海，金融资产分流的趋势比较明显，居民银行储蓄比例相对于其他城市较低。理财方式多元化程度与家庭人均收入密切相关，家庭收入越高，理财方式种类越多，再次印证了“丰富是多元化之前提”的道理。而在金融市场不够发达和活跃的其他城市，尤其是沈阳，金融资产仍然集中在传统渠道，居民储蓄的比例相对较高。部分金融投资工具投资收益率对比表见表 3-4。

表 3-4 部分金融投资工具投资收益率对比表

序号	金融投资工具名称	投资期限	预期年收益率(%)	收益类型	风险系数	变现性
1	银行储蓄(税后)	1 年期	3.933	固定收益	0.5	良
2	银行储蓄(税后)	3 年期	5.130	固定收益	0.5	良
3	凭证式国债(免税)	3 年期	5.740	固定收益	0.5	良
4	凭证式国债(免税)	5 年期	6.340	固定收益	0.5	中
5	投资型现金分红保险(免税)	长期	4～6	年化收益	0.5	差
6	投资型增额分红保险(免税)	长期	8～13	年化收益	0.5	差
7	投资型万能保险(免税)	长期	5～9	年化收益	0.5	差
8	投资型投资连结保险(免税)	中长期	20～70	年化收益	1	良
9	银行理财产品(人民币)	15 日	3.0	浮动利率	1	良
10	银行理财产品(人民币)	25 日	3.6	浮动利率	1	良
11	银行理财产品(人民币)	3 个月	4.6～4.85	浮动利率	1	良
12	银行理财产品(人民币)	1 年	5～20	浮动利率	1	良
13	银行理财产品(美元)	3 个月	6.2	浮动利率	1	良
14	银行理财产品(美元)	半年	7～8	浮动利率	1	良
15	银行理财产品(美元)	1 年	7.8～8.3	浮动利率	1	良
16	QDII 理财产品(人民币)	3 月封闭期	20～30	浮动利率	1	良
17	QDII 理财产品(人民币)	6 个月	6～8	浮动利率	1	良
18	QDII 理财产品(美元)	1.5 年	16.00	浮动利率	1	良
19	房地产	中长期	8.80	年化收益	2	中
20	货币市场基金	短期	2.73	*	0.5	优
21	短债基金	短期	3.24	*	0.5	优
22	普通债券基金	短中期	12.62	*	1	良
23	保本基金	短中期	31.43	*	1	良
24	保守配置型基金	短中长期	39.46	*	2	良
25	积极配置型基金	短中长期	52.13	*	2.5	良
26	股票型基金	短中长期	62.15	*	3	良
27	股票(中小板综指)	短中长期	111.65	※	4	良
28	股票(上证综指)	短中长期	112.53	※	4	良
29	股票(深证成指)	短中长期	167.39	※	4	良

资料来源:卓越理财网站

注:* 号代表最近两年年化收益率,※号代表最近一年年化收益率。统计数据截止日期:2012 年 5 月 23 日。

第二节 信 托

一、信托的概况

(一)信托的含义

依照我国《信托法》的规定,信托是指委托人基于对受托人的信任,将其财产处置权委托给受托人,由受托人按委托人的意愿以自己的名义,为受益人的利益或特定目的,进行管理或处分的行为。简而言之,信托为一种财产管理制度,由财产所有人将财产移转或设定于管理人,使管理人为一定之人之利益或目的,代为管理或处分财产。

从这个定义出发,信托有以下五方面的含义:

(1)信托关系成立的基础是委托人对受托人的信任,受托人应具有良好的信誉。

(2)信托财产是成立信托的第一要素,委托人要将自有财产委托给受托人。信托是一种以信托财产为中心的法律关系,没有特定的信托财产,信托业务就无法成立。

(3)信托财产具有独立性,信托依法成立后,信托财产即从委托人、受托人以及受益人的自有财产中分离出来,成为独立运作的财产,受托人以自己的名义管理、处分信托财产。同时,委托人也失去了对信托财产的直接控制权。

(4)受托人为受益人的最大利益管理信托事务。正是因为受托人受到委托人的信任,一旦受托人接受信托,就应当忠诚、谨慎、尽职地处理信托事务,管理、处分信托财产,也就是说,受托人管理信托财产,要和管理自己的财产一样,尽心尽力。

(5)信托不因委托人或受托人的死亡、丧失民事行为能力、依法解散、被依法撤销或者被宣告破产而终止,也不因受托人的辞任而终止,具有一定的连续性和稳定性。

(二)创建信托的原因

创建信托有以下常见原因:

(1)允许受托人为了创建者及其家庭或供养人的利益,根据信托条款自主处理信托财产。

(2)信托可以作为一种持有家庭财富的工具,以便使家庭财富从一代人转移到下一代人,也可能是在几代人之间完成转移。

(3)可以对付来自于家庭成员、朋友、配偶、准配偶等的好意或歹意的要求或恳求。

(4)是向未成年人给予或遗留财产的一种方法。受托人为了未成年人的利益来管理财产,直到未成年人长大到能自己独立管理这些财产为止。

(5)在有些情况下,当信托受益人的身体、精神或者情绪使其不能管理财产时,信托可以保护信托受益人免受因自己造成的损失。

(6)在创建者活着时,为其他受益人或创建者自己提供专业投资管理和财产管理服务,同样,还可以通过许多家银行建立的普通信托基金实现投资的分散。

(7)可以在所有者死亡后管理其企业权益,直到这家企业被卖掉或者所有者的继承人能够接管这家企业时为止。

(8)是建立节税计划的一种工具,以减少遗产税和其他税种的缴纳。

(9)可将资产置入另一些不可撤销的信托，以防范它们未来债权人的请求，从而保护自己的权益。

(三)信托与债券的区别

信托产品不能承诺保底收益，债券则事先规定有票面利率，通常情况下，只要不发生重大危机，到期还本付息是有基本保障的。信托产品都是低风险产品，出现蚀本的可能不大，但这并不意味着预期收益率肯定能达到。信托公司推算出来的收益率，都是在一定条件下才能达到。如利率敏感型的信托产品，贷款利率下降时，收益率也会跟着下降。

(四)信托与证券投资基金的区别

信托与证券投资基金有很大区别。在流动性方面，信托产品比不上投资基金。投资基金分为开放式和封闭式两种，开放式基金每天都可以进行申购和赎回，封闭式基金可以通过交易所买卖，要变现是比较容易的。信托只能根据签订的协议，在一段时间后才可收回。与证券投资基金相比，信托产品的投资范围相当广，既可以投资证券，也可以投资实业。证券投资基金的范围目前只限于股票和债券。用于委托的财产也不只局限于现金，凡具有金钱价值的东西，动产、不动产，物权、债权，有形或无形资产等，都可以作为信托财产交付信托。

二、信托主体和客体

(一)信托主体

信托主体是指完成信托行为的行为主体：委托人、受托人和受益人，三方必须具备一定的资格或条件，享有一定的权利并承担相应的义务，形成信托关系，才能使信托业务顺利进行。

1. 委托人

委托人是指提出设定信托、要求受托人遵照一定目的管理和处分信托财产的人。一般来说，委托人应当是具有完全民事行为能力的自然人、法人或者依法成立的其他组织。委托人提供信托财产，确定谁是受益人以及受益人享有的收益权，指定受托人，并有权监督受托人实施信托。

2. 受托人

受托人是接受信托，按照信托合同的规定管理或处分信托财产的人。在信托关系中，受托人在各当事人中处于十分重要的地位。受托人应当是具有完全民事行为能力的自然人或者法人。受托人必须恪尽职守，履行诚实、信用、谨慎、有效管理的义务；必须为受托人的最大利益，依照信托文件和法律的规定管理和处分信托事务。

3. 受益人

受益人是在信托中享有信托受益权的人。受益人可以是自然人、法人或者依法成立的其他组织，也可以是未出生的胎儿。公益信托的受益人则是社会公众，或者一定范围内的社会公众。委托人可以是受益人，也可以是同一信托的唯一受益人。

(二)信托客体

信托客体是指信托关系的标的物，即信托财产。

1. 信托财产的定义和范围

信托财产是委托人通过信托行为转移给受托人并由受托人按照一定的目的进行管理和处置的财产，也包括信托成立后，经受托人管理或处分而获得的新财产，如利息、红利等。通常我们将前者称为信托财产,将后者称为信托收益,信托财产和信托收益是广义的信托财产。

2. 信托财产的特性

信托财产的特性主要表现为独立性,具体包括三个方面:(1)信托财产与委托人的自有财产和受托人的固有财产相互独立;(2)不同委托人的信托财产或同一委托人的不同类别的信托财产相互独立;(3)委托人的财产和其他财产相互独立。

3. 信托财产的管理

为了保证信托财产的独立性,信托财产必须与受托人的自有财产及其他信托财产分别管理,以保障各个受益人的利益。如果信托财产是货币,可以放在一起管理、运用,但必须分别计算。同时对信托财产的财产权,按规定手续进行登记注册,来维护信托财产的独立性。

三、信托的分类

信托具有高度的灵活性,品种和种类繁多,根据其各自的特点进行分类,是对每一种信托在分析比较和管理使用上的需要。

(一)按信托关系发生划分

(1)自由信托。是指信托各方当事人依照信托法规,按自己的意愿自由协商而设立的信托。自由信托又分为契约信托和遗嘱信托。契约信托是依照委托人和受托人所订契约而设立的;遗嘱信托是依照个人遗嘱而设立的。自由信托是最为常见的信托。

(2)法定信托。是指由司法机关按照法律依其权力指派确定信托关系而建立的信托。法定信托又分为鉴定信托和强制信托。鉴定信托是指信托关系的形成无明确的信托文件为依据,而由司法机关依照法律对信托财产和经济事务及信托关系人鉴定认可;强制信托则是不考虑信托关系人的意愿,由司法机关依照公平正义的理念,按照法律政策强制性建立的信托。

(二)按信托目的划分

(1)民事信托。又称为非营业信托,是指不以营业为目的所承办的信托。民事信托业务大多办理的是与个人财产有关的各种事务,如遗产继承、执行遗嘱、代办买卖等。

(2)商事信托。又称为营业信托,是指以从事商业行为为目的而承办的信托,其目的是通过信托业务获得盈利。商事信托大多用于经济组织的各种经营业务,如公司研发信托、投资信托等。

(三)按委托人划分

(1)个人信托。是指个人作为委托人而设立的信托。个人信托又可以分为生前信托和身后信托。生前信托是指信托机构与委托人生前订立而成立的信托,这种信托所订的信托契约在委托人在世时即具法律效力。身后信托是指信托机构与委托人在生前订立信托契约,受托办理委托人去世后的各种事务,这种信托契约在委托人去世时才发生法律效力,且受益人必为第三者。

(2)法人信托。是指由具备法人资格的机构作为委托人而设立的信托。

(四)按受益人是否特定划分

(1)公益信托。是指以增进社会之间的公共利益而设定的一类信托,这类信托的受益人不是特指一个人或两个人,凡社会中享受这方面公益的人都是公益信托的受益人。例如瑞典的诺贝尔基金会。

(2)私益信托。是指信托的设立是为特定的受益人的私益为目的,其受益的范围较窄。

(五)按受益人与委托人关系划分

(1)自益信托。是指受益人为委托人本人的信托。

(2)他益信托。是指受益人不是委托人本人的信托。

四、信托业务

(一)资金信托业务

资金信托指委托人(包括自然人、法人或依法成立的其他组织)基于对信托公司的信任,将自己合法拥有的资产委托给信托公司,由信托公司按照约定的条件和目的,进行管理运用和处分的行为。

资金信托业务包括单一资金信托业务和集合资金信托业务。前者是指信托公司接受单个委托人委托、单独管理和运用信托资金的业务。后者是指信托公司接受两个以上(含两个)委托人委托,集合管理和运用信托资金的信托业务。一般来说,信托投资公司把信托资金用于如下两种投资:(1)股权式投资。是指信托公司以股东的身份,把信托资金直接投资于企业或者项目。(2)贷款式投资。是指信托公司应用信托资金对自行审定的贷款对象和项目发放贷款的投资业务。

(二)财产信托业务

财产信托指委托人(自然人、法人或依法成立的其他组织)基于对信托公司的信任,将自己合法拥有的动产、不动产(地产、房产)以及知识产权等财产、财产权,委托给信托公司,由信托公司按照约定的条件和目的,进行管理运用和处分的行为。根据受托财产的不同,公司开办以下财产信托业务:

(1)股权信托业务,包括受托进行股权的托管、转让、参与重组等运作管理,受托收购股权并委托股权管理,受托进行公司的管理层融资收购以及员工持股计划。

(2)债权信托业务,对债权、银行不良资产等受托资产进行托管运作。

(3)固定资产信托业务,对受托的土地、房产等资产进行托管、转让、租赁、项目合作等运作。

(4)知识产权信托业务,主要对受托的专利权和新技术进行转让、作价、投资等运作。

(三)信托业务创新

2003 年,我国的信托产品进入快速发展的一年,各家信托公司创新设计不断推出,许多产品都属于“首创”。较有代表性的信托产品包括:房地产租赁信托、企业重组信托、不良资产处置信托等。这些产品在资金投向或产品结构设计方面,体现出较强的创新特色。

1. 企业重组信托投资计划

2003 年 1 月 18 日,新疆国际信托投资有限责任公司推出“企业重组信托投资计划”,规模为 4 亿元人民币,预计收益 5%~13%,期限 3 年。该信托计划采用优先和次级受益权,新疆国投和九夷投资各出资 3000 万元人民币,宝信担保出资 2000 万元人民币,总额为 8000 万元人民币,作为本信托计划次级受益权投资,对信托计划提供信用支持。

2. 房地产租赁信托

中泰信托发行的上海五洲国际大厦房地产投资资金信托计划,总规模 2200 万元,期限

10 年。计划募集的资金将用于购买上海五洲国际大厦部分商业用房，并租赁给某商业银行，租期 10 年。该信托计划是第一例房地产租赁信托，其运作模式颇为类似在国外极为盛行的海外房地产投资信托的核心业务。

房地产租赁业务是海外房地产投资信托(REIT)的核心业务，租赁收入是房地产投资信托的主要收入来源。房地产租赁能产生稳定的现金流，若经营得当，投资者不仅能获得租赁收入，还可获得房地产增值收益，较高的选择标准对租赁收入的稳定性具有一定的保障，“每日扣划，每季划拨”的租金收取方式，更提高了收益的安全性。在房地产租赁信托计划的案例中，承租人恰巧为一家银行，信用度较高，违约仍需支付全部租金(10 年)的条款，实质上对投资者提供了进一步的信用增级，降低了投资风险。

3. 不良资产信托化

华融投资与中信信托投资公司合作推出不良资产信托化，信托首次被用来处理不良资产。信托分层安排原理上类似于国外的资产证券化(ABS)，可以说它是 ABS 在中国的一种变形产物。它充分发挥了信托资产隔离的特点。信托化的安排不仅可以应用于不良资产处置，还可以用于企业未来收益、应收账款、银行的贷款(如按揭贷款)等拥有稳定预期现金流的资产。华融项目的推出，说明信托将在资产处置和资产信用领域大有作为，对推动资产证券化的本土化进程，具有现实意义。

五、我国的信托业发展现状

2004 年是中国信托业发展史上具有划时代意义的一年，也是监管机构对信托业关注最多，行业地位提升最快的一年。2004 年 3 月 29 日，时任中国银监会主席的刘明康在非银行金融机构监管部门工作会议上指出：信托业今后要加快发展，健康发展。加快发展是因为金融服务对银行融资过于倚重，而资本市场发展还有比较漫长的过程。为支持中小企业、民营企业，特别是支持科技含量较高的企业的创新发展，信托可以解决很多银行不能解决的问题。

2004 年重新登记后的信托公司共有 59 家，分布在全国大多数省(区、市)。到 2004 年 6 月底，信托公司从业人员约为 4600 人。在国务院确定的信托整顿方针的指导下，信托公司获得了一定程度的发展，接受管理的信托财产总额已近 2000 亿元人民币，营业性信托业务取得了长足进步，我国信托业迈出了可喜的一步。近几年来，信托业务增长迅速，信托财产呈现出良好的增长态势。信托业务最主要的表现形式是资金信托，约占信托财产总额的 84%。同时，信托公司以资金以外的其他财产形式开展的信托业务，开始呈现良好的发展态势，为金融创新提供了很好的制度条件。

我国信托市场的整体态势基本呈现需求拉动的扩张型。尽管出现了一系列风险事件，引致全行业进入谨慎监管期，有些媒体甚至将信托产品发行速度的趋缓和业务开展规模的徘徊，称为进入“歇伏期”。实际上，市场对信托业务表现出了极为旺盛和迫切的需求。与此同时，信托公司的业务模式也逐渐趋于成熟和稳定，产品结构和投资方向更加理性与合理，总体规模较 2003 年有较大幅度增长，产品品质明显提高，投资结构日趋稳定。截至 2008 年 12 月 30 日，全国信托公司共发行并公布了 375 种集合资金(含财产)信托产品，实际募集的资金总计达 362.08 亿元，平均单个品种的募集额为 0.968 亿元。具体情况见表 3-5 和图 3-1。

表 3-5　2008 年的信托产品类型分布

资金信托产品类型	数量	资金信托产品类型	数量
信托贷款	233	信贷资产转让	23
股权投资	21	证券投资	50
融资租赁	5	其他类型	10
收益权转让	33	合计	375

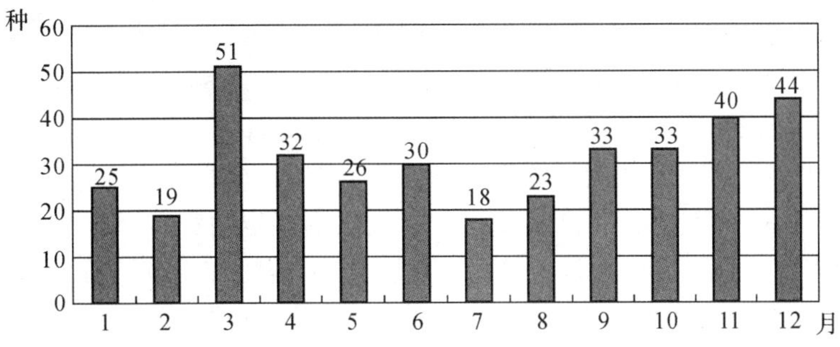

图 3-1　2008 年资金信托发行数量月度统计

六、信托型理财产品

(一)信托型理财产品概述

信托型理财产品也被称为银信连结理财产品，既有投资于商业银行或其他信用等级较高的金融机构担保或回购的信托产品，也有投资于商业银行优良信贷资产收益权信托的产品。信托型产品根据其资金运用方式，又可以分为固定收益型和浮动收益型。如果以贷款、租赁、买入返售、同业存放以及附回购条件投资等方式运用理财资金，则为固定收益型；如果以证券投资、股权投资、产业投资、新股申购等方式运用理财资金，则为浮动收益型。

信托型理财产品与债券类产品相比，有以下不同：

(1)投资资产不同。债券类产品大多投资于央行票据、国债、政策性金融债和银行储蓄存款等，都是银行可以直接购买或持有的，信托类产品的投资资产是银行不能购买或持有的。

(2)关系人结构不同。债券类产品关系人结构简单，只有投资者和发行银行，而信托类产品关系人结构较为复杂，除投资者和发行银行参与外，信托公司、担保银行、托管银行(也可能是担保银行或其分行)也都不同程度地参与了该项业务。

(3)收益不同。信托产品主要投资于实体项目，项目收益率事先已经测算，盈利预测具有一定的真实性，而银行将个人理财募集资金投资于有银行提供担保的信托产品，从而与实业项目结合起来，实现了收益的稳定性。

(二)集合受托理财

集合受托理财业务是由银行代为销售的券商理财产品，主要针对银行的客户，目的是将客户的储蓄资金投入股票、国债、企业债券市场，以寻求资本增值。该类理财业务始于 2003 年 1 月，当时招商银行和招商证券推出了“招商受托理财计划”，该计划只对招商银行“金葵花”客户存款余额连续3个月在50万元人民币以上者提供，产品每份10万元，要求只能购买10万元或10万元整数倍的份额。客户与招商银行、招商证券签订三方合同后，把自己的储蓄存款转入招商证券在招商银行开立的专户，由招商证券负责投资于债券和股票市场。公开的收益预测是1.98%～5%。招商银行将对这个收益保证支付，但这一条不被写入合同。

这种具有保底性质的理财计划一经推出，原定5亿元规模的受托理财计划，共吸引了10多亿元的资金，随后，类似产品相继出现。国信证券和工商银行推出了“金理财计划”，长江证券推出了“长江超越理财计划”，这些产品大同小异，都卖得非常理想。

随着这类产品的相继出现，券商为争取销售竞相提高保底收益率，有的甚至达到了7%。有关部门认为，如果不对这种创新产品作出某种限定和规范，任由证券公司开发，会诱发更大的社会风险，2003年4月底，证监会对该业务正式叫停。

2004年2月，随着《证券公司客户资产管理业务试行办法》正式生效，集合受托理财再次开闸。《试行办法》将客户资产管理形式分为三类，包括定向资产管理业务、集合资产管理业务和专项资产管理业务。专家认为，这份文件与2002年6月中国人民银行颁布的《资金信托管理暂行办法》有颇多类似之处。比如，定向资产管理接受单个客户委托的资金不得低于100万元，集合理财个人资金不得低于5万元等。

（三）人民币理财产品

人民币理财产品是光大、民生、招商等银行相继推出的新金融产品。这种产品是将定期存款与货币市场投资相结合，一般要求30%或40%的资金存为定期存款，其余70%或60%由银行投资，获得较高的预期收益率。金额有1万元、3万元、10万元不等，期限为半年、1年或2年，金额越大、期限越长，综合收益率越高。民生银行的“保得理财”，购买10万元1年期产品，税后收益率2.808%，到期后可比同期定期存款多得1008元，增幅高达56%。人民币理财产品有银行的信誉保证，收益相对稳定，高于同期定期存款，但金额较高，一般不能提前支取或终止，客户可以用暂时闲置的资金进行投资。市场上还有个人外汇结构性产品，如建设银行的“汇得盈”，与外币储蓄相结合，可获得相对较高的收益。

第三节　期　货

一、期货的含义

（一）期货的含义

期货(future)是买卖双方同意在事先指定的日期以约定的价格买入或售出某种商品的协议。期货可分为商品期货和金融期货，运作机制和交易方式是相同的。金融期货又主要包括利率期货和股价指数期货。利率期货的主要交易对象是政府公债、国库券、银行大额存单，以及美元等等，既可以进行投资获利也可通过对冲交易来分散利率风险。股价指数期货是利用证券交易所的股价指数作为期货交易对象，如标准普尔指数期货、恒生指数期货、日经指数期货等等。指数期货既可以用来进行投资(投机)，也可用来进行对冲交易以分散风险和保值，对于证券市场的稳定有着积极作用。

期货是一种高风险、高报酬的投资工具，盈利或亏损数额较大，且国内交易制度还不完善，投资者遭受损失的可能性很高。目前我国的期货市场主要有三个：大连期货交易所，主要交易品种是大豆；上海期货交易所，主要交易品种是天然橡胶、铜、铝等有色金属；郑州期货交易所，主要交易品种是小麦；中国金融期货交易所，主要交易品种。

（二）期货的功能

1. 套期保值功能

套期保值是指在现货市场买进或卖出某种金融资产的同时，做一笔与现货交易品种、数量、期限相当但方向相反的期货交易，以期在未来某一时间通过期货合约的对冲，以一个市场的盈利来弥补另一个市场的亏损，从而回避现货变动带来的风险，实现保值的目的。

套期保值活动有两个特点：(1)必须在期货市场和现货市场同时进行；(2)两个市场上的交易行为必须相反。根据买卖的方向，套期保值有两种形式：(1)多头套期保值，即先买进期货，将来买进现货时不致因价格上涨而造成损失；(2)空头套期保值，指卖出期货，将来现货价格下跌时可以此弥补损失。套期保值实际上是把价值风险转移给愿意承担风险的投机者，也称风险转移功能。

2. 价格发现功能

价格发现功能是指在一个公开、公平、高效、竞争的期货市场中，通过集中竞价形成的期货价格，具有真实性、预期性、连续性和权威性的特点，能够比较真实地反映出未来商品价格变化的趋势。这种期货价格有什么作用呢？主要是提供了价格参考的依据，其一是生产商能根据期货价格的变化来决定商品的生产规模；其二是在贸易谈判中，大宗商品的成交价格往往是以期货价为依据来确定。

3. 风险投资功能

期货具有风险转移功能，风险到底转移给谁呢？投机商。投机商通过买空或卖空一种期货合约进入市场，期望在期货价格的波动中获利。当然，价格波动并不总是与预期一致，伴随着极大的风险，所以称为“风险投资”。

实现风险投资功能的关键是保证金买卖机制，即杠杆作用。简单来说，就是以少量的保证金可以买卖大量的期货。例如买空操作，只需要交易总额的5%即可买入，如果价格上涨1个百分点，就可获取20%的收益，当然，如果价格下跌1个百分点，损失也达到20%。

二、远期价格决定

（一）远期利率协议

远期利率协议是交易双方为规避未来利率波动风险，或者为在未来利率波动上进行投机的目的，而达成的一份协议。交易双方在订立协议时，商定在未来的某一特定日期，按规定的币种、数额、期限和利率进行交割。这种交易的一个重要特点是并不涉及协议本金的收付，而只是在某一特定的日期，即清算日由一方向另一方支付利息差额。利息差额的额度由协议本金、合约利率和参考利率三者共同确定，先得出合约结算日的参考利率与合约利率之间的差，然后将这个差与协议本金相乘。

参考利率是交易双方选择的在合约到期时的市场利率，如伦敦银行间同业放贷利率(LIBOR)。合约利率是合约到期日名义利率的隐含远期利率的期望值，如 $m\times n$ 的合约利率表示在 m 个月后，期限为 n 个月利率的期望值。

在实际的交易中，合约的买方实际交割额的计算公式是：

$$买方实际交割额=\frac{(R_T-R_F)\times A\times\dfrac{D}{B}}{1+(R_T\times\dfrac{D}{B})}$$

在这个式子中，A、D、B、R_T、R_F 分别表示：协议本金数额、协议期限的天数、计算天数的基础、参考利率和合约利率。

合约的卖方实际交割额的计算公式为：

$$卖方实际交割额=\frac{(R_F-R_T)\times A\times\dfrac{D}{B}}{1+(R_T\times\dfrac{D}{B})}$$

在两个交割额的计算公式中，如果协议参考利率低于合约利率，合约买方要向卖方支付补偿；如果参考利率高于合约利率，合约买方将得到补偿。

（二）远期合约的价格决定

1. 基本假设

在讨论远期合约价格的决定时，我们事先作了如下假定：(1)无交易费用；(2)所有的交易收益使用统一税率；(3)市场参与者能够以相同的无风险利率借入和贷出资金；(4)当套利机会出现时，市场参与者将积极参与到套利活动中。下面的讨论将用到符号的定义为：

T：远期合约到期的时间；t：现在的时间；r：无风险利率；

S_t：表示时刻 t 时，远期合约的资产价格；K：远期合约中的交割价格；

F_t：表示时刻 t 时，远期合约多头的价值。

2. 远期合约的价格决定

(1)无收益资产的远期合约的定价

无收益资产是指在到期日之前不产生现金流的资产，比如贴现债券。无收益资产远期合约的定价方法，最常用的是套利定价法。其基本思想是：构建两种投资组合，如令二者终值相等，那么现值一定相等。从这个思想出发，我们构造两种组合：

组合 a：一个期货合约多头（f 表示多头的价值）加一笔现金 $Ke^{-r(T-t)}$；

组合 b：一单位标的资产（以 S_t 表示资产价格）。

我们用 T 表示和约到期的时间；t 表示现在的时间。假设两个组合的终值（无风险利率连续复利）相等，即：$fe^{r(T-t)}+K=S_te^{r(T-t)}$。

两边同除以 $e^{r(T-t)}$，则有：$f+Ke^{-r(T-t)}=S_t$。

那么，期货合约的价值可以表示为：$f=S_t-Ke^{-r(T-t)}$。

在均衡状态中，期货合约价值为零，交割价格 $K=F$，得到资产的远期合约的价格为：$F=(S_t-I)e^{r(T-t)}$。

(2)已知现金收益资产的远期合约的定价

已知现金收益资产是指在到期前产生的现金流可以预测的资产。已知现金收益资产的远期合约定价也是采用套利定价法，同样可以构造两个投资组合：

组合 a：远期合约多头 f＋现金 $Ke^{-r(T-t)}$；

组合 b：一单位标的资产 S_t 和一笔借款。

用 I 表示资产在远期合约有效期内所得到的收益的现值，令两个投资组合的终值相等，则有：$fe^{r(T-t)}+K=S_te^{r(T-t)}-Ie^{r(T-t)}$。

同样的，它们的现值也相等，即：$f+Ke^{-r(T-t)}=S_t-I$。

从而远期合约的价值为：$f=S_t-I-Ke^{-r(T-t)}$。

在均衡状态中，期货合约的价值等于零，交割价格 $K=F$，得到资产的远期合约的价格为：$F=(S_t-I)e^{r(T-t)}$。

(3)已知收益率资产的远期合约的定价

收益率已知的资产指在到期前将会产生与该资产的现货价格成一定比例的收益的资产。同样的，我们还是构造两个组合：

组合 a：一个期货合约的多头＋现金 $Ke^{-r(T-t)}$；

组合 b：$e^{-q(T-t)}$ 单位资产，收益再投资于该资产，q 为已知收益率。

令两个投资组合的终值相等，即：$fe^{r(T-t)}+K=S_te^{-q(T-t)}e^{r(T-t)}$。

其中，$S_te^{-q(T-t)}$ 表示 $e^{-q(T-t)}$ 单位资产在时刻 t 的价格，也即该单位资产在时刻 t 的现值。那么，两个组合的现值相等：$f+Ke^{-r(T-t)}=S_te^{-q(T-t)}$。

则期货的合约价值为：$f=S_te^{-q(T-t)}-Ke^{-r(T-t)}$。

两者均衡时，得到期货的交割价格：$K=F=S_te^{(r-q)(T-t)}$。

三、金融期货合约的价格决定

一般而言，当无风险收益率恒定，且对所有到期日都保持不变时，两个交易日相同的远期合约和期货合约有相同的价格。而当利率变得不确定时，远期价格和期货价格从理论上来讲就不相等了。但有效期仅为几个月的远期合约与期货合约价格间的理论差异，在大多数情况下非常小，以至于我们可以把这个差异忽略不计，假定远期价格和期货价格相等。

(一)黄金和白银期货合约的价格决定①

这里把商品分为两类：一是为投资而持有的商品(黄金、白银)；二是为消费目的而持有的商品。

黄金和白银类似于无收益证券，用 S_t 表示黄金的现货价格，如果不考虑存储成本，则远期价格 F 为：$F=S_te^{r(T-t)}$。如考虑存储成本，则可以把存储成本看成负收益，设 U 为期货合约有效期内所有存储成本的现值，则有：$F=(S_t+U)e^{r(T-t)}$。更进一步的是，如果任何时候的存储成本和商品价格呈一定比例(u)，可以把存储成本看成是负红利收益率，则：$F=S_te^{(r+u)(T-t)}$。

(二)其他商品期货合约的价格决定

(1)对持有目的不是投资的商品来说，因为其有消费价值，因此持有者不会积极主动地出售商品购买期货合约。因此，对消费为目的的期货价格必须满足：$F\leqslant(S_t+U)e^{r(T-t)}$。如果存储成本和现货价格成比例($u$)，那么有：$F\leqslant S_te^{(r+u)(T-t)}$。

(2)便利收益。这是指商品持有者持有非投资目的的商品所带来的收益。假设便利收益为 y，那么有：$Fe^{y(T-t)}=S_te^{(r+u)(T-t)}$；即：$F=S_te^{(r+u-y)(T-t)}$。

---

① 这部分内容借鉴了约翰·赫尔：《期权、期货和衍生证券》，张陶伟译，华夏出版社 1997 年版。

(三)考虑持有成本的期货价格决定

所谓持有成本是指期货价格与现货价格之间的关系,等于存储成本加上融资购买资产所支付的利息,再减去资产的收益。假设持有成本为 c,那么对投资性资产,期货的价格为:$F=S_te^{c(T-t)}$。对消费性资产,期货的价格为:$F=S_te^{(c-y)(T-t)}$,式中 y 为便利收益。

四、远期合约与期货合约

期货是指交易双方约定在未来某个月以约定的价格交割某种标的商品,双方约定的价格就是期货价格。与现货交易不同,金融期货交易的是合约,交易者可以持有到期也可以在到期前将合约转让。期货是标准化的交易合约,其唯一的变量就是价格,而数量、质量、交货时间和地点都由交易所统一规定。

(一)远期合约概述

1. 远期合约概念

远期合约是金融衍生工具的基础,是远期交易的法律协议,交易双方在合约中规定未来某一确定时间,以约定价格购买或出售一定数量的某种资产。远期合约可以说是最简单的一种衍生产品。它通常发生在两个金融机构或金融机构与其客户之间,是一种场外交易类产品。其中远期利率协议是近年来发展最快的品种,常见的还有远期外汇交易等。

2. 远期合约价值

远期合约的价值是对合约的多空双方而言,在某一时刻合约本身所具有的价值。该价值的决定因素是基础资产的合约价格。在合约的生效初始,多空之间均没有因合约而发生任何现金流动,双方也不会产生收益或损失,此时远期合约的价值为 0。此后,随着基础资产现货价格的变化,虽然多空双方没有实际的现金支付或收取,但一方有了账面上的收益,另一方也相应有了账面上的损失,对多空双方而言,合约此时就有了价值,该价值可能为正,也可能为负,如果多方在合约到期之前不想购买这个基础资产,就需要平仓。这就使多方账户借方项目发生了变动。远期合约对于多空双方来讲代表着一种或有债务。从这个意义上来讲,远期合约就是资产负债表中所谓的或有项目。

3. 远期合约的相关概念

(1)多头和空头。当远期合约的一方同意在将来某个确定的日期,以某个确定的价格购买标的资产时,此方称为多头;另一方同意在同样的日期以同样的价格出售该标的资产,这一方称为空头。

(2)交割价格。即双方交易中的标的物的价格。

(3)远期价格。所谓远期合约的远期价格即使该合约价值为零的交割价格。

(二)期货合约概述

1. 期货合约的概念

期货合约是指由期货交易所统一制订的,规定在将来某一特定时间和地点交割一定数量和质量商品的标准化合约。它是期货交易的对象,期货交易者通过在期货交易所买卖期货合约,转移价格风险来获取风险收益。期货合约是在现货合同和现货远期合约的基础上发展起来的,它们本质的区别在于期货合约条款的标准化。期货合约的各项条款设计,对期货交易有关各方的利益及期货交易能否活跃至关重要。期货合约示例见表 3-6。

期货合约一般包括以下 15 项内容:

(1)合约名称。合约名称需注明该合约的品种名称及其上市交易所名称。

(2)交易单位。交易单位是指在期货交易所交易的每手期货合约代表的标的商品的数量。

(3)报价单位。报价单位是指在公开竞价过程中对期货合约报价所使用的单位,即每计量单位的货币价格。

(4)最小变动价位。最小变动价位是指在期货交易所的公开竞价过程中,对合约标的每单位价格报价的最小变动数值。最小变动价位乘以交易单位,就是该合约价格的最小变动值。

(5)每日价格最大波动限制。每日价格最大波动限制,也称为涨跌停板制度,即指期货合约在一个交易日中的交易价格波动,不得高于或者低于规定的涨跌幅度,超过该涨跌幅度的报价将被视为无效,不能成交。

(6)合约交割月份。合约交割月份是指某种期货合约到期交割的月份。

(7)交易时间。期货合约的交易时间是固定的,每个交易所对交易时间都有严格规定。一般每周营业 5 天,周六、周日及国家法定节假日休息。

(8)最后交易日。最后交易日是指某种期货合约在合约交割月份中进行交易的最后一个交易日,过了这个期限的未平仓期货合约,必须进行实物交割。

(9)交割日期。交割日期是指合约标的物所有权进行转移,以实物交割方式了结未平仓合约的时间。

(10)交割等级。交割等级是指由期货交易所统一规定的、准许在交易所上市交易的合约标的物的质量等级。

(11)交割地点。交割地点是指由期货交易所统一规定的,进行实物交割的指定交割仓库。

(12)交易手续费。交易手续费是期货交易所按成交合约金额的一定比例或按成交合约手数收取的费用。

(13)交割方式。期货交易的交割方式分为实物交割和现金交割两种。商品期货通常采取实物交割方式,金融期货多采用现金交割方式。

(14)交易代码。为便于交易,每一种期货都有交易代码,如我国期货市场中,大豆合约为 S,阴极铜合约为 CU。

(15)上市交易所。该合约设计完成上市后在一个交易所上市交易。

表 3-6 期货合约示例:上海期货交易所铜标准合约

交易品种	阴极铜
交易单位	5 吨/手
报价单位	元(人民币)/吨
最小变动价位	10 元/吨
日价格最大波动限制	不超过上一交易日结算价±3%
合约交割月份	1~12 月
交易时间	上午 9:00~11:30,下午 1:30~3:00

续表

最后交易日	合约交割月份的15日(遇法定假日顺延)
交割日期	合约交割月份的16日至20日(遇法定假日顺延)
交割等级	标准品:标准阴极铜,符合国标GB/T 467—1997标准阴极铜规定,其中主成分铜加银含量不小于99.95%,替代品:1.高纯阴极铜,符合国标GB/T 467—1997高纯阴极铜规定;2.LME注册阴极铜,符合BS 6017—1981和AMD[5]725标准
交割地点	交易所指定交割仓库
交易保证金	合约价值的5%
交易手续费	不高于成交金额的2‰(含风险准备金)
交割方式	实物交割
交易代码	CU
上市交易所	上海期货交易所

2. 期货合约和远期合约的区别

金融期货交易是在金融远期合约交易的基础上发展起来的。两者最大的共同点是均采用先成交后交割的交易方式;两者也有很大的区别,主要体现在以下几个方面。

(1)集中交易。期货在指定的交易所内交易,交易所必须能提供一个特定的集中场地,以规范客户的订单在公平合理的交易价格下完成。期货合约在交易厅内公开交易,保证让当时的买卖价格能及时并广泛传播出去,使期货从交易的透明化中享受到交易的优点。而远期市场组织较为松散,没有固定的交易所和集中的交易地点,交易方式也不是集中式的。

(2)合约标准化。金融期货合约必须是符合交易所规定的标准化合约,对于交易的金融商品的品质、数量及到期日、交易时间、交割等级都有严格而详尽的规定,而远期合约对于交易商品的品质、数量、交割日期等,均由交易双方自行决定,没有固定的规格和标准。

(3)杠杆性和逐日结算制度。期货交易必须在交易前缴纳合约金额的5%~10%为保证金,用这部分保证金可以做成大笔的交易。并且,清算公司要逐日结算,以避免交易所信用危机。远期合约交易则通常不用缴纳保证金,合约到期后才结算盈亏。

(4)履约责任。期货合约具备对冲机制,履约回旋余地较大,实物交割比例极低,交易价格受最小价格变动单位限定和日交易振幅限定。远期合约如要中途取消,必须双方同意,任何单方面意愿是无法取消合约的,其实物交割比例极高。

3. 期货合约的种类——商品期货和金融期货

根据交易品种,期货交易可分为两大类:商品期货和金融期货。以金融产品,如汇率、利率、股价指数等作为期货品种的属于金融期货;以实物商品,如玉米、小麦、铜、铝等作为期货品种的属于商品期货。金融期货品种一般不存在质量问题,交割也大都采用差价结算的现金交割方式。我国目前推出了股价指数期货,但利率和货币金融期货尚禁止交易,商品期货上市交易的品种,主要有铜、铝、大豆、小麦和天然橡胶。

(1)利率期货,指以利率为标的物的期货合约。世界上最先推出的利率期货是于1975年由美国芝加哥商业交易所推出的美国国民抵押协会的抵押证期货。利率期货主要包括以长期国债为标的物的长期利率期货和以二个月短期存款利率为标的物的短期利率期货。

(2)货币期货,指以汇率为标的物的期货合约。货币期货是适应各国从事对外贸易和金融业务的需要而产生的，目的是借此规避汇率风险，1972 年，美国芝加哥商业交易所的国际货币市场推出第一张货币期货合约并获得成功。英国、澳大利亚等国相继建立货币期货的交易市场，货币期货交易成为一种世界性的交易品种。目前国际上货币期货合约交易涉及的货币，主要有英镑、美元、欧元、日元、瑞士法郎、加拿大元、澳大利亚元等。

(3)股价指数期货，指以股价指数为标的物的期货合约。股价指数期货是目前金融期货市场最热门和发展最快的期货交易。股价指数期货不涉及股票本身的交割，其价格根据股价指数计算，合约以现金清算形式进行交割。我国目前已经推出了股指期货。

(4)商品期货，是指标的物为实物商品的期货合约。商品期货历史悠久，种类繁多，主要包括农副产品、金属产品、能源产品等几大类。各国交易的商品期货的品种也不完全相同，这与各国的市场情况直接相关。美国市场进行火鸡的期货交易，日本市场则开发厂茧丝、生丝等品种。欧洲、美洲、亚洲的一些国家先后设立商品期货交易所，主要交易本国生产并在世界市场上占重要地位的商品。如新加坡和马来西亚的橡胶期货，菲律宾的椰干期货等。

五、期货市场与期货交易

(一)期货市场

期货市场是期货合约买卖的市场，狭义期货市场是指期货交易所，广义期货市场则包括期货交易所、结算所、结算公司、期货经纪公司和投资者。

期货交易所是专门进行期货合约买卖的场所，是期货市场的核心。期货交易所一般实行会员制，会员有权利在交易所内直接参加交易，同时必须遵守交易所的规则，缴纳会费，履行应尽的义务。

期货交易所对期货交易的正常开展，具有十分重要的作用：

(1)统一制订期货合约，将期货合约的条款统一化和标准化，使期货市场具有高度流动性，提高了市场效率。

(2)为期货交易制定规章制度和交易规则，并保证和监督这些制度、规则的实施，最大限度地规范交易行为。

(3)监督、管理交易所内进行的交易活动，调解交易纠纷，并提供仲裁程序和仲裁机构。

(4)为交易双方提供履约及财务方面的担保。期货交易机制要求交易所作为“买方的卖方和卖方的买方”，承担最终履约责任，从而降低了期货交易中的信用风险。

(5)提供信息服务，及时把场内所形成的期货价格公布于众，增加了市场的透明度和公开性。

(6)为期货交易提供结算、交割服务。

(7)为期货交易提供一个专门的、有组织的场所和各种方便多样的设施。

(二)期货市场的交易机制

1. 涨跌停板制度

所谓价格涨跌停板制度，是由交易所制定各期货合约的每日最大价格波动幅度，现在一般为±3%。当某期货合约以涨跌停板价格成交时，成交撮合原则实行平仓优先和时间优先的原则。

2. 保证金制度

所谓保证金制度，就是按期货交易所规定，期货交易的参与者在进行期货交易时必须存入一定数额的履约保证金。履约保证金是用来作为确保买卖双方履约的一种财力担保，其额度通常为合约总值的5%～10%。保证金水平随市场交易风险大小而调整，价格波动较大时要求较高的保证金水平，价格波动较小时要求的保证金水平较低。

3. 大户报告制度

交易所实行大户报告制度。当会员或客户某品种持仓合约的投机持仓数量，达到交易所对其规定的投机持仓限量80%以上(含本数)时，会员或客户应向交易所报告其资金情况、持仓情况，客户须通过经纪会员报告。交易所可根据市场风险状况改变持仓报告水平。达到交易所报告界限的会员和客户，应主动于下一交易日15:00前向交易所报告。达到报告界限的会员和客户，在首次履行报告责任和义务后，如需再次报告或补充报告，由交易所通知有关会员。

4. 强制平仓制度

强行平仓是指当会员、客户违规时，交易所对其持仓实行强制平仓的一种措施。当会员、客户出现下列情况之一时，交易所对其持仓实行强行平仓：(1)会员交易保证金不足并未能在规定时限内补足的；(2)持仓量超出其限仓规定的；(3)因违规受到交易所强行平仓处罚的；(4)根据交易所的紧急措施应予强行平仓的；(5)其他应予强行平仓的。强行平仓先由会员自己执行，时限除交易所特别规定外，一律为开市后30分钟内。若时限内会员未执行完毕，则由交易所执行。

5. 限仓制度

限仓是指交易所规定会员或客户可以持有的、按单边计算的某一合约投机持仓的最大数量。限仓实行以下基本制度：(1)根据不同期货品种的具体情况，分别确定每一品种每一月份合约的限仓数额；(2)某一月份合约在其交易过程中的不同阶段，分别适用不同的限仓数额，进入交割月份的合约限仓数额从严控制；(3)采用限制会员持仓和限制客户持仓相结合的办法，控制市场持仓规模；(4)套期保值交易持仓实行审批制，其持仓不受限制。某一合约的限仓数量按该合约上市交易的“一般月份”、“交割月前一个月份”、“交割月份”三个阶段依次递减。

6. 逐日盯市制度

逐日盯市是指结算部门在每日闭市后计算、检查保证金账户余额，通过适时发出追加保证金通知，使保证金余额维持在一定水平之上，防止负债现象发生的结算制度。具体执行过程如下：在每一交易日结束后，交易所结算部门根据全日成交情况计算出当日的结算价，据此计算每个会员持仓的浮动盈亏，调整会员保证金账户的可动用余额。若调整后的保证金余额小于维持保证金，交易所便发出通知，要求在下一交易日开市之前追加保证金，若会员不能按时追加保证金，交易所将有权强行平仓。

7. 实物交割制度

实物交割制度是指交易所制定的，当期货合约到期时，交易双方将期货合约所载商品的所有权按照规定进行转移，了结未平仓合约的制度。

8. 期货投机

期货投机交易指在期货市场上以获取价差收益为目的的期货交易行为。投机者根据自己对期货价格走势的判断，作出买进或卖出的决定，如果这种判断与市场价格走势相同，则投机者平仓出局后可获取投机利润；如判断与价格走势相反，则投机者平仓出局后承担投机损失。投机的目的是赚取差价收益，投机者一般只是平仓了结期货交易，并不进行实物交割。

例如，某投资者用5万元投资期货市场，2013年11月，该投资者预计天然橡胶价格将上升，则在11月25日决定买进2014年5月交割的天然橡胶305合约10手(50吨)，买入价为10000元/吨，所需保证金4万元。到2014年3月15日，天然橡胶期货价格上升至15000元/吨，该投资者以此价格卖出手中所持有的合约，每吨盈利5000元，共盈利250000元。

期货投机者一旦把握住市场的走向，可以获得巨大收益；一旦市场走势和预期相反，投机者也要承担严重损失。

六、套期保值交易

(一)套期保值的概念

做期货需要财技高超和丰富的金融知识，而且风险很大，很少有中小投资者敢于涉足。其实，期货的内涵是价值发现和风险锁定，巧妙运用期货市场中的套期保值技巧，可以为我们的日常理财提供很多帮助。

套期保值是指以回避现货价格风险为目的的期货交易行为。套期保值的基本原理，是利用现货和期货价格趋于同向运动的规律，在期货市场上买进(或卖出)与现货市场数量相当，但交易方向相反的期货合约，从而使一个市场的亏损用另一个市场的盈利来加以弥补，达到规避价格波动风险的目的。套期保值的基本形式有两种，即买入保值和卖出保值，两者是以保值者在期货市场上买卖方向来区分的。

套期保值的理解，又可以理解为投资者通过期货、现货两个市场反向操作，来建立一种盈亏对冲机制。通俗讲，套期保值就像买保险，保的是剔除了价格变动后的正常经营利润。最终结果是一个市场盈利，一个市场亏损。传统套期保值的具体做法可概括为种类相同、数量相等、月份相近、方向相反。如今这一概念有了新的演化，称之为“对冲”更为贴切。比如，买进现货的同时卖出同品种的期货，这就形成对冲关系；买进某一月份期货的同时卖出同品种的另一个月份的期货(国内常称为跨月套利)，也形成对冲关系；如果两种不同资产之间具有负相关性，则同时买进两种资产，同样构成对冲关系。对冲的结果是锁定了价格，从而免除了价格波动导致的风险。

套期保值是一个广为人们应用的思想。当你拥有资产甲，面临贬值风险时，如卖出另一种资产乙，只要资产乙与资产甲之间具有正相关性，就可以称为“对冲”。资产甲贬值时会遭受损失，但相关的资产乙也会相应发生贬值，提前卖出资产乙就会有收益；若资产甲升值，由于资产乙相应升值，提前卖出资产乙就会出现亏损。这一买一卖就形成了亏损与收益的对冲关系，最后会抵消贬值带来的风险。

(二)买入保值

它是指交易者先在期货市场买入期货，以便将来在现货市场买进现货时，不致因价格上涨而给自己造成经济损失的一种套期保值方式。这种用期货市场的盈利对冲现货市场亏损的做法，可以将远期价格固定在预计的水平上。买入套期保值，是需要现货商品而又担心价格上涨的客户常用的保值方法。例如，6月1日，某铜业公司三个月后需用100吨铜作原材料。当日铜现货价格每吨16000元，为锁定成本，回避价格上涨的风险，该公司在当日买进

9月份交割的铜期货100吨，价格是每吨16100元。到9月1日时，现货价格涨到每吨17000元，期货价格涨至17100元。此时该公司卖出已持有的1000吨期货合约，平仓盈利是100000元，即该公司在期货市场共赚100000元。同时，该公司在现货市场买进100吨现货作原料。而此时的现货价格每吨已涨1000元，现货市场又多付出100000元，盈亏平衡，避免了价格波动所带来的影响。这个交易过程可以用表3-7表示：

表3-7 买入套期保值的交易过程

时间	现货市场	期货市场
6月1日	9月份需铜100吨，6月现货市场价格16000元/吨	买入100手9月期铜合约，买入价为16100元/吨
9月1日	买入100吨铜，市价为17000元/吨	卖出100手9月期铜合约，卖出价为17100元/吨

（三）卖出保值

卖出保值是指交易者首先在期货市场上卖出期货，当现货价格下跌时以期货市场的盈利来弥补现货市场的损失，从而达到保值的目的。卖出保值主要适用于拥有商品的生产商或贸易商，他们担心未来商品的价格下跌使自己遭受损失。

例如，某铜冶炼公司计划在4月份卖出50吨铜，当时现货价格为17000元/吨，由于担心4月份铜价下跌造成损失，于3月1日以每吨17100元的价格卖出4月份交割的铜期货进行保值。一个月后，铜现货价格跌至每吨16900元，期货价格跌至每吨17000元，该公司在现货市场发生亏损5000元。在期货市场获利5000元，盈亏正好抵消，避免了价格下跌所带来的风险。这个交易过程可以用表3-8表示为：

表3-8 卖出套期保值的交易过程

时间	现货市场	期货市场
3月1日	3月现货市场价格17000元/吨	卖出50手4月期铜合约，卖出价为17100元/吨
4月1日	卖出50吨铜，市价为16900元/吨	买入50手4月期铜合约，买入价17000元/吨

借用套期保值，有助于轻松应对房价上涨。如某人计划在下年度结婚买房，但目前房产价格涨速太快，因刚参加工作，又不想向双方父母要钱，没法现在就买房，明年买房又不知道房价会涨到哪里，为此非常苦恼。其实，他可以利用现有积蓄买些业绩好、经营稳定的地产股股票。一般而言，房价涨，房地产公司效益就好，相应的股票价格就会看涨。这样，即便明年房价涨了，也可以用股票市场上的获益作为弥补，在一定程度上降低购房成本。

（四）套利

套利是指同时买进和卖出两张不同种类的期货合约，也就是所谓的“低买高卖”，从两合约价格间的变动关系中获利。套利一般可分为三类：跨期套利、跨市套利和跨商品套利。

1. 跨期套利

跨期套利是套利交易中最普遍的一种，是利用同一商品，但不同交割月份之间正常价格差距出现异常变化时进行对冲而获利的，又可分为牛市套利(bull spread)和熊市套利(bear spread)两种形式。如在金属牛市套利时，买入近期交割月份的金属合约，同时卖出远期交割月份的金属合约，希望近期合约价格上涨幅度大于远期合约价格的上涨幅度；而熊市套利则相反,即卖出近期交割月份合约,买入远期交割月份合约,并期望远期合约价格下跌幅度小于近期合约的价格下跌幅度。

2. 跨市套利

跨市套利是在不同交易所之间的套利交易行为。当同一期货商品合约在两个或更多的交易所进行交易时,由于区域间的地理差别,各商品合约间存在一定的价差关系。例如伦敦金属交易所(LME)与上海期货交易所(SHFE)都进行阴极铜的期货交易,每年两个市场间会出现几次价差超出正常范围的情况,这为交易者的跨市套利提供了机会。

3. 跨商品套利

跨商品套利指的是利用两种不同的、但相关联商品之间的价差进行交易。这两种商品之间具有相互替代性或受同一供求因素制约。跨商品套利的交易形式,是同时买进和卖出相同交割月份但不同种类的商品期货合约。例如金属之间、农产品之间、金属与能源之间等,都可以进行套利交易。

七、金融期货的应用

每种金融期货都可以成为套期保值、投机和套利的工具。本部分主要介绍外汇期货的几种应用案例,包括外汇期货的套期保值和投机交易。

(一)外汇期货的套期保值

外汇期货的套期保值,目前已经成为许多企业进行外汇管理的重要工具。外汇期货套期保值的形式主要有两种:空头外汇期货套期保值和多头外汇期货套期保值。

1. 空头外汇期货套期保值

空头外汇期货套期保值又称卖出期货保值。保值者预测汇率将下降,于是在期货市场上卖出外汇,处于空头地位。国际贸易中的应收款,给国外附属机构的贷款等都可以用空头套期保值的办法来回避汇率下跌的影响。

2. 多头外汇期货套期保值

多头外汇期货套期保值又称为买进套期保值。拥有外币债务或者将拥有外币债务的企业,为防止汇率上升而增加筹资成本,可以在期货市场上买进外汇期货,处于多头地位。如3月1日,美国某进口商从加拿大进口一批农产品,价值500000加元,6个月后支付货款。为防止6个月后加元升值,进口商在期货市场上买进5份9月到期的加元期货合约,6个月后,加元升值,具体情况如表3-9所示。

表3-9 多头外汇期货套期保值

时间	现货市场	期货市场
3月1日	有50万加元的货款需要6个月后支付,现汇汇率 0.8460 美元/加元,折合423000美元	买进5份面值10万加元的9月到期的加元期货合约,价格为 0.8450 美元/加元,价值 422500美元
9月1日	支付货款时,现汇汇率 0.8499 美元/加元,50万加元折合424950美元	卖出5份面值为10万加元的9月到期的加元期货合约,价格为 0.8489 美元/加元,价值 424450美元

从表中可以发现,现货市场损失1950美元,期货市场盈利1950美元,该进口商通过套期保值,避免了汇率变动的风险。

(二)外汇期货的投机交易

外汇期货投机交易是指交易者没有实际的外汇需求,也没有外币债权、债务需要保值,而是根据自己对外汇期货行情的预测,低买高卖,从而赚取利润。投机交易分为单向投机和跨期套利交易两种。

1. 单向投机

单向投机即简单的买空卖空。单向投机的原则是:预测汇率上升时,做多头;反之,则做空头。

在外汇期货市场上,除了保值者外,还有愿意承担风险、企图通过汇率变动牟利的投机者,趁某种货币涨落波动之机,进行冒险性的期货交易,从中盈利。例如,某商人于某年 4 月份预测德国马克对美元汇率在同年 9 月份将有上涨,该商人于 4 月 5 日在外汇期货市场上,以 1 马克=0.64 美元的汇率买进 9 月份交割的德国马克期货合约两份,金额为 25 万德国马克(每份合约 12.5 万德国马克),支付 16 万美元。到 8 月 5 日卖出这两份合约,当时德国马克汇率上涨至 1 马克=0.68 美元,该商人按上涨了的马克汇率卖出德国马克期货合约,可获 17 万美元,得毛利 1 万美元。每份合约的佣金和保证金利息大约为 60 美元,扣除两份合约的佣金和保证金利息 120 美元,该商人可得净利 9880 美元。

如果投机者预测不准确,到期德国马克汇率不仅没上涨,反而大幅下跌,投机者将损失惨重。可见,投机者获利的潜在可能性,是与投机者预测汇率动向的技巧程度成正比的。投机者在期货市场进行投机交易,将同时面临获利和亏损两种可能性,而且空头投机者在获利和亏损方面的潜在可能性,与多头投机者没有区别。

2. 跨期套利交易

跨期套利交易,是指交易者同时买进和卖出相同币种但不同交割月份的外汇期货合约,利用两合约价格差的变化来获取利润。远期价格升水,且预期两国利差减小,则买进近期的期货合约,卖出远期的期货合约;远期价格升水,且预期两国利差增大,则买进远期,卖出近期;远期价格贴水且预期两国利差减小,则买进远期的期货合约,卖出近期的期货合约。

在实际交易中跨期套利者最为关心的不是期货合约价格的相对变化,因为投机者是从不同交割月份的合约价格的价差变大变小中获利的。如 3 月 1 日时,9 月份交割的日元期货合约价格为:1 日元=0.00774 美元,12 月份交割的日元期货合约价格为:1 日元=0.00781 美元,价差为 0.00007 美元。某外汇跨期套利者预测两种合约的价差会变小,则其选择了跨期套利交易,经过跨期套利交易后,投机者获利 75 美元。交易过程如表 3-10:

表 3-10 跨期套利交易

3 月 1 日	购买 2 份 9 月份日元期货合约,1 日元=0.00774 美元,每张合约 125 万日元	出售 2 份 12 月份日元期货合约,1 日元=0.00781 美元
5 月 1 日	出售 2 份 9 月份日元期货合约,1 日元=0.00782 美元,获利 200 美元	购买 2 份 12 月份日元期货合约,1 日元=0.00786 美元,亏损 125 美元

八、我国期货市场的发展及现状

(一)中国期货市场的发展历程

1. 中国期货市场的孕育阶段

20 世纪 80 年代末,随着改革开放的逐步深化,价格体制逐步放开。如不能解决价格调控的滞后性问题，就难以满足供求双方对远期价格信息的需要。1988 年 5 月，国务院决定进行期货市场试点。1990 年 10 月 12 日，经国务院批准，中国郑州粮食批发市场以现货交易为基础，正式引入期货交易机制，从而作为我国第一家商品期货市场，迈出了中国期货市场发展的第一步。

2. 中国期货市场的规范阶段

20 世纪 90 年代中期，由于人们认识上的偏差，尤其是受到部门和地方利益的驱动，在缺乏统一管理和没有完善法规的情况下，中国期货市场出现了盲目高速发展的趋势。到 1993 年底，全国期货交易所达到 50 多家，期货经纪公司 300 多家，各类期货兼营机构不计其数。这一超常规的发展给期货市场带来了一系列问题，如交易所数量过多，交易品种过度重复，期货机构运作不规范，地下期货交易四处泛滥，从业人员鱼龙混杂、良莠不齐。这些都严重制约了我国期货市场的进一步发展，并且导致了人们对期货市场的种种误解。

3. 中国期货市场的稳步健康发展阶段

从 2001 年起，期货市场成交量大幅反弹，市场投资者迅速增加，人们对期货的认识也逐渐清晰。随着中国加入 WTO，期货品种越来越多，金融期货逐渐进入期货市场，加上国家在法律法规方面的完善，期货市场的发展空间越显巨大。

（二）期货市场

1. 期货市场简介

中国期货市场的发展开始于 20 世纪 90 年代。虽然期货市场和证券市场在同一年诞生，但是期货市场的发展却与证券市场的发展有很大差距。到 2000 年年底，投入股票市场的资金有 5000 亿元，进入期货市场中的资金总量却只有 50 亿元。期货市场发展初期存在着许多问题，国家有关部门自 1994 年开始加强期货市场的整顿治理。1994 年 4 月，国务院开始关停一些大的期货品种；1996 年 2 月，金融机构退出期货市场；1998 年，将原来的 14 家期货交易所合并为大连、郑州、上海 3 家。1999 年 6 月，国家有关部门颁布了《期货交易管理暂行条例》等系列法规，为期货市场的进一步清理整顿和规范运作打下了坚实基础。自 1999 年起，中国证监会发布了《期货业从业人员资格管理办法》、《期货交易所管理办法》、《期货经纪公司高级管理人员任职资格管理办法》、《期货经纪公司管理办法》等一系列法规，使得整个期货市场的法规建设更为完善。

2. 期货交易所

(1)郑州商品交易所。郑州商品交易所是中国第一家试点期货市场，由远期现货交易起步。它于 1993 年 5 月 28 日正式推出标准化期货合约交易，由现货市场向期货市场发展。交易所隶属于中国证监会，为期货合约的集中竞价交易提供场所、设施及相关服务。

郑州商品交易所目前的期货交易品种有小麦、棉花和绿豆等，交易所实行会员制，按照《郑州商品交易所章程》实行自律管理。现有会员 200 多家，分布于全国 30 多个省、市、自治区。

(2)上海期货交易所。经中国证监会批准，上海期货交易所于 1999 年正式成立，交易所为期货合约的集中竞价交易提供场所、设施、服务并履行相关职责。上海期货交易所现阶段上市交易的有铜、铝、天然橡胶、燃料油四种商品期货的标准合约。上海期货交易所现有会员 200 多家，其中期货经纪公司会员占 80%以上，已在全国各地开通远程交易终端 250 多个。

目前,上海期货交易所已经成为亚洲最大,世界第二的铜期货交易中心,上海铜市与伦敦、纽约一起成为全球三大定价中心,上海期货市场已形成相当规模,提高了在国际铜期货市场中的竞争力。

(3)大连商品交易所。大连商品交易所成立于1993年2月28日,是经国务院批准的4家期货交易所之一,是实行自律性管理的会员制法人。

经中国证监会批准,大连商品交易所目前的交易品种有玉米、大豆1号、大豆2号、豆粕和啤酒大麦,正式挂牌交易的品种是玉米、大豆1号、大豆2号和豆粕。其中,大豆1号是交易最为活跃的品种,玉米和大豆2号分别于2004年9月22日和12月22日正式挂牌交易。大连商品交易所已经成为亚洲第一,世界第二的大豆期货交易中心,成交量仅次于美国的芝加哥商品交易所。

(三)中国期货市场的发展现状

1. 建立基本的期货市场法规与监管体系

1993年以后,中国证监会对期货市场进行统一监管,理顺了中央和地方监管部门的关系,为期货市场的健康运行创造条件。同时,颁布了《期货交易管理暂行条例》和与其相配套的4个办法以及《期货经纪公司内部控制制度指导原则》等。这一系列法律、法规和规范性文件的颁布和实施,标志着我国期货市场法制框架已初步形成。

2. 形成相对独立的期货行业

中国现在已经形成了以上海、郑州、大连3家期货交易所为龙头,175家期货经纪公司为骨干的期货市场,经过资格考试和认定后,组建了第一批具有期货从业资格的人员队伍,同时成立了中国期货业协会,这都标志着我国期货市场的主体结构已趋向完善,形成相对独立的期货业。

3. 形成运作比较规范的期货品种

在优胜劣汰的市场规律选择之下,我国期货市场形成了一批管理比较规范、运作较为平稳、发展相对成熟的期货品种。

小资料:如何做好期货理财

期货市场是一个风险聚集与释放、规避的市场,对投资者来说,完全可以把期货当成一种风险管理和理财的工具。

(一)投资工具比较

我们把主要投资工具的特点进行比较(见表3-11),可以发现,期货是一种风险大、收益大的投资工具,期货投资适合于那些具有专业知识、同时拥有大量资金的投资者。

表3-11 投资工具的比较

比较项目	投资类型			
	储蓄、债券	保险	股票	期货
所需资金	不限	根据具体投保情况而定	需缴纳交易金额的100%	缴纳交易金额5%~10%保证金
获利期限	1~3年	视投保年限定,期限一般较长	期限可长可短	期限可长可短

续表

比较项目	投资类型			
	储蓄、债券	保险	股票	期货
变现情况	变现不易，到期后变现，否则有利息损失	变现不易，提前解约，损失重大	变现容易，取决于市场价格	变现容易
利	固定利息收入，资金风险小	买保险以应对未来之需	短期利益大，资金额少，套现快	短期利益巨大，行情容易掌握，风险可自行控制
弊	失去灵活运用资金机会，货币贬值损失	报酬少，几乎没有	易受人为因素影响，做市场行情可参照物少，易盲目投资	需不断研究熟悉各种操作技巧，避免或减轻风险

(二)期货投资的特点

1. 交易机会多，交易灵活

(1)期货交易是双向交易，既可以先买入等待价格上涨而获利，也可以先卖出等待价格下跌而获利，这种交易机制使投资者在熊市和牛市中都有很好的交易机会。

(2)期货交易是保证金交易，只要用交易对象价值的5%～10%的资金，就可以完成全部交易，具有以小博大的功能。

(3)期货交易是“T＋0”交易，只要有交易机会当天可以买进卖出多次，大大提高了资金的使用效率。

双向交易、保证金制度和“T＋0”交易三者的结合，使投资者的获利机会大于任何一种理财方式，且所需要的资金投入也远小于任何一种理财工具。当然，收益总是伴随着风险，理论上存在的快速回报，同时也意味着客户的资金以同样的速度亏损，牛市和熊市中获得双向交易机会的同时，也同时承担了双向亏损的可能，这就涉及资金管理和风险控制的问题。

2. 资金管理、风险控制

期货交易中，资金管理和风险控制意味着一切。如没有有效的资金管理和风险控制的手段，对于投资者来讲，一切机会都只会是陷阱和灾难。但是，期货投资的收益可能由市场提供的机会操控，但亏损则是投资者自己可以掌握的，交易并非无法控制，灾难的大小更是由投资者自己决定。

就价格的波动幅度来看，期货价格的波动远小于股票，股票可以在一年之中狂跌50%～60%，或大涨100%，而期货价格的波幅一般一年之中不会超过30%，期货的风险根源不在于价格波动幅度，而在于它的保证金制度。5%～10%的保证金是交易制度规定的最大限度，若投资者不用这么少的保证金来做，可以通过提高保证金来降低风险。另外，风险控制也可以通过技术手段来实现，即根据技术分析和风险承受能力来设置止损，以使投资者不至于陷入对亏损的恐慌之中。

(三)期货投资的要素

期货在中国已经发展了20多年，作为一种投资理财的工具，在中国正逐步深入人心。应科学、理性地看待期货这个投资工具，它以小博大，能锻炼人的智慧和能力。要做好期货投资，必须具备以下几个基本要素。

1. 货币资本

期货实行保证金交易，期货市场需要的货币资本远低于投资现货市场，可以小博大，适合中小投资者进入。但投资者要注意货币资本应是闲置资金，而非日常生活用的资金，更非大举借债参与期货交易。

2. 操作技巧

期货市场的价格每分钟都在变化，如何掌握好入市和出市的时机，是采取稳健的做法还是激进的做法，都在于个人的操作技巧。激进的做法就是纯粹的投机，赢了也全凭运气。而稳健型的投资是不完全的投机，可以通过跨市交易、跨时间套利、跨品种套利等方式来实现。

3. 心理素质

期货市场一天的价格变化，可能等于现货市场一年的价格变化，这种价格的剧烈波动在期货市场是司空见惯的，没有好的心理素质，就无法适应这种波动。而好的心理素质与性格、修养、经济基础等，都有极大关联。

4. 知识资本

知识资本指要了解期货市场的特点，如价格波动、品种的特点、期货商品的价格形成机制，还有政治、经济等方方面面的知识。如完全没有期货的基本知识，做期货投资就会相当困难。知识资本可以通过学习获得，还有很多期货经纪公司、投资顾问为投资者提供服务。

(四)期货市场的投资理财方式

利用期货交易来投资理财有很多种方式，且不同的人投资获利的方式也不一样。总之有两种模式:通过分析预测来交易和通过客观性方式来交易。

1. 通过分析预测来交易

投资者可以通过分析各种信息资料，如商品供求关系、经济形势走势、技术指标等判断市场未来会往哪个方向走，从而制订自己的交易计划。若商品供不应求，则价格会上涨，反之则下跌;若经济形势走好，则商品需求扩大，也有利于价格上涨;技术指标同样会以其特有的方式提醒投资者价格将向哪个方向波动。这种分析预测的模式更适合大资金和机构投资，他们的研究分析力量很强，对信息处理的能力远非一般投资者所能相比，而普通中小投资者可能会因无法获得全面的信息而判断错误并导致亏损。

2. 通过客观性方式来交易

普通投资者很难准确预测市场，客观性交易者不预测市场，只是处理市场上现在正在发生的情况，尊重市场，通过适应市场、追逐趋势来获利。这种方式是通过一定的技术工具来判断市场目前处于空头还是多头状态，然后根据市场已有的状态进行交易。

不同投资者的情况不一样，会有不同的交易方式，但不管采用哪种方式交易，都要控制好风险，然后建立一套自己的交易模式，才可以在期货市场中以小博大，实现资金增值的愿望。

第四节 期 权

期权是金融衍生产品的一种，是证券市场上的派生证券。期权是在金融市场发展与扩张的基础上发展起来的，并成为证券市场上最为活跃的交易品种。目前金融市场上交易工具的创新速度很快，已有上千种衍生工具出现，主要交易品种有金融期货、指数期货、期权、认股权证等，它们也是重要的投资品种。

一、期权的基本概念

(一)期权的定义

期权是一种选择权,期权的买方向卖方支付一定数额的权利金后,就获得了这种权利,即拥有在一定时间内,以一定的价格(执行价格)出售或购买一定数量的标的物(实物商品、证券或期货合约)的权利。期权的买方行使权利时,卖方必须按期权合约规定的内容履行义务。相反,买方可以放弃行使权利,此时买方只是损失权利金,同时卖方则赚取权利金。总之,期权的买方拥有自主执行期权的权利,无必须执行的义务;期权的卖方则只有履行期权的义务。

期权是投资者的一种权利,即在一定的时间内以双方商定的价格买入或卖出某种商品或金融资产,如股票、股价指数、债券、债券指数、外汇等等。根据交易对象的不同,期权可以分为商品期权、股票期权、债券期权、股指期权、外汇期权等等。从权利形式看,期权可以分成买入期权和卖出期权,即看涨期权和看跌期权。

期权买卖的是一种权利,而不是真实的商品。期权的买入须支付期权费用,即为了得到这种权利而支付的代价。投资者可以行使权利,也可以放弃这一权利。期权投资者买入期权的风险是有限的,但其收益则是无限的,而期权的出售者是投机者,要承受较大的风险。在现代证券市场上,期权交易也是一种重要的金融创新,它能够使市场交易趋于活跃,而且能分散投资的风险,稳定市场。我国目前还未全面开放期权交易,但随着市场的扩展和规范,期权交易的全面开放是大势所趋。

(二)期权交易

期权交易是买卖权利的交易。期权合约规定了在某一特定时间、以某一特定价格买卖某一特定种类、数量、质量的原生资产的权利。期权合同有在交易所上市的标准化合同,也有在柜台交易的非标准化合同。与期权交易有关的基本概念主要有以下几个:

1. 执行价格

又称履约价格,是期权的买方行使权利时事先规定的标的物的买卖价格,也就是看涨期权依据合约规定可买进相关金融产品的价格,或者看跌期权购买者依据合约规定可卖出相关金融产品的价格。

2. 执行期权

通过期权合约买进或卖出标的资产的行为,称为执行期权。执行基于期货合约的期权时,期权的卖出者有义务以履约价格建立与期权买入者所得头寸相对应的期货头寸;执行基于股票的期权时,看涨期权的卖出者将有义务以履约价卖出股票,看跌期权的卖出者将有义务以履约价买进股票;执行基于股价指数合约的期权时,无论是看涨还是看跌期权,都最终以履约价格与执行时的股价指数之间的差额为基础,用现金结算。

3. 权利金

期权的权利金是期权的买方向卖方支付的期权价格,即买方为获得期权而向期权卖方支付的费用。期权买方为换取期权赋予买方一定的权利,必须支付一笔权利金给期权卖方;期权的卖方为卖出期权承担了必须履行期权合约的义务,为此他可收取一笔权利金作为报酬。由于权利金是由买方负担的,是买方在出现不利变动时所需承担的最高损失金额,这笔权利金也称作“保险金”。

4. 履约保证金

对于期权购买者而言，面临的最大风险就是损失付出的期权费，因为这种风险已经事先预知和确定，不需要另开保证金账户。对于期权买方而言，一旦期权购买者执行合约，则必须无条件服从，为保证期权卖出方履约，要求期权卖方向交易所缴纳一定的保证金，保证金的金额随着金融产品的价格变动而变动。

二、期权种类

期权按不同的分类标准可划分为如下种类。

(一)按期权合约性质划分

根据期权的合约性质，可以把期权划分为看涨期权、看跌期权和双重期权。

1. 看涨期权

看涨期权的持有人有权在某一确定的时间以某一确定的价格购买标的资产。例如，2013 年 1 月 1 日，标的物是铜期货，它的期权执行价格为 1850 美元/吨。A 买入这个权利，付出 5 美元/吨；B 卖出这个权利，收入 5 美元/吨。2 月 1 日，铜期货价格上涨至 1905 美元/吨，看涨期权的价格涨至 55 美元/吨。这时，A 可采取两个策略：①行使权利，A 按 1850 美元/吨的价格从 B 手中买入铜期货，然后以 1905 美元/吨的市价在期货市场上抛出，获利 50 美元/吨(1905－1850－5)，而 B 则损失 50 美元/吨(1850－1905＋5)。②售出权利，A 可以 55 美元/吨的价格售出看涨期权，同样，A 可以获利 50 美元/吨(55－5)。

如果铜价下跌，即铜期货市价低于执行价格 1850 美元/吨，A 就会放弃这个权利，只损失 5 美元权利金，B 则净赚 5 美元/吨。

2. 看跌期权

看跌期权是指卖出标的物的权利。例如，2013 年 1 月 1 日，铜期货的执行价格为 1750 美元/吨，A 买入这个权利，付出 5 美元/吨；B 卖出这个权利，收入 5 美元/吨。2 月 1 日，铜价跌至 1695 美元/吨，看跌期权的价格涨至 55 美元/吨。此时，A 可采取两个策略：①行使权利，A 可以按 1695 美元/吨的价格从市场上买入铜，而以 1750 美元/吨的价格卖给 B，B 必须接受，A 从中获利 50 美元/吨(1750－1695－5)，B 损失 50 美元/吨(1695－1750＋5)；②售出权利，A 可以 55 美元/吨的价格售出看跌期权，从而获利 50 美元/吨(55－5)。

如果铜期货价格上涨，A 会放弃这个权利而损失 5 美元/吨，B 则净得 5 美元/吨。

3. 双重期权

看涨看跌双重期权，这种期权既包括看涨期权又包括看跌期权，也称为多空套做。在这种期权交易合同中，购买者同时买入某种标的物的看涨权和看跌权。其目的是在市场走势的盘整期间，投资者对后市无法作出正确推断的情况下，在减少套牢和踏空风险的同时而获得利润。由于这种特点，购买双向期权的盈利机会最多，但支付的费用也最大。

如投资者同时购买了 A 公司股票的看涨与看跌期权，其中每种期权的价格分别为每股 10 元。现股票市价为 100 元，看涨期权购入股票的协议价格为每股 105 元，看跌期权卖出股票的协议价格为每股 95 元。因投资者购入的是双向期权，在行使某种期权时就必须放弃另一期权，所以该投资者行使期权的成本增加到每股 20 元，这是投资者对后市难以看清所支付的代价。当股票的市价高于协议买入价格 20 元或低于协议卖出价格 20 元以上时，投资者才能获利，如果协议期内股票价格只在此范围内波动，投资者将会发生亏损。

（二）按期权的标的物划分

按期权的标的物划分，可分为指数期权、利率期权、外币期权和期货期权。

1. 指数期权

指数期权是以股价指数为标的物的期权。1983年，美国芝加哥期权交易所最先创立指数期权，推出了普尔100指数期权（普尔100指数是由普尔500股价指数中最热门股票构成的）。随后，又相继出现了纽约证券交易所综合指数期权。股价指数期权可以紧随股票市场，发展非常快。目前，在芝加哥期权交易所交易的指数期权产品有通盘指数期权、道·琼斯指数期权、芝加哥期权交易所指数期权、标准普尔指数期权、摩根-斯坦利指数期权、高胜科技指数期权、国际指数期权等等。

2. 利率期权

利率期权是以国库券、政府中长期债券、大额可转让存单等债券类证券为标的物的期权。利率期权是以标准化的金融凭证为交割对象，交易双方以协议价格就未来是否购买或出售该金融凭证选择权而进行的交易。金融凭证也称为债券，包括国库券、政府中长期债券、大额可转让存单等，是一种生息资产，可以在市场上出售，与利率水平的高低密切相关，因此称为利率期货，相应的期权交易称为利率期权交易。

利率期权的交易单位一般是面额为10万美元的基础债券。在利率期货期权的行情表上，期权敲定价格是以“100－利率”表示的，如利率为8.25％，则表示为91.75（100－8.25）。权利金是以相关的货币和债券面值的百分数表示的，其中欧洲美元期货期权和美国短期国库券期货期权的权利金的小数点前后都是10进制，而中长期国库券的权利金的小数点前是10进制，小数点后是64进制。

3. 外币期权

外币期权又称外汇期权，是以汇率为标的物的期权，交易双方按约定的汇价，就未来某一时期购买或售出某种外汇而进行交易。外币期权是防止外汇风险的一种重要手段，外币期权合约在执行时，可以外币实物交割，也可以价差交割。

外币期权的交易原理与其他期权交易相同，以相同的交易价买进看涨期权或卖出看跌期权，即可构成一笔假设的远期买进。外汇期权发展十分迅速，交易额也越来越大。最早的外币期权合约，是1982年11月在加拿大的蒙特利尔交易所开始的加拿大元期权合约。随后，该交易所又成功地引进了英镑、德国马克、瑞士法郎和日元等货币期权。1985年，荷兰引入了欧洲货币单位期权，外汇期权数量达到200亿美元。如今，全世界交易上市的货币期权合约有数千万个，成为灵活防止外汇风险，实现套期保值的金融工具。

4. 期货期权

1984年10月，美国芝加哥期货交易所首次成功地将期权交易方式应用于政府长期国库券期货合约的买卖，从此产生了期货期权。这是以期货为标的物的期权，也称期货合约期权。期货分为商品期货和金融期货，期货期权也同样包括商品期货期权和金融期货期权。期货期权的交易对象是商品期货合约，它赋予期权购买人在规定时间选择是否买卖期货合约的权利。期货期权在实施时，要求交割的并不是期货合约所代表的商品，而是期货合约本身。实际上很少交割期货合约，而是由交易双方结算期货市价与该期货期权协议价之间的价差。

三、期权定价的要素

期权的定价是个非常复杂的问题,也是期权交易中重要的问题。期权公正的市场价格,意味着不存在有人在长期交易中低价买入高价卖出获利,而其他人却高价买入低价卖出遭受损失的情况。下面我们来了解影响期权价格的因素。

(一)期权的内在价值与时间价值

期权价格主要由内在价值和时间价值两个部分构成。内在价值是期权合约本身所具有的价值,即期权购买者立即执行期权时所能获得的收益。其价值是由期权合约的协定价格与该期权标的物的市场价格的关系所决定的。

从理论上说,一个期权不会以低于其内在价值的价格出售,否则,套利者将立刻买进所有他可能买到的期权,并执行期权,他所得的利润就是溢价部分与低于内在价值(等于溢价部分)保险金之间的差额。

因此,一个期权通常是以高于内在价值的价格出售的。高于内在价值的这部分价值就是时间价值。时间价值也称为外在价值,是指期权购买者为购买期权而实际支付的期权费,超过该期权内在价值的那部分价值,时间价值随着时间推移和市场利率的变化而波动。

(二)期权的执行价格和市场价格

对于看涨期权而言,其收益为市场价格与执行价格的差额。随着市场价格的上升,看涨期权的价格会提高;随着协定价格的上升,看涨期权的价格则会降低。看跌期权的价格与看涨期权相反,即当市场价格上升时,看跌期权的价格下跌;当协定价格上升时,看跌期权价格上升。

(三)距离期权到期日的时间

金融期权交易中,到期期限是金融期权买卖日至到期日之间的时间,在其他条件不变的情况下,到期期限越长,期权卖方的风险越大,期权价格就越高;到期期限越短,期权价格越低。

(四)标的物的价格波动

标的物价格的波动性对期权价格的影响很大。波动性越大,期权价格越高,反之越低。如果价格没有波动,期权就没有存在的必要。标的物价格的波动性对期权价格的影响,是通过时间价值来实现的。对于期权出售者来说,标的物价格的波动幅度越大,他承受的风险也越大。所以,在标的物的价格波动性增大时,期权费的增加,实际上是对期权出售者承担风险的一种补偿。

(五)利率

利率尤其是短期利率是影响期权价格的重要因素。期权是具有内在价值的金融资产,必然会受到利率因素的影响。一般来说,利率升高,看涨期权的价格也将升高,而看跌期权的价格则将降低。

(六)标的资产支付的红利

红利主要对股票期权的价格有很大影响,股票的价格随着红利支付日期的变化而变化。随着红利支付日期的临近,股票的市场价格也趋于上升,股票买方期权的内在价值趋于升高,卖方期权的内在价值则趋于减少。红利越高,买方期权的价格越高,卖方期权的价格越低。

四、期权定价的方法

在涉及期权的具体定价方面，有许多定价模型，最有影响的定价模型是布莱克-斯科尔斯期权定价模型和二叉树期权定价模型。尽管它们是针对期权定价的不同状态而言，但在本质上是完全一致的。

（一）二叉树期权定价模型

这是一种简单易行的定价方法，其理论要点主要来自于考克斯(Cox)、罗斯(Ross)和鲁宾斯坦(Rubinstein)等学者的研究成果，二叉树期权定价理论是一种基于简单的资产价格运动的过程，该过程认为在任何时间，资产价格都有可能向两个不同的方向运动。因此，二叉树模型是在每一期将出现两种可能性的假设下构筑的现金流量或者某种价格波动的模型。下面我们就以股票期权价格的决定为例，来探讨二叉树期权定价模型。

首先我们把期权的有效期划分为很多很小的时间间隔 Δt，假设 S 是股票的初始价格，u、d 分别表示价格的上升和下降，假设价格上扬的概率为 p，那么下跌的概率为 $1-p$。图 3-2 显示了二叉树模型如何在两个时间段末产生三种不同的价格，在三个时间段末产生了四种不同的价格。

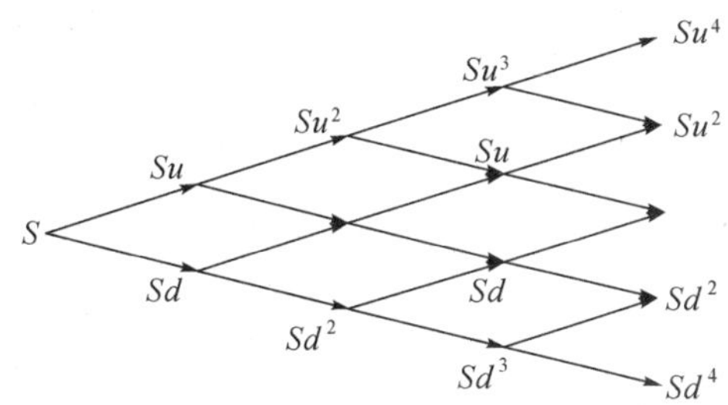

图 3-2　四周期二叉树模型股票期权的价格运动

1. 模型的假设条件：风险中性定价

所谓风险中性定价，就是任何依赖于股票价格的衍生证券，可以在风险中性世界的假设的基础上进行估值。即假设：(1)所有可交易证券的期望收益都是无风险利率；(2)未来现金可以用其期望值按无风险利率贴现来计算。在应用二叉树模型时，我们将利用风险中性估值原理并假设世界是风险中性的。

2. p、u、d 的确定

根据我们前面的假定，在一个风险中性的世界中，股票的期望收益是无风险利率 r，因此在时间间隔 Δt 末，股票的期望值为 $Se^{r\Delta t}$，则有：$Se^{r\Delta t}=pSu+(1-p)Sd$。

在这里，我们经常应用下面的三个条件，Δt 是很小的时间间隔：$ud=1$，$p=\dfrac{a-d}{u-d}$，其中，$a=e^{r\Delta t}$，$u=e^{\sigma\sqrt{\Delta t}}$，$d=e^{-\sigma\sqrt{\Delta t}}$。

3. 期权价格的计算

期权价格的计算是从树图的末端(T 时刻)开始向后倒推进行的。根据：$Se^{r\Delta t}=pSu+(1-p)Sd\Rightarrow Se^{r\Delta t}=e^{-r\Delta t}[pSu+(1-p)Sd]$。

因 T 时刻的期权价值是已知的，根据上式可倒推出前一个时刻的期权价格。

4. 二叉树算法的简化和扩展

如果将二叉树的图中的节点依次标号，记自左向右第 i 个、自上向下第 j 个节点为 $S_{i,j}$，则有：$S_{i,j}=e^{-r\Delta t}[pS_{i+1,j}+(1-p)S_{i+1,j+1}]$。

我们可以从 $S_{0,0}$（即所求期权价格）开始，反复向下展开，得到：

$$\begin{aligned}S_{0,0} &= e^{-r\Delta t}[pS_{1,0}+(1-p)S_{1,1}] \\ &= e^{-2\Delta t}[p^2S_{2,0}+2p(1-p)S_{2,1}+(1-p)^2S_{2,2}] \\ &= e^{-3\Delta t}[p^3S_{3,0}+3p^2(1-p)S_{3,1}+3p(1-p)^2S_{3,2}+(1-p)^3S_{3,3}] \\ &\cdots \\ &= e^{-rT}\sum_{k=0}^{N}[C_N^k p^k(1-p)^{N-k}S_{N,k}]\end{aligned}$$

其中 C_N^k 为组合数，$S_{N,k}$ 为最后一列的期权价值，即期满日的价值。这样，不需要从最末端一步一步向前推，直接利用上述公式即能迅速得到期权价格。

（二）布莱克-斯科尔斯期权定价模型(Black-Scholes Model)

二叉树期权定价模型为期权的价格决定提供了一种直观的方法，但这种方法需要大量的数据，布莱克-斯科尔斯期权定价模型只是二叉树期权定价模型的特例，并非完全不同的另一种模型，该模型大大减少了所需要的信息量。

1. 模型的假设条件

任何金融资产的合理价格是其预期价值，同样的原理适用于期权。下面我们首先介绍 Black-Scholes 模型的基本假设：(1)没有交易费用和税负；(2)无风险利率是常数；(3)市场连续运作；(4)股价是连续的，即不存在股价跳空；(5)股票不派发现金股息；(6)期权为欧式期权；(7)股票可以卖空且不受惩罚，而且卖空者得到交易中的全部利益；(8)市场不存在无风险套利机会。这些条件是 Black-Scholes 模型成立的充分条件，当这些条件不成立时，对模型做些改动常常有效。

2. Black-Scholes 模型的内容

在上述假设条件下，Black 和 Scholes 以股票为基础资产，推导出了看涨期权的定价模型。欧式看涨期权定价公式是目前世界上最普遍使用的期权定价公式。该公式最初主要用于股票期权上，现在也用于其他的期权。其具体表述如下：

$$C(E)=SN(d_1)-Ee^{-rt}N(d_2)$$

$$d_1=\frac{\ln(S/E)+(r+0.5\sigma^2)t}{\sigma\sqrt{t}}$$

$$d_2=\frac{\ln(S/E)+(r+0.5\sigma^2)t}{\sigma\sqrt{t}}d_1-\sigma\sqrt{t}$$

其中 S 为即期价格；E 为履约价格；r 为无风险的市场年利率；$C(E)$ 为期权在规定价格的情况下的期权价格；t 为到期日以前的剩余时间，以年为单位表示；σ 为资产的连续收益率的标准差，也就是即期价格的波动幅度；$N(d)$ 为对于给定自变量 d，服从平均值为 0，标准差为 1 的标准正态分布 $N(0,1)$ 的概率，其数值可从正态分布表中查得。

假定某欧式看涨期权的基础股票现价 S 为 42 美元，协定价格 E 为 40 美元，价格波动幅度为每年 20%，市场无风险利率 r 为每年 10%，有效期限 t 为 6 个月即 0.5 年，该期权价格的计算方法如下：

(1)代入各项数据,求出自变量 d_1 和 d_2 的值。即有:

$$d_1=\frac{\ln(42/40)+(0.1+0.5\times0.2^2)\times0.5}{0.2\sqrt{0.5}}=0.7693$$

$$d_2=\frac{\ln(42/40)+(0.1-0.5\times0.2^2)\times0.5}{0.2\sqrt{0.5}}=0.6278$$

(2)查正态分布表,求出 $N(d_1)$和 $N(d_2)$的数值,为:

$N(d_1)=N(0.7693)=0.7791 \quad N(d_2)=N(0.6278)=0.7349$

(3)将上面计算得到的数据代入 $C(E)$的计算公式,求出期权价格为:

$C(E)=42\times0.7791-40\times e^{-0.1\times0.5}\times0.7349=4.76$

因此,购买该看涨期权的价格,为每股应支付 4.76 美元的期权费。

上述公式只能用于计算欧式看涨期权的价格。对欧式看跌期权的价格,可利用看涨期权与看跌期权之间的平价关系近似地求得,其计算公式为:

$P(E)=Ee^{-rt}N(-d_2)-SN(-d_1)$

通过上面对 Black-Scholes 模型的介绍,可以发现在模型的参数中,除了收益率的标准差 σ 需要估算以外,其余的参数都是可以测定的,这就使得该公式的应用非常简便,任何人在给定的参数下都能计算期权的价格。

(三)修正的 Black-Scholes 期权定价模型

1983 年,Garman 和 Kohlhagen 修正了 Black-Scholes 的期权定价公式,创造了适用于外汇期权的第二种定价公式。该模式进一步考虑了本国货币和外国货币不同的利率水平,使计算结果更加精确。修正后的公式如下:

$C(E)=e^{-Ft}SN(d_1+\sigma\sqrt{t})-e^{-Dt}EN(d_1)$

$$d_1=\frac{\ln(S/E)+(D-F-0.5\sigma^2)t}{\sigma\sqrt{t}}$$

式中,D、F 分别为本国货币利率和外国货币利率,其他符号的意义和 Black-Scholes 的期权定价公式一样。

上述公式计算的是看涨期权价格,在计算出看涨期权的价格后,可以利用平价理论公式,即:$C(E)-P(E)=\frac{F-E}{(1+r)^t}$,就可以计算出看跌期权的价格。

总而言之,决定期权价格的因素很多,且各因素对期权价格的影响也十分复杂。在不同条件下,对期权价格的影响方向和程度也不尽相同。各因素之间既有相互补充的关系,也有相互抵消的关系。

五、期权交易的功能与运用

对于期权交易来说,每种形式的交易都存在着买方和卖方,对买方而言,其最大的特点是收益没有限定,风险有限定,即购买期权的最高损失程度限定在期权价格。对期权卖方而言,其卖出期权不是为了躲避风险,而是承担风险从而获取一定的收益补偿。下面我们讨论期权交易的功能与运用时,主要以期权买方的交易行为来研究。

(一)套期保值

经济往来中的债务人和债权人,可在期权市场上买进或卖出与债务、债权相等的金融商品的看涨期权或看跌期权。当基础金融工具价格变动不利于债务人或债权人而使其蒙受损失时，债务人或债权人将会在金融期权市场获利，以此来抵补损失。下面以外汇期权来解释如何利用期权来进行套期保值。

美国某公司从英国进口机器设备，3 个月后应向英国出口商支付 125 万英镑。该公司签订贸易合约后即购入一份英镑看涨期权，期权费为每英镑 0.01 美元，共支付 12500 美元，协议汇率为 1 英镑＝1.7 美元(与即期汇率相同)。

3 个月后若英镑升值为 1 英镑＝1.75 美元，按协议价格 1 英镑＝1.7 美元购买英镑，与市场价格比较可少支付 62500 美元(125 万×1.75－125 万×1.7)，除去期权费 12500 美元，仍减少汇率损失 50000 美元。若英镑贬值至 1 英镑＝1.65 美元，该公司可放弃执行期权，按市场汇率购入英镑，只需 2062500 美元(125 万×1.65)，再加上期权费 12500 美元，总共只需要 2075000 美元，比执行期权节省 50000 美元(125 万×1.7)。若英镑汇率不变，该公司可以执行期权，也可以放弃执行期权，最多损失 12500 美元期权费。

(二)投机交易

金融期权交易具有以小博大的投资功能。期权购买者对期权出售者所支付的期权费就是投资，该投资付出后，就为期权购买者创造了一个可能获利的机会。期权购买者如果对金融商品的市场价格走势预测准确，就可以通过执行期权合约所赋予的权利获得可观的经济收益。若预测失误，最大的经济损失就是期权费。

1. 利用股指期权进行投机

股价指数期权投机性交易的选择，首先是对股价指数期权和股价指数期货期权的选择，二者各有特点，但从总体而言，股价指数期权更适合于投机交易。

例如，某投机者在 2011 年 1 月 5 日纽约证券交易所综合指数为 138 点时，购进一份 3 月份到期的股价指数期权。期权费的点数是 9.05，投机者必须付出：9.05×500＝4525 美元的期权费。如果到了 2011 年 3 月，该期权在有效期结束之前股市看好，纽约证券交易所综合指数由 138 点上升到 162 点，则该投机者执行期权，以事先约定好的价格：138×500＝69000美元购进一份股价指数期货，然后在当时的市场上卖出，卖出价格为：162×500＝81000 美元，共获利 81000－69000－4525＝7475(美元)。

2. 利用外汇期权进行投机

利用外汇期权进行投机交易，其原理和套期保值的基本原理一样。不同的是，投机者进行外汇期权交易时，不对将来的外汇收入或支出进行反方向的保值操作，而是完全建立在预测汇率变化方向的基础上，承担汇率变动风险，进行单向投资。如预测正确就获利，不正确就要损失期权费。一般情况下，投机者如果预测外汇汇率即将上涨，就买入看涨期权做“多头”投机交易；相反，如果预测外汇汇率即将下跌，就买入看跌期权做“空头”交易。

某投机者预测 1 个月后欧元对美元汇率将上升，按履约价格：1 欧元＝0.890 美元购买 10 份美式欧元看涨期权，合同金额是 62.5 万欧元，期权价格是每欧元 0.009 美元。这样，该投机者的期权费为：62.5 万欧元×0.009＝5625 美元。1 个月后，如果该投机者的预期正确，欧元汇率上升到 1 欧元＝0.9190 美元，他可以执行期权，买入 62.5 万的合同欧元，其上限价格为 1 欧元＝0.890＋0.009＝0.899 美元，之后，投机者把这些欧元按 1 欧元＝0.919 美元的市场价格卖出，每欧元可以获利：0.919－0.899＝0.02 美元，共获利：62.5 万欧元×0.02＝1.25 万美元。

如1个月后,欧元汇率的走势与投机者的预期相反,该投机者将放弃执行期权,净损失为期权费5625美元。

六、期权理财

2002年12月12日,中国银行上海分行在中国人民银行的批准下,率先推出个人外汇期权交易"两得宝",并于2003年4月28日推出升级产品"期权宝",打开了中国期权交易的大门。我们以这两个产品为例,说明如何利用期权进行实际的投资理财。

(一)两得宝

在两得宝期权交易中,个人理财规划者为外汇期权的卖方,中国银行为买方,双方就某组外汇的一定汇率达成交易,期权买方(中行)在期权到期时有权以该汇率购得卖方该组外汇中的存款货币。"两得"的含义是投资者既可以得到利息,又可以得到期权费。

具体交易步骤如下:投资者存入一定数额的规定外币后,选定公布的某种交易外币为存款外币,同时选择另一种货币作为挂钩货币,中行即时报出一个该组货币的协定汇率(即敲定汇率)和期权费,此后的第二个工作日中行将期权费付给投资者。交易期满,中行按当时的市场汇率与敲定汇率比较,决定以存款外币或挂钩外币支付投资者的存款本金和利息。

2013年12月13日,某投资者存入一笔美元定期存款,挂钩日元,期限1个月,协定汇率为122.50。成交的第二天,该投资者获得中行支付的0.67%的期权费。2014年1月15日交易到期,由于市场上美元兑日元的汇率低于协定汇率122.50(意味着美元下跌),该投资者悉数收回了美元本金,而且利息照拿。这样算来,该投资者不仅取得了月利率0.042%(即年利率0.5%/12)的定期存款利息收益,而且额外获得了一笔可观的期权费收入,综合月收益率达到了0.712%(即0.67%+0.042%),较美元1月期存款收益率高出10倍以上。

在"两得宝"业务中,中行始终是外汇期权的买方,而投资者只能作为期权的卖方,即投资者实际卖出的是存款货币的看涨期权或挂钩货币的看跌期权,在汇率不变的情况下,投资者的收益最高,收益的上限也仅限于期权费和存款利息。在汇率发生波动时,他将面临比外汇存款更严重的损失,汇率的波动越大,他的损失越惨重。而作为期权交易的买方,中行只需支付一定的期权费(亦即它的最大损失),便可获得汇率波动带来的收益。因此,"两得宝"的投资时机是在汇市波动不大,牛市盘整时为最佳;在汇市大幅波动时,意味着投资者将不仅失去很多赚大钱的机会,而且面临巨大风险。

(二)期权宝

2003年4月28日,中国银行上海分行正式推出个人外汇期权投资新品——"期权宝"。在"期权宝"交易中,个人理财者作为外汇期权的买方,基于自己对外汇走势的判断,存入一定数额的外币,选择看涨或看跌货币,并支付期权卖方中行一笔期权费;到期时,如果汇率走势同投资者预期相符,就能获得投资收益。与"两得宝"相反,投资者充当期权买方,中行为期权卖方。作为期权买方的投资者,享有在到期时决定是否执行外汇买卖交易的权利。如果汇率走势如投资者预期(买入的看涨货币汇率上涨或看跌货币的汇率下跌),投资者即可执行交易,获取投资收益;如果汇率走势与投资者预期相反,投资者则可选择放弃执行外汇交易,损失的也只是投资者承受范围之内的期权费。

如投资者存入10万美元,选择买入半月期120日元∶1美元的美元看涨汇率,同时支付期权费0.7%。交易日半个月后,若市场汇率为125∶1(美元上涨),则期权买方行权,其盈亏为：$(\frac{125-120}{120}-0.7\%)\times100000=3300$(美元)。如市场汇率为 115∶1(美元下跌)，则期权买方弃权，其盈亏为：$-0.7\%\times100000=-700$(美元)。

(三)组合交易策略

期权交易的迷人魅力，就是赋予投资者自由组合发挥的空间。投资者可根据自身需要和承受风险的能力，将不同类型、头寸的期权互相组合，达到扩大盈利或限制风险的目的。"两得宝"和"期权宝"的相继出现，使投资者可以灵活地充当外汇期权的买方和卖方，再加上应用不同价位的执行价格，可以组合多种不同的期权策略，在外汇交易中掌握更多的主动权。

比较常用的期权组合交易策略约计 20 种，在这里，我们仅仅介绍以"两得宝"和"期权宝"为持有头寸的价差套购。价差套购策略是指以不同的执行价格同时买入并卖出相同类型(看涨或看跌期权)的期权策略，两期权的手数和到期日相同。具体到双"宝"价差套购上，就是指以不同的协定汇率同时买入并卖出看涨货币期权或看跌货币期权。

例：某投资者存入 10 万美元，选择买入 1 月期 120 日元∶1 美元的美元看涨"期权宝"，期权费为 0.7%；同时卖出 1 月期 125 日元∶1 美元的美元看涨"两得宝"，期权费为 0.6%。则到期时盈亏状况如下：

(1)当市场汇率为 115 日元∶1 美元(美元下跌)时，则两个期权的买方都弃权，卖方得期权费，投资者盈亏为：$(-0.7\%+0.6\%)\times100000=-1000$ 美元。

(2)当市场汇率为 130 日元∶1 美元(美元上涨)时，则两个期权的买方都行权，投资者的盈亏为：$(\frac{130-120}{120}-\frac{130-125}{125}-0.7\%+0.6\%)\times100000=3170$(美元)。

(3)当市场汇率为 123 日元∶1 美元(美元小涨)时，则"期权宝"买方行权，"两得宝"买方弃权，客户的盈亏为：$(\frac{123-120}{120}-0-0.7\%+0.6\%)\times100000=1500$(美元)。

通过组合可使投资风险降低，保证一定的收益。由于"两得宝"和"期权宝"在规则订立上的种种限制：如交易币种仅限于美元、日元、欧元、澳元和英镑，其中美元可以兑换其他四种货币，但日元和欧元之间不能互换；个人购买期权的多少受外汇存款余额数量的影响；中行为外汇期权交易设立了高达 5 万美元的交易门槛；期权费也将向国际标准 1%靠近，这在很大程度上压缩了投资者的盈利空间；更由于期权定价的复杂性与专业性，对个人理财者而言，在赚钱机会可能发生的同时，也伴随着较大的风险。

第五节　金融工程

一、金融工程概论

(一)金融工程的基本概念

金融工程(financial engineering)一词最早出现在 20 世纪 50 年代的西方有关文献中，但作为一门科学则是在 80 年代末发展起来的。美国金融教授芬尼迪(John Finnerty)首次对金融工程给予界定：金融工程包括金融工具与金融手段的创新、设计、开发与实施，创造性地解决各类金融问题。金融工程的最大意义就在于它的创造性。

金融工程是一门边缘性的新兴学科，它融现代金融理论、信息技术、工程技术于一体，采用尖端的数理分析技术、电脑电信技术、自动化和系统工程乃至运筹学、仿真技术、人工神经元网络等前沿技术，为金融领域开辟了一片广阔的天地。

金融工程如今已经被人们应用到金融实际操作中，以索罗斯为代表的国际投资大亨利用复杂的金融工程技术，设计出非常精妙的大规模套利和投机策略，在国际金融市场上兴风作浪，博取了巨额利润。

（二）金融工程的基本工具

金融工程是对特定金融问题的创造性解决，依赖的还是基本的金融工具。总体来说，金融工程的工具分为概念性工具和实体性工具两大类。

1. 概念性工具

概念性工具包括了使金融工程正式成为一门学科的思想和概念。它包括：(1)资金的时间价值理论——预测现金流及其波动；(2)资产定价理论——市场均衡条件下（无套利条件）未来现金流的现行市场价格；(3)风险管理理论——控制风险和收益的理论与方法（证券组合、套期保值、企业税收待遇等）。

2. 实体性工具

实体性工具包括那些可被组合起来实现某一特定目的的金融工具和手段，包括基础金融工具和衍生工具。前者包括股票、固定收益证券、权益证券等传统工具；后者包括由这些基础证券衍生出的各种证券工具如期权、远期协议、互换协议等。这些金融工具既可以单独使用，也可作为零部件组合起来，达到特定的操作目标，从而能够为客户设计出解决大量令人困惑难题的方案。

二、金融工程风险与防范

（一）金融问题解决的程序化

金融工程解决问题的基本程序，分为提出问题、分析问题和解决问题。所谓提出问题，是针对客户的要求，明确达到要求所需要克服的困难；分析问题是利用现有的金融理论、金融技术、市场状况及本公司和客户的资源状况，选择解决问题的最佳方案，该方案是一种全新的金融工具或操作方式；解决问题是根据最佳方案开发出新的金融产品，根据金融资产定价理论和公司开发成本计算出产品的价值，撰写研究报告，并对金融产品的运行状况进行监督。

金融工程的核心在于“创新”，即对新型金融产品或业务的创新开发设计，新金融产品或业务的开发设计，原则上呈现如下特点：

1. 具有规范化的程序

金融工程的运作具有规范化的程序：诊断、分析、开发、定价并交付使用。从项目的可行性分析，产品的性能目标确定，方案的优化设计，产品的开发，定价模型的确定，仿真模拟试验，小批量应用和反馈修正，直到大批量的销售、推广应用，各个环节紧密有序。如 1981 年，美国 IBM 公司与世界银行首先进行货币互换这种常见交易业务时，运作程序相当复杂，经过不断标准化后，逐步形成一套简单而规范的程序，货币互换才被广泛接受和运用。

2. 剥离与杂交

运用金融工程技术对风险和收益进行剥离或杂交而创造出新的风险与收益关系，金融工程已经发展出一整套模块式组合和分解技术，就像组合机床是由许多标准化的机械零部件组成一样，复杂的金融工具和金融架构是由一系列基本的金融工具组合而成。当然，组合后将具备原来所没有的流动性和收益/风险特性，而分解技术则可以把原来捆绑在一起的金融和财务风险分解开来，在此基础上开发出各种新的风险管理技术。如将附在国债券上的息票从本金上剥离下来单独出售，创造出 Strips，再将 Strips 和掉期结合，产生 SRTIP-SWAP 产品。

3. 指数化与证券化

指数化是将一些基本的金融工具的价值同某些市场指标，如股价指数与银行同业拆借利率等挂钩，为避免市场反向变动的损失，将其设计成期权的形式。证券化则以原来缺乏流动性资产为基础发行新的证券，如资产后备债券或资产掉期证券。

4. 业务表外化

金融工程开发的金融产品突破了传统的银行存贷等表内业务的局限，金融机构由此获取了收益来源，使其持续增长与发展成为可能。目前，西方商业银行的表外业务收入已占到总收入的 40%～60%，可见金融工程对金融机构收益增长的作用明显。

（二）金融工程处理风险的方法

面临金融风险时，金融工程可提供两种广义的处理方法：(1)用确定性来取代风险，从而使不利风险得以消除的同时，也消除了有利风险（如远期交易）；(2)取代或排除不利风险，同时保留有利风险（如期权交易）。在金融工程具体的操作中，主要有无套利分析技术和组合、分解与整合技术两项核心技术。

1. 无套利分析技术

无套利分析技术，是对金融市场中的某项“头寸”进行估值和定价，采用的基本方法是将这项头寸与市场中其他金融资产的头寸组合起来，构筑起一个在市场均衡时能承受风险的组合头寸，由此测算出该项头寸在市场均衡时的均衡价格。

套利活动是对冲原则的具体运用，在市场均衡无套利机会时的价格，就是无套利分析的定价技术。采用无套利分析技术的要点，是“复制”证券的现金流特性与被复制证券的现金流特性完全相同，因此可以避免风险。

金融工程的核心技术是结构化的组合、分解技术以及整合技术，它把各种金融工具看作是零部件，采用各种不同的方式组装起来，创造具有符合特殊需求的流动性和收益与风险特性的新型金融产品来满足客户的需要；现有的金融工具又可以通过“剥离”等分解技术分解其收益与风险，从而在金融市场上实现收益与风险的转移以及重新配置金融资产的功效。

2. 组合技术

组合技术是在同一类金融工具或产品之间进行搭配，使之成为复合型结构的新型金融工具或产品。它主要运用远期、期货、互换以及期权等衍生金融工具的组合体，对金融风险暴露（或敞口风险）进行规避或对冲。

从理论上来讲，组合技术的基本原理，就是根据实际需要构成一个相反方向的头寸全部冲掉或部分冲销原有的风险暴露。在实际操作中需要注意：(1)搞清楚客户需要保护的风险部位以及要保护部位的目标，是完全对冲还是有限对冲；(2)搞清楚客户对风险的态度，权衡客户实际需要，剪裁金融工具以适应客户需求偏好；(3)做到既能满足客户对组合工具收益、风险特性的需要，又能使组合工具的价格被客户自愿接受，还能适应客户对市场的看法。对任何从事金融活动的个人、企业(公司)乃至国家而言，金融风险都是普遍存在，所以组合技术常被用于风险管理。

3. 分解技术

现有的大多数金融工具或金融产品，都有其特定的结构形式与要素构成，其共同点就是构成要素中具有风险特性。倘若能将风险因子从债券中分离开来，则债券市场交易就会更加活跃起来，使交易双方在收益和头寸等方面都能得到满足，由此引发从金融工具或产品中分解风险因子的思想。分解技术就是在原有金融工具或金融产品的基础上，将其构成因素中的某些高风险因子进行剥离，使剥离后的各个部分独立作为一种金融工具或产品参与市场交易，既能消除原型金融工具与产品的风险，又适应不同偏好投资人的实际需要。

分解技术的具体内容涉及：(1)从单一原型金融工具或金融产品中进行风险因子分离，使分离后的因子成为一种新型工具或产品参与市场交易；(2)若干个原型金融工具或金融产品中进行风险因子分离；(3)对分解后的新成分进行优化组合，构成新的金融工具与产品。

从理论上讲，分解技术的成本低于金融工具或产品变体演化后工具或产品的收益时，大多数现有金融工具或产品，都有可能通过分解技术进行变体演化。从实践的角度来看，分解技术使传统债券的持有人原本无法消除的诸多风险因素得以化解。固定收入证券等传统工具具有不可消除的利率风险、违约风险、再投资风险、赎回风险和购买力风险等，运用传统的有效组合技术管理风险，只能降低风险而非彻底消除金融工具或产品本身的风险，而分解技术就是拆开风险、分离风险因素，使一系列风险从根本上得以消除。

4. 整合技术

整合是一个系统为实现系统目标将若干部分、要素联系在一起，使之成为一个整体的、动态有序的行为过程。整合技术就是把两个或两个以上的不同种类的基本金融工具，在结构上进行重新组合或集成，目的是获得一种新型的混合金融工具，使它既保留原基本金融工具的某些特征，又创造新的特征以适应投资人或发行人的实际需要。

从理论上讲，任意两类或两类以上市场的基本金融工具，都可以相互整合，形成新的混合金融工具；从实践的角度看，混合金融工具主要应用于跨利率市场、汇率市场、货币市场、股本市场和商品市场等。这是以上几大市场基本金融工具的部分整合体，产生与应用都来源于投资人或发行人的需求。

从投资人或发行人的需求方面来讲：

(1)如果某投资人或发行人同时操作利率工具、股权工具和货币工具，必须与利率市场、股本市场和货币市场的参与人发生直接关系，一旦在某个交易环节出现失误，便可能使投资人暴露出更大的敞口风险，增加多工具联合操作的风险概率。但如果该投资人或发行人应用整合好的混合金融工具，只与一个交易方往来，不仅提高了交易效率，而且大大降低了交易风险系数。

(2)由于市场外部规章制度和内部政策的限制，使得投资人或发行人不可能自由进入任何市场，这就限制了投资人或发行人的多手操作机会。鉴于投资人或发行人对所有专门市场知识掌握的程度不同，也制约着投资人或发行人采用多种金融工具联合操作策略的运用。因此，整合新型的混合金融工具替代多手操作，不断满足投资人或发行人的实际需求，将是金融工具整合技术发展的动力。

总而言之，分解技术主要在既有金融工具的基础上，通过拆开风险对其进行结构分解，使那些风险因素与原工具分离，创造出若干新型金融工具，以满足不同偏好投资人的需求；组合技术主要在同一类金融工具或产品之间进行搭配，通过构造对冲头寸规避或抑制风险暴露，以满足不同风险管理者的需求；整合技术主要在不同种类的金融工具之间进行融合，使其形成具有特殊作用的新型混合金融工具，以满足投资人或发行人的多样化需求。分解、组合和整合技术都是对金融工具的结构进行变化，其技术方法的共同优点就是灵活、多变和应用面广。

三、金融工程技术的应用

金融工程技术主要应用于套期保值、投机、套利和构造组合四个方面。

（一）套期保值

套期保值是指一个已存在风险暴露的实体，力图通过持有一种或多种与原有风险头寸相反的套期保值工具来消除或规避该风险。它通过将现货头寸与用各种期货、期权和掉换组成的套期保值头寸相叠加，并对交割月份和成交价格加以变化，就能以许多种方式调整风险暴露状况。一般先用作图法或数学方法给出目前风险暴露状况的图像描述，再与采用各种期货、期权和掉换组成的套期保值头寸的现金流叠加，然后来考察净现金流的状况。

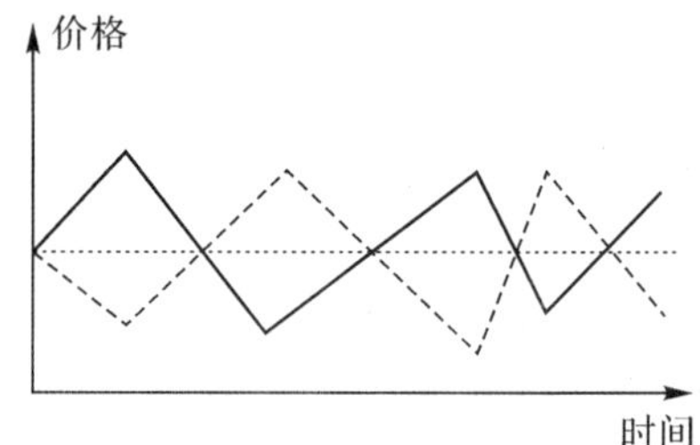

图 3-3　完全套期保值

如持有现货同时持有期货空头，则风险敞口被关闭，风险被消除。再如，一个拟借款的人暴露于利率风险之中，如该人同时持有远期利率协议，则会消除利率风险。一个套期保值如果能完全消除最初的风险，可以称为“完全套期保值”。如只是部分消除最初的风险，则称“部分套期保值”。

如图 3-3，粗虚线是最初的风险暴露，实线是套期保值，细虚线是保值后的风险暴露，可见，通过完全套期保值后，基本价格的有利和不利波动都得到了对冲，其最终结果是完全确定的。

（二）投机

投机是指一些人希望利用对市场某些特定走势的预期来对市场未来的变化进行赌博，并因此而制造出一个原先并不存在的风险暴露。投机往往采用较为直接的方式，买入预期价格将上涨的资产，或卖出预期价格将下跌的资产。如果投机者处于多头地位时价格上升，或处于空头地位时价格下跌，那么他将由于正确的预测而获利，否则，将会因错误的预测而遭受损失。显然，投机的本质就是在投机者承担风险的条件下获取相应的回报。投机者的买卖行为都是对其收集、分析的信息所作的反应，他所获取的利润被看作是预测成功的回报和承担风险的回报。例如，一个投机者预测英国的黄金市场将呈上升趋势，于是他通过伦敦国际金融期货交易所购买多头黄金期货合约来进行投机。他只需支付 2 万英镑便可获得价值为 100 万英镑的黄金头寸，且这一交易的初始保证金可以用附息有价证券来存入，而不一定非要存入现金。

（三）套利

套利是同时在两个或更多的市场上构筑头寸，利用不同市场定价的差异获利。它与投机行为从价格水平变化中牟取利润不同，是从价格联系的差异中套取利润。对于套利活动，关键是不同风险、不同到期期限、不同时间、不同空间特征的资产价格之间的基本关系。如一个谷物栈仓在即期市场借款购买玉米，同时卖出 3 个月后交割玉米的远期合同。到指定时间，玉米从栈仓中取出按合同定价进行交割，将出售所得用来偿还借款的本金和利息。如果远期价格与即期价格的差足以支付 3 个月的仓储成本和利息，该套利活动就有利可图。

（四）构造组合

构造组合是金融工程创新的重要特色，可以用来对一项特定交易或风险暴露的特性重新进行构造。经过对某一特定交易和风险结构的调整，构造出新的交易或交易组合。如利用利率互换将浮动利率贷款转换为固定利率贷款，利用外汇互换实现利率和汇率均固定的贷款。

四、金融工程发展趋势

（一）电子化

金融工程技术的设计，往往要涉及复杂的数学模型，如采用人工计算，将大大增加成本，也增加了发生错误的可能性。交易员采用适当的电脑编程操作，可以分析数据并快速进行复杂运算，用更快的速度发现定价失衡，从而在其中套利（新型套利技术的发展是金融工程研究的重要内容）。另外，为了在竞争中占据优势地位，许多大型金融机构大量投资购买硬件设备，在金融机构内部发展分析技术和软件，并为之申请专利，也购买外单位开发的专利分析软件。这些分析工具大大缩短了开发金融产品和交易决策的时间。

（二）信息化

金融工程的诞生和成长，与信息技术的发展是并行的，这并非偶然，信息的获取和利用通常是金融市场获胜的关键。信息产业和金融产业结为联盟，以新的方式提供信息，迅速进入提供实时数据的领域。随着计算机网络的发展，金融工程方面的研究工作开始提供在线分析工具，这些分析工具能够利用金融市场的实时数据进行复杂计算，把握市场时机的主动性就大大增强。

（三）数值计算和仿真技术

通常的理论模型有着严谨的推导和封闭形式的解，这些模型的成立总是建立在一些必不可少的对市场环境和其他方面假设的基础之上。理论模型对理解金融的实质极为重要，但对金融市场的交易和操作来说，与实际不符的假设条件会使模型本应有的功能失效。这是因为，使用者被限制在模型所分配的假设和利率变化过程等条件中，导致理论模型缺乏灵活性。

采用数值计算和仿真技术建立的模型要灵活得多，也相对容易建立，不像理论模型那样需要极为艰苦的逻辑思辨，因为许多逻辑推理是由计算机程序帮助实现的。得以广泛应用的数值计算和仿真技术有代数格模型、有限差分和统计模拟等。当然，数值计算和仿真技术经常用到百万甚至几十亿次的计算，如果没有高速运算设备，这些技术将失去意义。

第六节 行为金融

一、行为金融理论

(一)行为金融的定义

在20世纪80年代末，另一种理解金融市场的方法和框架——行为金融学开始为人们所认识。行为金融学试图解释投资者在决策过程中，情绪和认知错误是如何对投资产生作用的。许多研究者都相信，对心理学和其他社会科学的研究，能对金融市场效率的解释带来很大的帮助，也能解释很多股票市场的异常现象、市场泡沫和崩盘现象。他们认为人类的许多弱点是一致的、可预测的，也是可以被利用在市场上获取利润的。

行为金融理论是一个相对较新的经济学领域，还没有形成标准化的定义，行为金融主要有以下特点：①是传统经济学、传统金融理论、心理学研究以及决策科学的综合体；②试图解释实证研究中发现的与传统金融理论的不一致之处；③研究投资者在作出判断时是怎样出错的，或者说“心理过失”是怎样产生的。

(二)行为金融学对决策者的基本假设

行为金融学对决策者的基本假设是：

(1)行为金融学修正了有效市场假说理性人假设的论点，指出由于认知过程的偏差和情绪、情感、偏好等心理方面的原因，使得投资者无法以理性的方式作出无偏差估计，尤其值得指出的是，这种对理性决策的偏离是系统性的，并不能因为统计平均被消除。

(2)行为金融学认为证券市场上的投资者由两部分人组成，一部分是完全理性的投资者，一部分是“不那么理性”的所谓“噪声交易者”，市场投资行为并非仅由理性投资者主宰，噪声交易者也能影响证券的价格。

(三)行为金融学的理论基础

1. 期望理论

期望理论是用价值函数来表示效用的概念，价值函数与标准效用函数的主要区别不是财富函数，而是获利或损失的函数。行为金融学认为：在参考点以上即获利区间的部分，价值函数上凸，表明决策者是风险爱好型；在参考点以下即损失区间的部分，价值函数下凹，表明决策者是风险厌恶型；在参考点附近，价值函数的斜率有明显变动，表明风险态度的变化——对损失的感受大于获利。这样，效用曲线就呈S型(见图3-4)。换句话说，期望理论是指以前的投资结果通常会影响人们对待风险的态度，并进一步影响不确定下的决策。投资者不仅从消费水平而且从金融财富的变化来推出效用，他们对财富的减少比财富的增加更敏感，即损失厌恶。在这样的偏好假定下，投资者的风险厌恶作为投资业绩的函数会随时间变化，这就产生了时间可变的风险溢价，反过来使价格波动更大。

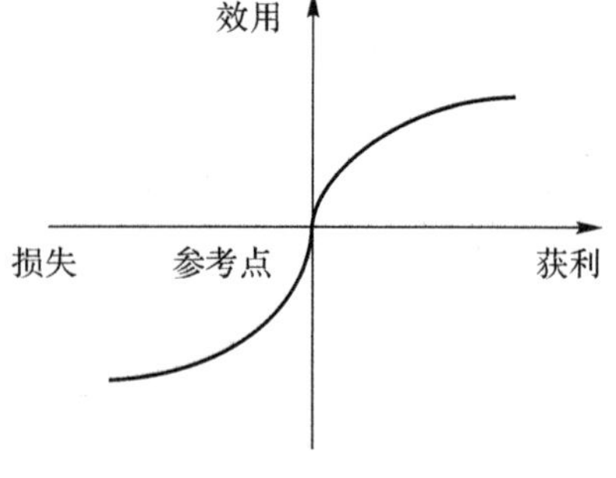

图3-4 价值函数图

2. 行为资产定价模型(BAPM)和行为组合理论(BPT)

BAPM 和 BPT 是在现代金融学的基础上，结合行为金融理论形成的。BAPM 是对资本资产定价模型的扩展，在 BAPM 中，投资者被分为信息交易者和噪声交易者两类。前者是理性投资者，会运用各种信息追求效用最大化；后者则会犯各种认知偏差错误，且没有严格的均值方差偏好，两类交易者相互影响，共同决定资产价格，这就解释了为什么资本资产定价模型在处理突发事件时是无效的。

BPT 是对套利定价模型(APT)的扩展，它认为现实社会中的投资者不会按照现代投资理论中所说的把所有的组合配置在均值方差有效边界上，实际构建的资产组合是基于对不同资产的风险程度的认识，及投资目的所形成的一种金字塔式的资产组合，位于金字塔各层的资产都与特定的目标和风险态度相联系，而各层间的相关性则被忽略，投资者将通过综合考虑期望财富、投资安全性、期望值的概率等来选择符合个人意愿的最佳组合。

在证券市场上，行为金融模式操作基金为避免投资过程中的非理性投资行为，通过计算机动态数量分析模型，为投资人有效掌握投资风险与完整的资产组合，筛选出最低风险的投资标的，利用众多的非理性投资行为创造稳定回报。这些基金的表现令它们的客户颇感满意。例如荷银投资的 Ratioinvest Fund，自 1994 年 4 月成立以来已达到 26%的回报率，比大盘指数高出 8%。行为金融学通过对心理学知识的引进和上述理论基础可以对股票溢价之谜、价值异象、时间效应和公告效应等异象作出合理的解释。

(四)行为金融学的心理学研究内容

行为金融学与现代金融学的主要目的，都试图在一个统一的框架下，利用尽可能少的工具构建统一的理论，解决金融市场的所有问题，本质上并无太大的差异。唯一的差别就是行为金融学利用了与投资者信念、偏好以及决策相关的心理学研究成果，从而更符合实际情形。

1. 过度自信

过度自信是指人们对自己的判断能力过于自信。投资者趋向于认为别人的投资决策都是非理性的，而自己的决定是理性的，是在根据优势的信息基础上进行操作的，但事实并非如此。过度自信来源于投资者对概率事件的错误估计，人们对于小概率事件发生的可能性产生过高估计，认为其总是可能发生的，这也是各种博彩行为的心理依据；对于中等偏高程度的概率性事件，易产生过低估计；但对于 90%以上的概率性事件，则认为肯定会发生。

2. 保守主义

保守主义指人们的思想大都存在一种惰性，改变个人的原有信念总是很难。新的证据对原有信念的修正往往不足，特别是当新的数据并非来源于一个显而易见的模型，人们就不会对它给予足够的重视，不能按照贝叶斯法则修正自己的信念。

保守主义主要有两种表现。人们在对不确定事物进行判断和估计时通常会设定一个初始值，然后根据反馈信息对这个初始值进行修正。实验心理学表明，这种修正往往是不完全的，人们的观念似乎“抛锚”于初始值。行为人不仅不依据新信息对其初始信念进行修正，反而将新信息错误理解为对其原有信念的进一步证明，进而强化对原有信念的信心。

3. 反应不足

当市场上有重大消息发布时，股价通常未见波动；在没有任何消息时，股票市场有时却会出现幅度较大的异常波动，这表明股价对信息反应的滞后。以基金经理为例，他们通常会因为过分依赖过去的历史经验作为判断的参照依据，而对市场中出现的新趋势和新变化反应迟钝，从而错失盈利良机。

4. 反应过度

反应过度是指某一重大事件引起股票价格产生剧烈波动并超过预期水平，然后再以反向修正的方式回复到原先价位上的现象，主要表现在投机性资产的市场价格与其基本价值总会有所偏离。反应过度的另一种表现是，当没有出现需要采取某种行动的事实时，投资者由于主观判断失误，以为事实已经发生并采取行动而导致投资损失。

5. 锚定效应

锚定是指人们在对某种商品的价值进行判断时，通常需要一定的信息作为判断的参照系，倾向于把对未来的估计和已采用过的估计联系起来，同时易受别人建议的影响。尤其是在缺乏更多信息的情况下，历史信息就更容易成为人们对当前事物判断的主导影响因子。例如基金经理对某种证券价格走势的预测，需要一定的信息作为参照锚，但并非任何时间段的信息锚都能保持准确性和有效性，从而预期的准确性也难以保证。

6. 后悔规避

投资者发现自己作出了错误判断后，通常会感到伤心和痛苦。为了避免这种痛苦，投资者会非理性地改变自己的行为。如果某种决策方式可以减少投资者的后悔心理，对投资者来说，它将优于其他决策方式。如很多投资者具有从众心理，积极购买市场中普遍受欢迎的股票，一旦股价下跌，投资者想到除自己以外还有大量其他投资者也遭受损失时，会相应减轻自责和不快。再如目前一些著名的投资顾问或基金经理也都投资于大家普遍看好的股票，即便日后股价下跌，他们往往也不会承担太大的压力，这些事实都说明了这个道理。

二、行为金融与投资策略

行为金融理论注重从投资者的心理和行为因素来诠释投资者的行为。为解决认识偏差或心理上的如过度自信、反应过度、反应不足以及后悔规避等问题，投资者一般应从三个方面着手：一是要控制心理障碍，实施一种较严格的投资策略；二是要控制认识偏差，长期坚持特殊的投资策略；三是掌握好选择投资策略的标准，即以所实现的效用水平差异来衡量各种策略，还是仅仅以实现收益为目的来选择投资策略。行为金融理论认为，以收益为目的投资策略更符合证券市场上投资者的实际特征，策略选择可采取以下几种方法。

（一）逆向投资策略

即在大多数投资者还没有意识到错误时就开始投资于某些股票，当大多数投资者已经意识到错误并投资于这些证券时，则果断地卖出这些股票。反应过度的心理特征使得多数投资者过分注重证券的近期表现，加上后悔规避和羊群行为的从众性特点，使多数投资者不能够及时“忘却过去、放眼未来”，从而会产生对绩差股过分低估、对绩优股过分高估的现象。因此，行为金融投资者可以适时买进过去表现差的股票，并卖出过去表现好的股票，通过套利投资获取收益。

（二）相对强度交易策略

在对股票市场资产组合中期收益的研究后发现，不同于其他关于长期或短期时间间隔会出现价格回归的分析结果，在以 3 至 12 个月时间为投资间隔所构造的投资组合中，股票收益具有延续性的连续变动特点。因此，基于这一中期价格回归的分析结果，投资者可以事先构造一个收益和交易额度的阈值，一旦股票收益和市场交易量达到这个阈值就及时买进或卖出这些股票。

（三）捕捉并集中投资策略

行为金融理论下的投资者应该追求的是努力超越市场，采取有别于传统型投资者的投资策略从而获取超额收益。而要达到这一目的，投资者可以通过三种途径来实现：一是尽力获取相对于市场来说要超前的信息优势，尤其是未公开的信息。投资者可以通过对行业、产业以及政策、法规、相关事件等多种因素的分析、权衡与判断，综合各种信息来形成自己的独特信息优势。二是选择利用较其他投资者更加有效的模型来处理信息。而这些模型也并非是越复杂就越好，关键是实用和有效。三是利用其他投资者的认识偏差或锚定效应等心理特点来实施成本集中策略。一般的投资者受传统均值方差投资理念的影响，注重投资选择的多样化和时间的间隔化来分散风险，从而不会在机会到来时集中资金进行投资，导致收益随着风险的分散也同时分散。而行为金融投资者则在捕捉到市场价格被错误定价的股票后，率先集中资金进行集中投资，赢取更大的收益。

第四章　黄金和外汇投资

要从事投资，就必须有相应的投资工具。本章介绍黄金和外汇两种投资工具。这是现代金融理财中不可缺少的内容，是各种金融理财工具中较为复杂的工具。本章对黄金和外汇作为理财工具的状况、特点给予一般性介绍，对其在理财中可发挥作用及工具运用等，组织了较为详细的探讨。

第一节　黄金投资

一、黄金概述

（一）黄金特性

金是一种贵金属，元素符号为 Au。纯金呈特有的赤黄色即金黄色，具有耀眼的金属光泽，千年不褪。硬度小，摩氏硬度为 2.5，质地柔软，容易抛光。比重为 17.4～19.3 g/cm^3，比同体积的水重 18.3 倍。黄金的密度大，具有可贵的强延展性和高可塑性，如 1 两黄金可打制成 9 平方米的金箔，熔融后可拉制成 8000 米长的细金丝。

（二）黄金的几个常识

1. 黄金含金量

黄金饰品是指以黄金为主要原料制作的饰品。黄金饰品的含金量，是指其中所含黄金的百分含量，又叫作含金率；在我国通常称为“成色”。按含金量，黄金饰品可分为纯金和 K 金两类。纯金饰品的含金量在 99%以上，最高可达 99.99%，故又有“九九金”、“十足金”、“赤金”之称。K 金饰品是在其黄金材料中加入了其他的金属（如银、铜）而制成的饰品，又称为“开金”、“成色金”（见表 4-1）。

表 4-1　黄金含金量的 3 种表示方法

百分比（以 100 为单位）	成色（以 1000 为单位）	K 金（以 24 为单位）
99.99%	999Fine	24Karats
91.70%	917Fine	22Karats
75.00%	750Fine	18Karats
58.50%	583Fine	14Karats
41.60%	416Fine	10Karats

2. 黄金重量的表示方法

黄金重量的常用公制单位为克和盎司，盎司与克的兑换比率为：1 盎司＝31.1035 克，也就是 1 克＝0.03215 盎司。

3. 个人黄金买卖是一项新兴产品

它主要分为“账户金”和“实物金”两种。如招商银行销售的“高赛尔”金条，属于实物金产品。一般是以标准金价加减手续费向银行买入或卖出金条。购买实物金主要是为了保值、收藏、馈赠等用途。账户金以电子记账方式记录资产，一般不发生实物交割，主要用于投资。国际黄金价格相对较为稳定，但在一定时期，价格波动幅度也比较大。个人购买黄金要注意政策变动风险、国际市场变化风险和市场相互影响的风险，需要较高的专业知识，且由于 2001 年以来金价持续走高，几乎处于历史最高位，最近几年出现了一定的下跌趋势。投资人要密切注意市场的发展，在不熟悉市场的情况下，要控制资金的投资比例。

二、黄金市场

黄金市场是买卖双方集中进行黄金买卖的交易中心，提供即期和远期交易，允许交易商进行实物交易或者期权期货交易，以投机或套期保值，是各国完整的金融市场体系的重要组成部分。从功能和作用等方面考虑，可以发现黄金市场具有以下基本构成要素。

(一)黄金交易提供服务的机构和场所

国际上主要的黄金市场有伦敦、苏黎世和纽约。这些黄金市场在实际运作中各有特点，如伦敦黄金市场是黄金定价和结算中心，苏黎世黄金市场是现货交易中心，纽约黄金市场是期货交易中心。三大黄金市场与其他黄金市场各具特色，为黄金供应商、需求方和投机商满足了各自所需，并形成了市场之间的紧密联系。下面分别介绍这些市场的主要特点。

1. 伦敦黄金市场

伦敦在世界上第一个建立黄金市场。英国在历史上曾经是殖民主义者，凡是与英国有殖民关系的国家，产出的黄金必须运往伦敦集中，使伦敦市场成为重要的黄金交易集散地，保证了伦敦黄金市场的供应量与需求量。伦敦黄金市场的历史可追溯到 300 多年前，1804 年，伦敦取代荷兰阿姆斯特丹成为世界黄金交易的中心，1919 年伦敦黄金市场正式成立，每天进行上午和下午的两次黄金定价。

伦敦黄金市场有两个特点：一是黄金定价制度，二是黄金结算中心。伦敦金市每天进行两次黄金定价，商讨制定一个能够促使当时供求关系平衡的适当价格，该价格是观察黄金市场趋势的主要依据，也是最有代表性的世界黄金行市。价格决定后，各通讯社在几分钟内便将黄金价格的消息传播至世界各地，各黄金市场参照伦敦金价进行交易。

伦敦黄金市场的定价非常重要，议定金价委员会由五大金商组成，分别是 1684 年成立的莫卡特及戈德斯密德公司、1750 年成立的夏普斯皮克斯莱公司、1804 年成立的罗思柴尔德父子公司、1817 年成立的约翰逊·马赛公司和 1853 年成立的塞缪尔·蒙塔古公司，它们都具有相当的经济实力和权威性地位；这些金商参与黄金交易的交易额占相当数量。参与制定黄金价格的是世界著名的黄金经销商，其自身交易量占据了世界黄金交易量的相当大份额，成交价对其他金商的交易具有极其重要的参考价值。在国际货币基金组织以及美国财政部的黄金拍卖中，投标人在下标时多以伦敦定价为依据。

2. 苏黎世黄金市场

苏黎世黄金市场是世界上最大的现货交易中心，苏黎世黄金市场迅速成长有其得天独厚的政治因素。瑞士是永久的中立国，给人们以安全和稳定的印象，从而吸引了大量从事购金保值或从事黄金投机生意的游客。同时，瑞士银行的保密制度相当完备，不允许查阅私人账户，这又符合黄金买卖的特点，一般买卖都是秘密进行的，避免对黄金价格的影响。这些独特的条件，为苏黎世黄金市场的兴旺打下了基础。

苏黎世黄金市场没有正式组织结构，是由瑞士三大银行：瑞士银行、瑞士信贷银行和瑞士联合银行负责清算结账，三大银行不仅为客户代行交易，黄金交易也是三家银行本身的主要业务。苏黎世黄金总库建立在瑞士三大银行非正式协商的基础上，不受政府管辖，作为交易商的联合体与清算系统混合体在市场上起中介作用。

苏黎世黄金市场无金价定盘制度，在每个交易日的任一特定时间，根据供需状况议定当日交易金价，这一价格为苏黎世黄金官价。全日金价在此基础上波动而无涨停板限制。标准金为400盎司的99.5%纯金。

3. 美国黄金市场

美国黄金市场主要有两个：纽约和芝加哥黄金市场，是20世纪70年代中期发展起来的，主要原因是1977年后，美元贬值，美国人为达到套期保值和投资增值获利的目的，使黄金期货迅速发展起来。目前纽约商品交易所和芝加哥商品交易所是美国黄金期货交易的中心，也是世界最大的黄金期货交易中心。两大交易所对黄金现货市场的金价影响很大。

纽约是世界上最大的金融中心，美国财政部和国际货币基金组织出售黄金都在此进行拍卖，每天的交易平均都在3万笔左右，成交量约达70吨黄金。纽约黄金期货市场因此名声大振，成为世界上规模最大、最有影响的黄金期货市场。大多数参加者并非追求真正到期的黄金交割，而是更多地通过合约的买空卖空进行获利，市场只需保持一定数量的库存，应付少数投机商积累大量合约挤兑黄金即可。因期货交易数量巨大，纽约市场的黄金价格有时比伦敦、苏黎世黄金市场的定价更有参考价值。

美国黄金市场以做黄金期货交易为主，所签订的期货合约最长可达23个月，黄金市场每宗交易量为100盎司，交易标的为99.5%的纯金，报价单位是美元。

4. 香港黄金市场

香港黄金市场已有90多年的历史，其形成以香港金银贸易场的成立为标志。1974年，香港政府撤销了对黄金进出口的管制，此后香港金市发展极快。由于香港黄金市场在时差上刚好填补了纽约、芝加哥市场收市和伦敦开市前的空档，可以连贯亚、欧、美时间形成完整的世界黄金市场。香港优越的地理条件引起了欧洲金商的注意，伦敦五大金商、瑞士三大银行等纷纷进港设立分公司。它们将在伦敦交收的黄金买卖活动带到香港，逐渐形成了一个无形的当地“伦敦黄金市场”。

5. 东京黄金市场

东京黄金市场于1982年成立，是日本政府正式批准的唯一黄金期货市场。会员绝大多数为日本的公司。黄金市场以每克日元叫价，交收标准金成色为99.99%，重量为1公斤，每宗交易合约为1000克。

6. 新加坡黄金市场

新加坡黄金市场成立于1978年11月，目前经营黄金现货和1、2、4、6、8、10个月的6种期货合约，标准金为100盎司的99.99%纯金，设有涨跌停板限制。

（二）黄金交易的类型

在各个黄金市场中，为黄金交易提供服务的机构和场所其实各不相同，具体划分起来，又分为有固定场所的有形市场和没有固定交易场所的无形市场，根据这个判断，可以把黄金交易划分为欧式、美式和亚式三类。

1. 欧式黄金交易

这类黄金市场里的黄金交易没有固定的场所。比如伦敦黄金市场，整个市场是由各大金商、下属公司相互联系组成，通过金商与客户之间的电话、电传等进行交易；苏黎世黄金市场，则由三大银行为客户代为买卖并负责结账清算。伦敦和苏黎世市场上的买价和卖价是较为保密的，交易量也难以真实估计。

2. 美式黄金交易

这类黄金交易市场实际上建立在典型的期货市场基础上，其交易类似于在该市场上进行交易的其他商品。期货交易所作为一个非营利机构本身不参加交易，只是提供场地、设备，同时制定有关法规，确保交易公平、公正地进行，对交易进行严格的监控。这类交易以美国的纽约商品交易所和芝加哥商品交易所为代表。

3. 亚式黄金交易

这类黄金交易一般在专门的黄金交易场所内完成，同时进行黄金的期货和现货交易，交易实行会员制，只有达到一定要求的公司和银行才可能成为会员，并对会员的数量配额有极为严格的控制。虽然进入交易场内的会员数量较少，但是信誉极高。以香港金银贸易场为例：其场内会员交易采用公开叫价，口头拍板的形式来交易，由于场内的金商严守信用，鲜有违规之事发生。

（三）黄金市场买卖参与者

国际黄金市场的参与者，可分为国际金商、银行、对冲基金等金融机构、各种法人机构、个人理财者以及在黄金期货交易中有很大作用的经纪公司。

1. 国际金商

国际金商本身就是一个交易商，由于其与世界上各大金矿和黄金商有广泛的联系，而且其下属的各个公司又与许多商店和黄金顾客联系，因此国际金商会根据自身掌握的情况，不断报出黄金的买价和卖价。国际金商最典型的就是伦敦黄金市场上的五大金行。

2. 银行

参与黄金买卖的银行又可以分为两类，一种是仅仅为客户代行买卖和结算，本身并不参加黄金买卖的银行，它们充当生产者和投资者之间的经纪人，在市场上起到中介作用。一种是直接参与黄金交易，以黄金交易为自营业务。

3. 对冲基金

对冲基金尤其是美国的对冲基金活跃在国际金融市场的各个角落，基金公司借入短期黄金在即期黄金市场抛售，导致在纽约黄金期货交易所构筑大量的淡仓，从而造成了黄金市场的暴跌。一些规模庞大的对冲基金善于利用与各国政治、工商和金融界千丝万缕的联系，较先捕捉到经济基本面的变化，利用管理的庞大资金进行买空和卖空，从而加速了黄金市场价格变化并从中获利。

4. 各种法人机构和个人理财者

它们既包括专门出售黄金的公司(各大金矿、黄金生产商、黄金制品商、首饰行以及私人购金收藏者等),也包括专门从事黄金买卖的投资公司、个人理财规划者等。

5. 经纪公司

经纪公司是专门从事代理非交易所会员进行黄金交易,并收取佣金的组织。有的交易所把经纪公司称为经纪行,在纽约、芝加哥、香港等黄金市场里,经纪公司派出场内代表在交易厅里为客户代理黄金买卖并收取佣金。

(四)监督管理机构

为保证市场的公正和公平,保护买卖双方利益,杜绝市场操纵价格等非法交易行为,需要建立起对黄金市场的监督体系。如美国的商品期货交易委员会、英国的金融管理局、中国香港的证券与期货管理委员会及新加坡金融管理局等。

(五)行业自律组织

(1)世界黄金协会。由世界范围的黄金制造者联合组成的非营利性机构,总部设在伦敦,在各大黄金市场都设有办事处。协会主要功能是通过引导黄金市场上的结构性变化(如消除税收、减少壁垒、改善世界黄金市场的分销渠道等),尽可能提高世界黄金的销量,对世界黄金生产形成稳定的支持,并在所有实际和潜在的黄金购买者之前树立起正面的形象。

(2)伦敦黄金市场协会。1987 年成立,负责提高伦敦黄金市场的运作效率,扩大伦敦黄金市场的影响,同时与英国的有关管理部门,如英国金融管理局、关税与消费税局等共同合作,维持伦敦黄金市场稳定而有序的发展。

三、黄金价格的变动原理

(一)黄金的价格类型

目前,黄金的价格主要可以分为三种类型:市场价格、生产价格和准官方价格,由这三类黄金价格可以派生出其他各类黄金价格。

1. 市场价格

市场价格受供需等各种因素的制约和干扰,变化大,价格确定机制十分复杂。市场价格又包括现货和期货价格,两种价格之间存在联系,又有一定的区别。一般来说,影响现货价格和期货价格的因素类似,两者的变化方向和幅度也基本一致。从理论上来说,期货价格应该稳定地反映现货价格加上特定交割期的持有成本。因此,黄金的期货价格应高于现货价格,远期的期货价格应高于近期的期货价格。

决定现货价格和期货价格的因素错综复杂,有供给方面的因素,如黄金年产量的大小、各国央行黄金储备的抛售等;也有黄金的市场需求因素;同时,世界各国政局的稳定性、通胀率的高低、利率以及一些突发事件也会影响黄金价格的走势;另外,投机者的大肆炒作、各类对冲基金的人为操纵等等,这些因素都可能使世界黄金市场上黄金的供求关系失衡,出现现货和期货价格关系扭曲的现象。在这种情况下,由于黄金供不应求,持有期货的成本无法得到补偿,就可能导致现货价高于期货价,近期期货价格高于远期期货价格的现象。

由于受上述各种因素的作用,世界黄金市场上的黄金价格经常剧烈变动,只有中、长期的平均价格,才是比较客观反映黄金受供求影响下的市场价格。

2. 生产价格

生产价格是根据生产成本建立一个固定在市场价格上面的明显稳定的价格基础。随着技术的进步,找矿、开采、提炼等的费用一直在降低,黄金开采成本呈下降趋势。世界黄金协会的统计表明,目前世界每年新增黄金约为 2600 吨,而黄金每年的需求量都要大于开采量 300～500 吨。1996 年以来,由于各国中央银行的大规模抛金行为,国际市场的金价从 418 美元/盎司的高位一路下泄,甚至下探到 257.60 美元/盎司,低于一定时期的黄金生产成本,使得各大黄金生产国遭受巨大的损失。到了 2005 年,黄金的价格又持续走高,直至 2011 年的最高点达到 1900 美元/盎司,形成一个历史上的高点。截至目前,黄金价格又出现了较大的下跌,2015 年 3 月降到了一个历史的低点 1147 美元(见图 4-1)。

图 4-1　纽约黄金市场十年金价走势图

3. 准官方价格

准官方价格指被中央银行用作与官方黄金进行有关活动而采用的一种价格。准官方价格又分为抵押价格和记账价格。

(1)抵押价格。这是意大利 1974 年为实现向联邦德国借款,以自己的黄金作抵押而产生的。借款时以黄金作抵押,黄金按市场价格作价,再给折扣,在一定程度上金价予以保值,因为有大量黄金在抵押。如金价下跌,借款期利息就得高于伦敦同业银行拆放利率。

(2)记账价格。这是在 1971 年 8 月布雷顿森林体系解体后提出的。由于市场价格的强大吸引力,在市场价格和官方价格之间存在巨大差额的情况下,各国因为官方黄金储备定价的需要,都提高了各自的黄金官价,于是就产生了为确定官方储备的准官方记账价格,已成为世界黄金交易中一个较为重要的价格。

(二)影响世界黄金价格的供给因素

在 20 世纪 70 年代以前,由于黄金价格基本由各国政府或中央银行决定,国际上黄金价格比较稳定。70 年代初期,黄金价格不再与美元直接挂钩,黄金价格逐渐市场化,影响黄金价格变动的因素日益增多,导致了黄金价格的剧烈波动。具体来说,影响黄金价格走势的因素,可以划分为以下几方面。

1. 地上的黄金存量

目前约有 13.74 万吨黄金存量,近年来全世界黄金年产量基本维持在约 2500 吨左右,每年的增速大致在 2%～3%,年产量的增长较为平缓,并非当前决定黄金价格的主导因素。

2. 再生金

主要来自旧首饰、报废的电脑零件与电子设备、假牙以及其他各式各样的黄金制品的回收熔化。这类黄金的供给常以盈利为目的，对黄金价格的变化较为敏感，常同黄金投资联系在一起，成为投资型再生金。在经济环境恶化和金价高涨的情况下，会导致再生金增加供应流入市场，当前纯粹的再生金供给趋于稳定(图 4-2)。

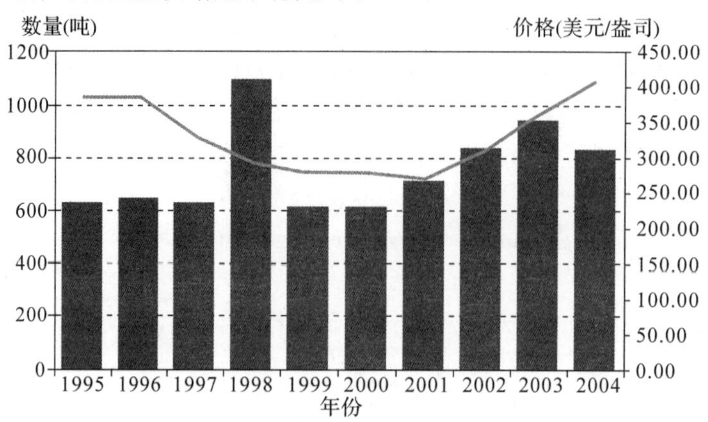

图 4-2 1995—2004 年全球回收金的数量及价格变化

3. 新金矿的开采成本

开采成本是决定黄金开采量的因素之一，黄金矿产具有商品属性，生产成本对黄金供给和黄金价格有着重要影响，但不能像其他商品那样起到直接的主导作用。黄金生产成本最终会对价格发生作用，只是有一段滞后时间。

4. 黄金生产国的政治、军事和经济的变动状况

在这些国家的任何政治、军事动荡无疑会直接影响该国生产的黄金数量，进而影响世界黄金供给。

5. 央行的黄金抛售

各国的中央银行是世界上黄金的最大持有者，官方售金是影响当前黄金供给的关键因素。原因是：官方售金供给量较大，持续时间长，供给弹性大。比如，1999 年 9 月 26 日，全球 15 家主要中央银行签订"华盛顿协议"，表示未来 5 年每年估售约 400 吨的黄金。每年矿产金的供给量远远满足不了制造业(首饰、工业用金、金币等)的用金需求，这部分缺口约在 800～1000 吨左右，这就需要官方售金供给填补。再者，官方售金对人们的心理影响很大，1999 年央行连续不断宣布要售金，致使金价在"9・11"前一直被压在 300 美元以下。2014 年，全球官方黄金储备约 3.2 万吨，供给潜力较大(见表 4-2)。

表 4-2 2014 年黄金储备前十个国家排名

排名	国家	黄金储备(吨)	黄金外汇储备(%)	排名	国家	黄金储备(吨)	黄金外汇储备(%)
1	美国	8133.5	70.2	6	瑞士	1040.1	7.6
2	德国	3387.1	66.1	7	俄罗斯	1035.2	7.9
3	意大利	2451.8	65.1	8	日本	765.2	2.3
4	法国	2435.4	65.0	9	荷兰	612.5	51.2
5	中国	1054.1	1.1	10	印度	557.7	7.2

(三)影响世界黄金价格的需求因素

黄金的需求与黄金的用途有直接关系,主要包括制造业需求、储备需求以及投资和投机性需求。

1. 制造业需求

制造业需求包括首饰、电子、医学、建筑、奖章等。一般说来,世界经济的发展速度决定了黄金的总需求,如在微电子领域越来越多地采用黄金作为保护层;在医学以及建筑装饰等领域,尽管科技的进步使黄金替代品不断出现,但黄金以其特殊的金属性质使其需求量仍呈上升趋势。

2. 储备需求

黄金储备一向被央行用作防范国内通胀、调节市场的重要手段。普通投资者投资黄金,主要是在通货膨胀情况下达到保值的目的。在经济不景气的态势下,黄金价值相对于货币资产保险,导致对黄金的需求上升,金价上涨。例如,二战后的三次美元危机中,由于美国的国际收支逆差趋势严重,各国持有的美元大量增加,市场对美元币值的信心动摇,投资者大量抢购黄金,直接导致布雷顿森林体系瓦解。1987 年,美元贬值,美国赤字增加,中东形势不稳等,也都促使国际金价大幅上升。

3. 投资和投机性需求

投机者根据国际国内形势,利用黄金市场上的金价波动,加上黄金期货市场的交易体制,大量“沽空”或“补进”黄金,人为地制造黄金需求的假象。投机需求与黄金的货币属性关系极大。1970 年以后,黄金趋向于非货币化,但在人们心目中的重要地位和作用并没有被低估,也没有把它与其他商品同等看待。据估计,全球私人黄金库存约为 1.2 万吨。由于很多国家缺乏个人黄金理财的渠道,金币金条甚至是金首饰的买卖成为投资投机的首选,使我们很难定量分析哪些金币和金首饰需求是投资和投机性需求。(见表 4-3)

表 4-3 黄金的供给与需求(2008—2009 年) (单位:吨)

供给	2008 年	2009 年	需求	2008 年	2009 年
金矿开采	2410	2579	饰品制造	2190	1758
净生产商对冲	−352	−252	工业与牙医	439	373
净生产商产出	2058	2327	净投资	856	726
官方售金	232	30	兑换交易基金	321	617
再生金	1316	1672	需求总额	3806	3474
供给总额	3065	4028	不确定投资	−200	554

(四)影响世界黄金价格的其他因素

1. 美元汇率影响

美元强弱是影响金价高低的重要因素,一般在黄金市场上有“美元涨则金价跌;美元降则金价扬”的规律,主要有三个原因:

(1)美元是世界公认的硬通货,美元和黄金都是国际储备资产,美元坚挺就削弱了黄金作为储备资产和保值功能的地位。

(2)美国 GDP 占世界 GDP 的 1/4 强,对外贸易总额为世界第一,世界经济深受其影响,黄金价格显然与世界经济好坏成反比例关系。

(3)世界黄金市场一般都以美元标价，这样美元贬值势必导致金价上涨。比如，20 世纪末金价走入低谷，人们纷纷抛出黄金，就与美国经济连续 100 个月保持增长，美元坚挺关系密切。所以，美元走势与金价应是反方向变动的关系。

2. 各国的货币政策

当某国采取宽松的货币政策时，由于利率下降，该国的货币供给增加，加大了通货膨胀的可能，造成黄金价格的上升。如 20 世纪 60 年代，美国的低利率政策促使国内资金外流，大量美元流入欧洲和日本，各国由于持有的美元净头寸增加，出现对美元币值的担心，于是开始在国际市场上抛售美元，抢购黄金，并最终导致了布雷顿森林体系的瓦解。在 1979 年以后，利率因素对黄金价格的影响日益减弱。

3. 通货膨胀对金价的影响

黄金作为价值实体而存在，不受国家权力的支配和干扰，天然具有对抗通货膨胀的作用。在金本位时代，只要有十足的黄金储备，就不会发生通货膨胀。但在非金本位时代，通货膨胀会对金价走势造成影响。对此，可以结合通货在短期内的膨胀程度，从长期和短期的角度来观察。从长期来看，每年的通胀率若是在正常范围内变化，对金价的波动影响并不大；只有在短期内，物价大幅上升引起了人们的恐慌，货币的单位购买力下降，金价才会明显上升。

4. 国际贸易、财政、外债赤字对金价的影响

债务，这一世界性问题不仅是发展中国家特有的现象。在债务链中，债务国本身因无法偿债导致经济停滞，又进一步造成债务的恶性循环，就连债权国也会因与债务国之关系破裂，面临金融崩溃的危险。这时，各国都会为维持本国经济不受伤害而大量储备黄金，引起市场黄金价格上涨。

5. 股市行情对金价的影响

在股市下挫的时候，投资者对经济发展前景看淡，会把资金投资到黄金，造成金价上升；如投资者普遍对经济前景看好，资金会大量流向股市，股市投资热烈，造成金价下降。

除上述影响金价的因素外，国际金融组织的干预活动，本国和地区的中央金融机构的政策法规，国际政治动荡等因素，也将对世界黄金价格的变动产生重大影响。

第二节　黄金理财

一、我国黄金交易的历史

(一)新中国成立前的黄金交易

20 世纪二三十年代，由于社会的动乱，民众出于资产保值和安全性等需要，把我国的黄金投资事业推向了一个历史高峰，主要表现在以下几个方面：

(1)黄金市场快速发展。1917 年上海建立了独立的金业公会，1921 年成立了上海金业交易所，随后在当时经济发达的北京、天津、武汉都建立了黄金交易机构，某些证券交易市场内设立了黄金交易部门。

(2)民众广泛参与。由于黄金的保值性,虽然当时银行利息很高,但民众仍然选择黄金作为保值手段。

(3)黄金投资量创历史高峰。在这个阶段,民众主要是买金首饰,藏金保值以防不测,而拥有资金实力的投资者,则入市“炒金”,利用价差盈利,从而使得黄金投资量创下了历史高峰。据有关资料显示,1926 年至 1931 年,是黄金投资交易最活跃的时期,上海黄金市场最高年份交易量曾达 19475 吨黄金,成为当时远东最大的黄金交易市场。

(4)1935 年,国民党政府实行“金汇兑本位制”,加强了对市场金价的控制,套利的机会减少,投资者积极性也随之减少。到抗日战争爆发实行黄金管制,黄金交易所停业,黄金投资走向低潮。

(5)抗日战争胜利后,国民党政权从日军手里夺回和没收了大批资产,还积累了不小数量的美援物资及美元,蒋介石政府又将来自美国 5 亿美元贷款中的 2 亿美元兑换为黄金,国库外汇充裕。再加当时日本投降,人心思定,社会经济出现了一个相对稳定的时期。在这种背景下,国民党政府决定实行黄金自由兑换。金价放开之初的前两个月,回笼了大量法币,维持了外汇及生活必需品价格的相对稳定。

(6)1946 年,内战爆发,国民党政府为满足扩大军事开支的需要,大幅度扩大法币的发行量,很快便引发了通货膨胀和抢购黄金的风潮。1947 年 2 月,国民党政府停止黄金自由兑换,人们转而抢购物资,特别是居民生活必需品,都成为资本家囤积、待价而沽的目标,致使通货膨胀达到骇人听闻的地步。到 1947 年 7 月,物价比内战前上涨了 6000 倍。国民党政权发行金圆券,重新禁止黄金、外汇的自由交易。

(二)新中国成立后的黄金管制和交易

新中国成立后,稳定经济、稳定货币是新政权站稳脚跟的首要工作。废止旧币、发行新币是当务之急。但因民众对纸币失去信心,发行流通的人民币很快被金银投机商大量吸纳,金价如脱缰野马,人民币在不断地打压下持续贬值。为使人民币成为社会主导性的支付流通手段,政府割断了黄金与货币的联系,禁止黄金发挥自由流通和支付的功能,对黄金实行统配管理,黄金被国家严格地管制起来。在这种状况下,黄金投资活动不复存在,并延续半世纪之久。

1993 年,我国黄金市场化改革启动,但并未立即进行黄金管制政策的调整,而是在黄金管制的条件下进行了长达 6 年之久的体制内调整,直到 1999 年才开始了黄金市场建设的实际推进,改革进入到体制创新阶段。

2001 年,我国黄金市场的模式选择发生了明显变化,黄金投资开始成为我国黄金市场化改革的内容。中国人民银行直接介入了上海黄金市场的筹备工作,确定利用上海外汇交易所的平台建立黄金交易所,并把上海黄金交易所列为中国人民银行的直属单位,由中国人民银行直接领导。至此我国黄金市场属性定位调整基本完成。

从 2002 年开始,我国的黄金市场开始逐步发展起来。

(1)2002 年 10 月 30 日,上海黄金交易所成立并运行,这是一个具有即期商品交易的市场,同时特别吸收了 14 家商业银行为会员,为上海黄金交易所投资功能的发育准备了体制性条件,因此使上海黄金交易所运行后黄金投资功能得以显现,商业银行已成为买卖最为活跃的市场参与者。

(2)上海黄金交易所现有会员 162 家,一般民众难以利用这个交易平台进行黄金投资,于是以银行柜台交易为主的场外交易市场的建设提上了议事日程。上海黄金交易所运行后，央行陆续批准了14家商业银行黄金经营权，并允许四大国有商业银行开展黄金进出口业务。在此基础上四大国有商业银行率先开始黄金银行柜台交易平台建设和实金交易产品及纸黄金产品。

(3)中国金币总公司加快改革步伐，2001年，将我国发行的熊猫金币由纪念金币改为投资金币；并相继发行了千禧年纪念金条和羊年贺岁金条；2003年4月，正式启动羊年贺岁金条的回收变现机制；熊猫投资金币的回收和在上海黄金交易所挂牌交易，为黄金投资变现机制的形成迈出了第一步。

(4)2003年8月以来，中金股份、山东黄金先后在上海证券交易所挂牌上市，黄金股票的买卖已是投资者的现实选择。日后陆续又有新的黄金企业上市，逐步形成股市上的一个独具特色的黄金板块。目前涉及黄金生产交易的上市公司有：恒邦股份(002237)、荣华实业(600311)、中金黄金(600489)、山东黄金(600547)、豫园商城(600655)和紫金矿业(601899)等。

二、上海黄金交易所

(一)组织形式

上海黄金交易所实行会员制组织形式，会员由在中华人民共和国境内注册登记，从事黄金业务的金融机构、从事黄金、白银、铂等贵金属及其制品的生产、冶炼、加工、批发、进出口贸易的企业法人，并具有良好资信的单位组成。现有会员162家，分散在全国26个省、市、自治区；交易所会员依其业务范围分为金融类会员、综合类会员和自营会员。金融类会员可进行自营和代理业务及批准的其他业务，综合类会员可进行自营和代理业务，自营会员可进行自营业务。

(二)交易方式

上海黄金交易所的交易方式为：标准黄金、铂金交易通过交易所的集中竞价方式进行，实行价格优先、时间优先撮合成交。非标准品种通过询价等方式进行，实行自主报价、协商成交。会员可自行选择通过现场或远程方式进行交易。

(三)交易品种和价格

目前，交易的商品有黄金、白银、铂，交易标的必须符合交易所规定的标准。黄金有Au99.95、Au99.99和Au50g三个现货实盘交易品种，以及Au(T+5)与延期交收两个现货保证金交易品种。

三、黄金理财

(一)黄金收益计算

目前国际市场的黄金价格是以美元和盎司进行标价，国内市场是以人民币和克进行标价。国内纸黄金的牌价从国际金价换算得来，在中间价的基础上加减点差，构成买入价和卖出价。

纸黄金投资者如何计算收益呢？由于纸黄金牌价与国际金价变动保持一致，如投资者在报价为210(银行买入价)/214(银行卖出价)时，以214元的银行卖出价买入了100克纸黄金，若国际金价出现上涨，纸黄金价格也会相应变动，当纸黄金报价变为220/224时，客户以 220 元的银行买入价将 100 克纸黄金卖出，其投资收益就是(220－214)×100＝600 元。

纸黄金的报价与国际黄金报价接轨，资讯与国际市场共享，分析简便，信息对称。投资者完全可以通过对国际黄金走势判断，来指导纸黄金的操作。同时，纸黄金交易方式非常便利，投资者只需要开立活期存折就可进行柜面、电话、网银的交易。

(二)实物金条投资

总的看来，黄金投资的渠道主要有实物金条、账面黄金交易、金币、金饰品四种。黄金投资和别的投资不同，既不能像银行储蓄那样获取利息，也不能和股票一样分派红利，唯一的获利渠道就在于"低买高卖"，赚取价差。

实物金条最符合人们"藏金"的需求。金条的投资有标准金条和礼品金条两种，银行和金店都是投资的渠道。标准金条是黄金市场上最主要的交易工具，它的形状、规格、成色、重量等都有相应的标准，比如市场上较为常见的是交割单位为 50 克的 Au99.99 金条和交割单位为 1000 克的 Au99.99 金条。按国际惯例，这种标准金条，在浇铸成型的时候必须标明金条的成色、重量，以及精炼厂的厂铭及编号等等。工商银行、中国银行、农业银行和招商银行等都已经开办了实物黄金的投资业务，但交易品种和报价方式略有区别(见表 4-4)。

表 4-4　实物黄金的交易品种及其报价方式

银行	工商银行	中国银行	农业银行	招商银行
黄金投资品种	50 克小金条，1000 克 99.9 金条	2008"奥运金"	A 类标准投资金和 B 类标准礼品金，金条有 30 克、50 克、100 克和 200 克；C 类礼品标准金"孔方兄"模式，2 克和 5 克	高塞尔金条 2 盎司、5 盎司、10 盎司
报价方式	上海黄金交易所报价	奥运组委会	伦敦黄金市场价格、纽约黄金市场价格与上海黄金交易所价格结合	高塞尔公司报价

实物黄金具有强保值功能，价格走势总是与其他投资品种的走势相逆，加上黄金本身具有的天然货币属性，能在很大程度上抵御通货膨胀风险。不少礼品金条，如 2008 奥运金币等都采用限量发售的方式，使得它具有极强的收藏价值和增值潜力。但实物金条的交割和保管都要有较高的成本，这是值得投资者重视的。实物金条交割要提前几天通知银行，并支付相应的交割费用，金条的保管也需要一笔费用。

(三)纸黄金投资

纸黄金对那些希望从黄金市场上投资获利，又尽可能地降低投资成本的投资者来说，是个不错的选择。中国银行的"黄金宝"业务俗称"纸黄金"，是最早推出的账面黄金交易系统。"黄金宝"的报价跟随着国际黄金市场的波动情况进行，投资人通过把握市场走势低买高抛，来赚取价差。在交易时，所有买卖交易的黄金，都只是在投资人预先开立的黄金存折内做收付记录，却不涉及黄金的实物交割。

工商银行与上海黄金交易所设立的交易试点中，是对 50 克的小金条和 1000 克的 Au99.9 金条进行账面交易，交易的模式和"黄金宝"业务是类似的。

纸黄金交易的门槛比较低，只需要 10 克就可以进行交易。另外，纸黄金免去了实物金条交易中的保管费、储存费、保险费、鉴定及运输费等费用，降低了额外费用。当然，在进行账面黄金交易的时候，需要支付一笔买入卖出的手续费，投资者计算自己的获利额度时，要把这笔手续费计算在内。

（四）金币投资

金币可以分为纯金币和纪念金币。金币的价格会随着黄金价格的变动而起伏；纪念金币和礼品金条一样，由于市场供应量的限制和收藏的需求，价值可能会超过本身的铸金价值；金币也是实物金的一种，可以起到保值和防范通货膨胀风险的工具。

纪念金币的市场价格波动幅度和频率，远比纯金币大。纪念金币有两种，一种是带有重大选题色彩和显著收藏价值的纪念金币；还有一种就是著名的熊猫金币。以 2004 版的 1 盎司熊猫金币为例，在国内金价约为每克 120 元的条件下，1 盎司熊猫金币的黄金价格达 3480 余元，但熊猫金币的市场价格却达到了 3800 元，高于单纯的黄金价格。

（五）金饰品投资

金饰品是投资黄金的一种方式。从投资角度看，金饰品价除金价外，还含有加工费，并不适合作为黄金投资的主要手段。从金块到加工金饰，金匠或珠宝商要花不少心血，生产出来后，作为一种工艺美术品，还要被征税，最终到达购买者手中时，再加上制造商、批发商、零售商的利润，这一切费用都将由消费者承担。而将黄金饰品变现出售时，只能按照二手饰品来对待，价格最高不超过新品的 2/3。如在日常使用中受到磨损和碰撞，价格更要降低不少，买价和卖价之间的这种差距，无疑大大降低了黄金饰品的投资价值。

实际上，并不是因为较高的 CPI 指数，才必须要考虑通货膨胀导致的资产贬值影响。通胀条件下个人理财最首要的任务就是资产保值。在投资理财规划里，通货膨胀总是应该被考虑在内的因素之一，通货膨胀压力加剧的当前状况下，就更应该被密切关注。

四、黄金是传统的通胀避风港

目前黄金市场上的投资渠道大致有三类：纸黄金（以银行为代表）、实物黄金（以上海黄金交易所为代表）、黄金保证金交易（以场外伦敦金为代表）。纸黄金没有实物作支撑，且占用的投资资金数额较大，但是安全可靠；实物黄金则可用于保护家庭资产免受通胀袭击，但是在转手变现时有些不便；黄金保证金交易虽然投入小盈利大，却因为其杠杆比例较高而会有比较大的风险，只适合一部分专业知识扎实、风险控制意识较好的投资者。三种投资渠道各有特色，个人理财应该按照各种投资渠道的特点进行选择。

黄金的防范通货膨胀功能不是没有来源的。美联储靠着扩大货币供给支援着贸易赤字，造成美元过剩，全球范围内的主要货币大幅贬值；同时则是中国等发展中大国的供给持续恶化，造成粮食价格暴涨，物价极不稳定。如此做法，对一国的央行也好，对普通百姓也好，持有货币已经失去了增值和利息的稳定收益，反而成为一种实质性亏损，黄金便理所当然地被推向市场交易的风口浪尖上。

从黄金的供需来看，全球目前总共有黄金储备 3.2 万吨，黄金开采数量和速度有限而需求持续旺盛，这就决定了黄金必将一路升值，并且由于其传统的货币地位而产生的广泛接受性使其价值坚挺。黄金的重要特点之一就是与其他多数资产具有负相关性，即黄金价格不受股票、债券、存款等其他投资方式收益率的变化而改变。我们都知道，过分持有一种资产（如股票或存款）不是明智之举。黄金本身拥有巨大自身价值和升值空间，变现能力强且易于保存，在个人的资产组合中持有一定量的黄金是明智的。

第三节　外汇和汇率

一、外汇

第二次世界大战后，随着布雷顿森林体系的建立。国际贸易和国际投资获得了稳定发展的有利条件，经济全球化的发展，使得各国政府在制定货币和金融政策时不得不面对开放经济的挑战，而商品的贸易、资金的汇兑、资本的国际转移，以及国与国之间债权债务的清算与支付，最终都要通过货币，尤其是本国货币与外国货币的兑换来完成。

外汇，从狭义上说指外国货币；从广义上说，通常指以外国货币表示的，用于国际结算的支付手段。外汇作为国际结算支付手段的内容是很广泛的，它包括可以用于国际结算的银行存款、商业汇票、银行汇票、银行支票；可以用于国际清偿的公司债券、股票、息票，以及可以用于国际结算的外国货币和其他有外汇价值的资产，如黄金等。

国际货币基金组织(IMF)曾对外汇的定义是："外汇是货币行政当局(中央银行、货币管理机构、外汇平准基金组织及财政部)以银行存款、国库券、长短期政府债券等形式，保有的在国际收支逆差时可以使用的债权。"根据这个定义，外汇具体包括：①可以自由兑换的外国货币，包括纸币、铸币等；②长短期外币有价证券，即政府公债、国库券、公司债券、金融债券、股票、息票等；③外币支付凭证，即银行存款凭证商业汇票、银行汇票、银行支票、银行支付委托书、邮政储存凭证等。

外汇具有动态和静态的双重意义。动态外汇是指把一个国家的货币兑换成另外一个国家的货币，借以清偿国际债权债务关系的一种专门性的经营活动，是国际汇兑的简称；静态外汇则是指以外国货币表示的可用于国际结算的支付手段。

外汇是一种国际清偿债务的支付手段，与黄金一样是国际储备资产的重要组成部分。一个国家的储备资产充足与否，是衡量该国对外支付能力及其在世界经济中的实力和地位的重要标志。

外汇作为国际经济交往的产物，是各国经济交往中不可缺少的计价、购买、储备、信用和支付的手段。国家间一切经济往来甚至包括政治往来，必然伴随着货币的清偿和支付，为实现清偿和支付就要进行国家间的货币兑换、外汇买卖等活动。

随着我国加入 WTO，我国的经济发展将会越来越多地与国际经济发展结合在一起，将会有越来越多的各级各类企业冲出国门，走向国际大市场，直接参与国际经济、贸易、金融业务活动。这就为更多的人参与外汇交易提供了良机和广阔市场。

个人理财时所持的外汇，按照国家制度规定不能购买国外股票，只能将其存于银行或参与期权交易。外汇投资的目的只是获得存款利息收入，或通过不同货币的交易来赚取价差。

二、汇率

汇率是两国货币进行兑换的比率。在西方金融经济理论中，汇率被称为货币的价格，确切地说是一国货币的"对外价格"。在开放的货币经济中，汇率作为一个重要的经济变量，价格变动对经济领域有着广泛而深远的影响。

（一）汇率的定义

外汇汇率，又叫外汇汇价，是将一个国家的货币折算成另一个国家的货币时使用的比率，也可以说是用一国货币表示的另一国货币的价格。货币兑换又称为汇兑，即两国货币兑换的比率，即用一国货币表示的另一国货币价格就叫外汇汇率。

汇率的形成是国际经济交往发展的结果。当商品交换逐渐扩大到国际领域时，商品交换的国际化，同货币国际化之间发生了矛盾，即这个国家的货币不能到另一个国家流通，本国货币同外国货币之间的兑换，就成为不可避免的现实。出口商需要将出口所得的外汇兑换成本国货币，以便计算成本和重新备货，进口商需要用本国货币兑换成外币对外支付。

（二）汇率的种类

按照不同的划分方法，汇率可以分为多种类型。

1. 按国际货币制度的演变划分，有固定汇率和浮动汇率

（1）固定汇率。固定汇率指一国政府用行政或法律手段选择一个基本参照物，并确定、公布和维持本国货币与该单位参照物的比价。充当参照物的可以是黄金（现已不用），也可以是某种外国货币或是某一组货币。当一国政府把本国货币固定在某一组外国货币上时，称该货币钉住在一篮子货币上。在固定汇率制度下，外汇汇率基本固定，汇率的波动幅度局限于一个较小的范围。

（2）浮动汇率。是指由市场供求关系决定的汇率。其涨落基本自由，一国的货币市场原则上没有维持汇率水平的义务，但必要时可进行干预。

2. 按汇率制定方法的不同，有基本汇率和套算汇率

（1）基本汇率。各国在制定汇率时必须选择某一国货币作为主要对比对象，这种货币称为关键货币。根据本国货币与关键货币实际价值的对比，制定出对它的汇率，这个汇率就是基本汇率。一般美元是国际支付中使用较多的货币，各国都把美元当作制定汇率的主要货币，常把对美元的汇率作为基本汇率。

（2）套算汇率。制定出基本汇率后，本币对其他外国货币的汇率，就可以通过基本汇率套算出来，这样得出的汇率就是套算汇率，又叫作交叉汇率。

3. 按银行买卖外汇的角度划分，有买入汇率、卖出汇率、中间汇率和现钞汇率

（1）买入汇率。也称买入价，即银行向同业或客户买入外汇时所使用的汇率。采用直接标价法时，外币折合本币数较少的那个汇率是买入价，采用间接标价法时则相反。

（2）卖出汇率。又称外汇卖出价，是指银行向客户卖出外汇时所使用的汇率。一般地，外币折合本币数较多的那个汇率是卖出汇率，它表示银行卖出一定数额的外汇需要收回多少本国货币。因其客户主要是进口商，卖出价常被称作“进口汇率”。

（3）中间汇率。是买入价与卖出价的平均数。媒体报道汇率消息时常用中间汇率，套算汇率也用有关货币的中间汇率套算得出。

（4）现钞汇率。一般国家都规定，不允许外国货币在本国流通，只有将外币兑换成本国货币，才能够购买本国的商品和劳务。这就产生了买卖外汇现钞的兑换率，即现钞汇率。按理现钞汇率应与外汇汇率相同，但需要把外币现钞运到各发行国去，外币现钞运送要花费一定的运费和保险费，故银行在收兑外币现钞时的汇率，通常要低于外汇买入汇率。

4. 按外汇交易交割期限划分，包括即期汇率和远期汇率

即期汇率也叫现汇汇率，是指买卖外汇双方成交当天或两天以内进行交割的汇率；远期

汇率是在未来一定时期进行交割，而事先由买卖双方签订合同，达成协议的汇率。到了交割日期，由协议双方按预订的汇率、金额进行交割，期限一般有1个月、3个月、6个月。

远期汇率与即期汇率的汇率相比是有差额的，这种差额叫远期差价，有升水、贴水、平价三种情况，升水是表示远期汇率比即期汇率贵，贴水则表示远期汇率比即期汇率便宜，平价表示两者相等。

(三)汇率的标价法

确定两种不同货币之间的比价，先要确定用哪个国家的货币作为标准，由于确定标准不同，产生了两种不同的外汇汇率标价方法。

1. 直接标价法

又称为应付标价法。是以一定单位的外国货币作为标准，折算为本国货币来表示其汇率。对我国来讲，如1美元=6.12元人民币是直接标价法。在直接标价法下，外国货币数额固定不变，汇率涨跌都以相对的本国货币数额的变化来表示。一定单位外币折算的本国货币减少，说明外币汇率下跌，即外币贬值或本币升值；反之，一定单位外币折算的本国货币增加，说明外币汇率上升，即外币升值或者本币贬值。

2. 间接标价法

又称为应收标价法。是以一定单位的本国货币为标准，折算为一定数额的外国货币来表示其汇率。在间接标价法下，本国货币的数额固定不变，汇率涨跌都以相对的外国货币数额的变化来表示。一定单位的本国货币折算的外币数量增多，说明本国货币汇率上涨，即本币升值或外币贬值。反之，一定单位本国货币折算的外币数量减少，说明本国货币汇率下跌，即本币贬值或外币升值。英国一向使用间接标价法，如1英镑从等于1.23美元，上升到1.25美元，说明汇率上涨0.020美元。

利用差价计算远期汇率的方法不同，两种汇率的标价具体计算方法可以简单表示成：

直接标价法：远期汇率=现汇汇率+升水　　远期汇率=现汇汇率-贴水

间接标价法：远期汇率=现汇汇率-升水　　远期汇率=现汇汇率+贴水

(四)套汇交易

套汇交易分为直接套汇与间接套汇。

1. 直接套汇

直接套汇是指利用两个外汇市场两种货币之间的汇率不平衡，积极地或消极地赚取利益的外汇交易。这种套汇交易在国际上极为常见，如纽约美元与伦敦英镑之间，亦即伦敦市场的美元外汇与纽约市场的英镑外汇，按一价定律本应一致，但因各地外汇市场外汇的供求不均使两种市场汇率产生不一致，可以利用这一机会进行赚取利益的交易。直接套汇是直接利用两国或两地间汇率的不平衡进行，故又称二角套汇。

假设纽约与伦敦外汇市场上的汇率为：伦敦外汇市场：￡1=＄1.6705，纽约外汇市场：￡1=＄1.6665，现有某外汇投机商通过传真获得这一信息，他在伦敦外汇市场出售100万英镑，获美元167.05万，然后迅速打电话到纽约外汇市场，以即期汇率购买100万英镑，用去166.65万美元，并委托经纪人将100万英镑从纽约电汇汇往伦敦。扣除相关的手续费和汇费0.2万美元后，实际结果是还赚取了0.2万美元。

2. 间接套汇

间接套汇是指利用三个或多个不同地点的外汇市场中，三种或多种不同货币之间交叉汇率或套算汇率的不一致，同时在这三个或多个外汇市场上进行外汇买卖，以赚取价差的一种套汇交易。判断是否存在套汇机会的方法是，将各个市场按直接标价法的汇率连乘，结果如不等于1，就意味着有套汇的机会。

假设在法兰克福外汇市场：DM1＝£0.20，纽约外汇市场：DM1＝＄0.40，伦敦外汇市场：£1＝＄1.90，将这些汇率全部换算成直接标价法下的汇率，然后相乘：1/0.20×1/0.40×1/1.90＝1.0526≠1，所以存在套汇的机会，具体的做法是：

第一步，在伦敦市场上以190万美元买进100万英镑。

第二步，把在伦敦市场上买进的100万英镑在法兰克福市场上按DM1＝£0.20的汇率卖出，买得马克500万。

第三步，将从法兰克福外汇市场上买入的500万马克，按DM1＝＄0.40的汇率在纽约外汇市场上卖出，得美元：500万马克×＄0.40/马克＝200万美元。

通过上述交易活动，该外汇交易商从开始外汇买卖的190万美元，到交易结束后变为200万美元，获利10万美元。套汇资金的频繁流动最终使汇价达到统一，二战以来，随着通信手段和交易者业务能力的不断提高，套汇活动逐渐减少。

（五）远期汇率的决定

远期汇率是人们现时就敲定的未来价格，那么根据什么来确定未来的价格呢？既然远期交易是在未来进行交割的交易，其中就有一个时间差，而货币是有时间价值的，其表现形式就是利息，远期汇率的决定则与利率有关。假如英国利率是7％，美国利率是9％，外汇市场上美元对英镑的即期汇率是＄1.60。

现在有一个投资者有10000英镑会闲置3个月，该投资者会有两种投资方法：其一，直接将10000英镑投资于英国，3个月后可得本利共10000×（1＋3/12×7％）＝10175英镑。其二，将这笔钱投资于美国。这个投资过程可以分解为：将10000英镑兑换成16000美元，然后投资美国，这样，3个月后可以连本带利获得16000×（1＋3/12×9％）＝16360美元；如3个月后的汇率不变，投资者可获得16360/1.6＝10225英镑，比投资于英国多获得50英镑。但如3个月后美元贬值到1英镑兑换1.8美元，那么投资者只能获得16360/1.8＝9088.89英镑，比投资于英国少了1086.11英镑。

由于存在着汇率风险，投资者必须现在就把未来的汇率确定下来。设远期汇率为F，就有10175＝16360/F，F＝＄1.6079，从现在的角度看，只有当美元兑英镑的汇率为＄1.6079时，投资于两国的收益才会相等，意味着美元贬值，即美元远期贴水。从这个例子，我们可以得出结论：①远期汇率决定于利率差；②高利率货币远期贴水，低利率货币远期升水。

远期汇率的表示方法有两种：①直接给出远期汇率的实际价格，又称直接汇率；②只给出远期汇率与即期汇率的差价，即远期升水或贴水。

（六）套利交易

套利交易包括两种主要形式：不抛补的套利和抛补的套利。前者是指把资金从低利率货币转向高利率货币，从中谋取利差收益，但不同时进行反方向交易轧平头寸；后者指把资金调往高利率货币的同时，在外汇市场上同时卖出远期高利率货币，以避免汇率风险。这实际上就是套期保值，套利交易一般多为抵补套利。

设美国的短期利率为10％，英国为8％，套利者用英镑买入美元，投入美国市场，则一年可以多赚2％的利息收益。假设英国投资者有100万英镑，存入伦敦，6个月后可获本利

100×(1+6/12×8%)=104 万英镑。如当时外汇市场即期汇率为 1 英镑兑 1.6 美元，投资于美国，6 个月可获本利 160×(1+6/12×10%)=168 万美元。假定 6 个月后汇率不变，该投资者从美国市场可得到 105 万英镑，比在英国多赚 1 万英镑，即多赚 1%的利息(半年利差为 1%)。但如 6 个月后英镑对美元升值，则投资者可能损失。设 6 个月后，英镑升值 2%，即 1 英镑兑 1.632 美元，则 175.35 万美元只能换回 102.94 万英镑，比在英国投资少赚 1.06 万英镑。由此可见，不抵补套利投资者要承受高利率货币贬值的风险。如果做抵补套利，投资者在买进即期美元调往纽约的同时，马上在远期市场卖出为期 6 个月的远期美元(包括预计的利息收入)。这样，无论 6 个月中汇率如何变化，该投资者在 6 个月后的英镑收入都有保障。

(七)外汇掉期交易

商业银行在同业交易中很少利用远期外汇交易，而是安排掉期协议。货币掉期是指在外汇交易中，一笔交易同时包含即期和远期外汇交易，也就是说，在买进或卖出即期外汇的同时，卖出或买进远期外汇。这种交易通常是银行为抵补已从客户购入或向客户出售的某种外汇所可能发生的风险而进行的。掉期业务有时包含两笔远期交易，称为远期对远期掉期业务。一笔掉期业务实际上包含借贷两种活动。掉期业务的安排同远期市场有着密切联系，因为掉期汇率取决于远期外汇市场上的贴水或升水。

假设花旗银行 3 个月内需要英镑，与劳合银行签订一项掉期协议，规定花旗银行将美元卖给劳合银行获得英镑，3 个月后它将英镑付给劳合银行而收回美元。设即期汇率 $/£=$1.67，3 个月后远期汇率为 $/£=$1.77，这样英镑升水 0.10 美元，即升水 1000 点。实际参加掉期业务的银行只对升水点数或贴水点数感兴趣，并不关心即期汇率与远期汇率是多少。掉期汇率常换成年度百分比，以便同其他借款和贷款利率作比较。假设掉期汇率为 SR，升水或贴水值为 P 或 D，掉期期限(月份数)为 n，即期汇率为 S，则在升水的情况下，有：$SR=\frac{P}{S}\times\frac{12}{n}\times100\%$；在贴水的情况下有：$SR=\frac{D}{S}\times\frac{12}{n}\times100\%$。

本例中，$SR=\frac{0.1}{1.67}\times\frac{12}{3}\times100\%=24\%$。这就意味着花旗银行进行上述掉期业务时，每年可获益 24%，说明该外汇掉期业务是有较大吸引力的。

第四节　汇率决定理论

一、一价定律

一价定律是指在自由贸易的条件下，世界市场上同一件可贸易商品，不论是在什么地方出售，以同一货币衡量的价格应该相同。如果某一国家的一种商品价格水平高于其他国家的话，自然会引起商品向价格水平高的国家流动，增大了这种商品的供应量使其价格水平下降，直到与其他国的价格水平一致。一价定律把商品的国内价格和汇率联系起来，提出用同一种货币表示不同国家间商品的价格应当相同，即：$p=e\times p^*$。其中 p 为贸易商品的国内价格，p^* 为同一商品用外币表示的外国价格，e 为即期汇率。一价定律针对个别商品，如果一价定律制约了所有商品的价格水平，就形成了购买力平价。

一价定律成立的主要条件是市场的完全竞争性、信息流动的充分性和商品的同质性。市场的完全竞争性，即指商品市场上有众多的买主和众多的卖主，不存在操纵价格的垄断行为；信息流动的充分性，是指市场参加者能获得有关商品价格的信息，不存在阻碍信息流动的条件；商品的同质性，要求参加价格竞争的是同种商品。在这些条件下，国际套利者在追求利润的过程中贱买贵卖，从而防止了价格与一价定律的背离。同样，在完全竞争的市场上，风险调整后的金融资产的预期收益率是一致的。

二、购买力平价理论

在众多的汇率决定理论中，购买力平价理论是一种历史非常悠久的汇率决定理论，该理论最初是由瑞典经济学家卡塞尔于 1918 年提出的，且每当汇率由于战争或其他因素的影响而出现根本失衡时，人们便会把注意力转向这一理论，试图以此作为重新确立均衡汇率的尺度。

购买力平价的基本思想是：货币的价值在于其具有的购买力，不同货币之间的兑换比率取决于它们各自具有的购买力的对比，也就是汇率与各国的价格水平之间具有直接联系。购买力平价理论具体包括绝对购买力平价与相对购买力平价两种形式。

（一）绝对购买力平价理论

该理论认为，一国之所以需要外币，是因为它可以购买外国的商品、劳务和技术；反之，外国需要本国货币也是因为它可以购买本国的商品、技术和劳务。因此，以本国货币兑换外国货币，其实质就是以本国的购买力去交换外国的购买力，而汇率则是两国货币在各自国家所具有的购买力的比值。绝对购买力平价是根据本国货币和外国货币在一批可供比较的商品上所具有的购买力平价的大小，来解释汇率是如何决定的。

当在不同的地区时，存在一种商品是同质的，并且，在两国物价指数的编制中，各种可贸易商品所占权重相等的前提下，两国由所有可贸易商品构成的物价水平之间，存在着下列关系：

$$\sum_{i=1}^{n}\alpha_i p_i = e\sum_{i=1}^{n}\alpha_i p_i^*$$

在这个公式中，e 表示直接标价法下的汇率，α 表示权重，p、p^* 分别表示两国的物价指数。如果不考虑交易成本等因素，则以同一货币衡量的不同国家的某种可贸易商品的价格应该保持一致，即有 $p_i = ep_i^*$。经过变形可得到：$e=\dfrac{p}{p^*}$。这就是绝对购买力平价的一般形式。它意味着汇率取决于不同货币衡量的可贸易商品的价格水平之比，取决于不同货币对可贸易商品的购买力之比。

（二）相对购买力平价

该理论在对绝对购买力平价假定放松的基础上得出，认为交易成本的存在使一价定律不能完全成立，同时各国一般价格水平的计算中商品及其相应指数都是存在差异的，各国的一般物价水平以同一种货币计算时并不完全相等，而是存在着较为稳定的一定偏离，即：$e=\dfrac{\theta p}{p^*}$。将这个式子写成对数形式，则有：

$$\Delta e=\Delta p-\Delta p^*$$

上式为相对购买力平价的一般形式，式中变量均为其对数形式。相对购买力平价的经济意义在于：引起货币贬值的不是通货膨胀本身，而是本国高于贸易国的通货膨胀率差异。这就是说，名义汇率的百分率变化可以被事先预测，它等于国内外通货膨胀率的差异。如本国发生10%的通货膨胀，而其他国家的通货膨胀率为5%，则本国货币会贬值5%；假定世界上其他国家的通货膨胀也是10%，则汇率会维持不变。因此，汇率运动是由有关国家的相对通货膨胀决定的，而与通货膨胀的绝对水平不直接相关。

三、利率平价理论

利率平价理论是观察外汇市场上即期汇率与远期汇率之间的关系，来说明汇率决定及汇率变动原因的理论，其创始人为英国经济学家凯恩斯。

利率平价理论的基本含义是：货币持有者欲将其持有的货币用于投资时，可以将本国货币投放国内银行，按国内利率获得收益；也可以将本国货币按照即期汇率换成外币投资于国外银行，按照外国利率获得收益，并根据远期外汇市场上的升水或贴水情况抛补套利。投资者将在这两种投资方式中进行选择。这种选择就是货币投放方向的依据，资本在国际的流动也以此为根据。资本要么是从本国流到国外，要么是从国外流入国内。这种流动将一直持续到两国之间的利率差，调整到使两种投资方式的收益相等为止。因而，问题就归结为两国利率之间的比较，这种利率的比较决定了资本的流动，同时决定了汇率，因为资本流动本身就是外汇供给和需求的因素。利率平价理论有两种形式。

（一）抵补的利率平价

所谓抵补的利率平价，是考虑到把本国货币兑换成外国货币并投资于国外时，同时卖出远期的外国货币。要使两种投资方式相等，需要满足公式：

$$(1+i_t)=\frac{F_t(1+i_t^*)}{S_t}$$

其中，S_t、F_t、i_t、i_t^* 分别为 t 时期的即期汇率、远期汇率、本国利率和外国利率。如这个公式的左边大于右边，则套汇的资金就会不断内流，导致即期汇率 S 下降，造成本币升值，远期汇率 F 上升。反之，则本国资金外流，导致即期汇率 S 上升，同时远期汇率 F 下降。我们把这个式子进行一些变换，可以得到：

$$\frac{(1+i_t)}{(1+i_t^*)}=\frac{F_t}{S_t}\Rightarrow\frac{F_t-S_t}{S_t}=\frac{i_t-i_t^*}{1+i_t^*}$$

因为：$1+i_t^*\approx 1$，有：$\frac{F_t-S_t}{S_t}=i_t-i_t^*$

外币的升水率或贴水率等于两国的利率之差。根据利率平价的含义，即国与国之间利率之差，与外汇市场上即期汇率与远期汇率具有密切的联系。利率差异导致国际的资本流动，造成汇率的变动，一直到资本流动的盈利机会消失为止，汇率才能趋于稳定。

（二）非抵补的利率平价

非抵补的套利行为，是指将资金从低利率货币调往高利率货币时，并不做反方向操作，对未来的投资收益不进行保值。这样，将投资于国外的收益折算成本币所采用的汇率，是未来的即期汇率（S^e），这个汇率就是人们预期的未来即期汇率水平，因此有：

$$(1+i_t)=\frac{S^e(1+i_t^*)}{S_t}$$

经过变换，我们可以得到：$\frac{S^e-S_t}{S_t}=i_t-i_t^*$，预期汇率变化等于两国利率之差，也就是说，预期的汇率变化等于两国利率之差。远期汇率与未来的即期汇率之间并不相等，两者之差就是风险升水。我们把抵补利率平价的表达式做一些改变，即：

$$\frac{F_t-S_t}{S_t}-\frac{S^e-S_t}{S_t}=i_t-\frac{S^e-S_t}{S_t}-i_t^*\Rightarrow\frac{F_t-S^e}{S_t}=i_t-\left(\frac{S^e-S_t}{S_t}+i_t^*\right)$$

公式说明，两国投资的有效收益差，等于远期汇率与预期的未来即期汇率的百分比差。公式的左边可以看成是远期外汇市场上风险升水的指标。如有效收益差为零，则不存在风险升水。如有效收益差为正数，则本币有正的风险升水，预期未来的外币汇率低于远期汇率，这就是说，将来卖外币买本币的交易商将获得升水。按照这种升水，预期的外币贬值幅度大于当前的远期汇率。相反，下一阶段买入外币进行交割的交易商，将向未来的买主支付升水。

四、国际收支说

国际收支说是从国际收支的角度分析汇率决定的一种理论。1861 年，英国学者戈森较为完整地阐述了汇率与国际收支的关系，这一理论被称为国际借贷说。第二次世界大战后，随着凯恩斯主义的宏观经济分析被广泛运用，很多学者应用凯恩斯模型来说明影响国际收支的主要因素，分析这些因素如何通过国际收支作用于汇率，从而形成了国际收支说的现代形式。

（一）国际收支说的早期形式——国际借贷说

国际收支说的早期形式是国际借贷说，该理论认为汇率由外汇市场的供求关系决定。商品的进口、债券的买卖、利润、捐赠和旅游、资本交易等，都会引起国际收支的变化，而外汇供求则是由国际收支引起的。当一国外汇支出大于外汇收入时，外汇的需求大于供给，造成本国货币汇率下降；反之，当一国外汇支出小于外汇收入时，外汇的供给大于需求，从而造成本国货币汇率上升；当外汇供求相等时，汇率处于均衡状态。国际借贷说没有说明哪些因素影响到外汇的供求，从而大大限制了其发展，现代国际收支理论对此作了较多的补充和发展。

（二）国际收支说

国际收支包括经常账户（CA）和资本账户（K），通过汇率自身的变动来实现外汇市场供求的平衡，从而使国际收支始终处于平衡状态：$CA+K=0$。如果将经常账户简单视为贸易账户，它主要是由商品与劳务的进出口状况决定的。其中，进口主要是由本国国民收入（Y）和实际汇率（$\frac{ep^*}{p}$）决定，出口主要是由外国国民收入（Y^*）和实际汇率决定。这样影响经常账户收支的主要因素可表示为：

$$CA=f(Y,Y^*,P,P^*,e)$$

同时假定资本与金融账户的收支取决于本国利率（i）、外国利率（i^*）及对未来汇率水平变化的预期（$\frac{Ee_f-e}{e}$）。这样，影响资本账户的主要因素可以概括为：$K=f(i,i^*,\frac{Ee_f-e}{e})$。

把影响资本账户、经常账户的因素综合，就可以得到影响国际收支的主要因素：

$$B_p = f(Y, Y^*, i, i^*, P, P^*, e, Ee_f)$$

如果将除汇率外的其他变量均视为已给定的外生变量，则汇率将在这些因素的共同作用下变化至某一水平，达到平衡国际收支的目的，即：$e = f(Y, Y^*, i, i^*, P, P^*, Ee_f)$。从以上的分析中可以看出，在其他条件不变的情况下，两国的国民收入、价格水平、利率以及对未来汇率预期的变化，都将对币值产生影响，进而影响汇率的变化。但在实际上，这些变量之间也存在着复杂的关系，从而对汇率的影响难以简单确定。

五、汇率决定理论的最新发展：资本市场说

（一）汇率资本市场说的一般情形

20 世纪 70 年代以来，国际资金流动的发展对汇率变动产生了重大影响。在资本流动主宰了汇率变动之后，外汇市场上的汇率呈现出与股票市场等资产市场上的交易相近的特点，如价格变动极为频繁且波幅很大，价格受心理预期因素影响等。这启发人们应将汇率看成一种资产价格，即一国货币资产用另一国货币进行标价的价格，这一价格是在资产市场上确定的，从而汇率分析应采用与普通股价格决定基本相同的理论。这一分析方法，偏重于从短期和中期的角度来分析汇率的变化，被统称为汇率决定的资本市场说。

在国际资本完全自由流动的前提下，国内外的商品市场、货币市场、证券市场之间的相互联系和作用大大加强了。国内外商品之间和资产之间存在着相互替代的关系。资本市场说正是将商品市场、货币市场和证券市场结合起来对汇率的变化进行分析。由于对国内外资产之间替代程度的不同假设，资本市场说可以区分为“货币论”和“资产组合平衡论”。货币论假定国内外资产之间存在完全的替代关系，而资产组合平衡论则假设国内外资产之间存在着不完全的替代关系。

（二）汇率的货币论

这一理论强调货币市场对汇率变动的要求。一国货币市场失衡后，国内商品市场和证券市场就会受到冲击，在国内外市场相互联系的情况下，国际商品套购机制和套利机制便会发挥作用。在商品套购和套利过程中，汇率发生变化，以符合货币市场恢复均衡的要求。在货币市场恢复均衡的过程中，到底是商品套购机制发挥作用还是套利机制发挥作用，货币主义的汇率模式与汇率超调模式有不同的解释。

汇率超调模式提出了以下假设：在国际资产市场上不存在交易成本和资本管制，即不存在资本的流动障碍；对于产品市场，国际产品市场上不存在运输成本和贸易管制；对投资者来说，国内债券与国外债券是完全可替代的，即世界上只有一种资产；对消费者来说，国内产品和国外产品是完全可替代的，即世界上只有一种商品。这一假设暗含着购买力平价，即国内价格水平等于国外价格水平乘以汇率，是购买力平价理论的现代表述。

货币主义的汇率模式认为，一切因素都是通过对货币需求产生影响然后影响汇率的。当国内货币供给大于货币需求时，本国物价会上涨。这时，国际商品的套购机制就会发生作用，其结果会使外币汇率上浮，本币汇率下浮。相反，当国内货币需求大于货币供给时，本国物价则会下跌，并通过国际商品套购机制，使本币汇率上浮，外币汇率下浮。

（三）汇率的超调模式

汇率超调模式是美国学者多恩·布什于 1976 年提出的。该理论认为，货币市场失衡

后，商品市场的价格具有粘性，而证券市场反应极其灵敏，利息率将立即变化，从而使货币市场恢复均衡。因此，由于商品价格短期内粘住不动，货币市场均衡完全由证券市场的利率变化调整，利率在短期内出现超调（即调整幅度超过长期均衡水平），若国际资本自由流动，利率的变化就引起大量的盈利活动，套利活动使汇率变化。汇率的变化与利率的变化相适应，即汇率的调整也会超过其长期均衡水平，这就是汇率超调。

汇率超调模式的具体分析过程为：如果由于货币供给量增加使得货币市场失衡，而短期内价格粘住不均实际货币供应量会增加。为使货币需求量相应增加以达到货币市场的均衡，利率必然下降。在资本完全流动、国内外资产完全替代的假设下，资金外流导致本币贬值、外币升值，但汇率不会永远处于这种状态，因为此时的商品市场没有平衡。本国利率水平下降，促使国内总需求增加，本币贬值也导致世界对本国出口商品的需求增加。两大因素均促使商品市场的价格上涨。在价格上涨的过程中，实际货币需求量相应下降，于是利率回升，资本流入增加，本币汇率上升，外汇汇率下降，直到汇率水平达到货币汇率模式所说的长期均衡水平。

（四）汇率的资产组合平衡模式

汇率的资产组合平衡模式，是由美国经济学家布朗逊和多恩·布什在 20 世纪 70 年代创立并发展起来的。20 世纪 70 年代以来，国际资金流动的发展对汇率变动产生了重大影响。在资金流动主宰了汇率的变动之后，外汇市场上的汇率呈现出与股票市场等资产市场上的交易相近的特点，如价格变动极为频繁而且波幅很大，价格容易受心理预期等因素的影响等。这启发人们应将汇率看成一种资产价格，即一国货币资产用另一国货币进行标价的价格。这一价格是在资产市场上确定的，从而分析汇率的决定应采用与普通股价格决定基本相同的理论。这一分析方法被统称为汇率决定的资产市场说，它是托宾在二战后所倡导的资产选择说在国际经济领域中的延伸或运用，并在 70 年代末以后取代了汇率的国际收支流分析，成为汇率理论的主流。

资本市场说又称“资产平衡论”，偏重于从短期和中期的角度来分析汇率的变化。该理论认为，外汇是一种资产，汇率即为价格。使资产持有人自愿地保持其现有的本币资产与外币资产的结构状态，而不愿意继续调整的汇率，就是均衡汇率。如果资产持有人对外汇资产未来收益的看法有所改变，就会调整其资产组合的结构，要么卖出本币资产再购进外币资产，要么卖出外币资产购进本币资产。这种行为意味改变外汇的供求状况，由此导致汇率的变化。

六、汇率的资产市场分析法

与传统理论相比，汇率的资产市场分析法，意味着分析方法上的两点不同。

（一）决定汇率的是存量因素而非流量因素

对普通商品而言，它的供给与需求取决于不同因素（例如供给是技术、资源和要素价格的函数，而需求是偏好、收入和相对产品价格的函数），价格是供求曲线相交的结果。只有影响供求的实际因素变动（如收入提高）后，价格才用供求的变动进行调整。也就是说，市场供求这些流量因素决定了普通商品的价格，价格变动一般是供求变动导致的大规模交易发生的结果。对资产价格而言，它的市场供给与需求反映了对这一资产持有存量进行调整的需要。一种资产价格的变动是由于整个市场改变了它对该资产价值的评价，因此在很少或没有交易发生的情况下，资产价格有可能变动甚至是较大的变动，交易者直接抬高或降低价格。所以，资产市场说一般又称为汇率决定的存量模型。

(二)在当期汇率的决定中，预期发挥着十分重要的作用

普通商品的价格在很大程度上是由过去的合同确定的，现实条件的变动乃至于预期的改变一般不能非常迅速地导致其进行调整，而在资产市场上，对未来经济条件的预期会非常迅速地反映在即期价格之中，对资产价值评价的改变在相当程度上是因预期的变化，这导致了现实经济没有明显变化的情况下，汇率变动却极为剧烈的现象。

资产市场说不是一个单一的理论形式，它包括几个重要的分支，根据对本币资产与外币资产可替代性的不同假定，资产市场说可分为货币分析法和资产组合分析法。其中，货币分析法又分为弹性价格货币分析法和粘性价格分析法，货币分析法的分支都假定资本具有充分流动性，本国债券同外国债券具有充分可替代性。资产组合分析法则假定本国债券和国外的债券不具有充分可替代性。由于货币分析法假定两国债券可充分替代，在债券预期收益不变的情况下，债券持有者对持有哪种债券没有什么特别的偏好，市场就如同只存在一种债券一样。在这一条件下，汇率的决定主要取决于货币市场的供求状况。相反，资产组合分析法则假定两国债券为不可充分替代的，按照该理论，在有关因素发生变化后，市场对不同债券的相对需求将发生变化，结果导致汇率发生变化。资产组合分析法不仅强调货币市场对汇率的决定作用，还特别强调债券市场的作用。

第五节　外汇市场交易

一、主要国际外汇市场

目前具有国际影响的外汇市场，大部分在西方经济发达国家。包括伦敦、纽约、苏黎世、法兰克福、东京、香港和新加坡共七大市场，还有巴黎、巴林、米兰、阿姆斯特丹、蒙特利尔等外汇市场，也有较大影响。

(一)美国纽约外汇市场

纽约外汇市场是美国规模最大的外汇市场，它没有一个固定的场所，客户并不聚集在固定场所进行交易，而是通过电话、网络、电传等现代通信设备进行。目前，纽约外汇市场建立了现代化的电子计算机系统，它的电脑系统和监视系统纳入了外汇交易和信贷控制的全部程序，通过外汇市场电控中心控制的行市电子设备，客户可随时了解世界主要货币的即期、远期汇率和货币市场汇率，并随时与外汇经纪人和经营外汇业务的银行保持着密切联系，这种联系组成了纽约银行间的外汇市场。

(二)英国伦敦外汇市场

伦敦外汇市场是久负盛名的国际外汇市场，它历史悠久，交易量大，拥有先进的现代化电子通信网络，是全球最大的外汇市场。伦敦外汇市场由英格兰银行指定的外汇银行和外汇经纪人组成，外汇银行和外汇经纪人分别组成了行业自律组织，即伦敦外汇银行家委员会和外汇经纪人协会。伦敦作为欧洲货币市场的中心，大量外国银行纷纷在伦敦设立分支机构，目前有200多家银行从事外汇买卖，大多数是外国银行。伦敦外汇市场上，经营外汇买卖的银行及其他金融机构均采用了先进电子通信设备，是欧洲美元交易的中心，在英镑、欧

元、瑞士法郎、日元对美元的交易中，亦都占有重要地位。

（三）日本东京外汇市场

东京外汇市场是当今世界仅次于伦敦和纽约的第三大外汇市场，年交易量居世界第三。东京外汇市场由银行间市场和顾客市场组成。银行间市场是外汇市场的核心，成员是外汇经营行、经纪行和日本银行（中央银行）。外汇经营行有都市银行、长期信用银行、信托银行、地方银行等和在日本的外国银行，有200多家。外汇经营行之间的交易，原则上必须通过经纪行间接进行。1985年，东京外汇市场取消了日元美元互换买卖必须通过指定经纪行的规定，银行间约半数外汇交易都是直接进行。东京外汇市场业务种类正趋于多样化。目前市场上最大宗的交易仍是日元美元互换买卖，这是因为日本贸易多数以美元计价，日本海外资产以美元资产居多。进入20世纪90年代，由于美国经济增长缓慢，日元对美元的交易增幅下降，日元对欧元交易量大幅增加。

（四）新加坡外汇市场

新加坡外汇市场是无形市场，无固定交易场所，市场采用直接标价法。外汇交易主要由在外汇市场的国内外商业银行和货币经纪商经营。由于时差关系，交易商将该市场和世界其他主要外汇市场联系起来，使全球外汇交易得以不间断。市场交易以即期为主，远期和投机交易也较频繁。

（五）瑞士苏黎世外汇市场

瑞士有瑞士银行、瑞士信贷银行和瑞士联合银行三大银行，是苏黎世外汇市场的中坚力量。此外，瑞士国家银行（中央银行）、外国银行在苏黎世设立的分支机构、国际清算银行以及经营国际金融业务的各种银行等，均是该外汇市场的积极参与者。苏黎世外汇市场的特点主要是：(1)与伦敦、纽约和东京外汇市场等不同的是，外汇交易由银行之间通过电话、电传进行，而不是通过外汇经纪人或外汇中间商间接进行；(2)美元在苏黎世市场上占据重要地位，外汇价格不是以瑞士法郎而是以美元表示，其结果外汇市场上外汇买卖的对象不是瑞士法郎而主要是美元。欧洲货币之间的外汇交易绝大部分以美元为媒介；银行之间专业外汇交易也大多使用美元与其他货币的汇率；美元成为瑞士中央银行干预外汇市场的重要工具。苏黎世外汇市场具有良好的组织和工作效率，可以进行即期、远期等外汇买卖。

（六）中国香港外汇市场

香港是自由港，是远东地区重要的国际金融中心。香港外汇市场无固定场所，市场参与者分为商业银行、存款公司和外汇经纪商三大类型。商业银行主要是指由汇丰银行和恒生银行等组成的汇丰集团、外资银行集团等。市场交易绝大多数在银行之间进行，约占市场全部业务的80%。存款公司作为独特的金融实体对香港外汇市场的发展起到一定的积极作用。在暂停申请新银行许可证时期（1975—1978年），存款公司是在香港设立银行的间接方式。香港166家持有许可证的银行只允许与香港外汇经纪协会的会员进行交易。该外汇市场上多数交易是即期买卖，远期和掉期交易约占20%。

（七）德国法兰克福外汇市场

法兰克福外汇市场是德国中央银行（德国联邦银行）所在地。由于长期以来实行自由汇兑制度，随着经济的迅速发展、欧元地位的提高，法兰克福遂逐渐发展成为世界主要外汇市场。法兰克福外汇市场分为定价市场和一般市场。德国联邦银行派有专人参加法兰克福外汇市场的交易活动，以确定马克的官价。中央银行干预外汇市场的主要业务是美元对欧元交易，其中70%为即期外汇，30%为远期外汇，有时也有外币对外币之间的汇率变动进行干预。外汇经纪人除了撮合当地银行外汇交易外，还随时与各国外汇市场联系，促进德国与世界各地的外汇交易活动。目前，在法兰克福外汇市场上交易的货币有美元、英镑、瑞士法郎、欧元等。

二、外汇市场参与者

一般而言，凡是在外汇市场上进行交易活动的人，都可定义为外汇市场的参与者，他们从所起的作用划分，外汇市场主要有以下参与者。

（一）商业银行

商业银行是外汇市场的首要参与者，在外汇市场上主要从事两方面的经营活动：一是代表客户买卖外汇，起的是一种中介作用。银行一般有较多经营进出口业务的贸易公司客户。二是以自己的账户直接进行外汇交易。在一般情况下，商业银行由其下设的国际业务部直接经营外汇业务。有些国家则是由经中央银行指定或授权经营外汇业务的专业银行从事外汇买卖。

（二）非金融机构与个人

非金融机构主要指各种进出口公司、政府机构、跨国企业等。这类机构参与外汇市场的目的在于：第一，满足进出口的收付款需要；第二，清算对外投资产生的外币债权债务；第三，利用各种外汇交易的手段避免汇率风险。跨国公司是非金融机构的主要构成者，也是外汇市场的重要参与者。它们凭借雄厚的资金和巨大的业务量，在外汇市场上发挥着重大作用。

（三）外汇经纪人

指通过平衡买卖双方外汇供求而获取利润的外汇买卖中间人。可以分为一般经纪人和跑街经纪人两类：前者是以自有资金参与外汇交易，自负盈亏，这时经纪人就是自营商；后者是代客户进行外汇买卖，只收取佣金，不承担任何风险。

（四）证券公司

主要是指专门从事外币有价证券买卖，赚取外币利息、红利或股息的公司。这类公司参与外汇市场的主要目的是为其外币有价证券的买卖服务。国际上知名的大证券公司如美国的美林证券公司、日本的野村证券公司、英国的高盛证券公司等都是巨型跨国公司。它们的业务范围已远远超过外币证券的买卖以及企业兼并和收购，对外汇市场的渗透越来越深，也越来越广。

（五）中央银行

中央银行在外汇市场上的活动包括两方面：(1)作为政府的银行参与外汇市场，为政府机构和重要的国有企业进行外汇交易。中央银行这时所起作用与一般商业银行无异。在从事这类交易时，中央银行尽量减少对外汇市场的影响。另外，各国中央银行之间，中央银行与国际金融机构之间也有外汇交易发生。(2)作为管理者介入外汇市场，进行外汇买卖，干预外汇市场，其目的在于缓和汇率波动程度，保证政府实现既定的经济目标，并维持一个“有秩序的市场”。

三、外汇交易

外汇交易是指在外汇市场上进行的买卖外汇的活动。外汇交易起源于对外贸易和投资需要用不同的货币实行结算和支付。外汇交易体现的外币运动，实质上反映了国际有形贸易、无形贸易和资本投资中的商品运动和资本运动。随着国际资本流动规模的不断膨胀和流速加快，外汇交易还成为投资者避免汇率波动风险和寻求投资收益的手段。由于对未来的某一时期汇率变动趋势及幅度的预测不同，许多外汇交易又具有一定的投机性质。

外汇交易一般存在着以下四种交易方式：

(一)即期外汇交易

即期外汇交易又称为现货交易或现期交易，是指外汇买卖成交后，交易双方于当天或两个交易日内办理交割手续的一种交易行为。即期外汇交易是外汇市场上最常用的一种交易方式，即期外汇交易占外汇交易总额的2/3左右，主要是因为即期外汇买卖不但可以满足买方临时性的付款需要，也可以帮助买卖双方调整外汇头寸的货币比例，以避免外汇汇率风险。

(二)远期外汇交易

远期外汇交易又称期汇交易，是指外汇买卖成交后，根据合同规定在约定的到期日，按约定的汇率办理收付交割的外汇交易。常见的远期交易主要是30天远期、90天远期和180天远期。远期外汇交易的作用，在于对一年以内的未来外汇收入或支出，按现时就确定的未来汇率，预先将业务的收益或成本固定下来，防范未来的市场汇率变化而造成的风险。

远期外汇交易主要有两种形式：一是固定交割日的远期外汇买卖，指事先规定交割日期的远期交易。二是交割日可选择的远期外汇买卖，又称择期远期交易，指交易的一方可在成交日的第三天起至约定的期限内的任何一个营业日，要求交易的另一方，按照事先约定的远期汇率进行外汇交割的交易。另外，择期交易也可以约定在一定时间以后到合同终止日为止的一段时间内选择交割日。

(三)套汇与套利

货币是同质商品，很容易比较不同市场上的汇价。外汇市场可通过电话或电传等电讯方式获得货币汇价信息。汇价在世界范围内应该是同一或很接近的，否则在某市场上买进而在它市场同时卖出，就会有机会盈利。套汇是指利用不同时间、不同地点的汇价或利率差异进行牟利的一种外汇交易。

套汇业务可分为时间套汇、地点套汇和利息套汇。时间套汇是指利用不同交割期限造成的汇率差异进行套汇，实际上就是掉期交易；地点套汇是指利用不同地区汇率的差价低价买进，高价卖出，从中牟利；利息套汇又称套利，指利用不同国家短期利率的差异，将资金由利率较低国家转向利率较高国家，从利率的差额中获利。

(四)外汇期货交易

外汇期货交易是金融期货的一种，有时也称为货币期货，是指在有组织的交易市场上以公开叫价方式进行的、买卖在未来某一标准清算日期、根据协议价格交割标准金额数量的合同的交易。因此，外汇期货交易并不是实际外汇的交换，而是合约的买卖。一般说来，外汇期货合约主要有以下几个特点：

(1)货币种类。以美国芝加哥国际货币市场为例，它的外币期货合约主要为加拿大元、日元、欧元、英镑、澳大利亚元。所有这些合约均用间接标价法，即以美元计价。也就是说，在期货交易的公开叫价中，报价方式为每1加拿大元或每1欧元、日元、英镑、澳大利亚元等的美元数。

(2)合约金额。在芝加哥国际货币市场上，每份国际货币期货合约的金额都是标准的，分别为：加拿大元10万、日元1250万等。

(3)最小价格波动和最高限价。最小价格波动是指国际货币期货合约在买卖时,由于供需关系使合约货币价格产生变化的最低限度。以英镑为例,规定期货合约的最低价格波动为 0.0005 点(一般简称 5 个点)。这里每个点等于每英镑的万分之一。以美元价格计算,则最小价格波动应为 25000×0.0005=12.5 美元。其他货币期货合约的最小价格波动均为 1 个点。

最高限价是指每日交易变化的最大幅度限制,超过这一限额,该种货币的期货交易就将停止。如加元、日元、欧元、英镑的最高限价分别是 75 点(0.0075)、150 点(0.0150)、500 点(0.0500);以美元价格换算,最高限额分别为 750 美元、1250 美元、1250 美元。

(4)交割月份。交割月份是期货合约规定的外币合约的到期月,芝加哥国际货币市场的外币期货合约的交割月份分别为 3、6、9、12 月份。若合约到期前未进行对冲(即进行相反的买卖行为),则必须进行现汇交割。

(5)交割日期。这是指到期外币期货合约进行现货交割的日期,具体是指到期月的某一天。芝加哥国际货币市场规定的交割日期都是到期月份的第三个星期的星期三。如有人卖出一份 3 月英镑期货合约,若到期没有进行对冲(即在到期前买进一份英镑期货合约),则必须在 3 月份的第三个星期的星期三,用英镑现货按以前商定的价格卖出。(见表 4-5)

表 4-5　外汇期货合约

<table>
<tr><th>期货合约</th><th>货币标记</th><th>合同面额</th><th>最小波动价</th><th>每日限价</th><th>交割时间</th></tr>
<tr><td>英镑</td><td>BP</td><td>25000</td><td>5 点=12.5＄</td><td>500 点=1250＄</td><td rowspan="3">3、6、9、12 月份第三个星期的星期三</td></tr>
<tr><td>加元</td><td>CD</td><td>100000</td><td>1 点=10＄</td><td>75 点=750＄</td></tr>
<tr><td>日元</td><td>JV</td><td>12500000</td><td>1 点=12.5＄</td><td>100 点=1250＄</td></tr>
</table>

(五)外汇期权交易

外汇期权是期权的一种,相对于股票期权、指数期权等其他种类的期权,外汇期权买卖的是外汇,即期权买方在支付一定数额的期权费后,有权在约定的到期日按照双方事先约定的协定汇率和金额同期权卖方买卖约定的货币,同时权利的买方也有权不执行上述买卖合约。

期权分为买权和卖权两种。为了取得上述买或卖的权利,期权(权利)的买方必须向期权的卖方支付一定的费用,称作期权费。因为期权的买方获得了今后是否执行买卖的决定权,期权的卖方则承担了今后汇率波动可能带来的风险,期权费就是为了补偿汇率风险可能造成的损失。这笔期权费实际上就是期权的价格。

如某人以 1000 美元的权利金买入了一张价值 100000 美元的欧元/美元的欧式看涨合约,合约规定期限为三个月,执行价格为 1∶1500。三个月后的合约到期日,欧元/美元汇率为 1∶1800,则此人可以要求合约卖方以 1∶1500 卖给自己价值 100000 美元的欧元,然后他可以再到外汇市场上以 1∶1800 抛出,所得盈利减去最初支付的 1000 美元即是最后的盈利。如买入期权合约三个月后,欧元/美元汇率为 1∶1200,此时执行合约还不如直接在外汇市场上买入合算,此人可以放弃执行合约的权利,最多损失 1000 美元。

外汇期权业务的优点在于可锁定未来汇率,提供外汇保值,客户有较好的灵活选择性,在汇率变动向有利方向发展时,也可以从中获得盈利的机会。对那些合同尚未最后确定的进出口业务,具有很好的保值作用。期权的买方风险有限,仅限于期权费,获得收益的可能性无限大;卖方利润有限,仅限于期权费,风险无限。

如某公司手中持有美元,并需要在一个月后用欧元支付进口货款,为防止汇率风险,该公司可以向银行购买一个买欧元卖美元,期限为一个月,约定的汇率为 1.2000 的欧式期权。那么该公司有权在将来期权到期时,以 1 欧元=1.2000 美元向银行购买约定数量的欧元。如果在期权到期时,市场即期汇率为 1 欧元=1.1900 美元,那么该公司可以不执行期权,因为此时按市场上即期汇率购买欧元更为有利。相反,如果在期权到期时,1 欧元=1.2200 美元,则该公司可决定行使期权,要求银行以 1 欧元=1.2000 美元的汇率将欧元卖给公司。由此可见,外汇期权业务使公司可以灵活地避免汇市波动带来的风险,而费用仅限于期权费。

第六节 外汇理财

一、外汇理财收益

目前市场上可供选择的外汇理财产品很多,在选择时应了解其收益构成条件,免得实际收益与预期收益有较大差距。

(一)预期收益

选择预期收益率较高的外汇理财产品。这类产品收益一般与国际金融市场的某金融工具挂钩,常见的如 LIBOR(伦敦银行同业拆借利率)、HIBOR(香港银行同业拆借利率)等。

在选择浮动收益率外汇理财产品时,务必读懂合约,这类产品收益率构成比较复杂,银行对最终收益的确定会设置很多条件,收益也不固定。因此,并非预期多少,就一定能拿到多少收益率。一旦忽略了某一条,收益率就可能不如预期。另外还应了解与之挂钩的金融工具的变动规律与趋势,以确定该产品收益实现的可能性有多大。

(二)固定收益

收益率固定的外汇理财产品,影响收益率的因素主要是相对的,如外汇利率变动、产品期限、投资者是否具备提前终止权等。2005 年 2 月底,国内大部分银行提高小额港元存款利息,在这之前购买港元外汇理财长期产品的,收益率必然会受到一定影响。

二、外汇理财的步骤

(一)分析自身的风险倾向和外汇知识

分析投资者的风险偏好对外汇理财非常重要。虽然结构性的外汇理财产品有许多,但投资者应该清楚:固定收益产品的收益率总是较低,而与市场挂钩的非固定收益的产品可能获得平均收益就会高得多。当然,后者的最高收益同时也伴随着风险的存在。因此,投资者在选择外汇理财产品时,首先要做的事情是:分析自己的风险倾向,是保守型还是积极型;考虑自己是否具备一定的外汇投资知识。如果投资者对 LIBOR 等术语十分陌生,又无法对汇率、利率的长期走势作出判断,可能收益较低的固定收益产品会更适合。

(二)分析财务状况

结构性外汇资金管理产品,从专业的角度可以看作是外汇定期存款和期权产品的结合。

投资者为获取较高收益，将何时结束交易的权利卖给银行，银行往往有提前终止交易的权利，而投资者没有，若想提前支取则要偿付较高的代价。所以，对期限较长的理财产品，投资者应从自己的财务状况出发来确定购买金融产品的品种和金额。

投资者应分析自己的财务状况，如资金短期内是否会使用、是否能承受汇率风险。存款的流动性毕竟要略优于一般理财产品，从长期看汇率波动很难准确判断。

（三）挑选外汇产品

挑选结构性外汇产品首先要了解它的特性。固定收益类产品考察的两大要素是期限和收益。同等期限收益越高的产品越好，期限短的产品投资灵活性比较高。非固定收益的产品种类很多，常见的一类是与 LIBOR 挂钩，根据 LIBOR 落在观察区间内的天数来确定收益率。举例来说，某产品银行公布的观察区间为 0 至 5%，最高收益 6%，如果整个收益期的波动在 5%之内，就可以得到最高收益额，一旦波动超出 5%，收益就会受到影响。换言之，前一个收益期内如 LIBOR 超出 5%并一路上升，就可能使投资者在以后的收益期中一无所获。

选择上述非固定收益的外汇理财产品，需要注重三个重点：

(1)观察区间。一般来讲，区间越宽获得最高收益的可能性就越大，对投资者就越为有利。

(2)挂钩方向。金融市场的产品有正向挂钩和反向挂钩，有些产品是跟随外汇升息水涨船高，另一些则正好相反。

(3)付息情况，包括付息频率和年收益率。由于现金具有时间价值，在产品结构基本相同且收益率相同的前提下，付息频率越高则实际收益就会越高。每年最高年收益率设定由高到低，也比由低到高划算。如某产品最高年收益率第一年 5%、第二年 6%、第三年 7%，逐步放大，反不如第一年 7%、第二年 6%、第三年 5%的付息方式。这既是出于货币时间价值的考虑，也因为时间越长对市场的预测就越为困难，未来的风险越大。

三、外汇理财的操作方案

外汇理财的操作方案非常多，这里介绍几种常见的方案供读者参考。

（一）“阶梯跳跃式”汇率挂钩存款

又称“汇率触发型存款”，就是投资者与银行确定一个汇率区间，若存期内市场汇率未触及该区间上下限，则投资者获得较高的收益率（利息），否则取得较低的保底收益率（利息）。如 3 个月欧元/美元汇率触发型存款，期限 3 个月，汇率上下限 1.1750～1.1150，如存期内欧元/美元汇率一直位于 1.1750～1.1150 之间，则执行 3.5%的高利率，如果存期内任意一天的欧元/美元汇率超出 1.1750～1.1150，则执行 0.25%的低利率，计息方式为到期日本息一次性支付，利息＝本金×利率×实际天数/360。

（二）线性收益汇率挂钩性存款

投资者与银行协定一个执行汇率和敲出汇率，按照到期时的市场汇率计算投资者的最终收益率（利率）。在保证资金安全的前提下，这种结构性存款有保底收益率和最高收益率之分，适合短期一年内的结构性存款。

（三）汇率区间累积增值存款

如 6 个月美元/日元汇率区间累积增值存款。存期 6 个月，汇率上下限为 112.65～

108.15,利率=2.1%×区间天数/总天数;区间天数为存款期间美元/日元汇率位于汇率上下限间的天数,若逢星期六、星期日或其他非伦敦工作日,则该日的美元/日元汇率被定义为紧接该日的前一个伦敦工作日的美元/日元汇率;利息支付方式为到期日本息一次性支付。

(四)人民币汇率挂钩存款

如投资者预测将来人民币贬值不超过1美元=6.80元人民币的汇率水平,可以和银行签订"与人民币汇率挂钩的结构性存款协议",则存期内市场变化在1美元兑换6.80元人民币以内,投资者可得到高于市场利率的收益率(较高的利率);如果市场变化到1美元兑换6.80元人民币以上,投资者的本金将按当时的人民币汇率折算支付。

(五)逆浮动利率结构性存款

以逆浮动利率美元存款为例,存款期限3年,第一年固定利率4.2%,其余两年利率为9%,每半年结息一次。银行有权在每半年行使一次提前终止存款的权利,该产品100%保本,有优于市场利率的收益机会,但存款者的收益将随LIBOR的上升而递减。

(六)浮动利率但收益封顶型结构性存款

存款期限5年,利率为浮动利率,每半年结息一次,利率为6个月LIBOR加0.75%,但利率封顶在6.5%,即如果5年内6个月LIBOR上涨超过5.75%(5.75%+0.75%=6.5%),存款人也只能拿到6.5%的收益。该存款银行在满一年后有提前终止的权利。该产品100%保本,有优于市场利率的收益机会,如5年内LIBOR上涨超过6.5%,存款者将损失超出部分的收益。

(七)利率封顶渐进型存款

也称递增封顶浮动利率存款,如3年期递增封顶浮动利率存款,存期3年,封顶利率第一年2.6%,第二年3.6%,第三年4.62%;如果3个月LIBOR+0.6%不大于相应年份的利率上限,则执行3个月LIBOR+0.6%,反之,则执行封顶利率。

(八)可提前终止结构性存款

存款期限两年,票面利率为固定利率3.3%(一般的一年期定期存款,利率最高在LIBOR+2.43%的水平),每年付息一次,银行有权在存款期限满一年时提前终止该笔存款。该产品100%保本,有第一年高息保证,但若一年期满时利率上涨较大,银行决定不终止该笔存款,则投资者将面临市场利率与结构性存款利率的差额损失。

(九)与美国国债挂钩的结构性存款

投资者选定存款期限和美国30年期国债收益率区间,到期时,如果美国国债收益率在协定区间内,则投资者可以得到最高收益率(最高利率);如美国国债收益率超出协定区间,则投资者可得到最低收益率(保本利率)。这种结构性存款的本金无风险,比较适合国内成熟性投资者安排长期结构性存款。

(十)与股价指数挂钩的结构性存款

这是银行为国内投资者推出的新型金融产品,和美国股价指数相联系,如道琼斯工业指数、纳斯达克指数、标准普尔指数,存款收益率随着美国股价指数的变动而变动。

以上外汇理财方案,是目前国内商业银行推出的部分外汇理财产品,当然,还有其他理财方式,如稳健型受托理财方案、成长型受托理财方案、进取型受托理财方案等,同时,投资者还可以通过炒作B股、买卖外汇进行保值、增值。在实际操作过程中,上述理财产品涉及的币种、期限、汇率、利率和挂钩对象等,是可以变化的,不同时期、不同银行提供的报价也是有差别的，投资者在选择时要注意辨别。

四、个人外汇理财产品

个人外汇理财无疑是目前最具吸引力的金融产品。面对数千亿美元之巨的居民外汇存款和百姓日益增强的投资理财意识，银行蜂拥进入个人外汇理财市场。目前，已有10多家国内银行和8家外资银行，在我国内地推出了以外汇结构性存款为主的个人外汇理财产品。短时间内，工商银行的汇财通、农业银行的汇利丰、中国银行的汇聚宝、建设银行的汇得盈、交通银行的得利宝、光大银行的阳光理财A计划，以及花旗银行的市场挂钩账户、汇丰银行的保本投资等成批成系列的产品纷至沓来，异彩纷呈，各有千秋。

在存款利息跑不赢通胀率的情况下，与传统外汇存款相比，结构性存款的高收益率十分诱人。国内公众普遍缺乏应对外汇交易风险的能力，结构性存款百分之百保证本金安全的特性，更适合普通外汇持有者。随着银行宣传战的升级，个人外汇理财不断加温并热得发烫。

（一）投资起点

2004年以来，个人外汇理财产品的一大特点是“门槛”一降再降，国内银行设立的投资起点从最初的10000美元一路跳水，少数产品已降到100美元。以2004年12月发售的部分产品为例（参见表4-6），工商银行的汇财通A款、B款起点均为2000美元；农业银行的汇利丰起点仅为100美元；中国银行汇聚宝半年期的起点为2000美元，3年期的起点为1810美元（每份905美元，限购两份）；建设银行汇得盈的起点为1000美元；民生银行的外汇非凡理财A、B、C计划的起点均为1000美元。

表4-6　2004年12月发售的部分个人外汇理财产品（美元）

银行	名称	投资起点（美元）	收益率（%）	投资期限	终止权
工商银行	汇财通 A20042期 B200403期	2000	A款年综合收益率2.9 B款年最高收益率4.1	A款2年 B款3年	银行
农业银行	汇利丰五期	100	2.52	1年	银行
中国银行	汇聚宝2004年12期	半年期2000 3年期1810	半年期2.5 3年期最高收益率3.6	半年期、3年期	银行
建设银行	汇得盈九期	1000	年收益率2.53	15个月	银行
民生银行	外汇非凡理财五期	A、B、C计划1000；D计划10000	A计划年综合收益率3，到期总收益率0.75；B计划年综合收益率2.65，到期总收益率为3.31；C计划年综合收益率3.47，到期总收益6.95；D计划年综合收益率8.5，到期总收益率5.1	A计划3个月；B计划15个月；C计划2年；D计划6年	一年后，客户和银行每季均拥有
兴业银行	万汇通六期	半年期100；二年期、五年期500	半年期固定年收益率2.22；2年期固定年收益率为2.98；5年期预期年收益率不封顶，根据最近五年表现平均年收益率为8.7	半年期、2年期、5年期	半年和2年期20万美元、5年期10万美元以上客户；其余为银行所有

与国内银行"旧时王谢堂前燕"纷纷"飞入寻常百姓家"不同，花旗、汇丰等外资银行的个人外汇理财业务仍然坚持"高门大户"的定位。花旗银行市场挂钩账户的投资起点是25000美元，要成为汇丰的客户至少需要20000美元。

(二)投资收益与投资期限

根据一些商业银行的业务咨询统计，个人外汇理财的投资收益和期限是令人关注的焦点话题。投资收益和期限是影响客户选择外汇理财产品的重要因素，且二者之间又有直接关系。

1. 投资收益率

以2014年12月发售的产品为例，工商银行汇财通A款的年综合收益率为2.9%，B款的最高年收益率为4.1%；农业银行汇利丰的年收益率为2.52%；中国银行的汇聚宝也有从2.25%～3.66%的收益率。进一步综合2014年7月以来的情况，这类产品的年收益率通常在2%～6%之间。诚然，这一收益率水平仍无法望期权交易的项背，但与同期外汇存款利率相比，这块"奶酪"的味道仍很有诱惑力。

从收益类型来看，个人外汇理财产品花样翻新，较常见的有固定收益型产品、收益递增型产品和预期收益率产品。

(1)固定收益型产品是银行承诺固定回报，每隔一段时间，银行有权终止该笔交易，实质上是期限由银行确定的定期存款。当市场利率下降，银行可以较低利率吸收外汇存款时就可能行使终止权，而当市场利率上扬时，银行不会行使这一权利。

(2)收益递增型产品，银行也有权决定是否终止交易。不同的是，在整个投资期内采用分段计息、多次支付的方式。只提出预期收益的产品虽然可能获得的收益最大，但承担的风险也可能很大，而且客户收益的透明度差，这类产品在市场中并不处于主流地位。

(3)预期收益率产品。专业人士认为，不固定收益型产品的最高收益率只是一种可能性，且最低收益并不确定，事实上是把风险转嫁给了客户。因此，随着客户对个人外汇理财产品的进一步了解和需求层次的提高，发售的产品倾向于固定收益率的趋势比较明显。比如，工商银行的汇财通A款、农业银行的汇利丰即属于固定收益率产品，民生银行、光大银行也发售了两年和三年期的固定收益率产品。一些人士认为，由于竞争压力和美元汇率压力等多种因素的作用，银行既要为客户"保本金"，还得"保收益"。

2. 投资期限

投资期限长短直接关系到投资流动性的问题。从一些递增型个人外汇结构性存款来看，投资期限长短还决定着高收益率的实现。投资期限越长，通常获得高收益的可能性越大。就客户的实际选择而言，也要综合考虑投资收益与投资期限等。

目前，市场上的个人外汇理财产品主要有1年以内、2～3年、3年以上等固定期限产品和投资期限可变产品。1年以下投资期限的产品流动性强，适合于希望较快收回投资的客户，但要求客户对汇率走势进行判断，有一定的专业性要求。农业银行2014年12月发售的汇利丰产品的投资期限即为1年，同期中国银行也有一款投资期限为半年的汇聚宝产品。在外资银行方面，汇丰的保本投资产品投资期限分别为3个月、半年、9个月和1年，也在此列中。如今，投资期限为2～3年的个人外汇理财产品居主流地位。如工商银行的汇财通A款为2年、B款为3年，中国银行的汇聚宝也有期限3年的产品。此外，交通银行、光大银行、民生银行、招商银行、北京市商业银行等的多款产品投资期限也是2～3年。此外,2014年12月发售的产品中,也不乏投资期限在3年以上的,兴业银行的第六期万汇通产品最长期限为5年,民生银行的第五期外汇非凡理财D计划最长期限高达6年。

为了适应市场的发展和需求的多元化,各银行个人外汇理财产品的投资期限已十分灵活,中国银行的汇聚宝、建设银行的汇得盈、民生银行的外汇非凡理财等都能同时提供多种投资期限,供客户选择。

（三）可终止权和可终止期

目前,大部分银行在个人外汇理财产品的合约中都强调“银行可单方面提前终止”,即银行可在约定的时间不经客户同意,单方面决定是否提前终止该产品。外汇理财产品是银行将个人外汇持有者手中的资金集中起来,到国际金融市场上利用同业拆借等工具进行操作,以获得较高的收益。国际金融市场存在波动性,银行此种操作难免产生风险,当银行认为面临风险时,就会终止理财产品,以免承担损失。也正因为如此,银行才可以百分之百地保证客户的本金安全。不过,许多人士认为,银行这样做实际上是将汇率损失的风险转嫁到了客户身上,而且由于提前终止,银行也无法实现预期的收益率。针对这一问题,当前已有少数银行将终止权交给客户。当然,这在外资银行的理财专业人士眼中是“难以理解”,他们认为,在客户缺乏外汇交易知识的情况下,由其行使终止权可能造成很大的损失。孰是孰非,目前尚无定论。可以肯定的是,将终止权交给客户的个人外汇理财产品,也在诸多方面留了一手,毕竟保证本金安全是有言在先。比如,兴业银行万汇通要求,投资期半年和2年,投资额达到20万美元的客户,或者投资期为5年,投资额达到10万美元的客户,可按照该行提供的价格赎回;民生银行的外汇非凡理财则是1年后,客户和银行每季都拥有终止权。

在可终止权之外,银行通常会在个人外汇理财合约中载明可终止期,即明确银行多长时间可以行使一次终止权。目前,多数银行采取每3个月拥有一次提前终止权的做法,2014年12月发售的工商银行汇财通、农业银行汇利丰、中国银行汇聚宝、建设银行汇得盈均是如此。此外,民生银行等也有每一季度或半年行使一次提前终止权的产品。对于长期投资而言,可终止期也是影响投资收益的关键因素。一般情况下,投资期限越长,银行可终止的次数越多,客户可能获得收益就越高。当然,如银行提前终止产品,客户要损失再投资收益。换言之,投资界的一句老话是:“别看你能拿走多少,想一想你能接受多少?”

2004年以来,个人外汇理财产品推出频繁让人应接不暇。投资起点不等、收益类型多样、投资期限有别、终止权限各异;外资银行的可选币种涵盖了全球主要货币,国内银行也不是美元一统天下,中国银行汇聚宝、兴业银行万汇通等产品已将港币纳入。个人外汇理财市场也非结构性存款的独角戏,四大国有商业银行都可进行外汇期权业务,花旗银行的优利账户则是外汇定期存款与外汇货币期权的组合。此外,上海国际信托有限公司联手荷兰银行、瑞士联合银行,推出继秦山三期项目外汇资金信托计划之后的又一个收益型银行保本外汇信托产品。在信托计划成立1年后,投资者即享有每年两次的赎回权,年平均收益率可能达到13.43%,平均收益率大于零的概率为95.4%,可以说,又为外汇理财市场添了一把火。

对个人外汇理财,就产品而论产品的比较是非常困难的,任何一种产品的某项指标的高低其实并不能完全决定全局。比如,高收益率的产品背后有较高的风险,流动性强的产品无法给出很高的收益率。对于客户来说,选择产品的出发点是资金的拥有状况、风险偏好、对投资期限的认可、对流动性的需求等的组合,正如一些专家谆谆告诫的那样,“没有最好的,只有最适宜的”。

五、保底外汇理财

在承诺保底收益上，商业银行的外汇受托理财产品更能吸引投资者的注意。自外资银行被允许经营全面外汇业务后，为防止外汇存款迅速流失，各家商业银行低调而频繁地推出各种外汇结构存款理财产品，几乎无一例外地向投资者承诺了高于银行存款相当比例的保底收益。工商银行曾经推出“汇财通——个人外汇可终止理财产品”，期限两年，发售币种为美元，认购金额为1万美元的整数倍，收益率为1.45%(15万美元以上为1.5%)。该产品专为以保本增值为目的的个人外汇投资者设计，投资者既能获得存款的基本利息(理财产品实际存期的定期存款利息)，又可获得出让终止权收益。当时美元一年定期存款利率仅为0.5625%，1万美元的税后利息收入仅为45美元，但若购买1万美元该产品，一年后得到的收益为133.75美元，是普通外币存款的近3倍。

建行曾经推出“汇得盈”外汇结构存款理财产品，该产品的“一低一高”特点受到投资者青睐，这是指固定收益率高，投资门槛低，起点只需1000美元。该行在产品计划书中明确承诺“汇得盈”的年收益率为4.53%，比同期储蓄存款利率高出将近2个百分点，并且“稳固锁定”。中行随后推出的外汇理财产品定名为“汇聚宝”。根据资金流动性及投资收益的高低，产品分为“期限可变”和“总收益锁定”两种。

花旗银行上海分行还推出一种面向个人理财客户，与国际利率市场联动的新型外汇投资产品——“市场挂钩账户”。据悉，该账户与LIBOR挂钩，是一条低风险、长线收益增长的外汇投资途径。“市场挂钩账户”以美元为交易货币，投资期限最短为6个月，最长为5年，客户投资该产品的第一年将获得高达3%的年收益率，是美元1年期定期存款收益的5倍之多。

从各家银行推出的外汇集合受托理财产品看，尽管品种多样，名称不一，收益的获取方式也不尽相同，但它们都和“外汇结构性存款”紧紧联系在一起。外汇结构性存款是一种特殊外汇存款业务，可根据客户的盈利目标和所愿承担的风险程度及对汇率、利率等金融产品的价格预期，设计出一系列风险、收益程度不同的存款产品，即可度身定制合适的投资理财方案，有平稳型、成长型和进取型等。这也是外汇理财承诺保底的依据之一。

事实上，保底收益是集合受托理财最忌讳的，也是一度红火的银证集合理财被叫停的主要原因。证监会在关于《证券公司受托投资管理业务管理办法》的征求意见稿中，对委托理财仍然作了“不得以书面或者口头、明示或者默示方式，向委托人作出保证委托资产本金不受损失或取得最低收益的承诺”的规定。不过，现在已经推出的外汇受托理财产品无一例外都透出保底收益的意味。招行理财报告曾显示，该行外汇受托理财计划稳健型平均年收益率达1.79%，成长型年收益率达3.04%。

尽管如此，有关专家还是认为，这些产品仍然存在一定风险。如市场颇为流行的和LIBOR挂钩的结构性存款，实际收益面临一定风险。再以“可终止理财”为例，如果在“可终止理财”存续的两年内美元市场的利率持续大幅波动，特别是大幅升息，甚至短期内年利率超过了1.45%，对投资者而言，无疑将冲减该产品的投资回报。

六、外汇信托

为了拓展个人理财规划市场，银行和信托走到了一起。2003 年 6 月初，民生银行济南分行与山东国际信托投资公司联手推出国内首个个人外汇信托计划，该产品是《信托法》出台以后中国人民银行批准的首个投资外汇市场的集合资金信托产品，所依托的是民生银行的“安心理财”、“外汇理财”产品。此举在当时被誉为“相当具有想象力的银信合作，非常巧妙地绕开了政策限制”。

在该投资信托计划中，信托资金使用人——民生银行承诺，该信托投资将锁定 2%的年投资收益率，信托计划期限 3 年，信托收益每年分配一次。

据介绍，该外汇信托投资每份最低金额为 6500 美元，信托计划集合的外汇资金最低规模为 100 万美元，且信托合同不超过 200 份。募集的信托资金将投资民生银行推出的“安心理财”外汇理财产品，民生银行济南分行具体负责在国际金融市场上投资操作，同时将为信托资金提供风险担保。据悉，该信托产品资金的 60%将投资美国国债，剩下的 40%将进行外汇结构性存款。

外汇信托是一个新的投资产品，市场上发售的几项外汇信托计划都受到市场追捧。2005 年 8 月 25 日，秦山三期项目外汇资金信托计划正式在上海发行，该信托计划期限为 1 年，年收益率预计为 1.5%。单笔信托资金金额最低为 2 万美元，并可按 1000 美元的整数倍增加。

在外汇信托产品没有出现之前，个人理财客户的外汇资金只能进行 B 股投资或变成银行存款。通过购买信托产品就可以实现利用信托公司的资信和功能，充分利用国外的资金工具，达到保值增值的目的，这是外汇信托产品具有的独到之处。与美元存款相比，目前已经发售的外汇信托产品的预期收益率，均高于当前美元一年期存款利率。

第五章　证券投资

股票、债券等证券投资，是今日投资理财的重要工具和手段，为人们熟悉和广泛操作运用。本章对证券交易市场的状况及监管给予说明，对股票和债券的状况及投资的方式、具体运作，证券投资的收益与风险等，组织了较为详细的探讨。

第一节　证券市场交易

一、证券市场

（一）证券市场的定义

证券市场是股票、债券、投资基金等各种有价证券发行和交易的场所。广义的金融市场包括货币市场、资本市场等，货币市场是短期资金融通的市场，资本市场是长期资金融通的市场，资本市场又可以进一步分为中长期信贷市场和证券市场。证券市场通过证券信用的方式融通资金，通过证券的买卖活动引导资金流动，有效合理地配置社会资源，支持和推动经济发展，因而是资本市场的核心和基础，是金融市场的重要组成部分。

（二）证券市场的结构

证券市场的结构可以根据不同的方式进行划分。

1. 发行市场和交易市场

根据证券进入市场的顺序而形成的结构划分，可分为发行市场和交易市场。前者又称“一级市场”或“初级市场”，是发行人以筹集资金为目的，按照一定的法律规定和发行程序，向投资者出售新证券所形成的市场。在发行过程中，证券发行市场作为一个抽象的市场，其买卖成交活动并不局限于一个固定的场所。后者又称“二级市场”、“流通市场”或“次级市场”，是供投资者买卖已发行证券的场所，主要通过证券的流通转让来保证证券的流动性，进而保证投资者资产的流动性。

发行市场是流通市场的基础，决定着流通市场上流通证券的种类、数量和规模；流通市场则是发行市场存在发展的保证，维持着投资者资金周转的积极性和流动的灵活性，两者互为条件又相互制约，有着密不可分的关系。

2. 股票市场、债券市场和基金市场

根据有价证券的品种会形成横向结构的关系，主要有股票市场、债券市场和基金市场。

(1)股票市场是股票发行和买卖交易的场所，发行人为股份有限公司。公司通过发行股票募集公司的股本，或是在公司营运过程中通过发行股票扩大公司的股本。股份公司在股票市场上筹集的资金长期稳定，属公司自有的资本。股票市场交易的对象是股票，股票的市价除与股份公司的经营状况和盈利水平有关外，还受到诸如政治、社会、经济等多因素的综合影响，股价经常处于波动之中。

(2)债券市场是债券发行和买卖交易的场所。债券的发行人有中央政府、地方政府、金融机构、公司和企业。债券发行人通过发行债券筹集的资金一般都有期限，债券到期时债务人必须按时归还本金并支付约定的利息。债券是债权凭证，债券持有者与债券发行人之间是债权债务关系。债券市场交易的对象是债券。债券因有固定的票面利率和期限，其市场价格相对股票价格而言比较稳定。

(3)基金市场是基金发行和流通的市场。封闭式基金在证券交易所挂牌交易，开放式基金通过投资者向基金管理公司申购和赎回以实现流通。

(三)证券市场主体

1. 上市公司

证券目前已形成A、B股市场，并有多家企业到纽约、香港地区等海外市场成功上市。根据沪深交易所公布的数据，我国上市公司数量和市值大幅增长，中国股市总市值超越日本，成为全球市值第二大的股市，仅次于美国。彭博数据显示，中国股市总市值在2014年11月28日已增至4.480万亿美元。A股市场已有2535家上市公司，股票总市值位居全球前3位。截至2014年10月31日，沪深股市流通市值报249172亿元，沪深股市总市值报300486亿元。

2. 证券公司

全国的证券公司大致可分为综合类和经纪类。从注册资本金来看，比较大的证券公司有海通、银河、申银万国、国泰君安等。证券公司业务相对单一，主要有承销、自营、经纪三大业务，其中经纪业务是证券公司收入的主要来源，约占总收入的50%～60%。

3. 证券投资者

证券投资者是指进入证券市场进行证券交易的机构和个人，是证券市场的资金供给者。从投资者结构上看，中国证券市场是散户主导市场；从开户数量看，个人占总开户数的95%以上，机构投资者占不到5%；从总市值上看，散户占总市值89.33%，机构投资者占总市值的10.67%。这与以机构投资者为主的各发达国家的证券市场形成了鲜明对比。

4. 证券发行人

证券发行人是指为筹措资金而发行证券的单位，包括政府及其机构、金融机构和公司企业。证券发行人主要有：

(1)股份公司。筹设中的股份有限公司发行股票，是为了达到法定注册资本而设立公司；已成立的股份公司发行股票和债券，目的是为了扩大资金来源，满足生产经营发展的需要。

(2)企业。非公司的企业经批准可在证券市场上发行债券筹集资金。

(3)政府。中央政府为弥补财政赤字或筹措经济建设所需资金，在证券市场上发行国库券、财政债券、国家重点建设债券等国债。地方政府可为本地公用事业的建设发行地方政府债券。我国目前禁止地方政府发行债券。

(4)金融机构。商业银行、政策性银行和非银行金融机构为筹措资金，经过批准可公开发行金融债券。

(四)证券市场中介

证券市场中介是连接证券投资者与筹资者的桥梁,是证券市场运行的核心。在证券市场起中介作用的实体是证券经营机构和证券服务机构,通常把两者合称为证券中介机构。

1. 证券经营机构

证券经营机构又称证券商,是指依法设立专门经营证券业务具有法人资格的金融机构。证券经营机构根据业务内容划分,有证券承销商、证券经纪商和证券自营商三类。

(1)证券承销商是依照规定有权包销或代销发行人发行的有价证券的证券经营机构,是证券一级市场上发行人与投资者之间的媒介,其作用是受发行人的委托,寻找潜在的投资公众,并通过广泛的公关活动,将潜在的投资人引导成为真正的投资者,从而使发行人募集到所需要的资金。

(2)证券经纪商是指接受客户委托,代客买卖证券并以此收取佣金的证券经营机构。其主要职能是:为投资者提供信息咨询、开立账户、接受委托代理买卖以及证券过户、保管、清算、交割等。

(3)证券自营商是指自行买卖证券,从中获取差价收益,并独立承担风险的证券经营机构。

2. 证券服务机构

证券服务机构是指依法设立的从事证券服务业务的法人机构。主要包括证券登记结算公司、证券投资咨询公司、资信评估机构、会计师事务所、资产评估机构、律师事务所等。

(五)证券业协会

证券业协会是证券业的自律性组织,是社会团体法人。证券业协会的权力机构为由全体会员组成的会员大会。根据我国《证券法》规定,证券公司应当加入证券业协会。证券业协会应当履行协助证券监督管理机构组织会员执行有关法律,维护会员的合法权益,为会员提供信息服务,制定规则,组织培训和开展业务交流,调解纠纷,就证券业的发展开展研究,监督检查会员行为及证券监督管理机构赋予的其他职责。

中国证券业协会成立于1991年8月,是依法注册的具有独立法人地位的、由经营证券业务的金融机构自愿组成的行业性自律组织,属于社团法人。采取会员制组织形式,其权力机构为全体会员大会,理事会为其执行机构。协会实行会长负责制,设专职会长一名,会长由中国证监会提名,协会理事会选举产生。协会对会员进行分类管理,会员分为证券公司类、证券投资基金管理公司类、证券投资咨询机构类和特别会员等四类,会员入会实行注册制。

《中国证券业协会章程》明确了协会的职责:

(1)根据党和国家的有关政策、规划进行证券业开拓发展的设计,拟定自律性管理规章,加强本行业的管理;协调会员之间、本行业与国家有关管理部门之间的关系。

(2)代表会员的共同利益,集中反映会员的愿望和要求,及时研究解决证券业的新情况和新问题。

(3)搜集、整理国内外证券行业信息,进行综合统计和分析,向会员提供咨询服务。

(4)协助证券主管部门开展有关证券市场理论、业务的研究和开发工作,提出证券业发展的中、长期规划,经批准后组织实施。

(5)采取多种形式,组织人才培训和业务交流,提高从业人员的业务技能和管理水平。

(6)组织承购包销,协调跨地区企业债券分销。

(7)负责本行业的对外联络,及国际交往与合作。

(8)编辑和联系出版证券业务的书籍刊物和内部资料。

(9)接受国家有关部门以及其他有关机关、单位委托事宜。

(六)证券市场监管机构

在中国证券市场体系中,中国证监会、上海证券交易所、深圳证券交易所共同承担着证券市场的监管职能,其中中国证监会起主导作用。1998年,《中华人民共和国证券法》颁布,对规范证券市场、保护投资者利益起到了一定的作用。此后中国证监会又发布了一系列配套的证券法规,对《证券法》进行了补充和完善。这些法规包括发行法规、交易法规、配售法规以及其他对相关证券机构行为进行规范的法规,如《证券交易所管理办法》、《股票发行与管理暂行条例》、《证券公司进入银行间同业市场管理规定》等。

二、证券交易所

我国的《证券交易所管理办法》第11条规定了证券交易所的职能,包括:(1)提供证券交易的场所和设施;(2)制定证券交易所的业务规则;(3)接受上市申请、安排证券上市;(4)组织、监督证券交易;(5)对会员进行监管;(6)对上市公司进行监管;(7)设立证券登记结算机构;(8)管理和公布市场信息;(9)证监会许可的其他职能。

交易所的组织机构分为:(1)会员大会,它是交易所的最高权力机构;(2)理事会,它是日常事务的决策机构;(3)监事会,为交易所财务、业务工作的监督机构。

(一)证券交易所的交易规则

我国的上海证券交易所和深圳证券交易所的基本交易规则是:

(1)交易原则:价格优先、时间优先。

(2)成交顺序:较高买进委托优先于较低买进委托;较低卖出委托优先于较高卖出委托;同价位委托,按委托顺序成交。

(3)交易品种:A股、B股、国债现货、企业债券、国债回购、基金。

(4)报价单位:A股、B股以股东为报价单位,基金以基金单位为报价单位,债券以“100元面额”为报价单位,国债回购以“资金年收益率”为报价单位。

(5)价格变化档位:A股、债券为0.01元;B股为0.01港元或0.001美元,国债回购为0.01%;基金为0.001元。A股、B股的委托交易单位为“股”,但委托买卖必须是100股的整数单位,如低于100股须一次性卖出。基金的委托交易单位为“基金单位”,基本买卖单位和股票一样。

(6)债券、可转换债券的委托单位为1000元面值。

(7)交易时间:每周一至周五,每天上午9:30至11:30,下午1:00至3:00。法定公众假期除外。

(8)涨跌幅限制:在一个交易日内,除上市首日证券外,每只证券的涨跌幅度不得超过10%,实施特别处理的股票(ST股票)涨跌幅限制为5%,超过涨跌限价的委托为无效委托。

(二)上海证券交易所

上海证券交易所正式成立于1990年11月26日,实行会员制,是不营利的事业法人。交易所不吸收个人会员。会员须缴纳交易费,其中包括年费和手续费。兼营经纪和自营业务的证券商以及专营自营业务的证券商每年缴纳年费50000元，专营经纪业务的证券商每年要缴纳交易年费10000元。此外，证券商还要按照成交额的0.3‰缴纳中介交易费。

上海证券交易所的主要业务是：提供证券交易的集中场所，管理上市证券的买卖，办理上市证券交易的清算交割，提供上市证券的过户或集中保管服务，提供证券市场的信息服务。

在上海证券交易所上市的证券，除要满足上市条件外，还要向交易所缴纳上市费。上市费有上市初费和上市月费两种。上市初费按发行面额总值的0.3‰缴纳，起点为3000元，最高不超过10000元。在交易市场上市的股票按发行面额总值的0.01‰缴纳上市月费，起点为100元，最高不超过500元。

(三)深圳证券交易所

深圳证券交易所于1990年12月1日成立。深圳证券交易所为会员制、非营利性的事业法人，注册资金1000万元人民币。它的业务范围是：提供证券集中交易的场所和设施，管理在该所上市的证券买卖，办理在该所上市证券交易的清算交割，提供证券市场的信息服务以及承办主管机关许可或委托的其他业务。

深圳交易所的会员可以派2～3名出席代表，到交易所集中交易市场进行有价证券的代理买卖或自营买卖。其会员条件为深圳经济特区内同时具有下列条件的法人，向该所提出申请，经该所审批核准，可成为该所会员：(1)经中国人民银行一级分行批准设立，可经营证券业务的金融机构；(2)资本金或证券业务营运资金在500万元人民币以上；(3)组织机构和业务人员符合主管机关规定的条件；(4)承认该所章程，缴纳不低于100万元的会员席位费。

深圳证券交易所的最高权力机构为会员大会，设立理事会为会员大会日常事务决策机构，向会员大会负责。理事会不少于9人，任期4年，可连选连任。理事会成员中会员理事不超过2/3，由会员大会从会员的法定代表人或出席会员大会的代表中选举产生；非会员理事由登记公司、主管机关和市政府委派的人士共同组成。

(四)场外交易市场

1. 场外交易形式

场外交易又称“店头交易”或“柜台交易”，指在证券交易所交易大厅以外进行的各种证券交易活动的总称。店头交易市场又称证券商柜台市场，是指在证券公司开设的柜台上进行交易活动。美国的店头交易市场始于1792年。店头交易市场上交易的证券，主要是依照证券交易法公开发行但未在证券交易所上市的证券，证券交易价格依照议价制方式确定，交易方式仅限于现货交易。柜台交易又称“第三市场”，是指在证券商柜台上从事已在证券交易所上市证券的交易。美国的第三市场具有鲜明的特点：这种市场所容纳的主要是各种公债、保险公司债券等；交易主体则是拥有巨额资金的机构投资者，每笔交易额数目庞大；所交易的证券为证券交易所已获准上市的证券。有人称第三市场是上市证券的场外交易市场。

场外交易市场还有所谓的“第四市场”。这是通过电子计算机网络相联系的证券投资者直接接洽成交的场所。其特点是证券交易活动完全脱离证券商的参与，由证券的买方和卖方直接进行交易；证券交易活动借助计算机联网方式直接获得证券价格信息并完成证券的买进和卖出，买卖双方亦无须当面接洽；证券交易的数额往往比较庞大。第四市场目前主要在美国开放，其他国家多停留于试验阶段，我国的此项业务已有了相当的进展。

2. 场外交易方法

场外交易有自营买卖和代理买卖两种。自营买卖是指证券商替自己的账户进行证券的买卖,也即证券商是为自己的利益并以自己的名义买进或卖出证券。代理买卖是指证券商代理客户(多指证券投资者)买进或卖出证券的交易活动。两者的主要区别是:自营买卖中的证券属于证券经纪商,代理买卖的活动是由证券经纪商以委托人的名义进行的。证券商要尽可能为委托人按照最好的交易价格成交,并依据交易额的多少收取一定比率的佣金。

(五)证券交易所的规则

证券交易所是证券商进行上市股票、债券公开集中交易的场所。我国有上海证券交易所和深圳证券交易所,是归属中国证监会直接管理的会员制事业法人。经过 20 多年的持续发展,两个证券市场已成为中国内地最大的证券市场,上市公司数、上市股票数、流通市值、市价总值、各类证券成交总额等各项指标均居首位。其主要职责是提供交易场所与设施;制定交易规则;监管在该交易所上市的证券以及会员交易行为的合规性、合法性,确保市场公平;公布行情等。证券交易所主要制度安排有:

1. 市场监控制度

设立了市场监管和风险控制系统,通过对交易市场进行实时、动态监控,对异常现象和行为预警,及时从中发现问题,并对市场违法违规事件进行调查和处理,维持市场正常运行。上市公司监管方面,由公司管理部按“事先登记、事后审核”的原则进行管理。市场监察方面,由市场监察部通过交易监察系统对证券交易进行事前风险防范、实时动态监控和事后统计分析,对证券异常波动和交易异常行为预警、报警,并对涉嫌违法违规事件调查和处理。会员监管方面,会员管理部建立了定期报告制度、重大事项报告制度、约见走访制度、风险监控制度和检查制度。

2. 发行上市制度

公司股票经中国证监会批准公开发行后,由公司和上市推荐人向交易所报送上市申请文件,经交易所审核同意,公司可申请上市。获准上市公司须在挂牌交易日前两至三天在指定报刊上刊登“上市公告书”,并与上交所签订“上市协议书”。公司上市后应履行持续信息披露义务,在规定的时间内向上海证券交易所递交年度及中期报告,经审核后向投资者公告。同时,证券交易所还接受国债、企业债券、投资基金等证券的上市申请。

3. 交易运行制度

上海证券交易所采用无形席位为主、有形席位为辅的交易模式,设有 1608 个交易席位。投资者可在证券商下属营业部进行买卖委托,也可在营业部自助委托电脑终端上直接输入委托指令,通过空中卫星传输网和地面光纤数据传输网将指令传输到上海证券交易所电脑主机。由电脑主机对接受的所有有效申报按照价格优先和时间优先的原则进行集中竞价撮合成交。交易所对股票、基金交易实行涨跌幅限制,涨跌幅比例为 10%,其中 ST 股票涨跌幅限制比例为 5%。对其他证券和首日上市的股票、基金不实行涨跌幅限制。市场交易在每周一至周五进行,法定公众假期除外。

4. 结算交割制度

上海证券交易所中央登记结算公司建立了中央结算系统,为证券的中央登记、存管和结算提供服务。在电脑自动撮合成交制度下,交易系统在每笔交易完成后由电脑同步完成股票过户程序,实现即时清算。资金清算方面,中央登记结算公司和证券商在交易次日进行交易资金划拨，再由证券商和投资者进行资金结算。登记与结算采用无纸化净额交收和法人结算制度。所谓净额交收是指以证券买卖轧差后的净额进行交收，所谓法人结算制度是指结算公司与具备法人资格的证券公司进行资金交收，证券公司负责与本公司各营业部的资金交收，营业部负责与投资者的资金交收。登记结算系统中，A股、基金采用T+1交收制度，B股采用T+3交收和T+0回转交易相结合制度。

5. 信息传播制度

证券交易所建立了卫星证券通信网络和DDN专线网络互为备份，每天为覆盖全国、连通海外的3000个卫星接收站传递信息，使全国和世界各地能及时获得交易所的即时行情和相关信息。我国已经形成了以中国证监会指定报刊、互联网和深圳证券交易所交易网络信息发布系统为主体，其他传播方式为辅助的多层次信息披露系统。

三、证券交易及其费用

（一）买卖股票的基本流程

1. 开设证券账户

证券账户可以视为投资者进入股票交易市场的通行证，只有拥有它，才能进场买卖证券。根据规定，下列人员不得开户：(1)证券管理机关工作人员；(2)证券交易所管理人员；(3)证券从业人员；(4)未成年人未经法定监护人的代理或允许者；(5)未经授权代理法人开户者；(6)因违反证券法规，经有权机关认定为市场禁入者且期限未满者；(7)其他法规规定不得拥有证券或参加证券交易的自然人。

投资者开立个人证券账户时，必须持有效的身份证件（一般为居民身份证）去证券交易所指定的登记机构或会员证券公司办理名册登记，并开立证券账户。开立账户时应载明登记日期和个人的姓名、性别、身份证号码、家庭地址、职业、学历、工作单位、联系电话等并签字或盖章。在允许代办的情况下，如果请人代办，代办人还须提供自己的身份证。

2. 开设资金账户

资金账户用于投资者证券交易的资金清算，记录资金的币种、余额和变动情况。开立资金账户时，须提交本人身份证和证券账户卡。如系他人代办开户手续，还应提交委托人签署的授权委托书和身份证。投资者在资金账户中的存款可随时提取，证券经纪商按活期存款利率定期计付利息并自动转入投资者的资金账户。投资者委托买入时，资金账户要有足够的余额。

3. 委托买卖

投资者开立了证券账户和资金账户后，就可以在证券营业部办理委托买卖。所谓委托买卖是指证券经纪商接受投资者委托，代理投资者买卖股票，从中收取佣金的交易行为。投资者发出委托指令的形式有柜台委托和非柜台委托两种。

(1)柜台委托是指委托人亲自或由其代理人到营业部交易柜台，根据委托程序采用书面方式表达委托意向，由本人填写委托单并签章的形式。买卖成交后，凭委托单前往证券商处办理交割手续。

(2)非柜台委托主要有电话委托、自助委托、网上委托等形式。①电话委托是指委托人通过电话方式表明委托意向，提出委托要求；②自助委托是委托人通过证券营业部设置的专用委托电脑终端，凭证券交易磁卡和交易密码进入电脑交易系统委托状态，自行将委托内容输入电脑系统,以完成证券交易的一种委托形式;③网上委托是证券经纪商的电脑交易系统与互联网联结,委托人利用任何可上网的电脑终端,通过互联网完成交易。

4. 委托受理

证券商受理委托包括审查、申报与输入三个基本环节。目前除这种传统的三个环节方式外,还有两种方式:一是审查、申报、输入三环节一气呵成,客户采用自动委托方式输入电脑,电脑进行审查确认后,直接进入沪深交易所内计算机主机;二是证券商接受委托审查后,直接进行电脑输入。

5. 撮合成交

现代证券市场的运作是以交易的自动化和股份结算与证券往来的无纸化为特征,电脑撮合集中交易作业程序是:证券商的买卖申报由终端机输入,每一笔委托由委托序号、买卖区分、证券代码、委托手续、委托限价、有效天数等几项信息组成。电脑根据输入的信息进行竞价处理,按"价格优先,时间优先"的原则自动撮合成交。

6. 清算与交割

清算是指证券买卖双方在证券交易所进行的证券买卖成交之后,通过证券交易所将证券商之间证券买卖的数量和金额分别予以抵消,计算应收、应付证券和应付股金差额的一种程序。

交割是指投资者与受托证券商就成交的买卖办理资金与股份清算业务的手续,沪深两地交易均根据集中清算净额交收的原则办理。

7. 过户

所谓过户就是办理清算交割后,将原卖出证券的户名变更为买入证券的户名。对记名证券来讲,只有办妥过户方是整个交易过程的完成,才表明拥有完整的证券所有权。目前在两个证券交易所上市的个人股票,通常不需要股民亲自办理过户手续。A 股买卖交易即按上述规程完成。

(二)证券交易费用

我国的证券投资者在委托买卖证券时应支付各种费用和税收,这些费用按收取机构可分为证券商费用、交易场所费用和国家税收。目前,在我国证券机构交易上交所和深交所挂牌的 A 股、基金、债券时,需缴纳的各项费用主要有委托费、佣金、印花税、过户费等。

(1)委托费:这笔费用是证券公司向投资者收取的,主要用于通信、设备、单证制作等方面的费用。此项收费一般按委托的笔数计算,没有统一标准,有的证券公司出于竞争考虑不再收取此项费用。

(2)佣金:投资者在委托买卖证券成交后按成交金额一定比例支付的费用。此项费用一般由证券公司经纪佣金、证券交易所交易手续费及管理机构的监管费等组成。

(3)印花税:根据国家税法规定,在人民币股票(A 股)和人民币特种股票(B 股)成交后对买卖双方投资者按照规定的税率分别征收的税金。此税由证券公司代扣后由交易所统一代缴。债券与基金交易均免交此项税收。

(4)过户费:委托买卖的股票、基金成交后,买卖双方为了变更股权登记所支付的费用。这笔收入属于证券登记结算机构的收入,由证券公司在同投资者清算交割时代为扣收。

第二节 股票投资

一、股份公司概述

股份公司就是通过发行股票及其他证券，把分散的资本集中起来经营的一种企业组织形式。股份公司属于一种合资公司，它具有以下特征：(1)股份公司的资本不是由一人独自出资形成的，而是划分为若干个股份，由许多人共同出资认股组成；(2)股份公司的所有权不属于单个人，而是属于所有出资认购公司股份的人。

根据股份公司的不同特征，可以把股份公司划分为五种不同的类型：无限责任公司；有限责任公司；两合公司；股份有限公司和股份两合公司。

股份有限公司是目前各个国家最通用的一种公司形式。股份有限公司有以下特征：

(1)股份有限公司是独立的经济法人。

(2)股份有限公司的股东人数不得少于法律规定的数目，如法国规定，股东人数最少为7人。

(3)股份有限公司的股东对公司债务负有限责任，其限度是股东应交付的股金额。

(4)股份有限公司的全部资本划分为等额的股份，通过向社会公开发行的办法筹集资金，任何人在缴纳了股款之后，都可以成为公司股东，没有资格限制。

(5)公司股份可以自由转让，但不能退股。

(6)公司账目须向社会公开，以便于投资人了解公司情况，进行选择。

(7)公司设立和解散有严格的法律程序，手续复杂。

二、股票

(一)股票

股票是股份公司发行的证明股东权益的证书，是一种可以转让的有价证券。到目前为止，股票仍是证券市场上最重要的金融商品。股票的种类和形态较多，但其基本特性是作为一种永久性的资本证券工具，无须还本付息，但可以通过流通转让进行变现。

1. 普通股与优先股

普通股与优先股是根据股东权利划分的股票种类。普通股是指公司发行的没有特别权利的股票，普通股拥有参与公司经营管理的权利，拥有红利的分配权和剩余财产的分配权，普通股还拥有优先认股权，但普通股也是风险最大的股份，它没有固定的收益回报。公司发行的基本股份是普通股，市场上流通的股份主要也是普通股。

优先股是公司发行的拥有一定优先权的股票，优先股份不参与公司的经营管理，一般只能获得固定的红利。优先股的优先权主要体现为两个方面：一是在公司分配红利时拥有优先权；二是在公司清算时，拥有对剩余财产的优先分配权。优先股承担较低的经营风险，但其收益率也是固定的，不能分享公司成长的收益。目前，优先股也有了一些变种，如可参与优先股、可分红优先股、可转换优先股，等等。

2. 记名股票和无记名股票

股票根据是否登记股东姓名可划分为记名股票和无记名股票。记名股票要对股东登记注册，注明持股人的姓名和地址，股票转让时必须登记过户，这种股票不易在市场外流通，但便于控制。我国目前证券市场上流通的股票均是记名股票。无记名股票是一种不记载股东姓名、地址的股票，股票转让买卖时也无须登记过户，持股人就是股票的拥有人。无记名股票便于流通，但不便于控制。

3. 面值股和无面值股

股票根据是否载有表面金额可分为面值股和无面值股。股票标明面值的就是面值股，股票不标明面值的就是无面值股。股票面值的大小是根据股份公司设立的目的决定的，面额小，有利于流通和中小投资者的购买。我国目前的股票面值均规定为 1 元。无面值股也就是份额股，每一股份都代表了公司净资产的一个份额，股票内涵的资产随公司净资产的增减而变化。我国目前股票的发行与流通还有更复杂的结构，在发行的普通股票中有国家股、法人股和公众股之分，其中国家股和法人股是不能在二级市场流通的股票。有些公司还发行专为境外投资者购买的 B 股、H 股等——即外资股。

(二)股票发行

股份公司发行的股票，在经有关部门批准后，就可以在股票市场(证券交易所)公开挂牌进行上市交易活动。股票要上市交易必须具备一定的条件，并按一定的原则和程序进行操作与运转。在股票交易中，为了有效保护投资者的利益，不损害公共利益，股票在上市过程中一般要遵循公开性、公正性、公平性和自愿性等原则。

1. 股票发行方式

我国股票发行实践中较常采用的股票发行方式，主要有认购证抽签发行、存单抽签发行、上网定价发行三种。上网定价发行是近年来被普遍采取的一种方式，其特点是：

(1)此种发行方式利用证券交易所的股票交易系统，由认股人通过证券交易所的交易网络申报认股承诺。

(2)采取定额认股和抽签认股的原则。依此发行方式，发行人和承销人通过招股说明书和发行公告，向所有在拟上市的证券交易所开设股票账户的投资人发出招股要约，在其规定的发行期限内，凡符合条件的投资人均可以通过证券交易所的交易系统申报认股承诺；认购期满后，由承销人根据“三公”原则按照规定程序对全体认股人的认股序号进行尾数抽签，以确认有效之认股人。中签者的认购将生效并交割证券，而未中签者的认购资金将返还。如发行人本次发行的股票于认购期满时仍未能全部售完，余额部分依承销协议由承销人买入。

2. 股票发行的条件

按照《公司法》的有关条款，股份有限公司申请股票上市必须符合下列条件：股票经国务院证券管理部门批准拟向社会公开发行；公司股本总额不少于人民币 5000 万元；开业时间在 3 年以上，最近 3 年连续 3 年盈利；原国有企业依法改建而设立的，或者本法实施后新组建成立，其主要发起人为国有大中型企业的，可连续计算；持有股票面值达人民币 1000 元以上的股东人数不少于 1000 人，向社会公开发行的股份达公司股份总数的 25%以上；公司股本总额超过人民币 4 亿元的，其向社会公开发行股份的比例为 15%以上；公司在最近 3 年内无重大违法行为，财务报告无虚假记载；国务院规定的其他条件。

3. 股票发行的程序

股票发行一般经过申请、预告、申报、复审、批准、募股等步骤。

(1)申请发行股票的公司向直属证券管理部门正式提出发行股票的申请。公司公开发行股票的申请报告由证券管理部门受理,考察汇总进行预告资格审定。

(2)被选定股票公开发行公司向直属证券管理部门呈报企业总体情况资料,经审核同意并转报中国证监会核定发行额度后,公司可正式制作申报材料。

(3)聘请具有证券从业资格的会计师、资产评估机构、律师事务所、主承销商进行有关工作,制作正式文件。

(4)准备向拟选定挂牌上市的证券交易所呈交上市所需材料,提出上市申请,经证券交易所初审通过后,出具上市承诺函。

(5)直属证券管理部门收到公司申报材料后,根据有关法规,对申报材料是否完整、有效、准确等进行审查,审核通过后,转报中国证监会审核。

(6)证监会收复审申请后,由中国证监会发行部对申报材料进行预审,预审通过后提交中国证监会股票发行审核委员会复审。

(7)发审委通过后,证监会出具批准发行方案的有关文件。

(8)拟发行公司及其承销商在发行前2～5个工作日内将招股说明书概要刊登在至少一种中国证监会指定的上市公司信息披露报刊上。

(9)股票发行。

三、股价指数

股价指数是由证券交易所或金融服务机构编制的,表明股票行市变动的一种供参考的指示数字,是表明股票行市变动情况的价格平均数。编制股价指数,通常以某年某月为基础,以这个基期的股票价格作为100,用以后各时期的股票价格和基期价格比较,计算出乘除的百分比,就是该时期的股价指数。投资者根据指数的升降,可以判断出股票价格的变动趋势。并且为了能实时地向投资者反映股市的动向,所有的股市几乎都可在股价变化的同时即时公布股票价格指数。

(一)上证股价指数

由上海证券交易所编制的股价指数,1990年12月19日正式开始发布。该股价指数的样本为所有在上海证券交易所挂牌上市的股票,其中新上市的股票在挂牌的第二天纳入股价指数的计算范围。该股价指数的权数为上市公司的总股本。上海证券交易所股价指数的发布几乎是和股票行情的变化相同步的,它是我国股民和证券从业人员研判股票价格变化趋势必不可少的参考依据。

(二)深圳综合股价指数

该股价指数以1991年4月13日为基期,系由深圳证券交易所编制。该股价指数的计算方法基本与上证指数相同,其样本为所有在深圳证券交易所挂牌上市的股票,权数为股票的总股本。由于以所有挂牌的上市公司为样本,其代表性非常广泛,且它与深圳股市的行情同步发布,它是股民和证券从业人员研判股价变化趋势必不可少的参考依据。深圳证券交易所并存着两个股价指数,一个是老指数深圳综合指数,一个是现在的成分股指数,从近来的运行态势来看,两个指数间的区别并不是特别明显。

（三）道琼斯股价指数

道琼斯股价指数是世界上历史最为悠久的股价指数，它的全称为道琼斯股票价格平均指数。目前，道琼斯股票价格平均指数共分四组：

第一组是工业股票价格平均指数。它由30种有代表性的大工商业公司的股票组成，且随经济变化而发展，大致上反映了各个时期美国整个工商业股票的价格水平，这就是人们通常所引用的道琼斯工业股票价格平均数。

第二组是运输业股票价格平均指数。它包括20种有代表性的运输业公司的股票。

第三组是公用事业股票价格平均指数，由代表着美国公用事业的15家煤气公司和电力公司的股票所组成。

第四组是平均价格综合指数。它是综合前三组股票价格平均指数所选用的，共65种股票计算得出的综合指数。这组综合指数虽然为优等股票提供了直接的股票市场状况参数，但现在通常引用的是第一组工业股票价格平均指数。

（四）标准普尔股票价格指数

由美国最大的证券研究机构——标准普尔公司编制的股票价格指数。该公司于1923年开始编制发表股票价格指数。最初采选了230种股票，编制两种股票价格指数。到1957年，这一股票价格指数的范围扩大到500种股票，分成95种组合。其中最重要的四种组合是工业股票组、铁路股票组、公用事业股票组和500种股票混合组。从1976年7月1日开始，改为40种工业股票，20种运输业股票，40种公用事业类股票和40种金融业股票。几十年来，虽然有股票更迭，但始终保持为500种。标准普尔公司股票价格指数以1941年至1993年抽样股票的平均市价为基期，以上市股票数为权数，按基期进行加权计算，基点数为10。以目前的股票市场价格乘以基期股票数为分母，相除之数再乘以10就是股票价格指数。

（五）日经指数（日经平均股价）

系由日本经济新闻社编制并公布的反映日本股票市场价格变动的股票价格平均数。该指数从1950年9月开始编制。按计算对象的采样数目不同，该指数分为两种：

1. 日经225种平均股价。其所选样本均为在东京证券交易所第一市场上市的股票，样本选定后原则上不再更改。因其连续性及可比性较好，成为考察和分析日本股票市场长期演变及动态的最常用和最可靠的指标。

2. 日经500种平均股价。从1982年1月4日起开始编制，其采样包括有500种股票，代表性更为广泛，但它的样本是不固定的，每年4月份要根据上市公司的经营状况、成交量和成交金额、市价总值等因素对样本进行更换。

（六）伦敦《金融时报》股价指数

伦敦《金融时报》股价指数的全称是“伦敦《金融时报》工商业普通股股票价格指数”，是由英国《金融时报》公布发表的。该股票价格指数包括从英国工商业中挑选出来的具有代表性的30家公开挂牌的普通股股票。它以1935年7月1日作为基期，基点为100点。该股票价格指数以能及时显示伦敦股票市场情况而闻名于世。

（七）香港恒生指数

香港恒生指数是香港股票市场上历史最悠久、影响最大的股票价格指数，由香港恒生银行于1969年11月24日开始发表。恒生股票价格指数包括从香港500多家上市公司中挑选出来的33家有代表性且经济实力雄厚的大公司股票作为成分股，分为四大类——4种金融业股票、6种公用事业股票、9种房地产业股票和14种其他工商业（包括航空和酒店）股票。这些股票涉及香港的各个行业，并占香港股票总市值的68.8%，具有较强的代表性。

四、股票投资分析

（一）股票投资分析的信息来源

一般来说，股票投资分析的信息来源主要有以下几个渠道。

（1）公开发布的信息资料。公开发布的信息资料主要是指通过各种书刊、报纸、杂志、其他公开出版物以及电视、广播等媒体公开发布的信息。

（2）计算机储存信息资料。股票投资分析所需信息的第二个来源是计算机储存信息或计算机可读信息，包括一些证券公司以及监管部门提供的数据。

（3）实地访查。实地访查是获得证券投资分析信息的又一个来源。它是指证券投资分析人员直接到有关的证券公司、上市公司、交易所、政府部门等机构去实地了解进行证券投资分析所需的信息资料。

（二）投资分析的主要步骤

一般来说，比较合理的证券分析应该由以下四个步骤构成：

1. 资料的收集与整理

资料收集与整理阶段的主要工作包括：（1）证券投资分析信息资料的收集；（2）信息资料的分类；（3）信息资料的保存和使用管理。

2. 案头研究

首先是根据自己的研究主题和分析方向，确定所需的信息资料；其次是利用证券投资分析的专门方法和手段，对占有的资料进行仔细的分析；最后是作出分析结论，也就是得出有关指标与证券价格之间相关性的正式结论。

3. 实地考察

实地考察是指分析人员就自己的研究分析主题，到实际工作部门或公司企业等单位进行实地的考察调查。证券投资分析中的实地考察，主要出于两个目的：一是就信息资料的真实性，到实际工作部门或公司企业调查核实；二是就某些阶段性分析结论的公正性和客观性，到实际工作部门或公司企业调查核实。

4. 形成分析报告

也就是将分析人员的分析结论通过书面的形式反映出来。分析报告一般都应该包括以下几个方面的内容：（1）研究分析的主题；（2）所使用的数据来源和数据种类；（3）采用的分析方法和分析手段；（4）形成分析结论的理由；（5）所得出的分析结论及建议；（6）分析结论和建议的适用期限；（7）报告提供者或撰写者；（8）分析报告形成的日期。

（三）基本面分析

基本面分析是指证券投资分析人员根据经济学、金融学、财务管理学及投资学的基本原理，通过对决定证券投资价值及价格的基本要素，如宏观经济指标、经济政策走势、行业发展状况、产品市场状况、公司销售和财务状况等的分析，评估证券的投资价值，判断证券的合理价位，从而提出相应投资建议的一种分析方法。

1. 基本面分析的理论基础

证券投资基本分析的理论基础主要来自于四个方面：

(1)经济学。包括宏观经济学和微观经济学两个方面。经济学所揭示的各经济主体、各经济变量之间的关系原理，为探索经济变量与证券价格之间的关系提供了理论基础。

(2)财政金融学。财政金融学所揭示的财政政策指标、货币政策指标之间的关系原理，为探索财政政策和货币政策与证券价格之间的关系提供了理论基础。

(3)财务管理学。财务管理学所揭示的企业财务指标之间的关系原理，为探索企业财务指标与证券价格之间的关系提供了理论基础。

(4)投资学。投资学所揭示的投资价值、投资风险、投资回报率等的关系原理，为探索这些因素对证券价格的作用提供了理论基础。

2. 基本面分析的主要内容

包括经济分析、行业分析、公司分析、市场技术因素分析、政治因素分析。经济分析主要探讨各经济指标和经济政策对证券价格的影响；经济增长与经济周期、通货膨胀、币值(汇率)水平、货币政策、财政政策等。

3. 基本面分析的主要指标

(1)低市盈率(P/E 比率)。选择双低股票作为自己的目标投资对象，是目前机构投资者普遍运用的投资策略。所谓"双低"就是低市盈率、低市净率。市盈率是股票价格与每股净利润的比值；市净率则是股票价格与每股净资产的比值。选择市盈率和市净率较低股票的理论基础在于，这两类股票的股价有较高的实际收益支持。也就是说这类股票价格被高估的可能性较低，相反被低估的可能性则较高。选取这两个指标有利于投资经理筛选价值被低估或风险较小的股票。

从目前世界市场的股价表现来看，在美国曾一度出现的股市泡沫，使得人们对高市盈率和高市净率的股票缺乏投资信心。低市盈率指标受到普遍欢迎，正是股市过热之后投资理念向价值回归的一种表现。

(2)股利贴现模型。股利贴现模型就是将未来各期可能会支付的股利，通常还包括未来某时股票的预期售价等，通过选取一定的贴现率折合为现值的方法，考察即期资产价格与预期未来现金流量折现后的现值之间的差异，即净现值，据此判断股票是否被错误定价。如果净现值大于 0，即股票价值被低估，应买入；如果净现值小于 0，即股票价格被高估，应卖出。

另外，我们也可以从内含报酬率的角度来判断买入或卖出。内含报酬率就是在股票净现值等于 0 时的折现率，它反映了股票投资的内在收益情况。如果内含报酬率高于资本的必要收益率则买入，如果内含报酬率低于资本的必要收益率则卖出。

(四)技术分析

技术分析是指直接对证券市场的市场行为所作的分析，其特点是通过对市场过去和现在的行为，应用数学和逻辑上的方法，归纳总结一些典型的规律，从而预测证券市场的未来变化趋势。技术分析的理论基础主要基于三项合理的市场假设：(1)市场行为涵盖一切信息；(2)价格沿趋势移动；(3)历史会出现重演。

一般说来，技术分析方法分为以下五类：指标类、切线类、形态类、K 线类、波浪类。

1. 指标类

指标类是建立一个数学模型，得到一个体现股票市场的某个方面内在实质的数字。这个数字称作指标值，指标值的具体数值和相互间关系，直接反映股市所处的状态，为我们的操作行为提供指导的方向，目前常用的指标有：移动平均线（MA）、平滑异同移动平均线（MACD）、威廉指标（WMS%或 R%）、相对强弱指标（RSI）等等。

2. 切线类

切线类是按一定方法和原则在由股票价格的数据所绘制的图表中画出一些直线，然后根据这些直线的情况推测股票价格的未来趋势，这些直线就叫切线。切线的作用主要是起支撑和压力的作用。

(1)支撑线，又称为抵抗线。当股价跌到某个价位附近时，便会停止下跌，甚至有可能出现短暂回升。这个阻止股价继续下跌或暂时阻止股价继续下跌的价格，就是支撑线所在位置。

(2)压力线，又称为阻力线。当股价上涨到某价位附近时，股价会停止上涨，甚至回落。这个起着阻止或暂时阻止股价继续上升的价位就是压力线所在的位置。

支撑线和压力线的作用是阻止或暂时阻止股价向一个方向继续运动。同时，支撑线和压力线又有彻底阻止股价按原方向变动的可能。

3. 形态类

这是根据价格图表中过去一段时间走过轨迹的形态，预测股票价格未来走势情况的方法。股价的移动应该遵循这样的规律：(1)股价应在多空双方取得均衡的位置上下来回波动；(2)原有平衡被打破后，股价将寻找新的平衡位置，即持续整理，保持平衡→打破平衡→新的平衡→再打破平衡→再寻找新的平衡。股价的移动就是按这一规律循环往复，不断地进行的。

股价形态主要分为反转突破形态和持续整理形态两类。(1)反转突破形态，主要有双重顶和双重底、头肩顶和头肩底、三重顶（底）形态、圆弧形态、喇叭形、菱形、V 形反转等。(2)持续整理形态，主要有三角形态、矩形形态、旗形、楔形等。

4. K 线类

K 线类的研究手法是侧重若干天 K 线的组合情况，推测股票市场多空双方力量的对比，进而判断股票市场多空双方谁占优势，是暂时的，还是决定性的。

5. 波浪类

波浪理论把股价的上下变动和不同时期的持续上涨下降看成是波浪的上下起伏。波浪的起伏遵循自然界的规律，按一定之规进行，股票的价格也就遵循波浪起伏所遵循的规律，投资者可以根据这些规律性的波动预测价格未来的走势，在买卖策略上实施适用。

第三节 债券投资

一、债券概述

(一)债券的特点

债券是一种表明债务的借款凭证，是政府、金融机构、企业等机构直接向社会借债筹措资金时，向投资者发行，并且承诺按规定利率支付利息并按约定条件偿还本金的债权债务凭证。债券作为一种重要的融资手段和金融工具，具有偿还性、流动性、安全性、收益性等特征。在证券市场上，债券与股票一样，是一种重要的金融商品，所不同的是，债券是具有期限的交易品种，具有到期日期，债券的收益率一般也是固定的，到期必须结束交易还本付息。

（二）债券种类

按不同的目的，债券有多种划分形式，主要有以下几种。

1. 按发行单位分

（1）政府债券。政府债券又称国债，是由各级政府或其代理机构以政府名义发行的债券，具体可分为中央政府债券和地方政府债券。按归还期限则可分为短期国债、中期国债和长期国债。政府债券是以财政资源作保证，具有安全性高、流动性好、信誉好、变现容易、收益稳定等特点，是证券市场上较为活跃的投资品种，尤其是适合追求低风险的投资群体。目前大多数国家的政府债券还具有免税优惠。

（2）金融债券。金融债券是由银行或其他金融机构为筹集资金而向社会发行的，并承诺到期还本付息的债务凭证。银行和金融机构发行债券是一种主动性负债，一般用于特殊的投资项目和较大规模的融资贷款，如大型项目贷款、银团贷款等。金融债券的变现通过证券市场的交易转让来实现。对于投资者来说，金融债券的利息收益较储蓄高，收益稳定且风险较小，是一种较好的投资品种。

（3）公司债券。公司债券是由股份公司向社会发行的并承诺到期还本付息的债务凭证。企业，尤其是上市公司发行债券融资是一条重要渠道。公司从财务运作的角度看需要有不同的融资方式，股票融资解决企业的资本金，需要有稳定性，但股票融资的难度较大，融资成本较高，不能作为经常性融资工具使用。公司债券的发行与销售较为容易，成本也较低，是企业尤其是上市公司的重要融资手段。从投资者的角度看，公司债券是一种较好的投资品种，风险较股票为低，收益率比股票以外的其他投资品种高，且较为稳定，适合于追求低风险投资群体的投资。

公司债券的形式较多，主要有信用型债券、抵押型债券、担保型债券，还有一些如参与型债券、可转换债券等。

2. 按利息支付方式分

（1）贴现债券。指债券券面上不附有息票，发行时按规定折扣率，以低于债券面值的价格发行，到期按面值支付本息的债券。贴现债券的发行价格与其面值的差额，即为债券的利息。

（2）零息债券。指债券到期时和本金一起一次性付息、利随本清，也可称为到期付息债券。付息方式一是利息一次性支付，二是债券到期时支付。

（3）附息债券。指债券券面上附有息票的债券，是按照债券票面载明的利率及支付方式支付利息的债券。息票上标有利息额、支付利息的期限和债券号码等内容。持有人可从债券上剪下息票，并据此领取利息。附息国债的利息支付方式一般是在偿还期内按期付息，如每半年或一年付息一次。

（4）单利债券。指在计息时，不论期限长短，仅按本金计息，所生利息不再加入本金计算下期利息的债券。

（5）复利债券。与单利债券相对应，指计算利息时，按一定期限将所生利息加入本金再计算利息，逐期滚算的债券。

(6)累进利率债券。指年利率以利率逐年累进方式计息的债券。随着时间的推移,累进利率债券的后期利率比前期利率要高一些,呈累进状态。

3. 按资金筹集方法分

(1)公募债券。指按法定手续,经证券主管机构批准在市场上公开发行的债券。这种债券的认购者可以是社会上的任何人。发行者一般有较高的信誉。除政府机构、地方公共团体外,一般企业必须符合规定的条件才能发行公募债券,同时,发行者必须遵守信息公开制度,向证券主管部门提交有价证券申报书,以保护投资者的利益。

(2)私募债券。指以特定的少数投资者为对象发行的债券,发行手续简单,一般不能公开上市交易。

4. 按偿还期限分

(1)长期债券。一般说来,偿还期限在10年以上的为长期债券。

(2)中期债券。期限在1年或1年以上、10年以下(包括10年)的为中期债券。

(3)短期债券。偿还期限在1年以下的为短期债券。

在我国,企业债券的期限划分与上述标准有所不同。我国短期企业债券的偿还期限在1年以内,偿还期限在1年以上5年以下的为中期企业债券,偿还期限在5年以上的为长期企业债券。

5. 按利率确定方式分

(1)固定利率债券。指在发行时规定利率在整个偿还期内不变的债券。

(2)浮动利率债券。是与固定利率债券相对应的一种债券,它是指发行时规定债券利率随市场利率定期浮动的债券,其利率通常根据市场基准利率加上一定的利差来确定。浮动利率债券往往是中长期债券,可以有效地规避利率风险。

6. 特殊类型债券

(1)可转换债券。目前在深、沪证券交易所上市的可转换债券,是指能够转换成股票的企业债券,兼有股票和普通债券的双重特征。一个重要特征是有转股价格。在约定的期限内,投资者可以随时将所持的可转换债券按股价转换成股票。可转换债券的利率是年均利息对票面金额的比率,一般要比普通企业债券的利率低,通常发行时以票面价发行。转换价格是转换发行的股票每一股所要求的公司债券票面金额。可转换债券的特点是:一是可以期待价值有所增加;二是作为债券,其价格有下限支撑,不会像股票那样大幅下跌。

(2)上市债券。发行结束后可在深、沪证券交易所,即二级市场上上市流通转让的债券为上市债券,包括上市国债、上市企业债券和上市可转换债券等。上市债券的流通性好,变现容易,适合于需要随时变现的闲置资金投资。

二、债券的价格决定

(一)影响债券定价的因素

1. 影响债券定价的内部因素

(1)期限长短。一般来说,债券的期限越长,其市场变动的可能性就越大,其价格的易变性也就越大。

(2)票面利率。债券的票面利率越低,债券价格的易变性也就越大。在市场利率增加时,票面利率较低的债券,价格下降最快,当市场利率很高的时候,其价格会下降到很低的水平。但当市场利率下降时，它们增值的潜力也最大。

(3)提前赎回规定。提前赎回条款是债券发行人所拥有的一种选择权，它允许债券发行人在债券发行一段时间以后，按约定的赎回价格在债券到期前部分或全部偿还债务。这种规定在财务上对发行人是有利的，因为发行人可以发行较低利率的债券，取代这些较高利率的被赎回债券，从而减少融资成本。而对投资者来说，他的再投资机会受到限制，再投资利率也较低，这种风险是要补偿的。因此，具有较高提前赎回可能性的债券，应具有较高的票面利率和较高的到期收益率，其内在价值也较低。

(4)税收待遇。一般来说，免税债券的到期收益率，比类似的应纳税债券的到期收益率低。此外，税收还以其他方式影响债券的价格和收益率。例如，任何一种按折扣方式出售的低利率附息债券，提供收益都有两种形式：息票利息和资本收益。在美国，这两种收入被当作普通收入征税，但对后者的征税可以延迟到债券出售或到期时才进行。这种推迟就表明大额折价债券具有一定的税收利益。在其他条件相同的情况下，这种债券的税前收益率必然略低于高利附息债券，也就是说，低利附息债券比高利附息债券的内在价值要高。

(5)市场性。市场性是指债券可以迅速出售而不会发生实际价值损失的能力。如果某种债券按市价卖出很困难，持有者会因该债券的市场性差而遭受损失，这种损失包括较高的交易成本及资本损失，这种风险也必须在债券的定价中得到补偿。市场性好的债券与市场性差的债券相比，具有较低的到期收益率和较高的内在价值。

(6)拖欠的可能性。拖欠的可能性又称为违约风险，是指债券发行人不能按期履行合约规定的义务，无力支付利息和本金的潜在可能性。一般来说，除政府债券外，一般债券都是有违约风险的，只不过风险大小不同而已。拖欠可能性越大的债券，其到期收益率就越高，其债券的内在价值也越低。

2. 影响债券定价的外部因素

(1)银行利率。银行利率是债券定价过程中必须考虑的一个重要因素，银行作为一种金融机构，其信用度极高，这就使得银行存款的风险极低。因此，债券的收益率可参照银行存款利率来确定。一般来说，政府债券由于没有风险，收益率要低于银行利率，而一般公司债券的收益率要高于银行利率。

(2)市场利率。利率风险是各种债券都面临的风险。在市场总体利率水平上升时，债券的收益率水平也应上升，从而使债券的内在价值降低；反之，在市场总体利率水平下降时，债券的收益率水平也应下降，从而使债券的内在价值增加。市场利率风险与债券的期限相关，债券期限越长，价格的利率敏感度也就越大。

(3)外汇汇率风险。当投资者投资于某种外币债券时，汇率变化会使投资者的未来本币收入受到贬值损失。这些损失的可能性，也必须在债券的定价中得到体现，使其债券的到期收益率增加，内在价值降低。

(4)通货膨胀。通货膨胀的存在会使投资者从债券投资中实现的收益，不足以抵补由于通货膨胀而造成的购买力损失。

(二)债券价格决定及收益率计算

1. 简化的债券价格决定公式(一次还本付息债券的现值)

对一次还本付息的债券来说，其预期货币收入是期末一次性支付的利息和本金，必要收益率可参照可比债券得出。如果债券按单利计算，并一次还本付息，其价格决定公式为：

$$P=M\frac{(1+in)}{(1+rn)}$$

如债券按复利计算，且一次还本付息，其价格决定公式为：

$$P=M\frac{(1+i)^n}{(1+r)^n}$$

式中 P 为债券的价格；M 为票面价值；i 为每期票面利率；n 为所余时期数；r 为贴现率。

2. 债券的基本估价公式

(1)一年付息一次债券的估价公式

对按期付息的普通债券来说，其预期货币收入有两个来源：到期日前定期支付的票面利息和票面额，其必要收益率也可参照可比债券确定。对一年付息一次的债券来说，若用复利计算，其价格决定公式为：

$$P=\frac{C}{(1+r)}+\frac{C}{(1+r)^2}+\cdots+\frac{C}{(1+r)^n}+\frac{M}{(1+r)^n}=\sum_{n=1}^{n}\frac{C}{(1+r)^n}+\frac{M}{(1+r)^n}$$

如果该债券按单利计算，其价格决定公式为：

$$P=\sum_{i=1}^{n}\frac{C}{(1+tr)}+\frac{M}{(1+nr)}$$

式中：P 为债券的价格；C 为每年支付的利息；M 为票面值；n 为所余年数；r 为必要收益率；t 为第 t 次。

(2)半年付息一次债券的估价公式

对于半年付息一次的债券来说，由于每年会收到两次利息支付，在计算债券价格时，要注意：①年利率要被每年利息支付的次数相除，即由于每半年收到一次利息，年利率要被 2 除；②时期数要乘以每年支付利息的次数，在期限到期时，其时期数为年数乘以 2，用公式表示为：

$$P=\sum_{t=1}^{n}\frac{C}{(1+r)^t}+\frac{M}{(1+r)^n}$$

如采用的是单利计算的半年付息方式，价格决定公式为：

$$P=\sum_{t=1}^{n}\frac{C}{(1+tr)}+\frac{M}{(1+nr)}$$

式中：C 为半年支付的利息；n 为剩余年数乘以 2；r 为必要收益率；P 为债券的价格。

3. 收益率计算

对票面债券来说，计算收益率的合适方法是使用内生到期收益率，投资学中定义为把未来的投资收益折算成现值，使之成为价格或初始投资额的贴现收益率。这一指标假设每期的利息收益都可以按照内在收益率进行再投资，即假设市场利率不变。

(1)半年付息一次的债券，计算公式为：

$$P=\frac{C}{(1+Y)}+\frac{C}{(1+Y)^2}+\cdots+\frac{C}{(1+Y)^n}+\frac{F}{(1+Y)^n}$$

式中：P 为债券价格；C 为每半年利息收益；F 为到期价值；n 为时期数(年数乘以 2)；Y 为周期性利率。

就半年付息一次的债券来说，将周期利率 Y 乘以 2，便得出到期的年收益率，这样得出的年收益低估了实际年收益，被称为债券等价收益。若要精确得到收益率，可利用下面公式：实际年收益率＝(1＋周期性利率)m－1。式中：m 为每年支付利息的次数。

(2)一年付息一次的债券，可直接用下列公式得出到期收益率：

$$P=\frac{C}{(1+Y)}+\frac{C}{(1+Y)^2}+\cdots+\frac{C}{(1+Y)^n}+\frac{F}{(1+Y)^n}$$

式中：P 为债券价格；C 为每年利息收益；F 为到期价值；n 为时期数(年数)；Y 为到期收益率。

(三)利率的期限结构

债券收益率曲线的决定因素影响着期限结构。在任一时点上，都有三种因素可以影响期限结构的形状：①对未来利率变动方向的预期；②债券预期收益中可能存在的流动性溢价；③市场效率低下或资金从长期(或短期)市场向短期(或长期)市场流动，可能存在的障碍。

短期利率和长期利率、即期利率与远期利率一般存在差异，可用期限结构理论解释，下面简单介绍四种期限结构理论。

1. 无偏差预期理论

无偏差预期理论(expectation hypothesis theory)又称为预期假说理论，这一理论认为远期利率代表了市场整体考虑的对未来时期即期利率的预期平均水平。就是说，如果当前的1年期利率为10%，同时预期1年后1年期即期利率为8%，2年后的1年期即期利率为6%，那么当前的3年期债券的利率就应该为8%。一个递增的即期利率系列，可解释为市场相信未来的即期利率会上升，反之亦然。无偏差预期理论表明，在均衡状态下，预期未来的即期利率等于远期利率。至于市场为什么会预期即期利率在未来上升或下跌，一个可能的解释就是预期未来通货膨胀率会发生上升或下跌。

2. 流动性偏好理论

流动性偏好理论(liquidity preference theory)认为，市场是由短期投资者控制，这些投资者即使拥有较长的投资期限，也仍然偏好流动性较强的短期证券。原因是这些投资者认为他们可能比预期更早需要获得资金，同时认为投资短期证券将会降低利率风险。远期利率和预期即期利率的差，就是流动性溢酬(liquidity premium)，它是为鼓励投资者购买期限更长、面临利率风险也更大的长期证券而提供的额外回报。

3. 市场分割理论

市场分割理论(market segmentation theory)认为，由于受法律、心理偏好或对特定到期期限等的限制，长期和短期债券基本上是在分割的市场上交易的，各自有各自独立的均衡情况，长期借贷活动决定了长期债券利率，短期交易则决定了独立于长期债券的短期利率，短期利率与长期利率是在不同的市场上由不同的供求因素决定的。也就是说，利率的期限结构是由不同期限市场的均衡利率决定的。应该指出随着金融市场和衍生工具等的迅速发展，这种理论正日趋式微，只要市场中有套利的机会，投资者就不会错过，这种套利活动的存在使市场不能被视为可分割的。

4. 优先置产理论

市场分割理论受到人们较多的批评，认为它不是市场的主流，也与市场的实践不符合。如果这种观点反映了市场主流，实际就宣告了央行公开市场运作的失败。在这一背景下提出了优先置产理论(preferred habitat theory)，根据这个理论，借贷双方都要比较长短期利率,也都要考虑预期的远期利率,通过比较才会作出最有利的期限决定。因此,所有期限的债券都在借贷双方的考虑之内,这意味着期限不同的借贷利率是相互联系、相互影响的。因此,市场并不是分割的,投资者会选择那些溢价最多的债券。

(四)基于利率期限结构的投资方式

根据利率期限结构理论,我们知道,如果债券的定价不合理,就可以根据国债的市场价格选择国债投资品种,为投资者寻找投资机会。下面介绍一种利用利率期限结构进行投资的方式。

1. 投资方法的理论基础

该方法的理论基础是零息票债券利率的期限结构。零息债券是指以低于面值的贴水方式发行,期间没有利息支付,投资者在债券到期日可按债券的面值得到偿付的债券。零息债券利率期限结构,亦称零息债券利率收益曲线,是指各种不同到期期限的零息债券利率或收益率,与到期期限之间的数量关系。它是资产定价、金融产品设计、套期保值、套利以及投资等的基础。

我们知道,对于无摩擦金融市场,如果不存在套利机会,那么未来发生的一系列确定性现金流的现值,一定等于它们各自折现值之和。在实际应用中,对现金流预先确定的金融产品,如果我们知道任意到期期限的零息债券价格,对这种金融产品的定价、套期保值等将变得十分容易。但任何一国的金融市场所交易零息债券的数量都是有限的,我们必须借助零息债券的市场价格来推导零息债券的理论价格,再进一步推出零息债券利率期限结构。

2. 操作步骤

下面,我们给出该投资方法的具体操作步骤:

(1)收集有关具有相同流动性和风险的资产(通常为该国国债)的数据,以此为基础,推导出零息债券利率期限结构。

(2)将每种资产看作是未来现金流的折现值之和,并利用与每支现金流有相同到期期限的零息债券利率,对每种资产定价,从而计算出每种资产的理论到期收益率。

(3)根据每种资产的市场价格计算出该种资产的市场到期收益率。

(4)计算每种资产的市场到期收益率与理论到期收益率的差额。若差额小于零,则该种资产为昂贵资产;若差额大于零,则该种资产为廉价资产。这是因为对固定收益资产的折现现金流来说,预期收益率的变动方向和资产价格的变动方向相反。

(5)利用每种资产的市场到期收益率与理论到期收益率之间差额的历史数据进行统计分析,以便抛开特定资产的一些特性,如流动性效应、基准效应等,改善该方法的有效性。

在实际应用中,通常以该资产60个交易日的数据为一周期进行分析,得到最近60天的差额数据。实际统计分析中,要用到一些判断准则,该准则是以差额服从正态分布为假设前提。

经过上面步骤,就可以对债券的定价有个基本的判断标准,从而作出合理的投资决策。

三、债券的久期

(一)久期的性质

久期的基本性质主要有以下各点:

(1)零息票债券的久期等于它的到期时间,这用不着多作解释,前述例子已表明了这一点。

(2)当债券的到期日不变时,债券的久期随着息票利率的降低而延长。支付间隔和最后本金支付不变的情况下,利率越低,较早支付额的权重就越小,支付的加权平均期限自然就越长。从图 5-1 中可以看到,息票利率分别为 3%和 15%的债券,虽然两者的到期收益率都是 15%,息票利率为 3%的债券的久期曲线位于息票率为 15%的债券的久期曲线的上方,即前者的久期更长。

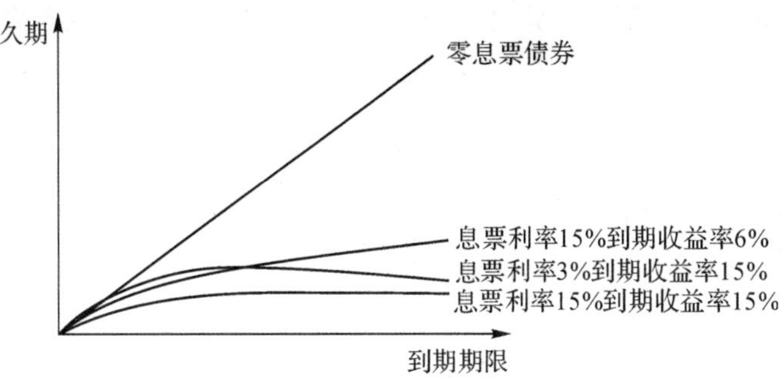

图 5-1　不同息票利率和到期收益率的债券久期示意图

(3)当息票利率不变时,债券的久期通常随债券到期时间的增长而增长。这是非常直观的,也很容易用例子来证明。但需要特别注意的是,久期并不总是随着到期时间增长而增长。那些折现率很高(即息票利率很低,但到期收益率很高)的债券的久期,可能会随着到期时间的延长而缩短。但在一般情况下,并不会发生这种情况,我们通常假定债券的久期随到期时间的延长而延长。由于久期的斜率小于 1,随着息票债券到期时间的延长,它的久期只有较小程度的延长。

(4)其他因素不变,债券的到期收益率较低时,息票债券的久期较长。两种息票率均为 15%的债券,到期收益率为 6%的债券的久期,比到期收益率为 15%的债券的久期更长。这是因为到期收益率较低时,支付期越远,其现值就越大,在债券的总现值中占的比例也越大,在加权平均计算久期时,它的权重也较大,自然久期就较长。

(二)计算久期的几个公式

1. 无限期债券的久期计算

无限期债券的久期计算公式很简单,就是$(1+y)/y$。如收益率为 10%时,每年支付 100 元的无限期债券的久期为 1.10/0.10=11 年。如收益率为 4%,久期就为 1.04/0.04=26 年。

2. 稳定年金的久期计算

计算稳定年金久期的公式为:

$$D=\frac{1+y}{y}-\frac{T}{(1+y)^{T}-1}$$

式中,D 为久期,T 为支付的次数,y 是每个支付期年金的收益率。如收益率为 4%的 10 年期年金的久期为:$(1.04/0.04)-[10/(1.04^{10}-1)=5.18$ 年。

3. 息票式债券久期计算

本债券的久期计算公式为:

$$D=\frac{1+y}{y}-\frac{(1+y)+T(c-y)}{c[(1+y)^{T}-1]+y}$$

式中，D 为久期，c 为每个支付期的息票利率，T 为支付次数，y 是每个支付期的债券收益。如息票利率为 4%的 20 年期债券，每半年付息一次，有 40 个支付期，每次支付的息票利息为 2%。如每半年的到期收益率为 2.5%，那么债券的久期应该为：$(1.025/0.025)-[1.025+40(0.02-0.025)]/[0.02(1.025^{40}-1)+0.025]=26.94$(半年)$=13.47$ 年。

这里特别需要注意的是计算单位的一致性，我们假定债券的利息半年支付一次，所以要用半年的息票利率和到期收益率。计算出的久期也是以半年为单位，应再折合成以年为单位。

4. 息票式债券的久期简化计算

息票式债券是以面值出售的，计算久期的公式可以简化为：

$$D=[(1+y)/y][1-1/(1+y)^T]$$

假定有个息票式债券的期限为 20 年，息票利率为 5%，每半年支付一次利息，该债券的久期为$[(1+0.025)/0.025][1-1/(1+0.025)^{40}]=25.73$(半年)$=12.87$ 年。这和上例的区别是，上例的债券价格低于面值出售，而本例的债券价格就是面值。表 5-1 反映了不同息票利率和不同到期期限的债券的久期情况。

表 5-1 息票式债券的久期(初始债券的年到期收益率为 3%)

到期年限	息票利率(每年)			
	2%	3%	4%	6%
1	0.9950	0.9925	0.9902	0.9853
10	9.113	8.712	8.339	7.661
20	16.582	15.181	13.951	11.903
30	22.702	19.984	17.728	14.252
无限期限	51.00	34.33	26.00	17.66

从表 5-1 中可以看到，债券的久期随着到期期限的延长而延长，随着到期收益率的提高而缩短。只有无限期限的债券的久期，才不受到收益率水平的影响。

四、债券的信用评级

(一)债券的信用评级

债券信用评级是指对债务发行人的特定债务或相关负债，在有效期限内及时偿付的能力和意愿的鉴定，其基本形式是人们专门设计的信用评级符号。证券市场参与者只需看到这些专用符号，便可得知其真实含义，而无须另加复杂的解释或说明。

(二)债券评级的原因

投资者购买债券是要承担一定风险的，如果发行者到期不能偿还本息，是投资债券的最大风险，投资者就会蒙受损失，称为信用风险。债券的信用风险依发行者偿还能力不同有所差异。对广大投资者尤其是中小投资者来说，由于受到时间、知识和信息的限制，无法对众多债券进行分析和选择，需要专业机构对准备发行的债券还本付息的可靠程度，进行客观、公正和权威的评定，也就是债券信用评级，以方便投资者决策。

债券信用评级的另一个重要原因，是减少信誉高的发行人的筹资成本。一般说来，资信等级越高的债券，越容易得到投资者的信任，能够以较低的利率出售；而资信等级低的债券，风险较大，只能以较高的利率发行。

(三)债券评级的主要内容

国际最著名、最具权威性的信用评级机构,当属美国标准普尔公司和穆迪投资评级公司。两家公司负责评级的债券很广泛,包括地方政府债券、公司债券、外国债券等,它们占有详尽的资料,采用先进科学的分析技术,又有丰富的实践经验和大量专门人才,所作出的信用评级也具有很高的权威性(见表 5-2)。

表 5-2　债券等级划分表

标准普尔公司	穆迪公司	性质	级别	说明
AAA	Aaa	投资性	最高级	信誉最高,债券本息支付没有问题
AA	Aa		高级	有很强的支付本息的能力
A	A		中上级	仍有很强的支付能力,但对经济逆转比较敏感
BBB	Baa		中级	有一定的支付能力,但对经济的逆转更为敏感
BB	Ba	投机性	中下级	有投机因素,但投机程度比较低
B	B		投机级	投机
CCC、CC	Caa			存在无法支付本金的可能性
C	Ca			不还,但可以收回很少一点的本金
DDD、DD、D	C			没有收回本金的可能

五、积极的债券管理

一般债券管理策略分为积极策略和消极策略两大类。积极策略是指运用各种方法,积极主动地在债券市场寻找有被市场低估或高估的债券,或者比较能肯定地预测到市场利率变动时,频繁地买进或卖出债券,以赚取超过市场平均利润率的投资利润。消极策略认为在寻找投资机会时,容易出错,导致损失,反不如顺从市场,得到比较肯定但不甚高的利润。这就是说,消极投资策略不进行利率预测,组合管理者通常把市场交易价格视为均衡交易价格,并不试图寻找价值低估的品种,而只关注债券组合的风险控制。

主张积极策略的人认为,市场效率并没有高到不可预测的程度,市场上有很多被低估的债券可以买进,也有很多被市场高估的债券可以卖出或买空卖空。一旦人们认识到市场上债券价格并不反映它的实际价值,进而调整到均衡价位时,投资者就可获利。积极策略可归纳为或有免疫、债券互换和水平分析法。

(一)或有免疫

或有免疫是一种同时包含积极管理和消极管理的债券管理方法。它的根本思想是:在利用或有免疫方法中,市场环境有利时,债券组合采用积极的管理方式,一旦出现不利情况时,则债券组合立即成为免疫资产。

如假定某一债券投资经理在两年后要支付 100 万美元,经分析,投资经理利用两种债券进行组合免疫:债券 A 面值 1000 美元,为期 1 年,附息率为 7%,售价 972.73 美元,收益率为 10%;债券 B 面值也是 1000 美元,为期 3 年,附息率为 8%,售价为 950.25 美元,收益率也是 10%。两种债券均 1 年附息一次。经过计算,两种债券的久期分别为 1 年和 2.78 年。

进行组合免疫时两者的份额分别为43.82%和56.18%。按10%的收益率，投资经理需要用826446美元(100万/1.10^2)来购买债券以构成充分的免疫资产。其中362149(826446×43.82%)美元用于购买A债券，464297(826446×56.18%)美元用于购买B债券，这就形成了组合免疫。

进行积极资产管理时，债券投资经理可能会说服客户用841680美元来形成或有免疫。841680美元刚好是以此9%的收益率折算100万美元得到的现值(即$1000000/1.09^2=841680$)。也就是该债券投资经理必须确保两年内获得至少9%的平均收益率。这里假定该客户同意接受9%的收益率，希望该债券投资经理能为他赚取超过在免疫资产中锁定了的10%的收益率。

在这种情况下，债券投资经理就会积极利用债券的选择、市场时机选择或二者兼有的方法主动进行债券投资管理，保证最低收益率不低于9%，同时又能在一定的范围内采取积极主动的投资措施。通常他们与客户达成协议，规定每周要检查债券组合的状态，并计算当前可获得的收益率。

假定1年后的收益率曲线仍是水平状态，但收益率为11%，首先注意到需要909091美元(保证1年后按11%的收益率取得100万美元所需的现金)来使组合立即进入免疫状态，其次，当前的债券组合的市场价值为93万美元。在我们的例子中，客户与债券投资经理达成的协议是，只要资产的价值比免疫所需要价值高出10000美元，债券投资经理就可以继续实施资产的主动管理方法。因为93万美元比919091美元(909091美元+10000美元)多，可以继续实施主动管理。但若组合的价值已低于910901美元，则根据协议，债券投资经理将立刻使资产获得免疫能力。

(二)债券互换

在债券投资的各种策略中，债券互换最为复杂，也最需要技巧。债券互换的主要思想是卖出自己手里所持有的债券，同时买进与自己卖出的债券性质几乎完全相同，但收益较高，收益机会也较大的债券。债券互换不是建立在利率预测的基础上，而是建立在投资者对不同债券之间收益率了解的基础上，利用市场上短期供需变更引起的收益率关系扭曲而进行的债券交易。常见的债券互换有以下两种。

1. 收益增加互换

收益增加互换的着眼点是长期，不太考虑当时市场利率的变化。方法是用所附利率较低的债券换进其他债券，如到期信用等级相同，但所附利率较高的债券。这种方法有两个风险：一是市场逆向运动，二是市场上可能找不到符合自己需要的债券，何况投资机构想换进的是高收益的债券。

这种债券互换的目的，纯粹是为了提高债券的收益，其优点是：①不需要考虑债券的到期日，投资者只要把债券持有到债券的到期日即可；②不需要考虑利率，也不必进行利率投机；③不必分析债券的价格是高估还是低估。

债券互换的缺点是：①进行债券互换，只要把债券持有到到期日就不会亏损，但在这个过程中有可能在账面上反映出亏损；②当市场利率下跌，债券收益增加时，债券被要求提前偿还的可能性也在增加；③当债券所附利息较高时，市场利率往往较低，再投资的风险也相应增加。

市场上存在着很多收益增加互换的机会，尤其是在新债券发行中常常会有收益率的扭曲。如市场上10年期债券3年后的到期收益率是8%，一个刚发行的7年期同类债券的到期收益率却为 8.5%，机构就可以卖出旧债券而买入新债券。造成新发行的债券价格比较低的原因，是新旧债券流动性的差别。

2. 替代互换

替代互换的主要思路是，如果发现市场上有一种与原来投资的债券性质几乎完全相同的债券，由于市场的扭曲，前者的市场价格会低于它的实际价值。这时投资者就可以卖出自己所持有的债券，买进被市场低估的债券。一旦市场上认识到该债券被低估时，价格上涨，投资者就可以获得价格上涨的收益。

可以看出，要使债券的替代互换能够盈利，必须满足两个条件：①能够在市场上找到被市场低估，又具有与自己所持债券性质相同的债券；②被市场低估的债券在短期内就会恢复到它的应有状态，即相信该种债券的价格会在短期内上涨回到应有的水平。

替代互换也有风险：①两种债券之间的价差可能不是暂时的，而是永久性的，判断错误不仅无利可图，反而会出现亏损；②两种债券间的价差，不仅调不回应有水平，反而继续扩大，这时投资者也要亏损；③两种债券之间的价差虽然会调回到均衡水平，但可能耗时过长。这样债券互换的收益就非常小，不值得进行互换。一般而言，调整的速度越快，债券互换的收益越大。

（三）水平分析法

所谓的水平分析法，是指选择单一的持有期进行分析，实际上是一种债券到期收益率的预期方法。它对不同债券在期初和期末的收益率结构进行分析，从而对期末的可能收益率进行预期。它对目前已持有的债券进行分析，由期初、期末的收益率结构来分析该债券的可能收益率，同时寻找一些可用作替换的债券。目标是通过水平分析法了解所持债券在持有期内可能得到的收益，并对期末的债券替换作出选择。

水平分析法的重点是对到期的债券价格进行估计，以便确定当前债券的市场价格是否合理。通过分析预期期末的价格，由此来比较期初的价格。若期初售价较低，则表明预期收益率较高；若现行售价较高，则表明预期的收益率较低。当然，对期末价格的估计需要考虑各种不同因素对收益率的影响，同时还要对一些相关的风险作大致评价。

下面我们以一个例子说明水平分析法。假定我们目前持有附息率为 4%的某债券，剩余期限为 10 年，计划持有期为 5 年，当前售价为 67.48 美元（为简便计算我们只考虑面值为 100 美元的债券）。因需要对该债券在 5 年持有期内的收益和收益率进行预测。为此我们可以查阅息票利率为 4%的收益率手册。表 5-3 是这一手册的一部分。

从表 5-3 中，可以查出持有债券的收益率为 9%。下面我们要对该债券在持有期内的收益率进行估计。

表 5-3　附息率为 4%债券的收益对照表

到期收益率（%）	到期年限（美元）						
	10 年	9 年	…	5 年	…	1 年	0 年
7.00	78.68	80.22	…	87.53	…	97.15	100.00
7.50	75.68	77.39	…	85.63	…	96.69	100.00
8.00	72.82	74.68	…	83.78	…	96.23	100.00
8.50	70.09	72.09	…	81.98	…	95.77	100.00
9.00	67.48	69.60	…	80.22	…	95.32	100.00

续表

到期收益率(%)	到期年限						
	10 年	9 年	…	5 年	…	1 年	0 年
9.50	64.99	67.22	…	78.51	…	94.87	100.00
10.00	62.61	64.92	…	76.83	…	94.42	100.00
10.50	60.34	62.74	…	75.21	…	93.98	100.00
11.00	58.17	60.64	…	73.62	…	93.54	100.00

一般地说，在持有期内，任何债券的收益率都要受时间和收益率变动两种因素的影响。水平分析法将两种因素分拆为两部分加以考虑：

(1)假定收益率不发生变化，我们考虑时间因素的影响。随着时间推移，债券的价格也发生变化。从表 5-3 中可以看出，持有期末(5 年后)债券按收益率仍为 9%来计算，则价格为 80.22 美元，持有期内债券价格从 67.48 美元变为 80.22 美元。

(2)假定时间不变化，来考虑收益率因素的影响。假定我们预测到 5 年后，5 年期债券的收益率为 8%，而非 9%。从表中可以看出，5 年后债券的价格不是 80.22 美元而是 83.78 美元。综合起来，持有期初的价格为 67.48 美元，持有期末的价格为 83.78 美元。

从上例可以看出，价格变动可以分两个部分，分别代表两种因素的影响：

总价格变动＝时间因素导致变动＋收益率因素导致变动

知道持有期期初和期末的价格，就可以计算持有期内的到期收益率。要计算收益率，既要考虑 5 年内的债券利息，还应考虑这些息票利息的再投资问题。原则上，应该考虑这些现金流的各种可能性利用，或至少应分析该期间可能的收益率结构以确定可能的再投资机会。不过，在实践中却很少这样做，相反，一般是估计一个单一的再投资利率，然后以该利率对水平期中将支付的所有息票利息进行复利计算，以便确定这些现金流的未来价值。

如上例，对我们持有的债券，付息方式是每半年一次，每次支付 2 美元。第一次支付在第 6 个月进行，最后一次则在第 5 年末。若每笔利息均以年利率 8.50%(6 个月 4.25%)的利率再投资，5 年末本利和为 24.29 美元。其中，20 美元为利息的本金，4.29 美元为利息的利息。

综合起来，债券的总收益由四部分组成：(1)时间因素产生的收益；(2)利率变化产生的收益；(3)息票利息；(4)利息的再投资收益。上例中的收益为：

总收益＝时间因素产生收益＋利率变化产生收益＋息票利息＋利息再投资收益＝(80.22－67.48)＋(83.78－80.22)＋20.00＋4.29＝40.59(美元)。

持有期到期总收益率为：40.59/67.48＝60.15%。

上述收益中，时间因素产生的收益和息票利息是确定的；利率变化产生的收益和利息再投资收益两部分则是不确定的，且都与利率变动有关。因此，正确预测利率对债券的管理十分重要。

六、消极的债券管理

消极的债券管理者认为，债券市场基本上是一个效率较强的市场。在这个市场上，债券的价格基本能准确反映债券本身的内在价值，以及市场上所有公开得到的可以影响债券价格的信息，因而债券价格在市场上基本上是“公平”的，不大可能找到被市场低估或高估的债券。消极的债券管理有购买持有和免疫策略。

（一）购买持有

这是债券管理最简单的策略。首先对债券市场所有发行的债券进行分析，根据自己的标准和偏好，挑选出自己满意的，具有一定的质量、利率水平、到期日和其他重要性质的债券，然后买进，持有债券至到期日。这种方式的收益比较确定，在投资之前，收益率就已知道，风险较小。其优点在于：①如持有的债券质量好，收益率高，长期持有当然是良策；②一直持有可以无视市场利率波动对债券价格的影响，完全规避价格风险，保证获得一定的收益率；③避免债券买卖带来的交易成本。

购买持有也有缺点：①如通货膨胀超过预期，债券投资的名义收益虽然不低，但实际收益却较低；②买进保存虽然能缩小债券投资的风险，但当市场上存在更有利的新投资机会时，会白白把机会放过，实际上也是一种机会成本。

（二）免疫策略

1. 免疫概念

所谓免疫策略，是指构造这样一种投资组合，以至于任何由利率变化引起的资本损失（或利得）能被再投资的回报（或损失）所弥补。

债券投资中最重要且最致命的风险是利率风险，利率变化有两种影响：价格风险和再投资风险，两者的变动方向相反。购买持有策略虽然能规避利率的价格风险，却对利率的再投资风险无能为力。对投资者来说，如果实际利率下降，再投资风险增大，利息收入只能以更低的利率再投资，有关的资金就不能以预期的速度积累。

利率免疫的中心思想是，调整债券组合中债券的期限，使之调到当利率发生变动时，债券的价格风险和利息的再投资风险正好相等，但方向相反的点。在这个点上，债券的价格下跌或上涨正好被债券利息的再投资收入或亏损所抵销，从而不再具有任何利率风险。

2. 免疫的实现

在这里，我们以养老基金的保险单为例说明如何实现债券免疫。假定一家养老基金管理机构出售一种新的保险单，这种保单承诺在今后的 15 年内每年支付 100 美元给投保人，折现率为 10%。

(1)计算负债的久期。表 5-4 给出了整个计算过程和结果。从表中可以看出，负债的现值为 760.61 美元，问题在于如何将出售保单的收入 760.61 美元进行投资，以保证未来每一时点投资的资产价值至少与负债的价值相当。

表 5-4　久期的计算

时间	现金流	现金流的折现值	权重	乘积
1	100	90.909	0.120	0.120
2	100	82.645	0.109	0.217
3	100	75.131	0.099	0.296
…	…	…	…	…
15	100	23.939	0.031	0.472
合计		760.608	1.000	6.279
修正久期＝6.279÷1.1＝5.708				

(2)投资资产的选择。负债的折现率是10%,意味着保险单对投保人的收益率为10%。为此,所构造的投资组合每年至少应有10%的收益。假定基金选择了两种金融工具:①30年期的长期国债,年利率为12%,按面值出售;②6个月期的短期国债,收益率为年利率8%。用第一步方法计算出它们的久期分别为8.080和0.481。

(3)确定两种债券的投资比例和投资额。为此,先求出两债券的投资比例,只需解出下列方程组:$\begin{cases}\omega_1 D_2+\omega_2 D_2=D_L\\ \omega_1+\omega_2=1\end{cases}$

其中,D_1、D_2:表示30年和6个月债券的久期;D_L:表示负债的持续期;ω_1、ω_2:表示30年和6个月债券的投资比例。

这里要解的方程组是:$\begin{cases}8.080\omega_1+0.481\omega_2=5.708\\ \omega_1+\omega_2=1\end{cases}$

解得:$\omega_1=68.79\%$,$\omega_2=31.21\%$。为此,养老基金应当将出售保险单所得收入的68.79%投资于30年期的长期国债,其余投资于6个月的短期国债。即应投资于长期国债的是523.23美元,其余的237.38美元用于购买短期国债。

考察这种方法的效果,假定收益曲线向上平移10个基点。此时,负债的折现率变成10.1%,长期国债的收益率变为12.1%,短期国债的收益率变为8.1%。比较前后价值的变化,如表5-5所示,可以发现,变化后资产的总价值756.29美元,刚好等于负债总值。

表5-5 组合免疫的绩效 (单位:美元)

	负债	资产	
	养老基金	30年期国库券	6月期国库券
原价值	760.61	523.23	237.38
变化后价值	756.29	519.03	237.26
价值的变化	−4.32	−4.2	−0.12

第四节 收益与风险

一、投资收益分析

投资收益是指投资者在一定时期内进行投资活动的所得与支出的差额,不同的证券其收益形式有所差异。收益率构成投资的重要特征。投资者进行决策时,最重要的是比较各种证券的收益大小。

(一)投资收益的构成

1. 利息或债息收入

利息或债息收入是指投资者储蓄存款或投资于债券并按面值和票面利率计算的定期获得的收益形式。

2. 股利收入

股利收入是指投资者购买股票并持有一定时间而获得的收益,包括股息与红利两部分。

股息一般是按一定比例向优先股股东发放收益；红利是根据公司盈利情况向普通股股东发放收益。

3. 资本利得

资本利得即证券交易收益，指证券出售后卖出价与买入价之间的差额，卖出价大于买入价称为资本增值，卖出价小于买入价称为资本损失。

(二)证券投资收益的衡量指标

1. 股票投资收益指标

股票投资者的收益状况，可以通过以下指标体现：

(1)投资获利率。是指投资者购买股票的成本与可能获得股利的比率。用公式表示即：投资获利率＝当期每股股利/每股市价×100％。数值越大，则投资者的获利越多。

(2)持有期股票收益率。股票没有到期日，但投资者持有股票的时间却有长有短。鉴于股票持有期内所得收益，包括买卖差价收益和股利收益，计算公式为：

持有期股票收益率＝(出售价格－购买价格＋每股股利)/购买价格×100％

2. 债券投资收益的衡量指标

债券投资者的收益状况，也可以通过三个指标体现：

(1)本期收益率。这是以目前的市场价格为基础，衡量投资者购买债券后每年可带来的收入。本期收益率是投资者每年获得的利息收入与其投资支出的比率，计算公式为：

本期收益率＝年利息收入/购买价格×100％

(2)持有期收益率。是指投资者从开始买入债券到卖出债券这一时期的实际收入，按原持有的天数换算成的年收益率，计算公式为：

持有期收益率＝[(卖出价－买入价)/持有期年数＋年利息]/买入价×100％

(3)到期收益率。指债券投资者在二级市场上购买债券后持有到期满所得到的收益率，计算公式是：

到期收益率＝[年利息＋(债券面值－购买价格)/剩余年数)]/购买价格×100％

3. 期望收益率的计算

期望收益率是指一项投资的预期收益占投资总额的比率，是综合了投资的每一可能性收益及其可能性大小的单一数值。计算公式是：

$$\overline{X} = \sum_{i=1}^{n}(P_i \times X_i)$$

其中，$\overline{X}$ 为期望收益率，P_i 为第 i 种结果出现的概率，X_i 为第 i 种结果出现后的可能收益率。例如，某个证券可能遭遇景气、一般、萧条三种股市行情，各种行情发生的概率分别为：0.3、0.4 和 0.3，其预期收益率分别为：9％、3％和－5％，则这一证券的期望收益率为：

期望收益率＝9％×0.3＋3％×0.4＋(－5％)×0.3＝2.4％。

二、投资风险分析

风险是一种比较难以掌握的概念，其定义和计量也有很多争议。但风险广泛存在于各种投资活动之中，并对实现投资目标有着重要影响，使得投资者无法回避和忽视。

(一)风险的概念

风险是指投资者不能在投资期内获得预期收益造成损失的可能性，是对期望收益的背离。风险来自于事件本身的不确定性，具有客观性。与证券投资相关的所有风险称为总风险，根据风险的影响范围不同，总风险可以分为系统风险和非系统风险两类，如图 5-2。

1. 系统风险

系统风险是指由于某种全局性的共同因素引起的投资收益的可能变动，这种因素以同样的方式对所有证券的收益产生影响。这类风险涉及所有的投资对象，不能通过多元化投资来分散，又称不可分散风险或市场风险，包括政策风险、周期波动风险、利率风险和购买力风险等。

2. 非系统风险

非系统风险是对某个行业或个别公司的证券产生影响的特有风险，通常是由某一特殊的因素引起，与整个证券市场的价格不存在系统、全面的联系，而只对个别或少数证券的收益产生影响，这类风险是可以抵消或者回避的，又称为可分散风险或可回避风险，包括信用风险、经营风险、财务风险等。

（二）风险的衡量

在证券投资分析中，对风险的测定通常采用收益或者收益率的标准差、变异系数和 β 系数来表示。

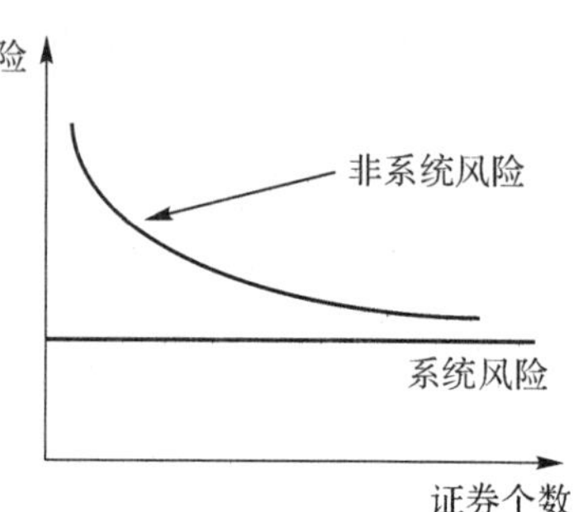

图 5-2　证券风险

1. 标准差

在统计学上分别用 σ、V 两个符号表示标准差和方差，两者都是用来表示随机变量与期望收益之间离散程度的指标。计算标准差的公式是：

$$\sigma = \sum_{i=1}^{n} \sqrt{(R_i - \overline{R}_i)^2 \times P_i}$$

表 5-6 是中国 4 个股价指数的日收益率的标准差，从表中可以发现，我国的 A 股市场的标准差较小，而 B 股市场的标准差则较大，反映了 B 股市场的风险大于 A 股市场的事实。

表 5-6　收益率的标准差

	上海 A 股指数	深成 A 股指数	上海 B 股指数	深圳 B 股指数
样本数 N	1801	1801	1801	1801
样本区间	1996.10.23 至 2004.4.19	1996.10.24 至 2004.4.19	1996.9.25 至 2004.4.1	1996.9.17 至 2004.3.19
标准差	0.01674558	0.01824712	0.02556863	0.02615809

方差的计算公式为：

$$V = \sum_{i=1}^{n} (R_i - \overline{R}_i)^2 \times P_i$$

即：$\sigma^2 = V$，式中，$\overline{R}$ 为期望收益率，R_i 为第 i 种结果出现后的可能收益率，P_i 为第 i 种结果出现的概率。如对一个价值为 100 元的股票投资，期望收益率为 8%，可能的收益率为 4%、8%、12%，各自的概率分别为 0.25、0.50、0.25，则该股票的标准差为：

$$\sigma = \sqrt{(4\% - 8\%)^2 \times 0.25 + (8\% - 8\%)^2 \times 0.50 + (12\% - 8\%)^2 \times 0.25} = 2.83\%$$

例如有 A、B、C 三种证券，其预期收益及其标准差，方差分别如下：

表 5-7　预期收益与标准差

证券	预期收益(元)	方差	标准差
A	8.00	4.8	2.191
B	8.00	0.85	0.922
C	9.00	4.8	2.191

则有：A 股票未来收益：8±2.191=5.81～10.19(元)；

B 股票未来收益：8±0.922=7.08～8.92(元)；

C 股票未来收益：9±2.191=6.81～11.19(元)。

计算出未来收益的波动范围后，投资者可根据自己的投资偏好，选择出股票进行投资。

2.β 系数法

在整个股市波动中，各种股票的反应不一样，有的发生剧烈振荡，有的则只发生较小的变动。计量个别股票相对于整个市场波动的变动程度的指标是 β 系数，它可以衡量出个别股票的市场风险，而不是公司特有风险。

β 系数可用直线回归方程求得，即：$Y=\alpha+\beta X+\varepsilon$。

式中：Y 为个别证券的收益率，X 为市场平均收益率；α 为与纵轴的交点，β 为回归线的斜率，ε 为随机因素产生的剩余收益。

当 $\beta=1$ 时，表明该证券的风险程度与整个市场的风险程度一致；$\beta>1$ 时，表明其风险高于市场平均风险；$\beta<1$ 时，表示该证券的风险低于市场平均风险。

应该指出，β 系数不是某种股票的全部风险，而只是与市场有关的部分风险，另一部分风险 $\alpha+\varepsilon$ 是与市场无关，而只与企业本身活动有关的风险。既然特有风险可通过多元化投资分散掉，市场风险就成为投资者注意的焦点，β 系数也成为证券投资决策的重要依据。

标准差和 β 系数都是衡量风险的指标，它们均利用统计资料计算借以反映证券风险程度的大小，但各自体现的内容不同：标准差度量证券本身在各个不同时期收益变动的程度，其比较的基础是证券本身的平均收益；而 β 系数度量某一证券的收益相对于同一时期内市场平均收益的波动程度，比较的标准是市场的波动程度。

3. 变异系数

标准差是计算投资报酬率值的离散(差)程度，用来度量投资风险的方式，称为绝对风险，但当一组统计资料数值之期望值及标准差较大，而另一组统计资料数值之期望值及标准差较小，此时如要比较两种数据标准差的大小，来决定何者投资风险较小，通常并无多大意义。也就是说，比较不同投资替代方案的风险大小时，应该以其相对风险的观念来衡量，而相对风险的表达方式，可用变异系数来加以表示：变异系数=标准差/期望收益率。

例如，表中三项证券投资机会的投资期望收益率、标准差及变异系数的数据如下：

表 5-8　相对风险的衡量

证券	期望收益	标准差	变异系数
A	0.10	0.01	0.10
B	0.10	0.02	0.20
C	0.20	0.02	0.10

可以发现，证券A、B有相同的期望报酬率，然而B的标准差比A大，一位理性的投资者必然会选择投资A；但若与投资证券C相比，投资证券A标准差虽然比C小，但其期望收益率亦较低，若用标准差表示的绝对风险值，将无法判定投资证券A与C的优劣，这时只有通过相对风险（变异系数）来加以观察，可以发现证券A与C二者之风险相当，但投资证券C之报酬率期望值较高，在这种情况下，投资抉择主要取决于投资者的效用函数。

三、证券投资风险和收益的关系

在证券投资中，收益和风险的基本关系是：收益与风险是相对应的，就是说风险大的证券要求的收益率也高，收益率低的投资往往风险也比较小，正所谓“高风险，高收益；低风险，低收益”。

在股票市场上，如果预期一只股票的价格会涨得很高，通常股票的价格已经不低了，此时会作出买入的决定，股票价格下跌的情况下就会损失惨重。同样，在股票市场允许做空时，如预期一只股票的价格会跌得很厉害，而股票的价格已经不高，此时作出卖空的决定，在股票价格上涨时也会损失惨重。这时，股票就具有高风险、高收益的特征。

在理论上，风险与收益的关系可以用下面的关系来表述：

预期收益率＝无风险真实利率＋风险溢价＋预期通货膨胀率

（一）无风险真实利率

无风险真实利率是相对于确定性的投资而言，它是投资收益率扣除物价变动因素以后的比率，一般认为政府债券的投资是无风险的，故常用政府债券的利率表示。

无风险真实利率是由提供给大众的安全投资机会决定的，然而，我们并不能直接观察到真实收益，利率与证券价格都是以名义价值表示的，通货膨胀率也常常无法事先得知。

（二）无风险名义利率

国库券的本利都是名义价值表示的，这种名义比率可以分解成两部分，即无风险真实利率加上预期通货膨胀率。如果我们知道国库券的利率并且有通货膨胀率的资料，就可以由两者之差求出无风险真实利率。如某一年期国库券利率10％，下年通货膨胀率预计为6％，则无风险利率为4％，在这种条件关系下，投资收益可以写成：

投资收益＝无风险名义利率＋风险溢价

对于任何一种证券来说，其期望收益的一部分总是由无风险名义利率来决定的。所以，改变政府债券的利率水平，可以导致所有证券的期望收益发生变化，从而引起价格的变化。另一方面，尽管对于所有证券来说，其无风险名义利率在其期望收益中是相同的，但其风险溢价则每种证券各不相同。

假定长期政府债券的名义利率为10％，现有某种证券的合理风险溢价为4％，这样其预期收益率就为14％。然后利用这个收益率，可以将该种证券的预期现金流量折算为现值，再与现在的价格相比较，以确定其价值是高估还是低估。

（三）风险溢价

现代资本市场理论认为风险溢价完全是证券系统风险的函数。而按照传统观点，风险溢价是下述三个因素的函数：

1. 企业风险

企业风险是指企业营业收入的不确定性，通常企业营业收入用扣除利税之前的收益表示，该指标变动越大，则其风险越大。

2. 金融风险

金融风险是指运用负债的附加风险。按照传统观点，公司运用负债的数量越多，则其收益越不可靠，其风险也就越大。

3. 流动性风险

流动性风险是指资产变现时的风险。在不明显改变资产价格的条件下，越容易快速买进或卖出的资产，其流动性越好。这样，有关买进或卖出的速度的不确定性越大，说明该资产可以买进或卖出的数量的不确定性越大，则该资产的流动性风险也越大。

第六章　基　金

基金作为一种理财的普遍方式，以专家理财、大规模运作、高收益、低风险为宗旨，相较个人投资理财的分散、细小而言，具有专业化与规模化的优势，目前正受到社会广泛的关注。本章对基金和私募基金的状况、运作、收益与风险，并对私募基金的前期形式如委托理财等，给予较为深入系统的说明。

第一节　基　金

一、基金的定义

（一）基金的含义

基金或称投资基金，是证券市场上一种特殊的投资形式，既是投资的工具，又是投资的产品。它通过投资基金管理公司向市场上分散的投资者发行基金股份或受益凭证来募集资金，再通过证券市场投资于各种证券以获得收益。基金投资的收益，按一定比例提取服务费用后，其余按比例分配给投资者。

投资基金是证券市场发展到一定阶段时产生的，它依托于证券市场而存在与发展。目前投资基金在世界各个主要证券市场上都获得广泛的发展。美国的投资基金一般被称为共同基金；英国和我国香港的投资基金称为单位信托基金；日本、韩国及我国的台湾地区，投资基金称为证券投资信托基金；我国大陆则称为投资基金或证券投资基金。虽然名称有所不同，但基金运作的原理和机制，是大致相同的。

投资基金是一种带有集资性质的行为，投资人将钱交给专业人员管理操作，专家再将集合起来的资金投资于各种已上市的公司股票、各种债券，或投资于黄金、珠宝、钻石等市场或投资于土地、房产等经营实体，这些专业人员只收取一定比例的手续费和管理费，投资后所获得的利润扣除风险基金和相关费用后，都归投资人所有。因为是专家代为操作，它能使资金不断累积成长，由小钱变成大钱。

我国目前还处在基金发展初期，基金数量较少，规模较小，开放型基金还才刚刚起步，部分基金还是封闭型的。基金的投资领域并不稳定，有证券型的基金，还有证券与产业混合型的基金，我国的证券投资基金还须进一步发展与规范管理。

（二）证券投资基金的主要特点

目前中国证券投资基金的主要特点，表现在以下几方面：

(1)法律法规不断完善，监管力量加强。2002 年，中国证监会发布《外资参股基金管理公司设立规则》，标志着中国基金业对外开放进入实质阶段。2002 年 12 月 3 日，中国证监会发布《证券投资基金管理公司内部控制指导意见》，这些基金法规的出台，为中国基金业的发展铺设了良好的法律基础。

(2)基金规模日益扩大，到2014年8月底，获准开业的基金管理公司有100多家，包括封闭式基金在内，我国基金规模已超过10万亿元，相当于股市流通市值的25%左右。基金对市场的影响日益重要，成为证券市场中重要的机构投资者。

(3)基金品种日益多样化。我国现在的投资基金包括了股票基金、债券基金、保本基金、货币市场基金、不动产投资信托基金等。这些基金的投资风格也逐渐显现出来，出现了成长型、价值型、复合型等不同风格类型的基金，为投资者提供了多方位的投资选择。

(4)加入世贸组织后，我国的基金业面临着严重的外来竞争格局，这有利于基金管理公司开展广泛的对外合作，同时吸取先进的管理与技术经验，推动基金业自身的较快发展。

二、基金组织

目前证券市场上的投资基金种类较多，组织运行也有各自的特色，但作为证券投资基金，其基本构成要素是相同的，一般是由基金管理公司、投资顾问、基金托管人和投资人组成，这些要素互相联系和影响，共同作用于投资基金。

(一)基金管理公司

基金管理公司作为基金的管理人，负责掌管和运用基金的资产，构成投资基金的主体。基金管理公司集合投资者闲散的资金，按照科学的投资组合原理进行投资决策，真正体现出证券投资基金蕴涵的“专家理财”的特点。

基金管理公司必须拥有高素质的、有丰富证券从业经验的管理人才，要有明确可行的基金管理计划，有科学分工的组织机构。同时，还要建立健全公司内部的管理制度，配备先进的技术设施，以对基金资产进行有效的管理和运用。

实际操作中，基金管理公司的研究分析人员，必须及时搜集从国际、国内宏观经济形势到各家上市企业具体经营状况的详细资料。基金经理则利用他们掌握的丰富的投资分析和组合管理的知识和经验，有依据、有计划地进行股票、债券的买卖，不断增加投资者的财富。基金管理公司内部的监察与稽核部门，定期对基金经理的投资决策等内部工作进行查核，以减少基金运作中的风险。基金经理们定期召开投资检讨会，对已作出的投资决策的得失进行探讨总结。基金经理还要定期公告基金资产净值及价格、基金投资组合、基金财务报告等信息，以增加基金管理和运作的透明度，方便广大投资者买卖基金。最后，基金管理公司还要接受基金托管银行的监督，看其是否遵循了基金契约和托管协议的有关规定，是否真正做到了诚实信用、勤勉尽责地管理和运用基金资产。

(二)投资顾问

投资顾问由具有专业知识和操作经验的专家来担任，是从金融机构派生出来的专业理财人员。他们要对国内外的经济形势、产业发展、金融市场动态、上市公司业绩等方面进行深入研究，从而为投资者提供有关市场走势、投资选择等咨询服务。投资顾问也可以为客户在私人信托、海外房地产投资、储蓄计划、公积金计划和税务计划等方面提供服务。有关客户的一切投资计划和财务安排，都可以由投资顾问代为安排。

(三)基金托管人

基金托管人是负责保管基金并对其进行财务核算的机构，一般由商业银行和信托公司担任。基金托管人是独立于基金管理公司的金融机构,拥有自己的资产和信用能力。基金托管人除了负有重要的法律监督责任外,还要从事具体的基金托管业务。如为基金资产申请注册登记;处理投资者的基金认购申请;负责基金股份持有人的赎回申请;基金的红利分派;向基金股份持有人提供基金年报;负责基金净值、基金卖出价和买入价的计算;负责对基金管理公司的信托契约的遵守情况、资信规定和收费情况进行监督。基金托管人具有重要的监管责任,通过第三者的监管,能确保基金资产的安全和投资者的利益。

(四)基金投资人

基金投资人是证券市场上的投资大众,即基金股份的持有人或股东。他既可以是自然人也可以是法人机构。自然人在证券市场上往往是缺少专业投资知识的小额投资者,投资组合能力很低。从风险控制的角度看,小额投资人是投资基金股份的主要持有人。法人投资人是机构投资者,主要由公司企业、保险公司、储蓄机构、社会公益基金等组织构成。机构投资者因其拥有的业务渠道和特殊融资渠道,具有较强的投资能力,同时具有控制风险的要求,从而成为投资基金的重要参与者。

三、基金的主要种类

投资基金的种类繁多,其组织构成和运行特点也不尽相同。根据不同的方法可以把基金划分为不同种类。

(一)契约型投资基金和公司型投资基金

投资基金首先分为契约型投资基金和公司型投资基金。这是按照组织形态和法律地位,对证券投资基金的最具特征的分类:

1. 契约型投资基金

契约型投资基金又称信托投资基金。它是依据一定的信托契约而组织起来的代理投资行为,投资者通过购买受益凭证的方式成为基金的受益人。

2. 公司型投资基金

公司型投资基金是指依据公司法组建,通过发行股票或受益凭证来筹集资金,并将资金投资于有价证券获取收益的专业投资公司,投资者通过购买该公司的股份而成为基金公司的股东,并按比例承担风险,享受收益。

两种基金的根本区别在于,前者具有法人资格和民事行为能力,后者则没有法人资格。这种区别主要是缘于各国法律体系的不同。对于一般投资者的收益而言,两者并没有实质性的影响。目前在我国沪深交易所挂牌交易的基金,都是契约型基金。

(二)开放式基金和封闭式基金

投资基金按运作和变现方式,可以分为开放式基金和封闭式基金:

1. 开放式基金

这是指基金设立后,投资者可以随时申购或赎回基金单位,基金规模不固定的投资基金,更适合于小额投资者的需求。像美国最为流行的共同基金,大多属于开放式基金。

2. 封闭式基金

这是指基金规模在发行前就已确定,在发行完毕后的规定期限内,基金规模固定不变的基金。我国的开放式基金才刚刚开始起步,在华安创新基金前,所有的基金都是封闭式基金。

目前，封闭式基金均在交易所上市，普遍存在折价现象，即成交价低于基金份额净值。近年来已经不再发行新的封闭式基金。这里主要介绍开放式基金。开放式基金自 2001 年下半年面市，迄今已发行了数百只，募集资金逾万亿元，发展速度很快。开放式基金具有专业理财、透明度高等特点，由基金管理公司进行投资运作，资金由银行托管，并由银行等机构代理买卖，每个工作日均可买卖，买卖价格以基金份额净值为基础，加减手续费而得出。一般发行期间买入称为“认购”，手续费约为 1%；开放期间的买入和卖出，称为“申购”或“赎回”，费率约为 1.2%和 0.5%。

开放式基金种类很多，能够满足不同风险收益偏好客户的需求，风险最低的是货币市场基金，投资于债券、中央银行票据等货币市场产品。目前市场上的货币市场基金，折算年收益率从 2.83%～3.36%不等，且无利息税。货币市场基金的流动性和安全性较高，收益一般高于 1 年期定期存款，是临时性闲置资金较好的投资产品。股票基金的 60%以上投资于股票，风险较高，追求更高收益。按照投资风格不同，也有稳健型、成长型、价值型等多种类型，风险收益特征各不相同。介于股票基金和货币市场基金之间的是债券基金，80%以上投资于债券。现在还有一种引入担保机制的“保本基金”，一般要求持有 3 年，到期如基金份额净值低于 1 元，由基金公司和担保机构给予补足，这种基金产品适合在熊市购买。

开放式基金适合有一定资金，希望获得更高收益，但又没有时间、精力和专业知识去投资的人。投资开放式基金应坚持中长期理念，追求长期、稳定的收益，不宜追涨杀跌。从美国的情况来看，50%以上的家庭购买了开放式基金。在国内，开放式基金正逐渐成为一种重要的投资理财产品。目前市场上的开放式基金业绩相差很大，基金份额累计净值不等。购买开放式基金要注重选择，一是选择公司，二是选择产品。银行代销基金也有不同的策略，如建设银行一直坚持“精品策略”，努力选择好公司的好产品，力争为客户带来好的收益。

（三）成长型投资基金、收入型投资基金和平衡型投资基金

1. 成长型投资基金

这种基金比较注重资本的长期收益，兼顾经常性收益。基金的投资对象主要集中于升值潜力较大的股票，特别是市场表现较好的绩优股。一旦买入会在较长时期内持有，以获得最大资本利得为目标，有时又被称为“长期成长型基金”。这类基金一般很少分红，经常将投资所得的股息、红利和盈利进行再投资，以实现资本增值。

2. 收入型投资基金

以当期收入最大化为投资目标，投资的对象主要是利息较高的货币市场或股利分配较多的股票。收入型基金一般把所得的利息、红利都分配给投资者。

3. 平衡型投资基金

这是既追求长期资本增值，又追求当期收入的基金。这类基金主要投资于债券、优先股和部分普通股，并在投资组合中有较稳定的组合比例。一般是把资产总额的 25%～50%用于优先股和债券，其余用于普通股投资。基金风险和收益状况介于成长型基金和收入型基金之间。

（四）股票基金、债券基金、货币市场基金和期货基金等

这是按照基金的投资目标来划分的，从投资目标可以看出，不同的基金品种代表了不同的收益率和风险水平。

1. 股票基金

这是以股票为投资对象的基金，包括优先股票和普通股票。股票基金的主要功能是将大众投资者的小额资金集中起来，投资于不同的股票组合。股票基金可以按照股票种类的不同分为优先股基金和普通股基金。优先股基金是一种可以获得稳定收益、风险较小的股票基金，其投资对象以各公司发行的优先股为主，收益主要来自于股利收入；普通股基金以追求资本利得和长期资本增值为投资目标，风险较优先股基金高。

2. 债券基金

债券基金是一种以债券为投资对象的证券投资基金，其规模稍小于股票基金。债券是一种收益稳定、风险较小的有价证券，债券基金适合于想获得稳定收入的投资者。债券基金基本上属于收益型投资基金，一般会定期派息，具有低风险且收益稳定的特点。

3. 货币市场基金

货币市场基金是与股票基金和债券基金鼎足而立的基金品种，是投资于那些既安全又具有很高流动性的货币市场工具的基金。货币市场基金投资对象的期限一般少于 1 年，主要包括短期国库券、政府公债、大额可转让定期存单、商业本票、银行承兑汇票等等。

4. 期货基金

期货基金是指以各类期货品种为主要投资对象的基金。期货交易具有套期保值和投机功能，投资的风险放大，因而具有高收益和高风险的特点。期货基金投资同样具有较高风险，为了控制风险，一般要求基金管理者的保证金比率和持仓比重规定比例，以控制风险。另外期货基金的管理者必须具有期货投资的基本资格和实际经验，以保护投资者的利益。

5. 期权基金

期权基金是指以能分配股利的股票期权为投资对象的投资基金。期权基金的风险较小，适合于收入稳定的投资者，其投资目的是为了获取最大的当期收入。

6. 指数基金

指数基金是指以某种证券市场的价格指数为投资对象的投资基金，其目的在于达到与该指数同样的收益水平。指数基金最突出的特点是费用低廉和延迟纳税，两者都会对基金的收益产生很大影响，并在一个较长时期里表现得更为突出。此外，简化的投资组合还会使基金管理人不用频繁地接触经纪人，也不用选择股票或确定市场时机。

7. 认股权证基金

认股权证基金是指以认股权证为投资对象的投资基金。认股权证是一种特殊的金融商品，持有人可凭证在有效期内以一定价格买入某公司发行的一定数量的股票。

8. 伞型基金

伞型基金是在一个母基金下面分设若干个子基金或成分基金，各个子基金独立运作，并从一个成分基金转到另一个成分基金，而无须缴纳费用。伞型基金有利于投资转换，投资者根据自己的需求和市场情况的变化在伞型基金的各个子基金之间相互转换时，不需花费任何费用或仅需支付较低费用。

9. 对冲基金

一些基金在运作上除了对投资市场的优质证券长期持有外，更需要结合沽空及金融衍生产品的买卖进行对冲和减低风险，一般投资者将这种基金称为对冲基金。对冲基金多运用金融衍生产品和工具及抛空手段等进行买卖，力求在剧升或骤跌的市场中皆可以把握住获利机会。

(五)按资金来源分类

根据资本来源和运用地域的不同,投资基金可划分为国际基金、国家基金、海外基金、国内基金和区域基金等。

(1)国内基金是指基金来源于国内的投资者,投资于国内证券市场的投资基金;

(2)海外基金也称离岸基金,是指基金资本来源于国外,并投资于国外证券市场的投资基金;

(3)国家基金是指基金来源于国外的投资者,并投资于某一特定国家的投资基金;

(4)国际基金是指基金资本来源于国内,但投资于国外证券市场的投资基金。

四、基金投资的优势

总的来说,基金投资主要有以下优点。

(一)投资范围广,风险分散

投资基金通过向投资者发行受益凭证和基金股份,将众多的投资者的闲散资金聚集起来,形成数量可观的金融资产,将这些资金参与到证券市场、期货市场、期权市场和货币市场的投资工具中,投资者通过基金的分红来享有投资的收益。投资基金是方便小额资金进行投资活动的工具,投资范围较广,可以起到组合投资、分散风险的作用。基金作为一种投资工具,把众多投资人的资金汇集起来,由基金托管人(如银行等)托管,由专业基金管理公司运作,通过股票和债券等证券投资实现收益的目的。

(二)提高投资效率

对个人投资者来说,因信息的收集和整理需要花费大量的时间和精力,成本较高,同时,个人由于信息渠道有限,不能及时了解有价值的信息,会丧失投资机会或投资决策错误。而投资者通过基金投资,可以也能够充分利用基金管理人的信息优势,大大提高投资的效率,免除繁重的体力和脑力劳动。

(三)专家理财,理性决策

基金作为投资的一种工具,它是把众多投资人的资金汇集起来,由基金托管人(如银行)托管。它的特点是专家理财,其优势来源之一,表现为相对较小的投资风险性。

基金是由专业的管理公司代替决策投资并打理,基金操作是通过经验丰富的基金经理或投资顾问进行,在个人和家庭理财中,基金便成了省时省力省心的选择,而不用天天专门花时间和精力盯住大盘、挑选关注股票。如果手上有闲钱,购买基金不失为个人/家庭投资理财的好选择。相对中小投资者来说,专家具有操作经验丰富、分析能力强的特点。同时,这些专家的信息来源比较广泛,使得投资基金能够把握好投资机会,获得较好的投资回报。

基金管理公司配备的基金管理专家,一般都具备深厚的投资分析理论功底和丰富的实践经验,能够以科学的方法分析股票、债券等金融产品,组合投资,规避风险。管理机构内部具有一系列规章制度,可以有效地规范内部操作,减少内部风险。国家对证券投资基金有一系列的法规,对基金的发行、上市、托管、管理、收益分配及投资比例等,都有较具体的规定。这从法律上有效保障了投资者的利益,防止出现较大风险。

(四)投资规模效益

投资基金汇集众多小投资者的资金,形成一定规模的大额资金,在参与证券投资时能享有规模效益。首先在信息资料的搜集和处理方面,这部分成本可以说是相对固定的,与投资金额关系不大,通过基金的大规模投资降低单位资金量的运作成本,获得规模经济。同时,国外一些市场买卖证券的佣金是可变佣金制,交易量越大,交易佣金费率越低,通过基金买卖证券的佣金支出,比投资者直接买卖证券付出的要少,减少了投资的成本。

基金的收益较高,假设某客户现在23岁,计划在未来7年内准备15万元以支付购房的部分首期款,再假设基金的年收益率为15%,只需要一次投资56391元购买基金,便可轻松实现目标。从往年的开放式基金情况看,15%的年收益率还是比较保守的,有时的平均年收益率达到18.95%。开放式基金的这种赚钱效应,正是广大个人投资者高度认同的动力所在。有不少基金确实给投资者带来了不少收益。如由中行托管的开放式基金中,易方达资金管理有限公司的"月月收益",刚推出就被看好,只几天的工夫净值已增长2%,且管理费、交易费等一切费用全免,为客户省去了一笔费用支出。又如嘉实基金管理有限公司推出的"嘉实增长",是中行所有托管基金中涨幅最高的一支,其净增长为20.5%。也就是说,如果当初客户向"嘉实增长"投资了1万元,赎回即得12050元,减去当初买时的认购费及退出的赎回费,收益还是不低的。

五、基金投资的风险

只要是投资都有风险,基金也不例外。基金投资风险主要有以下几种特点。

(一)难以回避系统性风险

在证券市场上,系统性风险和非系统性风险并存,基金通过多样化的投资组合,可以分散和降低非系统性风险。基金对系统性风险,如政治、经济、政策等变动带来的风险,难以回避。

(二)基金收益相对稳定

风险与收益总是相互伴随。基金管理人在控制基金资产风险的时候,他只能获得与该风险水平相对应的回报。这就是说,基金管理人并不能在较低的风险程度上获得与其他投资者相同的回报,也不能在风险相同的情况下,获取比其他投资者高的收益率。

(三)基金投资的风险程度会高于普通投资

基金规模庞大,能按照其意愿选择不同的风险程度的投资组合,尤其是能够将基金资产投资在高风险的市场上,如期货市场或期权市场。在这种情况下,基金投资的风险会高于普通投资者。如国外的对冲基金就是将投资集中于高风险的市场,以图获取高的风险报酬,投资该种类型的基金的投资者,就必须承担高于直接投资证券市场的风险。

(四)在某些情况下,法规和基金契约制约了基金控制风险的能力

基金受到法规和基金契约的限制,使基金在某些情况下回避控制风险的能力,比不上普通投资者。例如,当市场出现大幅下调时,卖出股票,持有现金是最好的投资选择,但是法规和基金契约规定基金一定要将规定比例的资金,投资于股票和债券市场,现金的持有比例受到限制,而普通投资者却可以采取最佳的风险控制措施。

(五)我国目前的市场状况制约了基金管理人对风险的控制能力

我国证券市场受政策性因素的影响很大,各个股票价格波动的相关程度较高,因此,系统性风险也就占很大比重,而系统性风险不能通过分散投资来消除或减少。同时,我国目前金融衍生产品市场基本上是空白,作为国外基金管理人用来控制风险的重要金融工具如指

数期货、股票期权等，在我国的出现仍需等待相当长的时间。这两者都制约了我国基金管理人控制风险的能力。

（六）存在基金管理运作不当的风险

基金的发起人、管理人和托管人之间经常存在着千丝万缕的联系，其内在的治理、决策监督等机制如不完善，投资者很难及时获取相关的信息，因而造成基金的内部人控制。基金管理人为了多提取管理费用，可能会人为操纵基金的净资产值，另外，基金管理人在获取高投资回报的压力下，可能会采取一些不正当的行为。基金投资者必须承担由于该类不正当行为导致的市场风险和法律风险。

六、基金的业绩评估

基金的业绩评估对基金投资者来说相当重要，是投资者进行基金投资时的重要参考依据。这种评价包括两方面的内容：对基金业绩表现的测定和对基金风险的评价。

（一）基金业绩的测定

1. 简单收益率

简单收益率是用某一时期内基金的净资产值的变化来衡量。其计算公式为：

$$R=(\mathrm{NAV}_1+C-\mathrm{NAV}_0)/\mathrm{NAV}_0$$

式中，R、C、NAV_1、NAV_0 分别表示评价期内的收益、分红、期末净资产和期初净资产。

2. 平均收益率

为了对存在和运作期限不同的基金的业绩进行比较，我们通常计算基金在一段时期内平均单位期限的收益率，平均收益率有算术平均和几何平均两种收益率计算方法。

(1)算术平均法，其计算公式是：

$$\overline{R}=\sum_{i=1}^{n}R_t/n$$

算术平均法计算的收益率，有时不能准确地反映基金的操作业绩，容易误导投资者。基金第一年初的净资产为 10 亿元，收益率为 100％，第一年末，基金净资产上升到 20 亿元；基金第二年亏损 80％，第二年末时，基金资产只有 4 亿元，两年内共计亏损 6 亿元。如计算算术平均收益率，两年的平均收益率为 10％，基金公司有可能采用该种计算方法夸大自己的业绩表现。

(2)几何平均法，比算术平均法更能准确地反映基金在一段时期内的表现，其计算公式为：

$$\overline{R}=\sqrt[n]{\left[\prod_{i=1}^{n}(1+R_t)\right]-1}$$

在上例情况下，用几何平均法计算，基金两年内的年平均收益率为－36.75％。

（二）基金风险评价

投资基金风险的评价，通常有收益标准差和基金组合 β 值两个指标，并用两种不同的方法对收益进行风险调整，计算单位风险的收益率。

1. 夏普比率

如果用基金投资组合收益的标准差表示基金风险，则单位风险的收益率，可以用按下式计算的夏普比率表示为：

$$S_p=\frac{\overline{R}_p-\overline{R}_f}{\sigma_p}$$

式中，S_p、$\overline{R}_p$、$\overline{R}_f$、σ_p 分别表示夏普指数、平均回报率、平均无风险收益率和总风险系数。

2. 特雷诺比率

当用 β 值表示基金投资组合的风险时，单位风险的收益率则可以用按下式计算的特雷诺比率表示为：

$$T_p=\frac{\overline{R}_p-\overline{R}_f}{\beta_p}$$

式中，T_p、$\overline{R}_p$、$\overline{R}_f$、β_p 分别表示特雷诺指数、平均回报率、平均无风险收益率和总风险系数。

在实际评价中，采用哪种方法取决于所评价基金的类型。高度分散的投资基金，风险指标可以选择投资组合收益的标准差，用夏普比率来评价；如基金属于专门投资于某一行业的基金时，β 值能更好地反映基金的风险，可以采用特雷诺比率进行评价。

（三）基金业绩评价时的注意事项

在评价基金业绩时，要把不同类型基金的业绩进行比较，方能客观反映基金的真实表现。同时，不同时期的基金表现和市场的整体表现密切相关，应避免将不同时期的基金业绩进行比较。证券市场上涨时，基金业绩会比较好；市场下跌时，基金的业绩一般都会较差。评价一个基金，既要看它在牛市时的表现，也要看它在熊市时的抗跌性，这样才能全面反映一个基金的业绩。

七、基金购买、赎回及相关费用

基金管理人的直销点和开放式基金的代理销售机构的各个营业网点，都可以销售开放式基金。购买和赎回某只开放式基金的基本程序及相关费用如下：

（一）基金的购买和赎回

1. 开立基金账户

个人要开立基金账户，需要携带银行账户证明、个人有效身份证件及其复印件，到开放式基金的销售网点办理基金账户；机构投资者开立账户要提出书面申请，并出具基金招募说明书和基金契约中规定的证件，包括法人投资者的营业执照复印件、法定代表人身份证明、法定代表人授权委托书、业务经办人身份证件以及企业印章、印鉴卡等。

2. 办理基金交易账户

开立基金账户后，可以在该基金销售网点办理基金交易账户，领取基金交易卡，然后存入足额的资金，基金一次性购买的金额是不同的。

3. 购买基金

在基金开放日，基金销售网点的营业时间内购买基金，可带上基金交易卡并填写“基金申购申请表”，即可在网点柜台进行购买。若已经开通电话、自助或网上交易，还可以通过电话、自助或网上交易系统购买。不同基金可能在具体步骤方面略有不同，比如有的销售网点是先办理基金交易账户，再开通基金账户。

4. 基金赎回

在开放式基金中，投资者可以向基金公司卖出基金，收回资金，其成交依据是当日收市后的基金净值。基金的赎回可以通过互联网等非现场手段办理,也可以持基金账户到营业部临柜办理。

(二)投资基金费用

《证券投资基金招募说明书》对有关投资基金的费用作了规定,下面作些介绍。

1. 销售费用

基金在设立和发行过程中,会支出一定的费用用于审计、律师和广告,如果基金通过承销商销售的话,还得支出一定的承销费用,投资者向基金管理公司或承销商申购基金单位时,必须支付一定的销售费用。这些费用都计算在基金的销售价格中。需支付销售费用的基金一般称为收费基金。目前国内基金的销售费率,一般在基金金额的1%～1.5%之间。

2. 赎回费用

有的开放式基金在投资者赎回时,要求投资者支付一定比例的赎回费,它的方式是按照赎回金额的一定比例收取,一般的赎回费率在赎回金额的0.5%左右,并且收费的比例是和投资者持有基金单位的时间有关。为鼓励投资人长期持有基金,一些基金公司推出了随持有时间增加而递减的赎回费用收费方式,即持有基金的时间越长,赎回时付的赎回费越少,持有时间长到一定程度,赎回时就可不付赎回费。

3. 基金交易费用

由于封闭式基金在首次发行后,投资者只能在证券交易所买卖基金单位,投资者在买卖基金时,必须支付交易手续费和交易印花税。我国的投资者买卖基金单位时的交易手续费不高于成交金额的0.3%,免缴交易印花税。

4. 基金管理费

这是直接支付给管理基金资产的基金管理人的费用,一般按照基金资产的一定比例定期提取,目前国内的年管理费率一般在0.3%～1.5%之间,视投资目标和管理的难易程度不同而有所区别。一般而言,收益和风险较高的品种,如股票型基金,管理难度较大,管理费也较高;而收益和风险较低的品种,如货币市场基金等,管理费用较低。

5. 基金托管费

这是基金支付给基金托管人的费用,与基金管理费一样,是按照基金净资产值的一定比例定期从基金资产中支付。一般在国内,年托管费在基金资产净值的0.25%左右。各种费用的收取和计算方法,在基金合同和招募说明书中都会清楚载明。

6. 其他费用

基金在日常运作中除了支付基金的管理费和基金托管费外,还必须用基金的资产支付会计师费用、召开年会费用、律师费用和基金信息披露费用。该部分费用一般为固定值,基金的规模越大,每单位基金所分摊的费用越少。

八、基金投资决策

投资者选择适合自己的基金品种投资,从而获得稳定收益,需要组织相应的决策。一般来说,这一决策过程可通过以下几个步骤实现。

(一)风险承受能力的确定

风险承受能力即投资者能承受的最大损失程度。风险承受力主要受投资者以下因素的影响:

(1)收入和支出的差额,这个因素决定了投资者能投资的金额,投资金额越大,风险的承受能力也越强。

(2)投资收益目标的年限,投资目标长的投资者的风险承受能力比较强。

(3)投资者的风险偏好。投资者可以分为风险偏好型、风险中立型和风险回避型。风险偏好型的投资者,风险承受能力也较高,愿意承担较大的市场风险,力图获得较高回报;而风险回避者对同样的收益水平所愿意承担的风险水平也较低,风险承受能力较弱。投资者应综合考虑以上三方面的情况,以大概了解自己的风险承受能力,从而进行投资选择。

(二)确定投资目标,选择基金类型

投资目标是指投资者希望通过投资所达到的目的。主要可以分为以下几种:

(1)积极成长型。这类投资者希望通过基金投资,在较短的时间内能获得较高回报,来购置房屋或支付结婚费用支出等。

(2)稳定收入型。这类投资者希望通过投资基金,每年都能有稳定的收入来支付日常的支出。

(3)稳健成长型。这种投资者希望通过投资基金,在较远的将来获得较高的回报。

在确定购买何种基金时,如股票基金、债券基金、混合基金、期货基金等,专家建议,投资者一般应该将股票基金和债券基金均纳入自己的投资组合。如将资金都投资于股票型基金,一旦市场转多为空,将因此蒙受资产大幅缩水的危险;如全部投资于债券型基金,在股票交易市场有大行情时,又不免踏空而蒙受损失。一般基金管理公司推出的系列基金中,都包括这两类基金,投资者可以通过变动对各种基金的投资比例获取最大收益。一般来说,年轻人承担风险的能力较强,可以将投资组合当中的较高比重放在股票基金上;但如年纪较大,不宜承受过高的投资风险,股票基金的比重则宜调低。

各种证券投资基金的目标有很大区别,如以获得稳定利息收入为目标的收入型基金,以追求资本的稳定增值为目标的成长型基金等。如果投资者对自己的风险承受能力有较准确的认识,并确定自己的投资目标,就可以在不同投资目标的基金类型中大致地选择,确定适合自己投资目标的基金类型。

(三)评选最佳基金品种

在同一类型的证券投资基金中仍有许多的基金品种供投资者进行挑选,投资者可以从以下方面对备选的投资基金进行评估,从而选择出真正的表现优良且适合自己的品种。

1. 基金以往的业绩

以往的业绩是投资者评估基金的主要指标,通过评估可以发现基金的获利能力,以及基金管理人的管理水平。评估基金的经营业绩时,应当在风险调整的基础上分析。不但要关注它在市场上涨时期的表现,还要考察它在市场下跌时的业绩。投资者还应注意基金在销售宣传时公布的收益率的计算方法和计算区间,考察同类型基金的表现,客观地评价基金以往的表现,从中选择优异的基金进行投资。

2. 基金的费用和税收

投资基金需要一定的费用,投资者在选择基金时,应当将投资费用考虑进去。包括认购费、管理费、托管费、赎回费和销售费等。基金的表现和费用高低并没有任何必然联系,投资者要在考虑费用的基础上,对基金的业绩做必要调整。不同基金的税收政策可能不一样,在对不同基金进行比较时,应计算税后收益率。

3. 基金提供服务的优劣

基金向投资者提供的服务越多,对投资者越有利。虽然,目前我国的证券投资基金尚处于发展初期,提供的服务较少,但随着基金市场的发展,为了竞争的需要,证券投资基金所提供的服务也会越来越多,投资者选择基金时应当将其考虑进去。

4. 选择投资的对象

目前基金公司的管理业绩已经开始有所分化,一些基金公司在投资方面各有所长,不少投资者将资金分散给多家基金公司管理。但专业人士建议,最多不应超过6家,因为基金公司的投资理念、投资对象有相似之处,过于分散投资,反而使投资重复,起不到分散风险的作用。投资者可以参考各基金评级机构的推荐选择基金管理人,切忌仅以一段时间的净值高低作为评判标准,而频繁更换管理人。

5. 适时关注基金形势

基金投资虽然是专家理财,无须天天盯住大盘,但也不是一劳永逸,买完基金后就可以高枕无忧,坐等丰厚收益。基金投资还需自己留意。一是注意收集和索取专业金融机构提供的基金品种和追踪性分析,每一季度至少要看一次自己购买的基金的综合分析;二是要关注新的基金品种的推出,及时调整自己的投资理财组合。

(四)调整投资决策

广大投资者最关心如何挑选基金并搭配基金组合的问题,在选择适合自己的证券投资基金品种进行投资后,还需要关注市场整体情况的变化和基金本身状况的改变,来调整自己的投资决策,以避免风险,扩大收益。需要强调,基金实质上是中长期投资品种,基金投资一般不看好短线。要想在投资基金理财时收到较好效果,需要注意以下几点:

1. 市场状况变化

在同样的市场情况下,不同类型基金的表现是不一样的。投资者应根据市场情况的变化,适时调整投资品种,获得最佳投资收益。基金表现的历史数值的考察很必要,对目前基金净值的考察也很需要,或者说更为迫切。

2. 注意基金净资产值和投资组合的变动

投资者应当密切关注基金净资产值的变动情况,并和市场的整体状况和其他同类型基金的表现进行比较,看自己选择的基金是否表现较好。同时,投资者也应当从基金公布的投资组合来判断基金在投资范围和比例方面,是否符合基金事先的承诺,保证基金的投资风险得到控制,基金的资产得到充分运用。

3. 注意基金投资政策的变化

基金投资者根据自己的投资目标和基金在公开说明书中载明的投资目标,选择适宜的基金进行投资。但有可能在某些时候通过法定程序改变自己的投资政策,或通过改变基金的投资范围,使基金的实际投资政策发生变化,基金投资者应密切关注这方面的变化,观察是否和自己的投资目标仍旧符合,并判断是否需要重新决策。

4. 注意基金管理人的变动

基金管理人的水平决定了基金的业绩,基金管理公司的整体实力和以基金经理为首的投资团队的状况如何,非常重要。基金管理公司和基金经理的变更,不可避免地会影响基金的业绩,因此留心基金管理人的变动情况相当重要。在新的基金管理人上任时,要对其以往的业绩进行评估,作出正确的投资决策。

九、保本基金

2004年2月16日,国内首只保本基金——银华保本增值基金,在建行各大储蓄网点一露面,就在北京、河北、山东、山西、陕西、福建等地区出现了排队认购现象。当天有超过15万户投资者认购该基金,其中97%以上为个人理财者。随之,南方避险增值基金也成功发售和运营。此后,由证券公司、信托公司、银行等机构推出的保底理财计划,在市场上波澜频起。目前究竟有哪些保底理财产品值得投资,哪些风险更小、收益更高,就更值得大家关注。

银华保本增值基金发行当天就售出了409亿元,创下开放式基金单日发售量之最。据银华基金管理公司的电话抽样调查显示,有八成投资者属于首次购买开放式基金。银华保本增值基金的热销,秘诀就是"保本"。所谓"保本基金",是指在一定的投资期(如3年或5年)内,通过投资低风险的固定收益类金融产品,为投资者提供一定比例的本金安全保证;同时,通过其他一些高收益金融工具(股票、衍生证券等)的投资,为投资者提供额外回报。银华保本基金的"保本",不只是保证本金,而是"保本保息"。既保证投资者在投资期内的本金风险,同时确保投资者的投资收益不低于银行同期存款利率。具体来说,只要在发行期内购买该基金,并持有3年期满后,就可以获得100%的本金安全保证,同时包括相当于3年期定期存款利息(免税)。一旦银行利率发生变动,保证利率也会随之调整。

保本基金除了像银行存款一样安全有保障,还具备更高的预期投资收益。在控制本金损失风险的前提下,可以通过积极策略进行灵活投资,力争最大限度地获取基金资产的增值。但保本是有条件的,银华保本基金采取了"限时"发行的方式,即只对发行期内购买基金的客户提供保本,发行期结束后投资者再购买这个基金,不享受保本条款。

另外,保本基金只有在投资者满足相关条件下,才"保证本金不受损失"。该基金以3年时间为一个保本周期,投资者必须持有该基金满3年才能得到"保本"的承诺;在保本期内赎回或申购,均不受该承诺的约束,此时若出现基金净值低于"面值+费用"的情况,基金管理人将不补偿持有人的损失。

有的保本基金属于半封闭式品种,为了保持基金规模的相对稳定,对赎回作了一定的限制。如南方增值避险基金每周仅在星期一开放一次,如该日为非证券交易日则不开放。由于市场行情变化莫测,基金的净值在一周之内可能发生较大变化,持有人有可能因此蒙受一定损失。银华保本增值基金则提高了基金的流动性,规定投资者可在任意一个交易日办理赎回。

保本基金在投资范围上与债券型基金有类似之处,但费用相对高出许多,赎回费率也较其他基金高两个点左右。如南方避险的管理费率是1.2%,而债券型基金的费率通常为0.8%。相比之下,银华保本增值基金赎回费率较低,且呈逐年递减。一年之内赎回费率为1.8%,一年之上两年之内为1%,两年以上三年之内为0.5%,三年保本周期到期时,赎回费率为零。

与证券公司、信托公司、银行等机构推出的保底理财计划相比,保本基金只能保本而不能保证最低收益,对那些担心风险又想追求投资收益的投资者,特别是以定期储蓄为主的投资者,还是有一定吸引力的。

十、基金组合

基金的投资中,注重基金投资与其他投资产品的组合,对防范风险,提高投资的收益率等，都有较大的功用发挥。以下对此以简单评介：

（一）货币基金＋银行信用卡

采用这种理财方法，消费者在利用信用卡透支购物时，可以获得一定时间的免息，通常为20～60天。信用卡暂时还没有收取年费，或是每年只需刷卡消费几次就可以免收年费，消费者可在免息期内无偿使用这些透支信用额。

透支部分可以用来投资，理财专家认为把这部分钱投资在低风险货币基金或债券基金上比较划算，年收益率可以达到2.5％左右。上半年货币基金年收益率为2.8％，近期年收益率有所下降，为2％左右，但远高于活期存款0.58％的税后收益率。货币基金没有申购、赎回费用，赎回也十分方便，一般只要提前2～3天预约就可以赎回，万一出现信用卡还款压力增大，投资者也可以及时收回投资归还银行。

（二）货币基金＋股票投资

这种理财组合是一种经典的保本资产和风险资产组合。2005年6月底，货币基金规模已经达到1803亿元，占基金总额的一半左右。低风险的货币基金或债券基金认购十分火爆，已成为投资者保本资产的首选。

理财专家认为，在保守型资产配置中，理财市场著名的“二八原则”应用在股票投资和货币基金组合理财中十分合适。即把两成资产投资在股票上，八成资产投资在货币基金或短期债券上。万一股票出现投资损失，也可以用低风险基金的稳定收益弥补。

据有多年基金理财顾问经验的专家建议，投资者也可以模仿保本基金的操作方式，合理分配股票和货币基金之间的比例。保本基金根据对股市的判断设定一个投资放大倍数，用来确定投资在股票市场的比例。

理财专家建议，投资者可以参照南方避险增值基金的投资比例，设定放大倍数，“二八原则”其实就是把放大倍数设定为4。如2005年第一季度南方避险股票和债券投资比例为20∶76，投资者可以设定放大倍数为3或4，投机者可以设定为5或6。

（三）股票基金＋记账式国债

这种理财组合是风险承受能力略高的常见股票基金投资组合，是将精心选择的优秀股票型基金再加上记账式国债投资，既可以躲避股票型基金投资带来部分的风险，又可以在流动性上更加灵活。

理财专家建议，股票型基金投资策略不同，基金间的投资收益和风险也有很大差别，投资者的重点应该放在挑选基金公司和具体基金上。2005年上半年，在市场行情不好的情况下，仍然有广发基金、诺安基金、易方达基金、景顺长城基金、上投摩根等基金公司的股票基金大量盈利。选择记账式国债和股票型基金搭配，主要是考虑到记账式国债流动性好，交易途径多，运作成本也相对较低。万一资金紧缺，投资者可以先从记账式国债中套取资金，最后再选择从股票型基金赎回。

（四）债券基金＋股票投资

这种理财组合是一种综合考虑收益的中等风险投资组合，债券市场行情曾经涨势如虹，债券基金收益率在所有基金中最高，净值平均增长率达到3.09％，收益率也达到4％左右。

理财专家建议，投资者可以在选择债券基金的同时投资部分股票，两种资产组合有天然收益——风险平衡优势。债券基金主要投资在长期国债、企业债、金融债和可转债四个方面，四种资产受不同行情的影响，组合起来具有良好的稳定性和流动性。此外，债券基金的管理费率和申购赎回费率也较低。

关于两种资产的投资比例，基金理财专家表示，主要看投资者的风险承受能力。如果投资者不愿承担太大风险，只求较为稳定的收益，可以简单按照“二八原则”。如果投资者风险偏好，水平较高，短期或中长期看好股市，可以多投资一些资金在股市上。

第二节 私募基金

委托理财及由此而来的私募基金，目前正作为一种高级理财形式，受到社会公众的关注。什么是私募基金？由此而产生的收益、风险应怎样界定，权利义务责任应如何体现？它对传统的理财形式将带来哪些方面的改变？这些都是应当引起深入研究和认真对待的。

一、私募基金的含义

(一)私募基金的含义

私募基金作为一种投资理财工具，在国外已有很长的发展历史。它是一种重要的非公募资产的管理形式，起源于传统的私人银行业务，是市场经济向较高层次发展的必然产物。相对公募基金而言，这是通过非公开方式，面向少数个人或机构投资者募集而设立的投资基金，与公募基金的最大区别在于募集方式的不同。基金管理者或基金发起人利用自己的信息优势和人才优势，向具有一定规模的特定机构投资者或自然人筹集资金，用于证券市场或实业投资获取收益，并根据确定好的原则进行利益分配和风险分担。它的销售和赎回都是基金管理人通过私下与投资者协商进行，又可称为向特定对象募集的基金。

我国的私募基金有两种，一是基于签订投资合同的契约型集合投资基金，二是基于共同出资入股成立股份公司的公司型集合投资基金。

根据以上定义可以看出私募基金实质上是一种组织安排较为特殊的共同基金，打个形象的比方，它就像是“富人投资俱乐部”。相比之下，公募基金便是“大众投资俱乐部”。由于私募基金的特殊组织结构，它得以逃避现行法律的严格监管，从而衍生出与公募基金迥然不同的诸多特征。

(二)私募基金发展的经济社会背景

私募基金作为一个全新事物，在国内的异军突起引起市场的密切关注，有关人士敏锐地觉察到这将对我国的资产管理业、资本市场乃至金融市场产生极大的影响。为了加深对私募基金产生的必然性的理解，在此对我国私募基金的成因作出简单分析。

随着我国中产阶级和富有阶层的不断扩大，现代金融投资意识深入人心，投资需求会越来越大，在追求资金安全性的同时，也开始追求相应的收益性。部分人凭借努力劳动或其他合法手段积聚起巨额财富，但因缺乏投资经验或时间精力等，便委托私募基金代为理财。这种专家理财工具的风险性小于股票、期权、外汇等投资工具，收益性又大于银行储蓄，能较好地满足高收入者追求高收益、低风险的投资需求。在我国金融体系还不能提供足够多的投资工具的条件下，资金提供者缺乏现代投资理财技能，私募基金作为一种金融创新应运而生。

随着股票市场的快速发展，上市公司迅速增多，自实施宏观调控以来，经济增长一直保持在较平稳水平上，出现了买方市场和通货紧缩、市场疲软。某些上市公司通过发行股票募集来的资金找不到好的实业投资机会，也通过专家委托理财重新进入了股市。

商业保险和社会保险事业的发展，有关保险机构集中了相当数量的保险基金，这种资金在用于保险事业的同时，部分闲置起来，希望投资于流通性较好的市场品种，以实现保值增值，从而更好地服务于有关保险事业。

（三）私募基金的投资对象

私募基金的投资对象通常包括股票、债券、期货、期权、认股权证、外汇、黄金白银、房地产、信息软件产业以及中小企业风险创业投资等。根据上述投资对象，私募基金大概可以分为三类：

1. 证券私募基金

这是以投资证券及其他金融衍生工具为主的基金。这类基金的投资组合基本上由基金管理者自行开发，发起设立为开放式私募基金，可以随时根据投资者的要求结合市场的发展态势，适时调整投资组合和转换投资理念，投资者可按基金净值赎回。它的优点是可以根据投资者的要求量体裁衣，资金较为集中，投资管理过程简单，能够大量采用财务杠杆和各种投资形式，收益率比较高等。

2. 产业私募基金

该类基金以投资产业为主。由于基金管理者对某些特定行业如信息产业、新材料等有深入的了解和广泛的人脉关系，可以有限合伙制形式发起设立产业类私募基金。基金管理者只是象征性支出少量资金，绝大部分由募集而来。管理者在获得较大投资收益的同时，亦需承担无限责任。这类基金一般有 7～9 年的封闭期，期满时一次性结算。

3. 风险私募基金

投资对象主要是处于创业期、成长期的中小高科技企业权益，以分享它们高速成长带来的高收益，特点是回收周期长、高风险、高收益。

二、发展我国私募基金的意义

尽管私募基金在我国的发展是鱼龙混杂，但健康、正当的私募基金对我国的经济社会生活和理财，已经起到和正在起到积极的作用。

（一）促进我国基金业的发展

私募基金的出现，扩大了居民在投资方式上的选择途径，增加了市场的投资品种，基金管理公司的业务范围将有所拓展。2000 年年末，投资基金立法讨论会上提出的草案显示，未来的基金管理者不仅可以由基金管理公司担任，其他一些符合条件的机构如投资咨询顾问公司也可以担当基金管理人。私募基金作为市场中一个公开公平的竞争对手，将大大地强化基金业的同业竞争，促进公募基金的规范运作与业绩追求，有利于提高基金业的总体业务水平和理财能力。私募基金有效地解决了基金发起人和经理人的利益机制问题，将有助于培育、造就、锻炼一批投资人才，提升整个中国基金市场的水准。

（二）满足社会上中产以上阶层的投资者需求

私募基金与委托理财、共同基金在目标客户的选择上各有侧重：委托理财一般面向资金超过 2000 万元的投资者；共同基金的主要服务对象是中小投资者；私募基金则倾向于选择拥有资金在 100 万～2000 万元之间的客户。以往 100 万～2000 万元规模的投资者一直是资产管理业务的盲区，通过私募基金的形式，能够更好地拓展这个层次的客户，提高社会上中产以上阶层资金的使用效率。

(三)强化利益约束和激励机制

公募基金存在的最大问题是基金的发起人、经理人、托管人、投资人四个利益主体严重缺位,特别是对基金经理人的利益约束软化,缺乏激励机制。私募基金的出现,将在一定程度上改变公募基金中投资人与基金管理者的委托代理关系,基金的发起人和管理者一般是以自有资金来投入基金管理公司,基金运作的成功与否与其自身利益直接相联,从目前国际通行的做法来看,基金管理者一般要持有基金3%～5%的股份,一旦发生亏损,管理者拥有的股份将首先被用来支付参与者,从而有效解决公募基金中存在的利益主体缺位的问题,有利于强化基金业的财产约束机制和利益激励机制,将推动更成熟、更理性的机构投资者群体的加速形成。

(四)有助于稳定市场,抑制过度投机行为

目前我国证券市场仍未改变传统的政策市格局,过度投机行为依然存在,包括投资基金在内的部分机构投资者,也未能起到稳定市场的作用。私募基金产权关系明晰,利益约束硬化,激励机制透明,决定了以稳健经营、长线投资、价值发现等为操作理念,以投资组合为基本方式,以长线持有为主要手段。同时,私募基金必须有好的业绩,得到广大投资者的认同才能进行扩募,如发生违规受到处罚,将会严重影响其声誉,从而决定了其必须稳健经营。目前我国私募基金规模有数千亿,将其由地下状态转为地上状态,纳入法治化轨道,可能会形成我国证券投资市场的第三种势力,改变目前以个人投资者为参与主体的格局,从而增加市场容量,提高理性投资成分,推动市场健康发展。

公募基金更多地类似股份有限公司,私募基金则更多地类似于有限责任公司。由于每个人的资金在私募基金中都占有相对可观的份额,使得这些资金的产权属性比公募基金的中小投资者更加突出,有利于塑造社会的产权意识,有助于资金的增值冲动。

三、私募基金的特征

将私募基金与公募基金相对比,可以很容易地看出其存在的特征:

(一)筹资方式

私募基金是通过私下发行基金股份或基金收益单位来筹集资金。如在美国,共同基金和退休金等公募基金,一般是通过公开媒介做广告来招揽客户,而私募基金(如典型的对冲基金)则被规定不得利用任何传播媒体做广告宣传,其参加者主要是通过在上流社会获得的所谓"投资可靠消息",或者直接认识某个基金管理者的形式加入。美国私募基金得以长盛不衰,重要原因是信用程度高。基金管理人凭着多年经过印证的投资经验,以其在业内的品牌、信誉和投资理念,吸引到一批有雄厚资金的投资者,双方的合作基于一种信任和契约,很少出现道德风险。

(二)杠杆交易

私募基金可以投资金融衍生工具以管理资产作抵押从事借贷活动,发挥杠杆交易的效应,而公募基金不可以使用杠杆交易。

(三)筹资对象

私募基金募集的只是少数特定的投资者,圈子小,门槛高。在美国,具有非常严格的规定。而公募基金则主要面向广大不确定的散户投资者。

（四）投资要求

私募基金投资者可以与基金发起人协商，共同确定基金的投资方向及目标，而非由基金发起人单方面决定。这样私募基金更注重特定投资者的需求，而公募基金的投资者则没有这方面的特殊要求。

（五）法律监管

私募基金比公募基金宽松得多，在信息披露和投资限制等方面都比较宽松，更多的是依靠委托人和管理人之间的契约来调整，而不像公募基金那样通过细致烦琐的法律条款规制。

（六）投资灵活性

私募基金的投资者可依据自身的风险承受能力和收益预期变化，来要求管理者调整投资组合，公募基金的投资者却没有这种灵活性。

为了更清晰地看出私募基金的特点，特制作表 6-1 以示两者的对比：

表 6-1 私募基金与公募基金的特征比较（美国）

	私募基金	公募基金
投资者人数	严格限制。美国证券法规定，参与者人数由 100 人扩大到 500 人，参与者的条件是个人必须拥有价值 500 万美元以上的证券资产	无限制
操作	无限制。投资组合和交易受限制很少，主要合伙人和基金管理者可以灵活自由地运用各种投资技术，包括卖空、金融衍生工具和杠杆交易	有限制
监管	不监管。投资者主要是少数十分老练而富有的个体，自我保护能力较强	严格监管。大众投资者的经验及资金实力较弱，自我保护能力差
投资机构	私人投资体	公众投资公司
投资金额	限制	无限制
投资战略	不限制	限制
专业化程度	很高	相比逊色
筹资方式	私募证券法规定它在吸引顾客时不得利用任何媒体做广告	公开大做广告以招徕顾客
能否离岸设立	可以设立离岸基金，以避开美国法律对人数限制和避税	不能离岸设立
信息披露程度	不用披露财务和资产状况	信息公开
基金管理者报酬	佣金＋提成。获得所管理资产的 1%～2%的固定管理费，加上年利润的 5%～25%的激励费	一般为固定工资
管理者参股	可以参股	不参股
投资者抽资规定	有限制。大多数基金规定股东如抽资必须提前 30 天到 3 年通知，时间不定	无限制或限制很少
规模大小	规模相对较小，但增长迅速	规模大，全球资产超过 7 万亿美元
业绩	较优。远高于一般的退休基金和共同基金，是今天投资环境中最强有力的投资形式	相比逊色

综上所述，我们发现中国私募基金存在下述几个特点：(1)地位的半合法性；(2)资金来源的广泛性，包括金融资金、国有企业资金、上市公司募集资金、民营企业资金、个人资金；(3)基金管理者性质的复杂性，既有金融机构又有非金融机构，还有个人；(4)投资收益的保底性；(5)运作模式的多样性；(6)规模庞大性；(7)操作手法的“黑箱”性和违法违规性；(8)风

险的隐蔽性和系统性。

四、我国私募基金的组织形式

目前，我国具有私募证券投资基金性质的“地下私募基金”的组织形式多种多样，如果按基金的要求进行衡量，其中一些还不能算作基金。但考虑到特殊的环境，一旦条件成熟，它们将来很可能演变成真正意义上的私募证券投资基金。这些“地下私募基金”主要有如下几种组织形式。

（一）个人委托

私募基金最简单、最原始的形式是亲朋好友之间的委托。某人炒股小有心得，亲朋好友便把自己的闲散资金交给他去炒股，这是私募基金的雏形。

（二）经纪人

经过10多年的快速发展，证券业为私募基金培训了一大批专家队伍，和私募基金有某种形式类似的是“经纪人”。从1999年中期起，大量证券公司的从业人员纷纷跳槽出来自己做业务，其中不乏券业精英，这些人专业知识稔熟，市场营销经验丰富，客户关系密切，在市场上具有一定的知名度，有的就是原先券商的操盘手。同时市场中又大量存在着想把闲置资金运转起来，但对投资市场又不太了解的投资者，这些投资者就照着这些经纪人的指点操作，或者干脆几个人凑钱委托经纪人操作。经纪人的业绩往往不俗，这些“精英型”基金在市场上也颇受追捧。目前上海几乎所有的营业部均有几位较为成功的“经纪人”，根据交易量的大小，他们每月可从营业部获得数千元乃至数万元的佣金。不过，营业部对外一般不承认有“经纪人”的存在。正是由于我国的“地下私募基金”极大程度地适应了当前的市场需求，虽然发展时间短，但速度非常快。

（三）理财“工作室”

“工作室”是目前最公开、最常见的私募基金。以较有名气的股评人士或研究人员命名的各类“工作室”，大部分负责给客户提供详细的市场操作计划。而且，随着资金量不同有较大差异，表现为所谓“金牌会员”、“银牌会员”等。一般地，进入“工作室”所要求的资金量门槛并不高。在深圳，一些著名咨询机构下的“工作室”，只要有50万元就可以达成合作的口头协议。正因为资金量不是太大，一些客户提出了较高的年保本收益率，这一数字目前一般为20%左右。至于“工作室”的收入，大多数并不直接向客户收取，而是由“工作室”与客户进行交易的证券营业部进行协商，从交易佣金中提取。据了解，在客户所付的佣金中，“工作室”通常能拿到20%的分成。

和“经纪人”不被人承认相比，有“执照”的证券咨询机构至少可以自己的真名示人。它们公开的业务是成立“工作室”，招收会员，许多没有“执照”的咨询机构同样也或明或暗地开设“工作室”。例如，上海金汇是一家有“执照”的证券咨询机构，他们设立了“哈老板工作室”，每天向会员提供操作建议，价格是每月1500元会费。为了取得客户的信任，他们还投入50万元的自有资金参与实盘操作，以建立更加实在的信誉。

“工作室”现在还仅仅是私募基金的雏形，重要的是，它将来发展的空间相当大，很可能成为未来私募基金的重要基石。

五、我国私募基金存在的问题及风险

我国私募基金其运作方式与现有的法律法规存在诸多抵触的地方，《证券法》、《信托法》

都没有对私募基金的定义、资金来源、组织形式、运作模式等作出明确的规定，其有些做法是不合法的。如二级市场投资基金明显违法的是保底收益率问题，在《民法通则》与《证券法》、《信托法》的有关规定中，立法从来是否定保底条款的。

股市的快速下跌，与央行查处银行信贷资金违规进入股市而导致私募基金大面积撤资有关。如私募基金或委托理财业务出现大面积亏损，私募基金的托管人就会因没有完成承诺的保底收益率或导致客户资产的损失，而惹出大量经济纠纷。由于私募基金的托管人，如投资顾问公司、投资管理公司及投资咨询公司的注册资本金大多低于100万元，根本就无力承担上述损失，因而只能关闭了事，这就会危及社会信用基础。

我国私募基金衍生出上述诸多问题，有些人便视之为洪水猛兽，主张对之严加禁止。这种因噎废食的看法是不足取的。正如前所述，私募基金的存在和发展是有其客观原因的，是我国经济发展到一定阶段必然会出现的现象。作为一种经济运行的方式、手段，我们不能主观地加以排斥，不能像“泼洗澡水把里面的孩子也一起倒掉”，而应该借鉴发达国家的成功经验，因势利导，兴利除弊，以控制风险为前提，积极稳妥地发展我国的私募基金业，并将其负面影响降至最低。

第三节 私募基金运作

一、我国私募基金的运作方式

私募基金按其投资方向分为一级市场申购基金、二级市场投资基金及国债投资基金。

（一）私募基金在一级市场的投资运作方式

一级市场申购基金是指银行或证券公司集合大众投资资金，利用私下购得的大量个人股东账户，通过批量申购新股，赚取无风险新股申购平均收益率的基金。这种基金最早由中国银行推出，其他银行和券商为了争取储户、存款和客户保证金，也纷纷效仿。这种基金没有保底条款，但有明确的投资方向和运作方式，新股中签卖出后的收益随时划转到客户的个人账户上，客户也可随时中止委托，因而具有很大的灵活性。同时，这种基金能够获得新股申购的平均收益率，在前几年新股申购收益率一直保持在两位数的情况下，吸引了大量的个人储蓄资金加入，出现了新股申购冻结资金屡创新高的现象。一级市场申购基金的管理者收益一般来自于基金收益的一定比例，一般是10%。

（二）私募基金在二级市场的投资运作方式

二级市场投资基金是指专门投资于二级市场股票的基金，合作方式主要有保本保息分红、固定比例分红等。一般保底收益率达到10%以上。私募基金在二级市场的投资运作方式主要有以下几种：

(1)委托者自行开户，然后全权授权受托者运作，资金账户由委托者自己保管，股票账户由受托者管理，期限一般在半年以上，在委托期内，委托者可以定期查阅自己账户的市值，但是不能知道自己的投资组合，也不能取款。这种方式一般适用于券商的资产管理业务。

(2)委托者与受托者共同出资成立一家合资公司，以合资公司名义进行运作。基金管理人出10%～30%的保证金，与委托人的资产合在一起运作，一般是市值下降到管理人的出资限额为止平仓,保护委托人的资产安全。基金收益亦根据业绩按比例提取。一般的比例是:收益在10%以下,没有提成;收益在10%~30%,基金管理人提取利润的10%~15%;30%以上的提取比例可大幅提高。基金管理人基本上不出或象征性地出小数额的保证金。承诺的固定收益高达10%~30%或更高,基本上没有管理费,其收益从年终基金业绩中按比例提取。

(3)委托者自行开户,由受托者在委托者账户中存一定比例的保证金或股票作抵押,如10%,然后全权委托受托者操作,委托者随时监控,当市值下跌一定比例时,受托者应追加保证金,否则,委托者可强行平仓。这种方式适用于非金融机构和那些有较可靠内幕消息或者有较高操盘水平的个人,非金融机构或个人信誉有限,他们要想取信于人,让他人的股票账户归他们操作,必须存入一定比例的保证金或股票才能合作成功。这种操作方式一般要有券商负责监控或做中间人,以保证协议的履行。

(4)委托人自行开户,受托者负责提供投资咨询,口头承诺收益率,收取会员费或咨询费,同时赚取券商的返佣。这种方式适合证券投资咨询公司。二级市场投资基金一般都有保底收益率,其保底收益率一般为10%~12%之间。

二、私募基金发起人和管理人资格

(一)私募基金发起人和管理人的资格

一只标准的美国私募基金,其业务所涉及的各种角色包括发起人或创办人、投资顾问、基金经理、投资经理、基金行政官、首席经纪人、交易经纪人等。要成为私募基金的发起人和管理人,必须具备以下资格和条件:

(1)具有较强的资金实力和抗风险能力,同时按照注册资本和净资本的大小来核定其募集基金的最高限额。

(2)有固定的经营场所和必要的设施。

(3)有良好的经营业绩,近几年连续盈利,平均盈利率应比较高。证明发起人和管理人经营业绩的根据,是看以往发生的真实合法的交易记录,或具有相应资质证明。

(4)具有良好的信誉和职业道德,至少近三年以来没有任何较大的违规经营活动,没有受过处罚。

(5)具有足够的符合基金管理的专门人才。

私募基金的管理者既要具有丰富的投资分析经验,同时还要具备一定的专业技术。当然资格和条件应当是动态的。私募基金如管理得好,连续几年都让投资者感到满意,信誉提高,经过一定的认定程序,可以提高该私募基金的信誉等级,并相应提高委托管理资产的倍数。反之,就应该降低其委托管理资产的倍数,甚至取消其资产委托管理资格。私募基金的管理资格不应是垄断的,而应是竞争性的。这样才能吸引更优秀的管理者来参与。基于这样的考虑,证券公司、大型投资咨询公司和资产管理公司等,是我国私募基金的发起人和管理人的最佳候选人。

(二)严格限制私募基金的投资者资格

私募基金可以按投资者的要求专门制定特殊投资方式,并根据市场变动调整相应的投资策略,运作周期较长,再加上其操作的非公开性,投资者的投资风险是比较大的。许多大投资者的自我保护意识很强,利益也不易被损害。相反,中小投资者的自我保护意识相对较弱，且缺乏自我保护的能力及有效手段。因此，必须严格限制私募基金的投资者的资格。

国外的法律制度较为完善，设置投资下限以筛选出具有较大风险承受能力的投资者。但许多人的收入来源于多渠道，且一般不愿意出示收入证明。此外，为了达到规定的较高投资下限的要求，一些投资者会联合起来，以其中某个人的名义参与私募基金的投资。因此，规定投资下限以限制"具有一定风险承受能力"的个人与机构才能投资私募基金的初衷，将难以达到，最终导致风险的积聚与爆发。所以，要采取有效的措施严格限制私募基金的投资者资格。

具体来说，对私募基金的投资者有三个最基本的要求：(1)具备较高的风险承受能力，即具有较强的经济实力，合格投资者的最低出资额应该很高，才更具有自我保护能力，才更有积极性去进行自我保护；(2)掌握相关投资信息和必要的专业知识，对私募基金的投资方向及其管理者具有一定的认知性，要有所了解；(3)投资者资金来源应合法合规，严禁集合投资的方式，避免这种群体个体化效应，使部分投资者风险加大和纠纷产生。

三、私募基金理财的收益风险承担机制

私募基金的经营获益会达到多大，私募基金与客户的收益风险机制如何确立，谁来承担风险，获取收益如何分配，都需要给予大力研究。

(一)客户与私募基金的利益关联

私募基金业务能否得到较快发展，关键在于客户对私募基金的认同及私募基金的运作业绩。私募基金业务能否顺利发展，在于私募基金与客户之间有关理财业务的收益、风险、损失的权责利承担机制的建立。私募基金为客户打理钱财的主要方式，显然不会是储蓄存款、购买国债那样简单，也不可能是期限长、名分确定的养老金保险，大多的情形下只能是购买股票等高风险高收益的金融产品。理财是一种收益高、风险大的业务，大家有这个要求，也主要是在寻求收益高、风险大的股票投资领域。如只是一般的储蓄存款、国债投资业务时，客户也不必要寻找私募基金，自己直接操作即可。

投资股票的风险很大，如投资的结果是盈利，且盈利幅度很高时，自然是很不错。双方是一方出钱，一方出智，双赢互利。客户应得的基本收益、风险收益，私募基金应当享有的代理回报都有了着落。或者除了这些基本收益外，还有一笔额外投资收益可在双方间予以分配，这种分配比例应是较容易确定的。但若投资的结果是亏损，且亏损数额又较大时，不仅客户应得基本收益、风险收益全无着落，本金也受到相当损失。私募基金理财机构白白付出劳动不说，还将发生严重亏损，且还可能要赔付一笔钱财，这是大家不愿看到的，却又是不可避免。这就迫使私募基金小心谨慎，精心打理客户委托的钱财，防范可能发生的危险，最终得到较好的结果。

(二)客户与私募基金的亏盈分担与分享

股票投资等理财事项，众所周知是要冒极大风险，即使是专家亲自打理，也难免不会发生失误。这时，投资风险应当如何分配，发生损失又应如何承担呢？私募基金与客户的关系处理中，事先的责任分工、收益分享分担的条款制定完善，是非常必要的。否则就容易出现种种问题。不只是私募基金理财亏损时容易出问题，即使在私募基金理财发生盈利时，也会因双方的收益分享问题发生种种争执，或最终导致这种受托或委托经济责任关系的完全解除。另外，客户寻求私募基金代为理财，这笔费用又应支付多少，如何支付呢？这一收益、损

失、风险应当如何在客户和私募基金之间建立一种收益共享、风险共担、责任共负的新型机制，这种亏盈分担与分享的内容与形式又可以分为以下四种：

1. 手续费

客户按年度、按私募基金额度的大小，缴纳一定比例的理财手续费。如每 10 万元 1 年缴纳 2000 元等。当然也可以制订一个理财额度的基数，如至少 5 万元或 10 万元，每年度基数若干，如 2000 元，在基数之上，每多 5 万元或 10 万元增加一定额度的费用，如 500 元等。

私募基金为客户打造理财事宜，客户向私募基金支付手续费，自然是理所应当。但理财后的结果不外乎两种，一是亏损，二是收益。这一结果显然是由客户全部承担。但是，如私募基金打理的结果是帮客户赚了一笔钱，且数额为数较大(最少应大于客户向私募基金缴纳手续费，再加该笔钱财若存储银行可得利息收益之和)，这时客户这项委托自然是较为合算。但如私募基金的理财结果是发生亏损，客户不可避免要受到相当的损失：①缴本金受损；②应得利息受损；③已缴纳手续费的受损。而私募基金，不论业绩如何，盈亏高低，却都有一笔可靠且较为丰厚的手续费好拿。这显然是很不公平的。客户承担了全部的风险和责任，私募基金则只享收益不冒任何风险，这显然不符合“公正”原则。

还应防备将大额本金缴给私募基金的风险，存储银行不必防备银行万一破产、本金受损，但将大笔钱财放到私募基金却必须防备有这种风险，尤其是目前社会欺诈拐骗事件还较多、市场经济秩序不够健全的今天，更应注意这一点。

2. 客户享有基准收益，如相当于储蓄存款利息或购买国债利息

客户向私募基金提供钱财，这笔钱财在正常情况下，如只是储蓄存款或购买国债做很简单地打理，会得到一笔基本收益。现在将钱财交给私募基金，有权要求最少能获得相当于这一基数的基本收益。余额收益在客户和私募基金之间予以分配，比例如 3∶7 或 2∶8 或其他比例等，即客户拿 20%～30%，私募基金拿 70%～80%的收益。私募基金发生损失时，客户不负担损失和风险。这种方式下，客户不必向私募基金缴纳手续费，也不必承担任何风险和责任，这些风险和亏损是全部由私募基金承担。这种方式显然也有着相当的缺陷。私募基金为避免亏损，可能会变得小心谨慎，不求有功但求无过。

3. 基数收益+收益分成，包盈不包亏

这种模式即私募基金每年度应付给客户一笔相当于储蓄存款或购买国债的利息收益的款项，作为客户的基数收益。如考虑到客户不寻找私募基金时，也都会将钱财存储起来或购买国债，从而取得一定的利息收益。这笔支付是应当的。超额收益则应在双方之间合理分享。私募基金打理钱财的结果，通常都会大于储蓄或购国债的利息收益，剩余部分即可以在私募基金和客户之间加以分配。客户分享这笔额外收益，是因为客户将钱财交给私募基金打理，远比储蓄存款、购买国债的风险要大，如私募基金会出现经营破产、卷逃资本或隐匿收益、向客户提供虚假信息、逃避监管等情形，为此客户在基本收益之外还应得到一笔风险收益。它比储蓄、国债都要冒更高的风险，故此应当得到一笔额外收益。私募基金分享这笔额外收益，是因为他们用智慧和技巧使客户的钱财得到较好的运用支配，在此中付出了相当的知识和努力，故此，应得这笔钱财作为创办私募基金的运作报酬。

4. 收益共享、亏损共担型

客户与私募基金共享收益、共负亏损，益损分享分担比例则大数相同。客户不必向私募基金交付手续费，私募基金也不向客户提供基数收益，而是将双方完全结成一个利益共同

体,有收益共同分享,发生亏损共同分担,共享与共担的比例则可由双方协商确定,如客户60%,私募基金40%,但某方分享收益的比例高时,分担亏损的比例也应较高;分享收益的份额低时,分担亏损的比例也应较低,以体现权利与义务相一致的同等原则。客户享有30%收益时,即分担30%亏损,反之也一样。但客户亏损最高不能超过本金某一比例,如10%或20%,如超出,客户承担基准亏损,剩余亏损全部由私募基金负担;如实际亏损不到基准亏损时,则由双方共同承担亏损。

理财收益共享、亏损共担的分配模式,应当是最好的。如此做的目的是:①减轻客户的承担风险,保障其最基本的收益;②同时保证私募基金的合法权益,在私募基金保障客户利益的基础上,保障私募基金的合法权益;③条款事先制订清晰,并可就收益亏损分担比例及其他订出多种方案,由客户作出选择(愿冒险或不愿冒险的不同客户会作出多种选择,各取所需)。如此多选择配合方案之后,也使私募基金的风险降到最低。

后三种收益分配的形式,又可以概括为:①客户固定收益(基数收益+几个点的风险收益),风险由私募基金承担,客户不承担损失,最少要拿到基数收益;②私募基金固定收益,客户按年向私募基金缴纳固定费用,作为私募基金收益,客户承担全部风险;③收益共享,风险共担,损失共承担,这期间又具体包括收益分享,风险共担的各种比例。

四、投资收益或损失的认定

在私募基金理财的模式下,客户要得到的收益为正常储蓄存款、购买国债的收益,再加上交给私募基金代为理财所冒风险的收益。私募基金要得到收益,可表现为:①私募基金为客户打理钱财,要耗费大量的人力物力,支付各种费用并向国家纳税,且私募基金的人员都是具有较高专业知识技能的专家,付出劳动理应得到较高的回报。私募基金本身的各项费用消耗(主要是工资)也应得到相应的弥补。②私募基金为客户投资理财应获得一定收益。

私募基金如欲取得较高的收益(收益主要是依靠向客户提供优良的投资理财服务得到),需要从以下方面着手:

(1)客户的数量。私募基金能否拉到较多的客户,并持续增长,这需要以良好的社会形象、较低廉的收费标准、优质的服务内容来吸引客户,并保持对客户的长久吸引力。

(2)客户拥有的资本数量。既要想方设法拉到一些实力雄厚的大客户,为大客户提供重点服务,同时也不能放弃小客户这个基本服务群体。

(3)私募基金的理财技能及服务成果。如服务成果为负效益时,显然客户数量越多,资本拥有越大,发生亏损、承担责任就越大。

如何认定收益或损失看似很简单,客户年初给私募基金交付20万元,到年终只剩余18万元,是亏损2万元,到年终剩余25万元,是盈利5万元(炒股费用及印花税成本应全额扣除)。但为合理计算亏损盈余,似乎还应当考虑该年度股市大盘的形势如何,是大涨还是大跌,或是不瘟不火,用当年度股市大盘指数的升高降低来定出亏损收益,也需予以考虑。比如社会经济生活的预期发展前景,或直接地说投资股票时股指的涨跌状况,与本私募基金的业绩状况相比较。一般而言,专家理财应优于一般人员理财,私募基金理财业绩总是要跑赢大势才可。如年初到年末的股市指数上升10%,私募基金理财收益明显地也应当大于10%;如该年度股市指数是下跌10%,是否就一定要强求私募基金的投资结果出现收益,或至少是不能出现亏损,否则就要私募基金包赔损失,显然也行不通。

五、加强私募基金监管

应当统一私募基金的契约，尽量减少投资者的风险。我国的投资者大都缺乏必要的投资和法律知识。如在私募基金诞生初期不设立统一的契约条款，就会使部分私募基金设置一些不利于投资者的条款的契约，从而加大投资者风险。私募基金契约应采用统一格式，内容包括：当事人(包括发起人、管理人、托管人)、基金设立与运作原则、基金投资策略、投资方式和投资方向、基金形式与发售、申购、交易、赎回的时间和程序、当事人的权利和义务、基金的收益分配、托管等费用收取、有关费用分摊、信息披露、基金净值计算、基金终止与清算及违规者法律责任等。此外，在合同契约中，管理人不宜设定高于同期银行利率的最低收益来吸引投资者(一旦承诺不能兑现，容易引发风险爆发)，而应凭借自己的声誉和良好业绩来吸引投资者。

私募基金投资经理按基金章程约定的投资战略，对资金进行投资和集中管理。首先投资经理发出指令，把某些资产从保管员手中转移到首席经纪人。通过首席经纪人，这些资产将投资于市场。投资者如有建议，可及时向投资经理反馈，在这一投资过程中投资者对其定期监督。首席经纪人和保管员将向行政官报告他们的活动，而行政官则把这些活动记录下来，并按季度或年度向投资者递交投资备忘录及审计财务报告，以提供所有有关基金证券及活动的重要信息。

私募基金近年来在我国的大量存在和发展以及衍生出的诸如暗箱操作、内部交易等问题，已引起权威部门和业界人士的极大关注。究竟如何看待私募基金？有关人士彼此间意见分歧较大，莫衷一是。因此，人们对没有将私募基金立法规范内容写入《投资基金法》的做法，也就不感到奇怪了。尽管如此，私募基金在我国的大量存在却是不容否认的事实，有些募集活动的范围还相当广泛。在美国等资本市场比较发达的国家，私募范围越来越活跃，风险资本也绝大部分是以私募方式募集的，私募基金对于这些国家的企业创立和发展起到了重要作用。对我国来说，适度发展私募资本市场，对于一些尚未成熟的高科技企业、难以从正式金融获得资金的民营经济、正式金融力量比较薄弱的广大中西部地区，可能会起到较好的促进作用。即使在正式金融很发达的地区和能够从正式金融获得资金的成熟产业和成熟企业，私募资本也可以其灵活性和低成本争得一席之地。当然，由于私募资本的非正规性和低监管性，存在着较大的风险。即使在美国这样法制健全的国家，以私募方式进行金融诈骗的也不少，所以在适度发展我国私募资本市场的同时，控制风险，防范诈骗是十分必要的。

六、基金投资状况比较

被誉为“懒人理财品”的基金，既可以一次性投入，也可以定期定额、定期不定额、不定期不定额投资。但基金的品种也非常多，货币型、偏债型、平衡型、偏股型、ETF、LOF，等等。如预期的目标收益率不同，风险偏好不同，也可以采用组合搭配的方式来进行。在投入时点上，可以利用一次性投入和定期投入相结合的方式进行，来为舒适退休所需资金“添砖加瓦”。

表 6-2 基金风险偏好与投资目标的抉择

风险偏好	投资目标	备选基金品种
保守型	不能赔钱,超越储蓄及通胀即可	货币基金、保本基金等
稳健型	能够承担较小的风险,期望超越国债的收益水平	债券基金、短期纯债基金等
均衡型	可投资资金期限较长,在一定的风险承受范围内分享股市的投资收益	混合(平衡)基金、配置型基金、债券基金等
进取型	愿意为较高收益承担较高风险,期望的是资产较快增值	股票基金、指数基金(ETF)等

第四节 美国私募基金

一、美国私募基金的运作机制

(一)美国私募基金的法律规定

美国的法律规定,投资于私募基金的投资者必须是"有资格的投资者"。所谓"有资格的投资者"是指:个人投资者必须拥有 500 万美元以上的证券资产,并且最近两年的年均收入高于 20 万美元,或包括配偶的收入高于 30 万美元;如以法人机构的名义投资,则机构的财产至少在 100 万美元以上。在 1996 年 9 月 1 日之前,不多于 100 个"有资格购买者"设立的私募基金不必经过美国证券委员会(SEC)的批准,1996 年 9 月 1 日后,根据美国的《国民证券市场改革法》(*National Securities Markets Improvement Act*)的规定,这一人数限制增至 500 人。同时,SEC 允许私募基金吸纳拥有 2500 万美元以上的机构投资者加入。

(二)有限合伙制的组织模式

美国私募基金大都采用有限合伙制的组织模式,一般由两类合伙人组成。第一类称为一般合伙人(general partner),相当于基金经理,指的是创设基金的个人或团体,处理私募基金的所有交易活动及日常管理。第二类是有限合伙人(limited partner),提供大部分资金但不参与基金的投资活动。在筹划设立私募基金时,一般合伙人通过与有限合伙人签订《合伙人协议》来规定双方的权利和义务。《合伙人协议》是限制和规范私募基金内部关系的基本文件,一般包括内容有:(1)基金的投资目标、策略和风险因素;(2)一般合伙人和有限合伙人的地位;(3)合伙人投资、增资、撤资的规定;(4)激励薪酬的计算细节;(5)管理费用的使用与计算细节;(6)是否允许使用财务杠杆及比例限制;(7)财务年度末分红的相关规定等。

一般来说,《合伙人协议》对一般合伙人进行基金投资目标方面的限制比较空泛,这样基金经理就有足够的灵活性进行投资操作,保证投资活动能够顺利进行。一般合伙人与有限合伙人的地位及是否允许使用财务杠杆等内容,则必须明确。投资者在加入私募基金时,一般都要聘请律师参与《合伙人协议》的签署,以保证签署的协议与自己心中的目标相一致。

私募基金的一般合伙人在前期准备就绪后,就可以出售基金单位。美国法律对私募基金出售的规定非常严格,不允许私募基金进行任何广告宣传。投资者一般通过四种方式参与投资:(1)直接认识某个基金的经理人员;(2)通过其他基金转入;(3)依据上流社会的所谓可靠消息;(4)由投资银行、证券中介机构或投资咨询公司特别介绍。一般合伙人向事先确定的每个潜在投资者,送交包括《合伙人协议》在内的契约文件,向他们提供与有经验的基金管理者进行面谈的机会,或提供投资咨询。最后,与投资者签署《合伙人协议》,吸纳投资者的资金。私募基金便宣告成立。

(三)美国的互助基金

互助基金是由大量个别投资者集中建立用于投资于股票与债券的一种基金。一般互助基金的投资者至少有千人以上,这笔资金通常投资于 50 至 100 种股票或债券。在美国 4000 多万股东中,大约有 1/3 是通过互助基金进行股票投资的,而且这个比例还有增长的趋势。个别投资者通过投资于互助基金的方式,间接地进行证券投资活动。

其优点是:①一般互助基金均投资于多种证券,这样可以有效地分散投资风险;②互助基金一般均由一些有经验的公司来管理(在美国,特定公司代理对互助基金投资进行专业性的投资管理,往往要收取占投资额 0.5%的服务费),这样可以大大提高投资效果。

其缺点是:①互助基金投资往往注意于分散风险,而不采取较为激进的投资策略,因此其经营绩效并非市场上最好的;②由于有些互助基金投资要缴纳较大比例的佣金,因此不慎重选择互助基金往往会使投资者产生较重的费用负担。

互助基金按其额度可变性来分,可分成开口基金与闭口基金两种;按其投资对象来分,可分成股票基金、平衡基金、债券基金、市政证券基金与应税货币市场基金五种。

互助基金总收益为某一互助基金的资产净值的变动值和互助基金投资于特定证券组合所带来的股利(或利息)收入与资本利得之和。假定某一投资者持有某种互助基金股份一年,其所持这种基金股份每股的期初资产净值为 12.00 美元,期末每股资产净值为 13.10 美元,则一年中资产净值增加 1.10 美元。该基金一年中给投资者带来的每股股利为 0.30 美元,该基金投资于某种股票组合给投资者带来的每股资本收益为 0.20 美元,则该投资者该年取得的投资总收益为:(1.10 美元+0.30 美元+0.20 美元)/12.00 美元=13.33%。有些互助基金投资者可能要求互助基金管理公司把其每年所得股利与资本利得收入自动再投资于同类互助基金。这些互助基金投资者投资于互助基金的总收益,为其期初所持该基金股份总价值与其期末所持该基金股份总价值之比。互助基金总收益是评价互助基金投资绩效的综合指标,是投资者进行投资决策的重要依据之一。

二、美国私募基金的运作流程简介

私募基金管理机构的客户部与潜在投资者进行充分接洽,由私募基金管理机构来了解潜在投资者的性质、委托资产的规模、委托期限、收益预期、风险承受能力及其他特殊情况和要求;潜在投资者通过接触来了解私募基金管理机构的资信、业绩历史和业务能力;然后,双方在投资战略上取得共识的基础上签订基金契约,确定各方的权利和义务;而后,投资者在规定的时间划拨资金,私募基金管理机构以基金的名义在银行和证券公司开设独立的资金账户和证券账户,并按约定日期把委托资产转入专门账户。如图 6-1“投资者购买对冲基金股份时的流程图”所示,我们可以看到当投资者向基金进行初始投资的时候会发生什么事情。投资者向保管员支付认购基金的款项,然后保管员向基金行政官确认基金的收据,接下来行政官通知基金向投资者发行股份,以后基金行政官将就投资情况向投资者定期报告。一旦作出了投资决策,基金就准备进行投资。

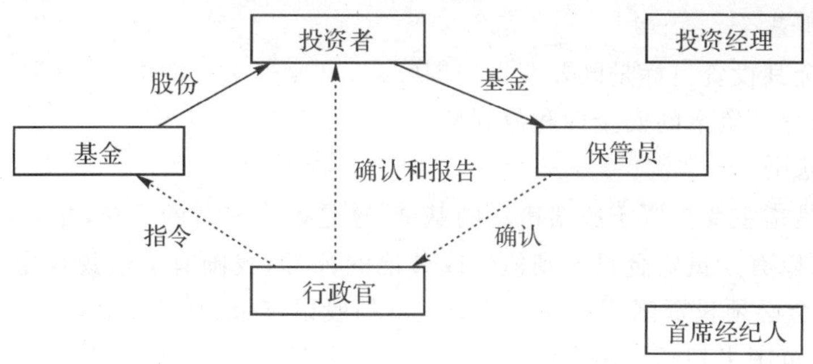

图 6-1 投资者购买对冲基金股份时的流程

资料来源:Stefanso Lavinio“ The Hedge Fund Hand book”.

附录:基金类别

我国的各类基金总共发行有数十种,并随着时间的推移还可能出现新的基金式理财工具。目前主要有证券投资基金、开放式基金、封闭式基金、契约型基金、公司型基金、成长型基金、收入型基金、平衡型基金、公募基金、私募基金、股票基金、债券基金、指数基金、保本基金、交易所交易基金(ETF)和上市型开放式基金(LOF)、货币市场基金、伞型基金、专项基金、偿债基金、政府公债基金等。

基金投资是金融理财中普遍适用的投资手段。基金本身已经满足了分散投资的要求,专业运作可以保证有相对稳定的收益率。对各类基金产品的选择,需要运用投资收益与风险理论,并从基金绩效、基金公司、基金经理、基金说明和发行章程、信托人背景等等角度适当选择。

(一)证券投资基金

证券投资基金指一种利益共享、风险共担的集合证券投资方式,即通过发行基金单位,集中投资者的资金,由基金管理人管理和运用资金,从事股票、债券等金融工具投资。国际经验表明,基金对引导储蓄资金转化为投资、稳定和活跃证券市场、提高直接融资比例、完善社会保障体系、完善金融结构等,均具有极大的促进作用。我国证券投资基金的发展历程也表明,基金的发展与壮大,推动了证券市场的健康稳定发展和金融体系的健全完善,在国民经济和社会发展中发挥日益重要的作用。

证券投资基金的种类繁多,可按不同的方式进行分类。根据基金收益单位能否随时认购或赎回及转让方式的不同,可分为开放型基金和封闭型基金;根据投资基金的组织形式的不同,可分为公司型基金与契约型基金;根据投资基金投资对象的不同,可分为货币基金、债券基金、股票基金等等。

(二)开放式基金

开放式基金是指基金发行总额不固定,基金单位总数随时增减,投资者可以按基金的报价在国家规定的营业场所申购或者赎回基金单位的一种基金。

(三)封闭式基金

封闭式基金是指事先确定发行总额,在封闭期内基金单位总数不变,基金上市后投资者可以通过证券市场转让、买卖基金单位的一种基金。

(四)平衡型基金

平衡型基金其投资目标是既要获得当期收入,又要追求长期增值,通常是把资金分散于股票和债券,以保证资金的安全性和盈利性。

(五)股票基金

股票基金是指主要投资于股票市场的基金,这是一个相对的概念,并不是要求所有的资金买股票,也可以有少量资金投入到债券或其他的证券,我国有关法规规定,基金资产的不少于20%的资金必须投资国债。一个基金是不是股票基金,往往要根据基金契约中规定的投资目标、投资范围去判断。国内所有上市交易的封闭式基金及大部分的开放式基金都是股票基金。

(六)债券基金

债券基金是指全部或大部分投资于债券市场的基金。假如全部投资于债券,可以称其为纯债券基金,例如华夏债券基金;假如大部分基金资产投资于债券,少部分可以投资于股票,可以称其为债券型基金,例如南方宝元债券型基金,其规定债券投资占基金资产45%~95%,股票投资的比例占基金资产0~35%。

(七)保本基金

保本基金是一种半封闭式的基金品种。基金在一定的投资期(如3年或5年)内为投资者提供一定固定比例(如100%、102%或更高)的本金回报保证,除此之外还通过其他的一些高收益金融工具(股票、衍生证券等)的投资保持了为投资者提供额外回报的潜力。投资者只要持有基金到期,就可以获得本金回报的保证。在市场波动较大或市场整体低迷的情况之下,保本基金为风险承受能力较低,同时又期望获取高于银行存款利息回报,并且以中至长线投资为目标的投资者提供了一种低风险同时又保有升值潜力的投资工具。

我国证券投资基金开始于1998年3月,在较短的时间内就成功地实现了从封闭式基金到开放式基金、从资本市场到货币市场、从内资基金管理公司到合资基金管理公司、从境内投资到境外理财的几大历史性的跨越,走过了发达国家几十年上百年走过的历程,取得了举世瞩目的成绩。证券投资基金目前已经具有了相当规模,成为我国证券市场的最重要机构投资力量和广大投资者的最重要投资工具之一。

1999年底,中国基金业的资产规模只有577亿元人民币,到2006年年底,基金资产已达到了6220亿份、8564亿元的规模。截至2006年12月31日,包括53只封闭式基金在内,我国已有53家基金管理公司旗下的321只基金可供投资者选择。开放式基金自2001年推出以来,取得了飞速的发展,截至2006年年底,开放式基金占全部基金资产净值的比重已超过80%。从基金品种看,我国推出了股票基金、债券基金、货币市场基金,还迅速发展了ETF、LOF等品种,并且在尝试QFII、QDII方面也迈出了很大的步子。

随着中国基金业的快速发展,基金在资本市场中的地位与影响力不断提高,对资本市场发展的积极作用也正在逐步显示出来。

第七章　保　险

理财规划师主要是将保险作为一种工具进行风险管理。因此，了解保险的基本原理、技术基础和其他相关知识，就相当必要。我们将在这里予以介绍。

第一节　保险原理

一、风险——保险赖以存在的基础

（一）保险与风险

从风险管理角度看，保险是一种风险管理的方法，或者是一种风险转移机制。这种风险转移机制不仅体现在将风险转移给保险公司，而且表现为通过保险，将众多的单位和个人结合起来，将个体对付风险变为大家共同对付风险，能起到分散风险、补偿损失的作用。

从经济角度看，保险是分摊意外事故损失和提供经济保障的有效财务安排。投保人通过向个人账户存入小额资金，以获得大额保障，从而提高了投保人的资金效益。人寿保险中，保险作为一种理财安排的特征表现尤为明显，因为人寿保险还具有储蓄和投资的作用，具有理财的特征。保险是风险管理的一种重要手段，是发生损失后预先安排的一种经济补偿制度，或是保险人与被保险人间的一种法律关系。

（二）风险控制

风险大小和出现概率决定着控制风险需要花费的时间和资金量，利用保险手段控制风险是较好办法。如果无法利用保险手段控制风险，就需要做更多的工作去控制风险。如保险的途径是现成的且成本较低，那么事前就可能不需要采取什么措施。具体而言，风险控制的应对措施可见表7-1：

表7-1　家庭风险管理方法分类表

风险控制	风险融资
风险回避	保险
风险控制（包括损失预防、损失抑制）	非保险转移
风险单位隔离	风险自留

（三）损失预防和抑制

损失控制技术分为预防和抑制两类，前者侧重于降低损失发生的可能性或损失率；后者侧重于减少损失发生后的严重程度。许多控制措施同时涉及损失预防和损失抑制，如家中安装防火报警器。损失控制技术对家庭风险管理普遍而实用。如开车可通过定期检查汽车制动状况、养成良好的开车习惯，降低汽车事故发生的概率。

风险单位隔离主要是通过分离或复制风险单位，使得任何单一风险事故的发生都不会导致所有财产损毁或丧失。以文件安全为例，我们通常采用文件备份的方式，将重要文件或数据存储于独立于计算机系统的软盘或硬盘上，以免计算机系统遭受病毒感染丢失文档的风险，这就是复制技术。我们还会将这些存有重要文件的软盘、硬盘，分别放在办公室和个人住所，这就是分离技术。

（四）监测风险

风险管理包括的内容不只是保险，人们也不可能只关心一时的风险管理，随着生命周期的变化，大家面临的风险和风险承担能力也会发生变化。这就需要在前期工作的基础上重新确定、识别和评估风险。生命周期发生变化时，如结婚、生子、离婚、孩子可独立生活、退休、丧偶等，这些事情发生时就需要重新考虑风险管理控制计划。即使没有上述明显变化，考虑风险问题也是必要的。有人一年重审一次保险范围，就是个不错的主意。

（五）风险回避或规避

风险融资是通过事先的理财方案筹集资金，以便对风险事故造成的经济损失进行及时而充分的补偿，其核心是将消除和减少风险的成本分摊在一段时期内，以减少巨灾损失的冲击，稳定财务支出和生活水平。

1. 风险回避

风险回避是一项有意识的避免某种特定风险的决策，直接采取措施回避风险，或者不去做可能导致风险的事情，从而避免某种风险的发生以及由此带来的损失。用风险回避手段来处理风险比较简单，也比较彻底，但有三点限制：一是有时候消极的回避风险意味着放弃利益；二是回避某种风险的同时有可能产生其他新的风险；三是有些风险是无法回避的。

2. 风险控制

在面对潜在的风险时，总会为降低损失的可能性或严重性而采取行动，这种风险控制行动可以在损失发生之前或之后采取。风险控制是一种预防为主的风险管理手段，预防是需要付出成本的。进行风险控制付出的成本，与风险损失相比较，孰大孰小成为是否采取这一方法的决定性因素。风险控制是针对可能诱发风险事故的各种因素采取相应措施。如损前减少风险发生概率的预防措施，损后改变风险状况的减损措施，其核心是改变引起风险事故和扩大损失的条件。

3. 风险保留

风险保留是自身承担风险和损失，是一种自保险，在三种情况下会使用这种手段：一是没有足够重视，没有察觉到该类风险；二是察觉到风险但没有较好的方法来处理风险；三是认为自己可以承担该类风险。风险保留在个人家庭的日常生活中比较常见。但是这种处理风险的手段，在风险所导致的损失较大或者无法预测的时候，效果会大打折扣。

4. 风险分散

风险分散是设法将风险分散到相关的多个个体，从而使每一个个体所承担的风险相对减少。风险分散常用于投资理财的组合选择中，分散投资意味着持有多种风险资产，而非将所有的资金集中于某一项资产。

采用分散投资的资产组合投资策略，降低人们拥有任何单一资产所面临的风险。个人理财为个人或者家庭整个生命周期规划了许多阶段性目标，要实现这些目标往往需要通过分散投资的手段。

（六）风险转移

这是将风险及其可能造成的损失转移给别人的管理手段，一般来说有非保险类转移和保险类转移两类方法。非保险类转移是通过订立经济合同，将风险及可能损失转移给别人，主要有租赁、互换、套期保值等。保险类转移是通过订立保险合同将风险转移给保险公司，具体讲就是投保人按照合同规定缴纳保费，将风险和可能的损失转移给保险公司，一旦发生预期投保的风险，就由保险公司进行经济赔偿。但并非所有的风险都可以通过风险转移手段来处理，只有符合一定条件的可保风险才可以转移。一般来讲投机风险是不可以投保的，如购买股票的收益风险。

总之，风险管理是伴随一生的过程，它可以划分为：识别、评估、控制、规避、预防和监测。个人面临的风险随着生命周期阶段的不同而不同。评估风险应该考虑可能带来的损失以及风险发生概率两方面因素。可以通过风险控制技术和保险进行风险管理，特别是在生命周期阶段发生变化时，应该定期重审面临的风险状况。

二、保险的概念与职能

（一）保险的概念

就保险的经济补偿制度来说，保险的理论依据主要是大数法则。保险人通过承保大量同质风险，并以稳健的精算模型和方法估算其损失的可能性和损失幅度，从而确定并收取充足、适当、公平的保险费率，建立相应的保险基金。当少数被保险人遭受风险损失时，保险人动用保险基金给予经济上的补偿。这些保险金额实际上是由包括少数受损者在内的被保险人共同分担。从分担损失的角度而言，保险是具有相互性质的。

就保险的法律关系来说，保险是指在国家相关法律的规范下，双方当事人缔结协议，被保险人以缴纳保险费为对价（consideration），以换取保险人对其因意外事故所导致的经济损失负责赔偿或给付的权利。这种法律关系与一般的民事损害的赔偿关系不同。被保险人遭受意外事故的损失，并非保险人的有意行为所致。保险人之所以要承担补偿被保险人经济损失的责任，是保险合同中作出了可执行的法律允诺，是按合同履行义务。

关于保险的定义，至今国内外保险学者见解不一，莫衷一是。但对保险的上述两方面含义的基本观点还是统一的，保险既是一种经济补偿制度，也是一种法律关系。

（二）保险的职能

保险职能可划分为基本职能和派生职能。基本职能包括分散风险职能和补偿损失职能。保险是将某一单位或个人因偶然的灾害事故或人身伤害事件造成的经济损失，以收取保费的方式平均分摊给所有被保险人，实现分散风险的职能。通过这一职能，风险既可以在空间上充分分散，也可以在时间上充分分散。保险人将收取的保险费用为被保险人因合同约定事故所导致的经济损失提出补偿，实现补偿损失的职能。分散风险和补偿损失是保险本质特征的基本反映，是保险的基本职能。

保险的派生职能是在保险固有的基础上发展而来，归根到底是伴随着保险分配关系的发展而产生，包括基金积累职能、风险监督职能和社会管理职能。

（1）基金积累职能表现在保险过程中，现代保险运用稳健的精算方法计算保险费率，通常是缴纳保费在先,履行赔付或给付责任在后。保险人在一定时间内持有资金并可以加以投资,形成保险资金,从而为分散风险提供了坚实的基础。这就是保险的基金积累职能。

(2)分散风险的对价是分摊保险费,被保险一方会要求以尽可能低的保费获取同样的保险保障。因此,被保险人之间、被保险人与保险人之间必然会对风险加强相互监督,以期尽量减小乃至消除不利因素,达到减少损失和减轻负担的目的。这就是保险的风险监督职能。

(3)保险的社会管理职能,是指保险业提供的商业保险产品,在对社会生产、人民生活提供必要保障的同时,解除了经济主体的后顾之忧,缓解了国家财政支出、企业成本增长、社会矛盾激化等,从而对整个社会产生积极作用。

三、保险学说

保险学说与人们对保险理论研究的不断深化密切相关。不同保险学说对保险有不同的定义。日本保险学家园乾治把保险定义的学说归纳为:损失说、非损失说和二元说。

(一)损失说

保险产生之初,以海上保险为渊源,是为着解决海难导致物质损失的补偿问题。损失说以"损失"概念为中心,从损失补偿这一角度来剖析保险补偿机制。其主要理论分支有:

1. 损失补偿说

该学说主要以英国马歇尔(S. Marshall)和德国马修斯(E. A. Masius)为代表。英国1906年《海上保险法》就采纳了这种学说。其基本观点是"保险是一种损失补偿合同"。这一说法的要点是:(1)保险是一种合同;(2)损失补偿是所有保险的共同特征。依照这一学说,人身保险、年金保险均被排除在保险之外。

2. 损失分担说

该学说由德国华格纳(A. Wagner)首先提出,强调在损失补偿中,多数人相互合作共同分担损失的事实。损失分担说把人身保险包括在内,对保险作广义解释。它认为保险的经济意义就是将少数不幸者的损失由处于同样风险中的多数人来摊付。这就可以用财务上的确定性代替生活中的不确定性。这一学说强调:(1)保险是一种经济补偿制度;(2)保险的本质在于损失负担。

3. 风险转移说

美国魏立特(A. H. Willet)等人从风险处理的角度来阐述保险。他们认为保险是一种风险转移机制,任何个人或团体都可借此以支付一定代价为条件,将日常生活中的各种风险转移给保险公司。

4. 人格保险说

此学说是由现代保险学的鼻祖——美国学者休勃纳(S. S. Huebner)提出,他认为人的生命与财产价值一样,可以用货币来衡量。认为人类体内所具有经济性的各种精神与力量,可以产生金钱价值,如健康、技能、经验、判断力、创造力等。人寿保险既然以保障生命价值的丧失为目的,就可以运用一般保险理论。

(二)非损失说

1. 技术说

意大利人费芳德(C. Vivante)主张以保险的技术性质作为保险性质,保险的本质是确定保险费与未来可能的赔偿与给付数额间关系的技术。费芳德认为保险是把处于同等可能发生机会的同类风险下的多数个人或单位集中起来，估测出风险事故发生的概率，据以计算保险费率，当风险事故发生时，保险人支付一定的保险金。

2. 欲望满足说

该学说以保险能满足经济需要或金钱欲望来解释保险的性质，代表人物是戈比(U. Gobi)和马纳斯(A. Manes)等。他们认为，保险的目的是当意外发生时，以最少的费用满足该偶发欲望所需要的资金，并予以充分可靠的经济保障。这种欲望包括直接损失、利益损失、储蓄能力停止、紧急防止损失费及其他不能以货币估计的一切损失。

3. 相互金融说

日本的米谷隆三认为保险作为应付经济不安定的善后措施，需要以调整货币的收支为目的，所以保险是以发生偶然性的事实为条件的金融机构。同时，金融的基本概念是货币的交换，现代保险正反映了一种货币交换关系。保险也是一种相互金融行为。把保险作为组织和行为来认识，是相互金融说的特点。

(三)二元说

基于损失概念不能阐明人寿保险的性质，有的学者便认为人寿保险不是保险，而是一种储蓄和投资。二元说就是在这种情况下出现的。它主张人寿保险同样是一种保险，但与损失保险不同，二者不能作统一解释，应该分别制订不同的定义。二元说的代表人物是德国爱伦贝格(V. Ehrenberb)，他认为保险合同或者是损失补偿的合同，或是以给付一定金额为目的的合同，二者只能择其一，因此二元说又称“择一说”。

四、保险的基本原则

保险在长期发展过程中逐渐形成了一些特殊原则。这些原则贯穿于整个保险实务之中，并通过保险法规和保险条款表现出来。包括有：保险利益原则、最大诚信原则、补偿原则和近因原则。

(一)保险利益原则

保险利益原则又称可保险利益原则，是指保险合同的订立，须以投保人对保险标的具有保险利益为前提。英国1906年《海上保险法》第四条规定：“赌博或赌注合同无效。”“被保险人对保险标的无保险利益，而且在缔约后仍无获得该项保险利益的可能”，即为赌博或赌注合同。保险利益又称可保利益，是指投保人对于保险标的具有的法律上承认的经济利益。财产保险和人身保险合同的成立，都必须具备保险利益。保险利益的本质在于投保人对保险标的有利益关系，即保险标的损害或灭失会使投保人遭受经济损失。如投保人对保险标的具有这种关系，我们就认为其具有保险利益，否则就认为其没有保险利益。

1. 保险利益的重要意义

在早期的保险活动中，并不要求保险利益存在。随着实践的不断发展，保险利益成为签订保险合同的重要基础，其重要意义在于：

(1)避免赌博行为。保险和赌博有着本质不同，赌博是非生产性的一种零和游戏，赢者以输者的损失为代价；保险是受损后得到补偿，可恢复生产和安定生活。在海上保险发展的过程中，曾有过赌博行为，以与自己经济利害毫无关系的船/货是否能安全到达来赌博，即一方在不具备保险利益的情况下与另一方订立合同。这种赌博性的合同是不受法律保护的，各国监管当局纷纷以立法的方式加以取缔。

(2)防止道德风险。道德风险是一种人为风险,由个人的故意行为引起,同样不可以保险。如果投保人对保险标的不具备保险利益而能取得赔款,就可能故意制造危险。如果发生损失所得的赔款仅能弥补原来的财产,就不会有蓄意图谋的危险。没有人愿意提供个人破产险,这一险种会鼓励人们购买股票、住宅等高风险投资,或购买大额彩票进行赌博。投保者赢了会获得财富,输了则由保险公司补偿损失。

(3)限制保险金额。投保人对保险标的所具有的保险利益是保险合同应受保障的最高限额。投保人不能因保险标的意外损失而获得超额赔偿。如某企业投保火灾保险,保险金额为100万元,但该企业投保的保险标的具有的保险利益仅为50万元。当发生保险事故时,即使该标的遭受全损,被保险人能获得的补偿仅为50万元,而非100万元。

2. 保险利益的种类

保险利益的种类很多,包括财产利益(如所有者利益、占有者利益、抵押利益、担保利益、债权利益)、收益利益(即预期利益、属于财产利益的合法利益,如经营收入利益、租金收入利益)、责任利益(如民事赔偿责任利益、雇主责任利益、产品责任利益)、人际关系利益(如婚姻关系利益、血缘关系利益、雇佣关系利益)、人身利益(如生存利益、医疗利益、职业利益)等。

3. 保险利益成立的条件

无论何种保险利益,都必须是合法的,并具备以下条件:(1)在法律上利益可以主张;(2)保险利益必须是确定可以实现,反之就不能被视为保险利益;(3)保险利益必须是经济上的利益,其价值可以用货币形式进行衡量。

4. 保险利益的存在时间

人身保险合同和财产保险合同,对存在的保险利益在时间上具有显著差别。人身保险的保险利益,必须在合同订立时存在,至于保险事故发生时是否还存在保险利益,则无关紧要。如丈夫为妻子投保了人寿保险,保单并不会因为夫妻离异而失效。

财产合同要求保险利益在损失发生时存在,不必在合同订立时存在。不要求在合同订立时存在保险利益,主要是有助于保险业务的开展。如海上保险中的预约保单订立后,对约定期限内分批运送的货物都有效;在火灾保险方面,某些保单因建筑物增值而相应增加保险金额。即保险事故发生时,必须有保险利益存在,有利益人存在才有实际损失的存在,保险人才可以据此确定补偿程度。

(二)最大诚信原则

诚信原则是世界各国调整民事法律关系的一项基本准则。它起源于古罗马裁判官所采用的一项司法原则,即在处理民事案件时考虑当事人的主观状态和社会所要求的公平正义。近代一些国家的民法最初将其作为债务履行的原则。保险作为一种特殊的民事活动更为严格。保险双方当事人在保险活动中要始终保持最大的诚实和信用,此即最大诚信原则。我国《保险法》第四条规定:"从事保险活动必须遵守法律、行政规则,遵循自愿和诚实信用的原则。"最大诚信原则的主要内容包括保证、告知。

(三)补偿原则

给予投保人经济补偿是保险的基本原则,也是保险的出发点和归宿。如何在损失发生后获得合理补偿,且使保险双方均能感到满意,是补偿原则所需解决的问题。确切地说,损失补偿原则是指保险合同生效后,如果发生保险责任范围内的损失,被保险人有权按合同的约定,获得全面、充分的赔偿;赔偿应保证弥补的是被保险人因保险标的物损失而导致的那部分经济利益损失，被保险人不能因保险赔偿而获得超过其损失的其他利益。

损失补偿原则主要适用于财产保险以及其他补偿性保险合同。特别是在财产保险中，大多数财产保险合同是补偿性合同，它明确规定被保险人在遭受保险事故后，不应该获得超过实际损失的补偿，其目的是防止被保险人从保险事故中盈利，并减少道德风险，避免故意制造损失事故。此类规定可以提高投保人防灾、减损的积极性，同时维护保险人的权利，使其避免偿付不诚实的、不必要的赔款。总之，保险合同的补偿原则应是使投保人在遭受损失后，经过补偿能恢复到他在发生损失前的经济状态。

随着保险事业的发展及投保人对保险要求的扩大，在现代保险业务中，存在某些不符合实际损失的补偿：

(1)定值保险。这是在海洋运输货物保险中常用的保险方式，它的保险金额中除货价外，还含有运费、保险费以及预期利润等内容，这种投保金额是合理的，因为如果货物到达目的地，投保人是可以获得等于或大于保险金额的货款的。

(2)重置重建保险。第二次世界大战以来，为适应投保人的需要，保险人同意对房屋、机器按特定价值进行保险，即按超过实际价值的重置重建价值签订保险合同。如某被保险人按重置价值投保了一幢厂房和相关机器设备，一旦遭受全损，他就能得到重置、重建原先的厂房和机器设备的保险补偿，但不能好于或大于原有的状况。

人身保险属于给付性合同，人的生命价值无法以金额来确定，人身保单不适用补偿原则。

(四)近因原则

近因原则是保险当事人处理保险赔案，或法院审理有关保险赔偿的诉讼案，在调查事件发生的起因，确定事件的责任归属时所应遵循的原则。按照近因原则，当保险人承保的风险事故是引起保险标的损失的近因时，保险人负责赔偿(给付)责任。英国1906年《海上保险法》第55条第一款规定："依照本法的规定，除保险单另有约定外，保险人对于由所承保的风险近因所致的损失，负责赔偿责任，但是对于非由所承保的风险近因所致的任何损失，概不负责。"这是第一次以法律的形式，确定了判断承保风险与保险的损失之间因果关系的"近因原则"。

坚持近因原则，有利于正确、合理地确定损害事故的责任归属，从而有利于维护保险双方当事人的合法权益。在保险实务中，致损的原因是各种各样的，如何确定损失近因，必须根据具体的情况作具体的分析。

第二节　保险市场

市场是与社会分工和商品生产相联系的范畴，是社会分工和商品交换的产物。保险市场作为现代市场体系的主要组成部分，是保险交换关系的总和。随着科技进步和保险业的发展，保险交换的方式和形态都有了很大变化，从最初的劳埃德咖啡馆到今天的网上交易，保险市场的内涵不断丰富，外延大大扩展，但其本质仍然是通过市场机制的作用，实现保险资源的合理配置，达到促进经济发展、稳定社会生活的目的。

一、保险市场的构成

保险市场的构成要素可分为主体、客体两大部分。主体是指与保险供求有关的组织和人员，包括保险人、投保人和保险中介人；客体是指保险市场中的交易对象，即保险公司提供的各种保险产品。

(一)保险市场的主体

1. 保险公司

目前我国成立的各类保险公司已经多达100多家，其中最大的三家保险公司，即中国人寿保险、中国平安保险和中国太平洋保险。

2. 保险人

保险人是在保险市场出售各种保险产品的保险经营机构，是保险市场的供给方。保险人一般为法人，但也存在劳合社等自然人做保险人。

3. 投保人

投保人是保险市场的需求方，又称“要保人”。被保险人或收益人作为投保人本身，或与投保人有关的利益方，对投保行为和保险需求有着不可忽视的影响，是保险市场主体的组成部分。

4. 保险中介人

保险中介人是为提高保险市场效率，降低交易服务成本的专门组织或个人。包括保险代理人、保险经纪人、保险公估人、保险信用评级机构等。

(1)保险代理人。保险代理人根据组织形式不同，可以分为：专业代理人、兼业代理人和个人代理人。

(2)保险经纪人。保险经纪人的组织形式一般有三种：个人保险经纪人、合伙企业和保险经纪公司。大多数国家都允许个人保险经纪人从事保险经纪业务活动；英国等一些国家允许以合伙方式设立合伙保险组织，且要求所有的合伙人必须是经注册的保险经纪人；保险经纪公司是所有国家都认可的保险经纪人组织形式，一般采取有限责任公司或股份有限公司形式设立。虽然保险经纪人的佣金是由保险人付给的，但保险经纪人的行为对保险人不具有法律约束力，其行为所产生的结果完全由自己承担。如果保险经纪人的过失行为使投保人蒙受了损失，保险经纪人要对投保人承担损害赔偿责任。因此，许多保险经纪人都投保“保险经纪人职业责任保险”，作为自身责任的经济保障。

(3)保险公估人。在保险业发达、保险市场较为完善的国家，普遍建立了保险公估人制度。从不同角度来看，保险公估人可区分为不同的类型：

根据执业环境的不同，可分为核保公估人和理赔公估人。前者主要从事保险标的价值的评估和风险评估，其公估报告是保险人评估是否承保的重要参考依据；后者是在保险事故发生后，受托对保险标的进行检验、估损和理算。

根据执业性质的不同，可分为“保险型”公估人和“技术型”公估人。前者侧重于解决保险本身涉及的问题，技术问题只作为辅助手段，英国的保险公估人多属此类；后者主要解决技术性问题，其他欧洲国家的保险公估人大多属于此类。

综上所述，保险代理人和保险经纪人是媒介保险供需双方的桥梁，而保险公估人则类似于保险交易服务的“仲裁员”。保险中介人制度的健全，有利于保险业的发展。

(4)其他中介人。包括信用评级机构、律师事务所、会计师事务所、精算师事务所等。这些中介机构的存在,可以站在公正、权威的立场上,为交易双方提供有价值的信息,改善保险交易中的信息不对称状况,从而提高交易效率。

(二)保险市场的客体

保险市场的客体即具体的保险产品,是保险市场上供求双方所交易的对象。根据保险标的的不同,可将保险产品分为财产保险和人身保险两大类险种,或分为商业保险、社会保险和政策性保险。根据实施形式不同,保险产品还可以分为强制保险和自愿保险两大类。近年来,中国保险市场获得了较大发展,保险品种日益丰富。国内主要的保险产品有:

(1)生存保险,以被保险人在保险期满时仍然生存为给付条件的人寿保险。

(2)死亡保险,以被保险人在保险期间内死亡为给付保险金条件的保险。根据保险期限的不同,死亡保险可以分为定期人寿保险和终身人寿保险。

(3)生死两全保险,又称生死混合保险。它是指如果被保险人在保险期内死亡,保险人向其收益人给付保险金;如果被保险人生存至保险期满,保险人也向其本人给付保险金。

(4)年金保险,是指保险人承诺每年(或每季、每月)给付一定金额给被保险人(年金受领人)的保险。主要类型有个人养老金保险、定期年金保险、联合年金保险和变额年金保险。

(5)意外伤害保险,指投保人向保险人缴纳保险费,如果在保险期内,因发生意外事故致使被保险人死亡、伤残、支出医疗费用或暂时丧失劳动能力,保险人按照合同的规定给付保险金。

(6)健康保险,以被保险人因疾病所导致的医疗费用以及收入损失的发生为保险金给付条件的保险。在商业保险中,保险人较少单独经营健康保险,而是常常将健康保险作为一种附加险,与人寿保险和意外伤害保险组合办理。

(7)财产保险,可以分为物质财产保险和责任保险两大类。家庭财产保险主要包括普通家庭财产保险、房屋保险及机动车辆保险。

(三)保险市场的分类

根据保险经济活动的内容、空间和环节的不同,保险市场可以分为不同的种类:

(1)据保险环节的不同,保险市场可以分为原保险市场和再保险市场。

(2)据经营内容不同,保险市场可以分为财产保险市场和人身保险市场。

(3)根据保险活动的空间不同,保险市场可以划分为国内保险市场和国外保险市场。国内保险市场又可以按地域分为地区性保险市场和全国性保险市场。保险人由于经营国外保险业务而形成的市场是国际保险市场,国际保险市场又可以按地域性划分为区域性国际保险市场和全球性国际保险市场。

(4)根据组织形式和承保方式的不同,保险市场可以划分为保险公司市场、保险经纪公司市场和"劳合社"市场。"劳合社"所有业务都通过保险经纪人成交,是世界上唯一允许自然人承保存在的市场。

(四)保险市场的特征

作为现代市场经济的有机组成部分,保险市场除遵循商品交换的一般规律外,还具有其自身的特点。

1. 市场交易的对象是风险本身

由于认识能力所限和信息不对称,任何市场交易都存在风险,保险市场也不例外。一般商品市场的交易对象本身并不蕴涵风险,市场经营风险主要来自于交易行为,且交易既可能招致损失,也可能带来盈利。保险市场实际上是一种风险集聚与分散的机制,交易对象就是风险本身。除外的交易行为同样存在经营风险。静态风险的存在是保险市场形成和发展的前提,没有自然灾害和意外事故导致损失的可能性,就不可能形成保险需求。保险市场是直接经营风险的市场,这一特点决定了其交易行为和方式的特殊性。

2. 保险市场是一种特殊的期货市场

保险市场交易的对象是风险,风险的发生具有不确定性,交易结果并不能完全由保险合同确定,而是在相当程度上取决于保险发生的情况。保险双方的损益是根据风险实际发生执行保险合同的结果。换言之,保险人是否履约,取决于保险合同约定的事故是否发生,只有当约定的保险事故发生,保险人才会对被保险人进行经济赔偿或给付。所以说,保险交易在某种程度上具有期货交易的性质,保险市场是一种特殊的期货交易市场。

3. 保险市场产品的成本在交易结清后才能确定

由于保险合同当事人一方的履约义务,有赖于偶然事件的发生,决定了保险产品的成本在交易完成之前是无法确定的。在一般的商品交易中,合同的签订往往意味着交易的完成,而保险合同的达成则意味着交易的开始,保险交易的完成或结清往往需要较长的时间,尤其是一些责任险种,其追溯期限长,保险双方权利义务关系要在保险合同期满后多年才能了结,更增加了保险产品成本计算的困难。

二、保险供求分析

市场经济是以市场为基础来配置资源的,市场运行表现为供求双方关系的变动。保险市场的供求分析,对提高市场效率,促进保险业的发展具有重要意义。

(一)保险市场需求

需求是指在一定时期和价格水平上,消费者愿意且能够购买消费品的数量。保险需求则是指在特定时期和特定费率水平上,投保人在保险市场愿意购买并且能够购买的保险数量。保险需求的产生,是风险的客观存在和人们对风险所致经济损失承受能力的有限性,故保险需求实际上是投保人对保险保障的需求。

1. 影响保险需求的因素

保险需求是一个总体概念,在不同时期内,社会公众和组织对各种保险商品的需求是不同的,其影响因素主要有:

(1)风险状况。“无风险就无保险”,风险的客观存在是保险需求产生的前提。只有当风险超过投保人自身的承受能力时,才会产生对保险的需求,风险越大,保险需求就越大。只有“频率低,损失大”的风险,使用保险方式处理才具有经济上的合理性和技术上的可行性。投保者面临的风险状况对保险需求的数量和结构,都有着重要影响。

(2)保险费率。费率即保险商品的价格。从经济学角度来看,商品的需求一般与价格呈反向关系,保险商品也同样如此。保险费率上升时,需求量相对下降;反之,则保险需求增多。

(3)消费者的收入水平。消费者收入增多,支付能力越强,且随着生活水平的提高,对风险防范的意识越强,对保险产品的需求就越大;消费者的收入水平越低,购买力下降,对保险产品的需求就越小。

(4)互补品与替代品的价格。互补品是指使用功能互补的两种或两种以上的产品，其需求量一般呈现同向变化。如汽车保险是汽车的互补品，汽车价格的升降，会引起汽车保险产品的价格升降。替代品是指使用功能在一定程度上可相互替代的产品，替代品之间需求量一般呈反向变动，如储蓄是某些人寿保险产品的替代品。

(5)人口状况。保险业的产生和发展，依赖于社会环境，其中人口状况又是影响保险市场需求的重要因素。一国的人口总量构成保险尤其是人身保险需求的潜在市场，在其他影响因素既定的状况下，人口规模越大，保险市场需求总量越大。另外，人口构成也会影响保险需求的结构，人口结构主要有年龄结构、职业结构、素质结构，不同年龄、职业面临不同的风险程度，不同受教育程度则决定了处理风险的方式与认同度的不同。人口构成也是影响保险需求的重要因素。

(6)经济和法律制度。计划经济体制下，企业不是独立的经济主体，风险损失由财政兜底，没有投保的动机；职工个人的生、老、病、死均由国家负责，也没有加入保险的必要。在市场经济条件下，企业要独立经营，自负盈亏；个人要自行交付保险费、承担教育、住房、医疗的部分开支，都必须自担风险，从而产生保险需求。同时，社会保障制度和强制保险的实施，也会影响保险需求的总量和结构。

2. 保险需求弹性

保险需求弹性是指保险需求对其影响因素变动的反应程度，可用弹性系数 $E_d=\dfrac{D'/D}{F'/F}$ 衡量。式中：D 为保险需求量，D' 为其变动量；F 为影响保险需求的因素的指标值，F' 为其变动量。

在影响保险需求的因素中，保险费率和消费者收入水平具有最重要和直接的影响，且易于量化，对保险需求弹性的研究，主要集中在费率弹性和收入弹性及交叉弹性上。

保险产品需求与替代品价格是同向变化，故对替代品的交叉价格弹性 E_r 大于 0；而保险产品需求与互补品的价格变动呈反向关系，故互补品间的交叉价格弹性 E_r 小于 0；当 $E_r=0$ 时，意味着其他相关产品的价格变化对保险产品的需求没有影响，即保险产品与其不存在相关性。

(二)保险市场供给

供给是指在一定时期和价格水平上，生产者愿意并能够提供商品的数量。保险供给则是指在特定时期和一定费率水平上，各家保险公司愿意且能够在市场上提供保险产品的数量。保险供给是各个保险企业在保险市场的承保能力之总和。

保险供给有两种表现形式：(1)有形保险供给，即对投保人遭受的保险事故导致的损失给予经济或物质赔偿；(2)无形或精神保障供给，保险人遭受事故损失得到一定补偿，从而在精神上提供了一种安全感。

保险供给包括质和量两个方面："质"是指各保险产品的品种和质量，如承保范围、保障程度、补偿方式等；"量"是指某种险种提供经济保障的额度，或保险公司为全社会提供经济保障的额度，可以用保险金额或赔付总额来加以衡量。

1. 保险市场供给的影响因素

在现代市场经济条件下，保险供给是适应保险需求而产生，保险需求是制约保险供给的基本因素。保险需求既定的条件下，保险供给受到以下因素的影响：

(1)保险费率。产品供给的目标是实现利润最大化,产品价格上升则是实现这一目标的有效途径。保险产品价格的上升或保险费率的提高,会促使保险产品的供给增加。

(2)保险产品成本。保险费由期望损失、风险加成和附加保费三部分构成,保险费率一般采用成本加成法定价。在某一费率水平上,保险产品的成本越高,利润率越低,从而保险产品的供给减少;保险产品的成本越低,则利润率越高,保险供给就会增加。影响保险产品成本的因素,包括业务结构、营销方式、准备金规模、通货膨胀等,这些因素的变化都会影响保险供给水平。

(3)其他相关产品的价格。产品间的相关性有互补和替代两种。当某种产品的替代品价格上升时,这种产品的生产者就会转向其替代品的生产,从而减少该种产品的供给量。同样,当某种产品的互补品价格上升时,保险公司就会转向该涨价险种,相应减少原有险种的供给;当某一险种的互补险种的费率上升时,会导致这一险种的费率上升,保险人就会增加供给量。

(4)保险技术。保险产品的开发与供给,是以风险处理技术的发展为前提,因而,保险技术对保险供给有着极为重要的影响。由于技术水平的限制,保险企业无法设计出相应的保险产品来满足多方面的保障需求,不能导致相应供给的增加;保险技术进步也可能使原来不可保的风险转化为可保风险,或降低风险处理成本,导致保险供给的增加。

(5)市场监管。由于保险经营的特殊性,各国都对保险市场进行严格监管,其核心则是保险公司偿付能力的监管,并在相应法规中加以明确规定。我国的《保险法》规定:经营财产保险业务的保险公司当年自留保险费,不得超过其实有资本金加公积金总和的 4 倍。即保险供给的规模受制于资本金和公积金水平。由此可知,即使有时保险费率上升,保险供给也不一定会同等增加。

(6)政府政策。为实现特定的政策目标,政府可以对有关保险产品给予税收优惠和补贴,这类政策也会增加保险供给。

2. 保险供给弹性

保险供给弹性是指保险供给对其影响因素的变动的反应程度。由于费率的重要影响,与需求弹性系数相似,不同保险公司的同类产品、同一保险公司的不同产品,其供给弹性系数各不相同,且呈现多种情况:当 $E_s=0$ 时,供给无弹性,此时保险产品供给量不受保险费率变化的影响;当 $E_s<1$ 时,供给缺乏弹性,此时保险产品供给量的变动程度小于保险费率的变动程度;当 $E_s=1$ 时,供给为单位弹性,保险产品供给量与保险费率同比例变动;当 $E_s>1$ 时,供给富有弹性,保险产品供给量的变动程度大于保险费率的变动程度;当 $E_s\to\infty$ 时,供给完全富有弹性,此时保险产品费率的微小变动会导致保险供给量无限增加。

(三)保险市场的均衡

在保险产品的需求和供给函数既定不变的情况下,保险公司愿意供给和消费者愿意购买的保险产品的数量,将在某一费率水平上达到相等,费率也不再有变动的趋势,保险市场处于均衡状态。这种使需求量恰好与供给量相等的费率,称为均衡费率,与均衡价格相应的供求量即为均衡销售量。

保险市场的均衡包括总量均衡和结构均衡,前者是指市场总供给或总规模与全体消费者各类保障需求总量间的平衡;后者则是指保险供给的结构与保险需求的结构相适应。

案例1:保险公司的赔偿不足以弥补损失时，是否能继续向第三者追偿?

案例背景

2008年10月10日，某运输公司驾驶员赵某驾驶运货大卡车长途送货，由于疲劳过度，驶入逆行道撞上了某外贸公司的一辆大型货车，造成该货车驾驶员当场受伤，车辆及所载货物严重受损，经交管部门认定，此次交通事故由赵某负全部责任。由于外贸公司在2007年12月为其大型货车投保了车辆损失险、第三者责任险等保险，遂向保险公司提出索赔申请，要求保险公司赔偿其因保险事故造成的损失10万元。保险公司经审核，赔付了外贸公司8万元保险金，并要求外贸公司出具权利转让书，将其向运输公司追偿的权利全部转让给保险公司，后来保险公司经过努力，追回了7万元的赔偿金。外贸公司听说此事，又找到运输公司，要求运输公司赔偿其剩余2万元的损失。运输公司称外贸公司已将全部权利转让给了保险公司，而自己已与保险公司协商，自愿达成赔偿协议，保险公司同意运输公司只赔偿7万元，现运输公司已经全部履行了协议的规定义务，因此拒绝外贸公司的赔偿请求。

案例分析

本案处理存在两种意见:一种意见认为，外贸公司已无权向运输公司要求赔偿剩余的2万元损失，因为外贸公司在申请理赔时，已将向第三者追偿的权利全部转让给保险公司。保险公司通过与第三者的协商，自愿达成协议，保险公司同意第三者运输公司只支付7万元赔偿金，视为保险公司放弃追偿剩余款项的权利，故运输公司已经履行了由于侵权行为而发生的赔偿责任;第二种意见认为，外贸公司向保险公司申请索赔，签署权利转让书，并不影响其对保险金未弥补部分的损失向运输公司求偿的权利。虽然外贸公司签署了全部权利转让书，但保险公司仍只能在赔偿金额范围内行使代位求偿权，外贸公司有权就未得到赔偿的部分向运输公司求偿。

本案涉及保险代位求偿权的行使范围问题。《保险法》第45条第三款规定，“保险人代位求偿权并不影响被保险人就未取得赔偿的部分向第三人请求赔偿的权利”。在不足额保险中，如果保险人给付的保险金不足以弥补被保险人所遭受的损失，而第三人的清偿能力又难以同时满足被保险人的继续求偿权和保险人的代位权时，是优先满足被保险人的继续求偿权还是保险人的代位权?多数学者认为，出现此类情况，应在立法上明确优先实现被保险人的继续求偿权，保险人只能在被保险人获得全部损失赔偿后，对应当承担赔偿责任的第三人行使代位权，这样才能体现保险的功能和损失补偿原则。

在本案中，外贸公司的损失并未因保险公司的赔付得到全部的补偿，外贸公司仍有权继续向运输公司追偿2万元。保险公司与运输公司签订的赔偿协议不影响外贸公司依法应享有的权利。

第三节　保险营销

保险公司的业务经营活动主要分为保险营销、承保、理赔和投资等环节。其中保险营销最终的目的是为保险公司组织和争取保险业务。根据保险经营必须遵循的大量、分散和选择的原则，保险公司只有大量招揽业务，才能积累雄厚的保险基金，在保险市场上增强其竞争能力;才能把风险在众多的被保险人之间进行分摊,为被保险人提供更广泛的服务。因此,保险营销是保险经营活动中的基本工作,是保险公司所有活动的先导。

一、保险营销概述

(一)保险营销的定义

保险营销即保险市场营销。从广义上说,就是保险公司在变化多端的保险市场环境中,以保险为商品,以市场交换为中心,以满足被保险人的需要为目的,实现既定管理目标而进行的系列整体活动。包括保险市场需求的调查研究、保险市场细分、保险商品的开发设计、保险促销策略、销售渠道及售后服务等的计划与实施等。

狭义的保险营销,仅仅是广义保险营销过程的一个阶段,是指保险销售,即保险销售人员通过对客户的拜访和说明,分析其保险需求,将合适的保险商品介绍给客户,促使客户采取购买行为的过程。这一阶段最终达到的目标,是将已有的保险商品尽可能地对外销售。

人们容易将保险与保险营销混同起来,主要是由于保险商品本身的特殊性,而使得保险营销特别注重销售,或者说保险必须依赖销售。

(二)保险营销的原则

1. 服务至上

保险营销是一种商业服务行为,保险公司只有提供优质服务才能占领较大的市场份额。这种服务包括:(1)保险业务自身的服务,如承保、理赔等;(2)拓展性服务,如风险管理咨询服务、金融服务等。保险营销人员提供的保险服务,不仅表现在投保前为达成客户签约而提供的各项服务,还要热心地为保户提供续保,制定新的保险计划,协助索赔等系列售后服务。客户签约投保并不意味着交易的完成,恰恰相反,它实际上只是保险服务的开始。这都需要保险营销人员运用自己的专业知识,进行广泛的市场调研和市场分析,向客户提供全面、高效的保险服务。

2. 遵守职业道德

保险营销人员代表保险公司与客户进行沟通活动,其品德和信誉的优劣不仅影响保险公司的整体形象,且关系到客户的利益是否得到切实的保护。一般而言,保险营销人员严禁发生下列不道德行为:

(1)保费折扣。这是保险营销人员对客户进行的一种经济诱惑,容易引起保单持有人之间的不平等,也会使保险公司和营销人员名誉扫地。

(2)换约招揽。即劝说客户中断其他已经生效的保单,以求购买自己推销的新保单,给客户带来不必要的经济损失。

(3)错误陈述。保险营销人员对保险条款等方面的错误陈述,最终导致保险公司与客户之间的纠纷,破坏保险公司形象。

3. 及时获取有关信息

信息是保险营销中预测和决策的基础,保险营销人员应对市场上的各种需求状况进行调查,全面掌握市场需求信息,包括潜在市场、市场占有率、销售趋势、竞争形势等各方面的信息。同时对信息的收集注意迅速、准确、灵敏,即具有一定的时效价值和准确性,这才能在营销工作中处于主动地位,灵活出击。

4. 积极开拓市场

保险营销人员以推销保单为自己主要的任务，同时，还要创造性地开拓新的保险市场和服务领域。这要求保险营销人员在众多保险需求不同的客户群中，有针对性地开展营销活动，开拓营销市场；同时要求保险营销人员利用获取的市场需求信息，分析客户群的心理活动和保险购买偏好，不断开拓新的服务领域，推出新的保险险种，挖掘新的保险客户，从而提高公司的市场占有率。

（三）保险营销管理程序

在高度竞争的保险市场上，保险公司要想提高保险营销的效益，就必须制定并遵循一定的营销管理程序。这一管理程序包括：

1. 分析保险市场机会

随着我国经济形势的发展，居民生活水平的不断提高，保险需求越来越大，同时人们的保险意识也不断增强。对保险公司而言，市场营销的潜力也逐渐增大，但只有及时把握住机会，保险公司才能谋得自身的发展，这就要求保险公司注重对保险营销环境的分析。现代营销学认为，企业经营成败的关键，在于它能否适应不断变化着的环境。分析所处环境是保险公司营销活动的立足点。这里的环境包括：

(1)微观环境，即保险公司内部各部门、保险客户、保险竞争对手、保险中介人和社会公众。它们影响着保险公司服务于目标市场的能力，并与保险营销形成了协作、竞争、服务和监督的关系。

(2)宏观环境，它是由社会环境、经济环境、政治环境和法律环境组成，并直接或间接地对保险营销活动产生制约和深远影响。

2. 研究和选择目标市场

保险营销面对的客户需求是多种多样的。任何一家保险公司不论其经营规模和能力有多大，都不可能满足一切保险需求者的需要。只能依据保险公司和市场的自身情况确定最具有吸引力的细分市场，作为自己为之服务的目标市场，以自己有限的能力和资源来满足市场上特定消费者的需要。研究和选择目标市场有以下几个步骤：

(1)营销调查和预测。即对保险市场信息进行调查，并根据调查提供的数据和资料，运用科学的定性或定量方法，对影响市场供求变化的各种因素进行测算，从而对保险市场营销的未来及变化趋势作出判断，以便为保险公司研究制定营销计划和营销决策提供依据。

(2)保险市场细分。即在市场调查和预测的基础上，分析资料，从而找出保险消费者在需求特点、投保行为上的差异性，把保险总体市场划分为若干个细分市场，每一细分市场都是由具有同类需求倾向的保险消费者构成。每个细分市场又可以称为同质市场。

保险市场细分的主要标准有：①地理区域因素，如区分城市市场和农村市场；②人口统计因素，即按照年龄、性别、家庭结构、收入水平、职业、文化程度等划分不同的保险消费群；③心理因素，即根据影响消费者购买保险的心理因素进行细分；④行为因素，即根据消费者的投保行为将保险市场进行细分。市场细分后，还应根据各个细分市场的消费者特征，确定细分市场的名称。

(3)目标市场选择。即保险公司根据市场细分提示面临的机会，对这些细分市场进行评估，并选择合适的目标市场。保险公司在选择目标市场时，应考虑潜在目标市场的适度规模和潜力，还要考虑潜在目标市场结构应具有吸引力。这可以通过五方面因素的分析进行评估，即同行业竞争、新参加的竞争者、替代产品、购买者的议价行为、供应商的议价能力，最后仍须将其本身的目标所在细分市场的情况结合一起考虑。对一些有较大吸引力的细分市场，在进入时也要考虑自己是否具备必要的资源和条件，并确有把握在该细分市场发挥自己的优势并取得成功。

3. 目标市场战略

保险公司在选择好目标市场之后，应采取适当的市场战略。一般来说，可供选择的市场覆盖战略主要有三种：

(1)无差异性营销战略。又称整体市场战略，即以整个保险市场为目标市场，只求满足大多数保险消费者的共同需求，而不考虑他们对保险需求的差异性，以同一条款、同一费率和同一营销方式向所有的消费者推销同一种保险。保险公司的许多险种都适用于无差异性营销，如汽车第三者责任险，可在一个国家或地区内用同一种营销方案和保险费率进行推销。这一营销战略运用于那些差异性小、需求范围广、适用性强的保险险种的营销。它有利于降低成本，形成规模经营，但忽略保险消费者的差异性，难以满足保险需求的多样化。

(2)差异性营销战略。即在市场细分的基础上，确定多个目标市场，针对每个目标市场，分别设计不同的险种和营销方案，根据保险消费者需求的差异性来捕捉营销机会。这种营销战略的针对性更强，有利于扩大保险销售量，提高市场占有率，适用于规模较小的新立保险公司，不断开拓新的保险产品和使用新的营销战略，但营销成本较高。

(3)集中性营销战略。又称密集性营销，即选择一个或几个细分市场作目标，制定一套营销方案，集中力量争取在这些目标市场上占有较大份额，而非在整体市场上占有较大份额。这种战略更能深入特定的细分市场，实行专业化经营，充分满足特定细分市场的需求。它适用于资源有限、实力不强的小型保险公司，使其能集中优先力量，迅速占领市场，提高保险商品的知名度和市场占有率。但如目标市场过于集中，经营险种较少，则公司的经营风险较大，一旦市场上保险需求出现变化，或有强大的竞争对手介入，就会使保险公司陷入困境。

上述三种目标市场战略各有利弊，保险公司究竟采取何种战略，要结合本公司的特点和能力，考虑具体险种的差异性大小、险种寿命周期、竞争对手等因素，作出适当选择。

4. 市场定位策略

这是指保险公司在选定目标市场后，还要根据市场竞争情况和公司的条件，确定本公司险种在目标市场上的竞争地位，即市场定位。市场定位就是要设法建立一种竞争优势，以在目标市场上吸引更多的顾客。

保险公司的市场定位工作一般可分为三个步骤：

(1)明确可利用的竞争优势。保险市场的竞争优势有两种类型，一是在同样条件下制定比竞争者更低的费率；二是提供更多的特色险种和优质的保险服务，以满足消费者的特殊需求。鉴于保险费率不能随意降低，保险公司的竞争优势应把重点放在后者。

(2)正确选择竞争优势。保险公司在多种竞争优势存在的情况下，选择对企业最适合的竞争优势加以开发。有些保险公司经营成本高，可以选择开发新险种，提高服务质量的竞争优势。

(3)宣传竞争优势。保险公司在建立竞争优势后，应大力开展广告宣传，把本公司的定位观念准确地传播给潜在的保险购买者。

5. 营销策略组合

营销策略主要有商品策略、价格策略、分销策略和促销策略。对这些策略进行组合分析,选择最有效的组合可以最优化地实现营销目标。

(1)商品策略。商品策略包括商品组合策略、商品生命周期策略和新险种开发策略。

①商品组合策略。是指保险公司根据市场需求、公司经营能力和市场竞争等因素,确定保险商品保障机能的结合方式,其中包括对商品组合广度、深度和密度的有效选择。如将驾驶员意外伤害险与机动车辆险相结合。

②商品生命周期策略。即区分保险商品从进入市场到退出市场所经历的阶段,包括投入期、成长期、成熟期和衰退期,不同阶段采取不同营销策略。

③新险种开发策略。即开发能够给消费者带来新的利益和满足的险种。一般而言,新险种在使用性能或经济性能方面,优于原有险种或具有新的用途。如我国目前寿险市场上推出的分红保险、万能寿险等。新险种的开发有两种途径:一是外延型,即随着不可保风险向可保风险的变化,原来不可能承保的风险以新险种的形式承保;二是内涵型,即因可保风险的不断细化和充实,保险人通过调整险种结构而衍生出许多新险种,包括原有险种的改造和新险种的推出等。

(2)价格策略。价格策略一般包括低价策略、高价策略、优惠价策略、差异价策略、定价方法、新险种费率等决策。具体而言有以下几种:

①低价策略。即以低于原价格的水平确定保险价格的策略,目的在于迅速占领保险市场,打开新险种的销路,更多地吸收保险资金,为保险公司资金运用创造条件。如为支持政府发展农业的政策,保险公司对农业保险实行低价策略。

②高价策略。即以高于原价格水平而确定保险价格。实行这种策略一般是因为某些保险标的的风险程度太高,尽管市场对保险有需求,但保险公司不愿意经营,或者是因为投保人有选择地投保某部分风险程度高的保险标的。

③优惠价策略。即保险公司在现有价格的基础上,根据营销需要给投保人以折扣与让价优惠。目的在于刺激投保人大量投保、长期投保,及时缴付保险费和加强安全工作。

④差异价策略。包括地理差异、险种差异等,地理差异策略,是指保险公司对同一险种在不同地区采取不同保险费率;险种差异策略,是指对各个险种采用不同费率标准和计算方法。

(3)分销策略。分销策略即营销渠道策略,即对如何将保险商品送到顾客手中进行决策。营销渠道一般有直接营销、间接营销或两者的结合。直接营销的手段包括邮件、媒体、电话、互联网等,对于新成立的规模较小的保险公司,由于其自身财力、承保技术及其他外部条件的限制,适宜采用这种方式。间接销售主要是通过代理人和经纪人推销保单,对技术性强的保险,适宜采用经纪人营销,对于较分散的保险则适宜采用代理人营销。

(4)促销策略。促销策略包括广告、个人推销、营业推广、公共关系和企业识别系统(CIS)策略五种形式。保险公司运用这些促销方式,把保险商品的信息传递给广大消费者,鼓励和引导其购买行为。

①保险广告主要是对人们的潜在忧虑和现实风险大小,及人们求安全的意识诱导,使其变成现实购买力。

②个人推销是保险促销的最有效工具,在推销过程中,应根据投保人的动机进行保险知

识教育，对客户的心理障碍进行分析，加以引导，启发其购买行为。

③营业推广是用来鼓励保险消费者购买保单，或中介人销售保单的一种短期诱导的促销方式，一般采用特殊广告的形式。如将公司的名称、地址、电话、产品信息印在日历、气球、购物袋等上面，由代理人送给保户，以加强保户记忆，巩固消费者。

④公共关系的目标主要在于树立保险公司形象，采用的手段主要有新闻媒体，为教育机构、慈善机构捐助等。

⑤企业识别系统(CIS)策略由理念识别、行为识别和视觉识别三个系统组成，是企业树立强有力形象的策略，它是整个保险公司从精神观念、经营定位、外在形象等方面规范全体员工、代理人员的行为，使客户对保险公司的行为一目了然，便于巩固消费，促进保险市场营销。

6. 制订市场营销计划

保险营销管理者不仅要制定达成预期市场营销目标的一般策略，还要制订支持市场营销组合的计划。营销策略与营销计划就如军事战略与战术的关系。营销策略指明营销方向，营销计划则勾勒出策略实施的框架，并使用各种独特决策工具，协调和控制营销的全过程。

制订营销计划的第一步，是认真分析公司的长期和短期业务目标，以保证营销计划与公司总体目标的一致性；其次是将这些目标转化为具体可行的方案。营销计划的期限通常是一到五年，在五年计划中，第一年的目标和特定行为需要详尽叙述，第二年到第五年的目标则进行一般性讨论。五年计划每年滚动更新一次。

营销计划的重要功能是分配营销资源，营销计划必须载明广告、工资、佣金和设备所需的资金数额，以及所需要的人员数量和资格。资源配置有助于计划制定者决定每一特定目标是否值得花费资源。

7. 组织执行和控制市场营销

实施和控制营销活动是个关键性的环节。保险公司要贯彻执行营销计划，有效开展营销工作，必须设立专门的营销部作为组织保证。营销部门应合理安排营销力量，协调全体营销人员的工作，让营销人员为完成营销目标精诚合作，尽心尽力。同时让公司所有部门紧密配合，共同为完成营销目标努力。营销效率不仅有赖于它的组织构成，也取决于它对营销人员的选择、培训、指导、激励与评价。对营销人员管理的水平，直接关系到营销的绩效。

营销组织实施营销计划过程中，可能会出现许多意外情况，公司还需要建立相应的控制制度。

二、产品开发

市场营销的前提是保险公司已经开发出了符合消费者需求的保险产品。保险产品开发是复杂的、具有挑战性的创新工作，需要综合考虑市场需求、竞争对手、自身财务实力、销售力量及行政管理等多方面因素。这些因素对新产品开发具有决定性意义。

(一)产品开发的步骤

保险公司开发新产品是以国家的法规、政策为指导，根据市场需要和自身的资源条件，有选择地开发新的保险业务。一般来说包括以下几个步骤：

1. 提出建议

一般地,新产品开发都是从对公司业务环境和市场需要的满足开始提出建议的:

(1)税收制度和法律法规变化创造了市场营销的新机会;

(2)社会和人口统计学特征的变化创造了新的盈利机会,如职业女性的增多为女性消费创造了更多的机会;

(3)经济因素如通胀导致保障利益、保费及费用支出的增加;

(4)技术更新,如信息技术的迅速升级和成本降低,为经营投资连结保险、万能寿险提供必要的技术基础;

(5)海外经验,某些产品在国外保险市场中表现非常突出,是否适合本国国情,国内是否有类似的市场需求;

(6)金融市场和制度创新因素,可能衍生新的市场需求,影响保险公司的竞争地位。

开发新产品的建议一般由销售部门,包括代理人提出需求和建议,特别是当他们感觉到他们已无法用公司现有产品与竞争者抗衡时。针对开发需求,公司专业人员要进行详细的分析,对建议进行评估、补充、排序并提出完善意见。未必需要开发新的保单,而是通过适当调整现有保单的格式或条款,以求能较好地满足顾客的要求。如将现有的基本保单组合起来,或附加一些保障利益就可能很受欢迎。

在实务中,保险公司的共识是,简单地重复竞争对手或其他公司推出的产品是行不通的。公司会发生较高的经营费用,这些费用将由股东或投保人直接或间接负担。同时,过宽的产品范围和过快的更新换代,很容易导致代理人在销售中出现混乱,还会大量占用系统资源,造成资源浪费。

保险公司的产品开发部门在获得新产品开发建议时,必须对这些建议的基本可行性、必要性与市场潜力进行初步的分析和研究,确定是否采纳,是否进入下一步程序。

2. 进行调查

在开发新产品时,进行市场调查的主要内容包括:(1)新产品必须在公司技术、经验、保单管理和电子系统支持范围之内,超出这些范围的产品开发需求,则首先需要公司在战略资源配置和发展上进行调整;(2)新产品必须符合公司发展的目标,当两者发生冲突时,公司目标优先;(3)新产品必须选择好正确的目标市场;(4)新产品预计的销售时期、销售额、预计平均保费等预期指标;(5)市场营销的专门技术和知识也很重要;(6)作为调查过程的一部分,市场营销人员有义务检测现有产品是否能通过改善和升级来满足新的需求;(7)新产品应该是优质的,未来是不确定的,且预期业务的微小变化不会导致利润的急剧变化。

3. 制订计划

如经初步研究,表明新产品开发是必要、可行的,下一步就是制订具体的方案计划,递交给公司有关决策人。在制订计划过程中,最主要、最困难的是提出市场营销战略。这将影响到新产品计划的整个实施过程和执行效果。

4. 制订初步方案

在制订初步方案时,产品开发人员必须对特定群体作出定价假设,进行简单的利润测试,以确保新产品有竞争力,能够产生可接受的利润。利润测试是对不同的定价假设进行敏感性分析,这对产品开发具有决定性意义。某种产品在某种假设条件下可以获利,但在其他假设下则可能亏损,关键在于判断哪些假设更现实、更可能一些。利润测试的变量包括终止利率、投保年龄、保单规模、各项费用、投资收益等。

5. 进行系统性设计

初步计划被上级管理部门接受后，需要在细节上对新产品进行设计。新产品可能涉及保险公司的多个部门。此外，还可能包括来自其他部门的法律、会计或税收人员。这在一定程度上取决于新产品的属性。

在该阶段中，销售人员需要测试代理人报酬的适当性、市场营销人员测定成本、竞争力和消费者意见，精算师要测算利润率、可行价格和筹集资金，行政管理人员负责保证新产品，以适应现有的行政管理或发展的新系统。

设计阶段是一个反复尝试、协调、讨论的过程，以提高所有参与者对产品的满意度，并确认基本假定参数的可信性。本阶段关于利润敏感性的分析，是对以上讨论的全面思考，有效避免产品设计失误造成的影响。

6. 设计执行与测试

产品设计获得批准后，需要执行设计与开发的过程，首要工作是制订预算和产品执行进度表。预算包括：(1)销售/培训资料、注册利率和计划方式等；(2)开发和广告费用；(3)为系统调整而需的计算机费用；(4)全体职员接受培训和经营新产品所需的费用等。产品开发所需费用的一部分是职员费用，须确定用何种工具、由谁去完成工作，这项工作的筹备过程是复杂而又密切相连的。产品执行进度表，对实现预定目标具有重要意义。

对完成的设计还包括对成型产品进行再次的敏感性测试，目的在于了解产品是否能在各种市场参数变动下，继续完成对公司业务发展的价值贡献，测定新业务对公司价值增长的贡献水平，并由此确定该产品在何种限度内可以大力推广，及在何种情况下将无法满足开发的预期目标，而必须收缩或者叫停。根据精算测试的结果，可能需要对产品和销售目标作进一步调整，直至达到完全可行。

7. 制订最终方案

设计小组根据前期工作和相关要求制订出产品的最终方案。最终方案应当包括产品开发的各个环节、负责人、完成时间、要求的资源配置和财务预算等。最终方案还包括对产品上线之前的管理流程、系统支持的安排和落实。

8. 执行方案

一种保险产品的开发是一项大工程，需要有非常先进的技术去经营。我们不能低估方案实施的难度，执行过程中需要细致的管理。对要执行的工作思考，可依据以下几个方面：

(1)由计算机或人工存储的公司记录，这些记录主要包括保费收据及账目、统计资料、价值和红利分配、代理人服务、年度报告书及通讯联系方式等；

(2)现有附加利益的形式，是否适合作为新保单的附加条款，作出调整来适应新保单是否可取；

(3)新保险产品对现有保单产生的影响，如与现有保单存在矛盾且优于现有保单，销售人员就能得出正确判断，是保留现有保单还是替换成新保单；

(4)保险费率的确定，包括行政管理部门的规定及年龄限制、保单规模等；

(5)适当的保险协议和保险运作手册的准备；

(6)代理人培训资料的准备，包括利率注册记录和计算机的内存资料，在准备这些资料时，大量销售人员需经过严密的筛选，之后组织培训新产品介绍以及其他领域人员的培训；

(7)准备宣传广告材料及其他推销方法，在适当时推出品牌；

(8)准备保单、消费者说明书和计划表；

(9)给投保人忠告，如为分红保单提供红利信息，为投资连结产品提供账户报告书等；

(10)经指定精算师批准的保费费率及其他保单条款，包括满足专业标准的资料或报告书，内容涉及经营的整体利益、资本需求等；

(11)更新经营管理的操作手册、程序以及管理人员的培训。

在实际情况中，还可以更加全面地考虑要执行的工作，需要注意的是任何考虑都必须依赖于新产品的特性等。

9. 产品投入市场

新产品正式上市时，保险公司应该在合适媒体中做广告或举行新闻发布会，将新产品公之于众。同时召开有关会议，把新产品介绍给代理人、经纪人、公司外勤人员及保护服务人员，印发销售培训资料。此外，还要举办各种培训班，为代理人等讲授关于新产品的特征与利益、如何填写保单、所需服务的内容等，对核保人、保单签发人就如何管理新产品、如何服务等进行培训。

10. 信息反馈

信息反馈就是在新产品上市后，对实际情况进行检查以及与计划相比较。反馈同时可以确定人们对保险产品的期望值，可能高于或低于预期水平，可能需要投入更多资源，进入下一步产品开发；反馈还会涉及那些可预期的"反应过度现象"，有助于及时作出调整，并为今后的产品开发提供经验和教训。

(二)保单设计过程中的突出问题

保单是保险公司的产品，保单是否满足消费者的需求直接关系到保险公司的生存和发展，因此对保单的设计，无论是险种条款，还是名称、包装都要格外注意。

1. 险种条款设计

心理学研究表明，求新、求变、追逐时代潮流，是消费者普遍的心理特征。一个新产品投放市场后，能否引起消费者的兴趣与购买欲望，最重要一点是相对已有老产品、竞争对手产品的优点和特点。优点越多，越容易为消费者所接受。同样，新险种条款也要求新、变、优，才符合人们的心理。

2. 险种名称设计

险种命名是险种设计的重要组成部分，一个好的险种名称，不仅能使投保人主动了解险种的性能和特点，借以识别险种的主要标志，还能引起他们心理活动的特殊兴趣，并对人们的心理产生影响。

一般来说，险种命名要符合以下原则：(1)险种名称要与其主要功能、特点一致；(2)便于记忆，力求文字简洁，便于认知；(3)雅俗共赏，力求生动形象，避免生僻绕口。

3. 保单的包装装潢

包装装潢在产品的整体概念中占有重要位置。同样，精美的保单包装能使险种更富有魅力。包装泛指用于盛装、保护物品不致损坏的容器，装潢是包装物的装饰，通过绘画、文字等设计，附于外表，起美化作用。

一般来讲，保单装潢主要从以下几方面考虑：(1)有时代特色，符合人们的求新心理；(2)适用安全，符合人们的安全心理；(3)具有艺术魅力，符合人们的审美心理。

三、保险产品运行概要

保险产品的独特性，要求有不同于其他行业的独特运行方式。尽管人寿保险公司与财产保险和责任保险公司经营方式有明显不同，但所有保险公司的主要经营活动，都可以划分成费率厘定、展业、承保、损失理赔、保险资金运营等环节。除此外，还有大多数商业活动都有的会计核算、人力资源管理、市场调查等普通商业活动。

(一)费率厘定

保险费简称保费，是投保人为转移风险取得保险保障而应付出的代价，亦是保险人承担保险合同约定的保险责任，为被保险人提供风险保障服务而应取得的报酬。保险费率是指单位保险金额的保费。因此，保险费一般是按保险金额乘以保险费率计算的，即：

保险费＝保险金额×保险费率

1. 保险费率的特点

如同其他商品一样，保险费率是保险产品成本的体现，保险业有不同于其他行业的特点：

(1)保险费率的计算在成本发生之前。保险合同被售出时并不知道保险产品的成本，而且直至保单期满也不知道。保险产品定价和定价机制，与其他行业产品定价的根本区别，就是保险价格必须建立在可预测的基础之上。

(2)保险费率要接受政府的监督。市场经济社会中，政府对一般商品的价格管制较少，通常由市场供求关系决定。保险费率则不同，因保险技术的复杂性，为保护被保险人的合法利益并保证保险事业的健康发展。许多国家规定，政府保险监管部门不仅具有核定保险费率的权力，而且规定保险费率的计算方法，甚至可以要求保险人调整保险费率。

2. 保险费率确定的方法

人寿保险公司的费率厘定是由精算部门完成的，必须遵循保证偿付原则、公平合理原则、相对稳定原则、促进防损原则。保险费率的确定不能过高，必须充分且不可以有不公正的差别对待的法定要求。它的确定有以下方法：

(1)判断法。判断法又称观察法或个别法，是对每一投保标的分别单独计算确定费率的方法。费率计算者凭借其过去的经验和对未来发展趋势的把握，通过分析投保标的的风险，估计其损失概率，进而直接决定保险费率或提出费率供双方协商。这一方法通常适用于没有可信的损失统计资料可依据的情形。这时，费率计算者的个人直觉判断能力，就显得极为重要了。再保险常采用判断法，一些新险种费率的厘定也往往采用此法。

(2)分类法。分类法是基于风险分类而计算保险费率的一种方法。费率厘定者利用适当的标志将投保标的分成若干类别，同类标的被认为具有大体相同的风险，适用相同的费率。分类费率代表某一类标的的平均损失经验。为保证其精确度，既要求分类适当，又要求各类标的都有足够数量。按照这一方法确定的费率，通常被载入保险手册，供业务人员查阅，因而分类法又称手册法。这一方法被广泛用于人身保险和财产保险的许多险种。

3. 风险费率的计算方法

有纯保费法和损失率法两种，如果分类风险有足够的资料作基础可用前者，否则采用后者。

(1)纯保费法。根据统计资料计算风险事故的频率，作为风险事故概率的近似，进而确定纯费率，再加一定的附加费率，即得到毛费率。这一方法以足够的资料为基础，故计算所得费率一般较为精确，不仅具有适度性，还能顾及投保人之间的公平合理性。此外，纯费率厘定后，经过一段时间，常常需要根据实际经验作出适当调整。事实上，适当、合理地调整费率是费率厘定工作的重要一环。从某种意义说，非新险种的费率调整要比计算更为重要。纯保费的计算公式是：

$$纯保费=\frac{已发生的损失和理赔费用}{损失风险单位数}$$

(2)一般损失率法。按照损失率法，要把实际损失率与预期损失率加以比较，然后对费率作相应调整。实际损失率是已发生损失和理赔费用与已赚得保费的比率。预期损失率是保费中预定用来赔付的比例，它等于“1－费用率”。

(3)表定增减损失率法。增减法是在分类费率的基础上，根据损失经验数据对分类的费率作向上或向下的调整。它是基于这种假设：一个特定的被保险人的损失经验数据，与其他被保险人的损失经验数据有明显不同。

表定增减法基于的假设是：被保险人某些经营和操作的客体特征，将影响到被保险人将来的损失。按照这一方法，对每个风险单位分别计算费率。首先对每个风险单位确定一个基本费率，再根据客体特征做增减修正。其主要优点是：①识别保险标的出现的客体特征，从而使保险费能反映被保险人的损失经验；②能促进防损工作。其不足之处在于：①需要较高的管理费用；②同业间竞争时如给予保户不合理的费率优惠，表定法有可能失效；③如果人为因素在造成损失方面起主导作用，表定法并非是一种有效的方法。

(4)增减损失率经验法。这是根据以往的损失经验调整分类的费率。经验法最显著的特点是，被保险人以往的损失经验数据，被用来确定下一个保险期的保险费。假如被保险人的损失经验数据低于同类别的平均数字，就会降低对被保险人收取的分类费率；反之，就会提高费率。在确定费率调整幅度时，实际的损失经验数据要根据可靠比数修正。经验法对减少损失有经济刺激，较大的企业有较高的保费额和可靠的经验数据，一般更为有效。普通责任保险、劳工保险、团体健康保险中，经常采用经验法计算费率。

(5)增减损失率追溯法。根据这种方法，由被保险人在本保险期内的损失经验决定该期实际缴付的保险费。在实际操作中，保险人首先规定一个最低保费和最高保费，然后按标准保险费(根据分类法确定的保费)向投保人预收基本保险费，在保险期满时，根据保险期内各投保人的损失经验对基本保险费进行调整，得出应缴的保费，多退少补，故名“追溯法”。

具体地说，如果在本保险期内实际损失额小于某一数额，被保险人缴付最低保费；如果实际损失额大于某一数额，被保险人要缴付最高保费；实际损失介于前述两个数额之间时，实际缴付的保险费在最低和最高保费额之间，具体数额取决于被保险人在本期的损失经验。劳工保险、普通责任保险、汽车责任和车损险等，经常使用追溯法计算保险费。

(二)展业

一个保险公司的展业部门，有时也称为代理部，是产品销售或市场策划部门。该部门负责外部的销售环节，由代理人或公司支付薪水的销售代表负责。展业部门的职责是寻找和任命代理人并协助销售，一般来说，只给代理人技术层面的协助。特约代理人或此类人士，直接在市场营销方面给代理人以协助。特约代理人是召集代理人的技术人员，他扮演着公司展业部门和代理人之间媒介的角色。特约代理人在费率决定和设计保险承保范围时提供辅助，推进展业者的工作。

(三)承保

承保是指保险人接受投保人的申请并与之签订保险合同的全过程，是选择并给风险单位分级的过程，是所有保险计划运营的核心因素。除非保险公司在所有投保标的中进行选择，否则保险公司将面临逆向选择。而承保人的主要职责就是防止逆向选择。

承保的目标并不是选择不会发生损失的危险单位，而是避免过多承保高危险的，借以使实际损失等同于预期损失。通过拒保不合格保险标的的手段，力图避免逆向选择的同时，承保人员还必须保证每一类型的危险单位数量足够多，防止保险标的的过度集中以减少巨灾损失。

从严格意义上讲，保险业务的接洽—协商—投保—审核—配证—收取保险费—建卡，都属于承保工作。实际上，承保是展业的继续，是在展业基础上进入保险合同的双方就保险条件进行实质性谈判的阶段。保险公司的承保程序，包括制定承保方针、获取和评价承保信息、审查核保、作出承保决策、缮制单证等步骤。

1. 制定承保方针

保险公司一般设有专门的承保部门，由它制定与公司目标相一致的承保方针和编制承保手册。承保手册具体规定承保的险种和展业的地区，所使用的保险单和费率厘定计划，可以接受的、难以确定的和拒保的业务，需要得到上一级承保人批准的业务等。承保手册起到了向保险营销人员传达公司承保方针的作用，也向承保人提供作出最优承保决策的信息。

2. 获取和评价承保信息

承保人通常是在综合各种信息和个人判断的基础上决定是否接受投保人的投保申请。为了作出准确、合理的承保决策，承保人必须从各个方面获得各种信息，以便分析和评价投保人面临的风险。承保的信息主要有以下几种：

(1)投保单。投保单是投保人向保险人申请订立保险合同的书面要约。投保人通常由保险人采用统一的格式印制的，投保人依照保险人所列的项目逐一填写。投保单是保险合同的重要组成部分，也是不可缺少的原始单证。在投保单上，投保人要向保险人如实告知影响保险人作出签约决定的全部真实情况。如果投保人在投保时没有如实告知，隐瞒了某些重要事实，保险人可因投保人违反最大诚信原则解除保险合同。投保单是承保人的第一手资料。

(2)中介人及其经营业绩。保险代理人、保险经纪人和保险公估人作为保险市场的中介人，通过与投保人和保险人的多次接触，或向投保人和保险人提供风险管理咨询服务，或提供投保单上未列明的信息，如风险评估报告，便于承保人更好地进行风险评估。此外，在审核投保申请时，承保人还非常重视代理人和经纪人的职业道德和经营业绩，对那些职业道德水平高、经营业绩优秀的代理人或经纪人推荐的投保申请，即使没有满足承保人所需的所有承保条件，承保人一般也会接受下来。

(3)体检报告。在人寿保险和健康保险中，体检报告是提供被保险人身体健康状况的重要信息来源，体检报告的内容包括身高、体重、腰围、胸围、血型、心肺和神经系统等。对于被保险人年龄和保险金额超过保险公司限制性的规定，或发现健康方面有明显问题，承保人可以授权主治医师对被保险人进行全面体检，并出具详细的体检报告。

(4)地区销售经理。许多保险公司有地区销售经理，专门负责该地区的保险营销工作和信息反馈工作，这些销售经理长期与保险代理人、经纪人交流营销情况，切磋营销技巧，因此他们经常能够给承保人提供一些与投保人有关的有用的信息。

(5)消费者调查报告。在国外，有一些独立的消费者服务机构会调查和提供有关未来或潜在的被保险人的背景材料和信息，这是承保人获取信息的重要来源。

(6)保险承保人员还可以从被保险人保存的购物账单、信用卡对账单，企业财务报表、年度报告和信用评级机构公布的一些报告中获取有用的信息。

3. 审查核保

审查核保包括审核投保单填写是否准确，以及识别、衡量投保人、被保险人和保险标的的风险程度。审查核保是保险承保工作的关键，只有认真、细致、全面地评估保险标的的风险，才能科学地进行承保选择和控制，以适当的保险费率和其他条件作出正确决策。

在实际业务中，核保包括对投保单的审核和保险标的风险的审核。

(1)对投保单的审核较为简单，主要是指承保人员收到投保单后，详细审核投保单各项内容，发现问题，及时更正，具体包括审核保险标的、保险财产项目、保险标的存放地址、保险日期和保险期限是否填写清楚，应附投保明细表是否齐全，所附单证、表册、数字是否符合要求，人身保险投保单内容填写是否齐全、真实，尤其是被保险人健康状况是否如实填写，对特殊要求的保险，还要审核所提要求的可行性、保险责任、期限、保额及适用费率水平等项目。

(2)对保险标的风险的审核，因险种而异。个人寿险业务审核的内容有以身体健康风险为中心的医务审查和以职业、道德风险为中心的事务审查，具体内容有：年龄、体格、既往症、现症、家庭病史等同健康有关的风险因素；职业、习惯或嗜好、道德、财务状况等同健康无关的风险因素。与人寿保险相比较，健康保险的种类多样，对风险因素的评估更为重要。因发病率与死亡率的估计方法存在差别，个人健康保险承保要考虑的风险与人寿保险有所不同。如被保险人既是投保人，又是收益人，不必像人寿保险那样过多考虑可保利益。年龄、职业、逆选择、道德风险等，在个人健康保险承保中格外重要。

在健康保险中需要对职业做详细审核的内容有：①危险因素最小的职业(如律师、会计师、秘书等)；②危险因素较多的职业(如出租车司机和公共汽车司机、木工、油漆工等)；③危险因素多的职业(如建筑工人、巡警、锅炉制造工等)；④不可保的职业(如试飞的飞行员、隧道工人、高空作业人员等)。

在财产保险业务审核时，核保人员通常要考虑以下一些因素：保险财产的性能或构造；保险财产的用途；保险财产坐落的位置及其周围环境；保险财产的重要部位及防护措施；检查有无正处于危险状态中的财产；检查各项安全管理制度的制定和执行情况。

4. 作出承保决策

保险人员通过收集有关的资料信息，并对这些信息经过承保选择和控制之后，作出承保决策。保险标的的风险如符合承保条件，则出具保险单，进行正常承保；如标的风险低于承保条件，保险公司可通过增加限制性条件或加收附加保费的方式予以承保，出具保险单；如投保人的投保条件明显低于承保标准，保险人就会拒绝承保。

5. 单证管理

承保人作出承保决定后，由签单员缮制保险单或保险凭证以及办理批单手续。缮制单证是保险承保工作的重要环节，其质量的好坏，直接关系到保险合同双方当事人的权利和义务能否顺利履行。单证缮制要及时，采用计算机统一打印，做到内容完整、数字准确、不错不漏、无涂改。保单上注明缮制日期、保单号码，并在保单的正副本上加盖公私印章。如有附加条款，将其粘贴在保单的正本背面，加盖骑缝章。

复核员按签单要求对投保单、验险报告、保险单、批单及其他各种单证是否齐全，内容是否符合要求，计算是否正确等，进行认真复核，力求准确无误。复核后加盖公章及复核员的名章。然后由保险内勤人员清分发送，收取保险费。最后将投保单、保险单和批单副本装订成册，交专人保管，以便今后查找。

6. 续保

续保是指在保险合同即将期满时，投保人在原有保险合同的基础上向保险人提出续保申请，保险人根据投保人的实际情况，对原有合同条件稍加修改而继续对投保人签约承保的行为。续保是以特定合同和特定被保险人为对象。保险合同签发后，并不意味着保险双方的关系已经结束，保险人应认真做好保单的售后服务。

对保险人来说，续保可以稳定公司的业务量，利用与投保人之间建立起来的老关系，减少展业的工作量，降低营业费用。对投保人来说，及时续保不仅可获得持续不断的可靠保险服务和保障，且作为保险公司的老客户，还可以在体检、服务项目及保险费率等方面得到优惠。续保对保险双方均是有利无弊。

保险公司在续保时须注意以下问题：

(1)被保险人提出续保申请时，保险人应对保险标的及时作出再审核，避免保险期中断；

(2)如保险标的的危险程度增加或减少，保险人应对保险费率作出相应调整；

(3)保险人应根据上一年的经营状况和赔付情况，适当调整承保条件和保险费率；

(4)保险人应考虑通货膨胀因素，使续保后的保险金额与生活费用指数变化一致，使被保险人能获得充分保障。

此外，承保部门作为一个非常重要的保险职能部门，除制定承保方针和编制承保手册外，还要分析损失和保险费的经验数据，修订保险费率计划，研究保险责任范围和保单格式，设计新的保险品种，负责承保人员的教育和培训。

(四)损失理赔程序

保险公司的基本目标之一，是为被保险人遭受的损失提供补偿。这一功能是在理赔过程中实现的。当保险公司面临索赔时会有支付赔款和拒绝支付两种情况。在大多数情况下，对承保范围少有争执，支付损失赔款是最常见的程序。但保险公司有时会认为索赔不合理，拒绝履行义务而产生争执。保险公司可基于两种基本原因拒绝支付赔款：要么损失没有发生；要么保单并没承保此类损失，即这类损失要么不在保险合同规定的承保风险之列，要么在其列但损失发生时保单并不生效，或被保险人违反了保单规定的条件。

在决定是否赔款的过程中，保险公司要遵循如下四步固定程序：

1. 通报损失

索赔过程的第一步，是被保险人向保险公司通报损失已经发生。尽管各个保单要求不同，但在大多数情况下，合同要求通报应是“立刻”或“尽可能快”的。一些保险合同规定在承保时就应确定通报方式。即便如此，这些要求也不具备严格强制性。被保险人通常以通知代理人的方式通报已发生的损失，这是符合合同要求的。

2. 现场调查

现场调查是判断是否真的发生了承保范围内的损失，及发生损失的确实程度。在判断是否发生承保损失时，承保人首先要判断是否有损失真的发生，再判断该损失是否是保单承保范围之内。损失发生的判断较为简单，如是否存在投保人试图欺骗保险人或损失并未真正发生，而赔款已经支付的情况。承保人还必须判断该损失是否在保单承保范围内，如损失发生时保单是否有效？如果保单是新发行，损失是否发生在保单生效前？或保单是否在损失发生前已到期？即使已经确定损失发生在承保期间，还有种可能情形是被保险人违反保单规定造成合同中止和失效。另外，如在事件发生时保单正在有效期内且有损失，造成损失的危险是否为保单明确规定；就财产保险而言，损坏财产是否符合投保财产的限定。

如果上述问题的答案都是肯定的，赔款将被支付，但还要决定赔款的具体数目。

3. 提供损失证明

在通报损失发生后一段特定时间内，被保险人被要求提供损失证明。它是一个被要求保证真实的报告，内容包括确认损失已发生和给出索赔的金额以及损失周边环境情况。承保人通常协助被保险人准备这一文件。

4. 支付或拒绝支付

如果一切都符合规定，保险公司将向被保险人支付赔款。如果不符合条件将拒绝赔付。索赔要求不被满足一般是因为没有发生损失、保单未承保已发生的损失或索赔的金额不合理。

(五)保险资金运营

作为经营的结果，保险公司储备了大量资金以备支付未来的索赔。但除备付索赔外，其他大部分资金的运营状况，对保险公司的效益高低、经营成败至为关键。国外的保险公司之所以为保户准备了较高的收益率，安排了种种的新风险保障，原因正在于保险资金通过投资营运，得到了很好的运用。我国保险公司的效益状况，之所以像原保监会主席吴定富讲到的那样，因 1996 年到 1997 年间实施的高收益率(9%)的保险品种，将亏损 500 多亿元。原因正在于保险公司花费很大的气力和费率、收益率筹措到的资金，只是很简单地向银行存储起来，赚取 3%的利率。这自然要亏损累累了。资金闲置是极大的浪费，资金运营不当同样是极大的浪费。保险公司有责任照看这些资金是否被恰当使用，并取得较高的收益。

用于投资的部分资金必须用来支付未来的索赔，保险公司投资的首要原则是安全性。另外，从投资那里可以获得回报的高低，是决定费率的重要变量。人寿保险公司在计算保费时会假设可获得的最低利率，财产和责任保险公司也要求将投资收益考虑到费率计算中去。即使投资收入不能被精确计算，也被认为可辅助承保并同样成为费率厘定环节中要素。

四、销售渠道

在现代经济社会中，只有少部分商品是通过生产企业直接销售给广大消费者的，绝大部分商品通过一系列的中间商来完成从生产者向消费者的转移过程，商品的转移就是所谓的销售，而其转移的途径和环节则是销售渠道或分销渠道。保险产品是一种无形的、复杂的金融服务产品，加之人们对风险的认识参差不齐，对保险产品的需求复杂多样，这些特殊性决定了保险产品的销售更加多元化。

(一)保险的销售渠道

保险销售渠道，是指保险产品从保险公司向投保人转移的途径和环节。按是否有中间环节，可以分为直接销售渠道和间接销售渠道两类：

1. 直接销售渠道

保险的直接销售渠道包括上门推销、柜台销售、邮寄销售、网上在线销售等。

(1)上门推销是保险公司员工开展业务最常用的方法,在拓展财产保险业务和团体保险业务时常被采用。

(2)柜台销售是指保险公司利用密集的营业网点优势,通过营业柜台接待前来咨询、投保的客户,及时为其办理投保手续的销售方式。在办理航空旅客人身意外伤害保险时,保险公司通常采用在机场设立专柜销售。

(3)邮寄销售是指将印制好的险种介绍、公司介绍和投保单等相关资料通过邮寄的方式送达潜在客户,客户通过阅读相关资料作出是否投保的决定。该方式一般适用于对老客户销售新的险种,对新客户一般成功率较低。

(4)网上在线销售是指保险公司通过互联网开展险种介绍、承保、理赔、咨询和售后服务等系列业务活动,为保险公司与投保人、潜在投保人、保险中介机构及其他利益相关者提供低成本、高效率的信息交流平台。

直接销售渠道能够使公司及时了解关于市场需求、市场状况的第一手信息,有利于树立和维护良好的保险公司社会形象,有利于降低业务费用和销售成本,提高保险公司的价格竞争优势,使其在激烈的市场竞争中具有更大的发展空间。

当然,直接销售也有一定局限性,保险公司自身的销售力量毕竟有限,只依靠直接销售渠道拓展业务,无法实现快速成长、快速扩大市场影响和市场份额。采取直接销售方式时,保险公司不得不聘用更多的公司员工,这样容易导致机构臃肿,增加员工工资、福利等成本开支。

2. 间接销售渠道

保险间接销售主要是通过特定的保险中介机构来完成销售任务,销售渠道主要包括保险代理人、保险经纪人、保险公估人等形式。

(1)保险代理人是根据保险人的委托,向保险人收取代理手续费,并在保险人授权范围内代为办理保险业务的单位和个人。分为个人代理、专业代理和兼业代理等形式。

专业代理销售渠道是指保险公司通过保险专业代理人向消费者推销保险产品,招揽保险业务;兼业或个人代理销售渠道,则是指保险公司通过保险兼业代理人或保险个人代理人向消费者推销保险产品。

(2)保险经纪人是指基于投保人的利益,为投保人与保险人订立保险合同提供中介服务,并依法收取佣金的单位。保险经纪人是保险业务成熟发展的标志之一,主要功能是了解保险客户的需求和保险市场的状况,当好客户的参谋,帮助客户取得最好的保险条件,确保保险合同的履行,并处理好索赔事宜。经纪人渠道的优势,是能够获得一些较大的团体客户,劣势是由于经纪人是保险市场的专家,保险公司所获利益较少。

(3)保险公估人是指为保险当事人、保险人或被保险人办理保险标的的查勘、鉴定、估损、赔款、理算并予以证明的被委托人。保险公估人以独立的第三方身份对委托事务作出客观、公正的评价,为保险当事人提供服务,但不代表任何一方当事人。保险公估人的佣金由委托人支付。保险公估人的组织形式包括合伙企业、有限责任公司和股份有限公司。

（二）保险营销渠道发展动态

1. 引入新兴渠道，整合各种渠道成为优势

CRM（客户关系管理系统）与电子商务系统的进一步融合，在保险公司和客户之间架起了一座桥梁。保险公司可由此广泛宣传并销售自己的产品，有效降低交易成本。金融产品不涉及网络难以解决的物流问题，营销潜力更大。同时，各家保险公司整合各自的营销渠道，使之发挥协调作用。

美国全国保险公司为加强自己的竞争力，决定将互联网与公司同客户交流的其他渠道进行整合，如电话服务中心及独家代理等。由于客户信息资料集中一起，可使销售代理将更多的精力放在满足客户的个人要求上。同时客户具备了借助网络快速获得报价、要求服务、申请理赔和直接投保等自我服务的能力，无论是网页上提供的报价和保险信息，还是从其他渠道获得的咨询都完全一致，客户获得了完美、统一而协调的服务。公司对客户也更加了解，通过分析客户的历史购买资料和更新习惯，可以设计出更有针对性的促销活动。

泰康人寿推出了四位一体的“新生活广场”计划，即泰康新生活广场门店、泰康新生活广场门店电话号码95522、泰康新生活广场网以及泰康专业、诚信的员工。“新生活广场”包括为客户提供变更、保全、理赔服务的客户服务中心，为客户提供健康咨询和测试的体检中心等，为客户提供全方位的服务。

2. 金融自由化浪潮形成

金融自由化是指近十年来发生在西方主要经济发达国家的一种逐渐放松甚至取消对某些金融业务管制的过程和趋势。1999年11月4日，美国通过了《金融服务现代法案》，废除了1933年生效的《格拉斯一斯蒂格尔法》，标志着美国金融分业经营时代的结束。欧洲大部分主要银行也都制定了银行保险混业发展的战略，如英国的HSBC、Lioyds，瑞典的DBS，德国的Deutsche Bank，西班牙的BSCH，法国的BNP＋Paribas，意大利的Banca Intesa等大型银行，“全能”银行之风盛行。日本颁布法律规定从2002年开始允许银行业代理销售人寿保险。混业经营给客户提供了全方位服务，提高交易效率，降低交易成本，可使银行、证券、保险销售网络和客户资源共享，提高销售网络和客户资源的利用效率。

目前有三种类型的混业经营模式：（1）以美国金融持股公司的银行金融子公司为主要特色的模式，如花旗银行集团、美洲银行集团在实行兼并收购后，向全球客户提供“一条龙”式的金融保险服务，平均利润率和资产收益率都大大提高；（2）英国和加拿大通过银行子公司从事多种金融业务的制度形式；（3）德国大总和银行制度，今后将出现越来越多的“金融航母”。

3. 银行营销成为保险业务新的增长点

美国银行保险销售额呈逐年增加之势。1991年为277亿美元，2000年达到449亿美元，年均增长17.5％。在美国前50强的保险公司中，已有75％的保险公司通过银行销售保险产品。法国、西班牙、意大利的银行保险业务，占寿险市场的比例均达到了50％以上。

近年来，中国保险市场中各家保险公司加快了网络建设。2012年，中国保险市场的银行保险发展迅猛，全年银行保险的保费收入达到数千亿元，占寿险保费总收入的1/5，尤其是从第三季度开始，银行保险业务已经超过团险业务。全国银行和邮政网点共18万个。

目前，银行已成为客户挑选保险产品的重要场所，供应多家保险产品和存款、基金的“金融超市”逐渐形成。

4. 国内保险中介市场初具规模

2015年第一季度，全国保险业保费收入达到8425.37亿元，同比增长20.37%。全行业利润为近年来最好的一年。与此同时，中国保险市场呈现财产险快速增长，人身险增长趋势有所放缓。

截至2014年底，全国共有保险公司100多家，还有保险集团和控股公司5家，保险资产管理公司4家，专业保险中介机构数千家。保险公司总资产超越10万亿元大关，比年初增加7%。共有37家外国保险公司获准进入中国保险市场。

各国保险业的发展史表明，保险市场的发展促进了保险中介机构的形成与发展，反过来，保险中介机构的发展又推动了保险市场的发展与繁荣。

我国自从20世纪90年代初，保险业打破中国人民保险公司独家经营的局面后，进入了飞速发展的时期。一大批保险代理人挨家挨户上门推销保险，在公众场合设立保险咨询摊位，保险代理网点和代理公司为招揽业务需要，积极开展宣传活动，这对提高人们的保险意识，普及保险知识发挥了积极作用。同时，保险中介人员利用比较优势，直接面对客户，根据客户的需求及时提供各种迅捷、优质的服务。保险公司利用间接销售渠道拓展业务后，从繁杂的保险销售活动中解脱出来，更加关注公司战略规划和总体部署，加强产品开发、承保、理赔、投资管理等专业技术，有利于保险业务的快速发展。从某种意义上说，强大的间接销售渠道和销售队伍，已成为保险业与其他金融业竞争的一项无可比拟的优势。

第四节 保险监管

保险业是经营风险的特殊行业，具有很强的专业性、社会性、公众性，是各国金融体系的重要组成部分。保险经营是否稳定，能否履行经济补偿和给付的责任，直接关系到社会公众的利益，影响到社会经济的稳定。为了保证保险公司经营的稳定性，维护保险市场的正常秩序和健康发展，各个国家通过制定保险法规来规范保险经营者的行为，并设有专门的监督管理机构实施对保险业的监管。

一、保险监管概述

保险监管通常是指保险监管机构依法对保险人、保险市场进行监督管理，以保障被保险人的合法权益，促进保险业持续健康协调发展。

(一)国家对保险监管的必要性

国家对保险业实行监管，是由保险业本身业务的特点，以及保险作为一种“社会稳定器”的内在要求决定的。

1. 保险业经营的特点，要求国家对保险业进行严格监管

保险企业的经营对象为风险。风险无处不在，无时不有。风险的广泛性和不确定性，风险事故的偶然性和不平衡性，决定了保险企业经营的特殊性。随着科学技术的进步，保险公司承保能力的提高，越来越多的风险成为可保风险，保险业务越来越分散，影响覆盖面越来越广泛。保险企业经营资产的相当部分，是保险企业对被保险人未来赔偿或给付的负债。保险公司如经营不善，就可能丧失偿付能力，不仅影响保险公司自身的利益，更涉及广大被

保险人的利益,关系到众多家庭生活安定和企业的正常经营。国家通过对保险公司实行监督管理,能及时发现保险公司经营的隐患,敦促其整改,保证其偿付能力,最大限度地避免保险公司出现无力偿付的现象,从而保护被保险人的利益。

2. 保险作为"社会稳定器"的内在要求,决定国家必须对保险企业进行严格管理

保险市场是个充满竞争的市场,如缺乏管理,容易滋生许多不正当的竞争行为。一些保险公司为了在激烈的竞争中获胜,可能会盲目降低费率,或承诺过高的利率,或不适当地提高代理人和经纪人的佣金以招揽业务。这就严重扰乱了保险市场的正常秩序,甚至可能因恶性竞争而导致业务亏损,最终损害被保险人的利益。国家对保险市场进行适当的干预,严格规范保险公司的经营行为,并加以监督和管理,就可以防止保险同业间的不合理和不正当竞争,维护保险市场的正常秩序,最终维护被保险人的利益,维护社会稳定,有效发挥市场作为"社会稳定器"的职能。

(二)保险监管的目的

对保险业实行监督和管理的目的,是保护被保险人的正当权益和保险业的健康发展,具体说来,包括以下几个方面:

1. 保证保险机构有足够的偿付能力

这是保险监管的重要内容。我国的《保险法》制定了对保险公司进行监督管理的章节和内容,如保险企业的资本金、保证金、各种准备金、最低偿付能力、承保限额、法定再保险等的管理规定。

2. 保证保险人间的合法竞争,维持公平的保险条件和合理的保险价格

保险公司在保险市场开展业务,应当遵循公平竞争原则,不得从事不正当竞争。由于保险合同的专业性强,内容较为复杂,多数投保人对条款不熟悉以及保险产品价格——费率的确定具有较强的技术性,为了保护被保险人的利益,保证保险人和投保人之间的公平交易,保险人之间在同等保险条件和保险费率水平下公平竞争,政府必须对市场交易的条件和价格进行严格的监督和管理。

3. 防止保险人利用保险进行欺诈

保险人利用保险进行欺诈,主要表现在不具备必要的偿付能力,非保险业非法经营保险业务和保险人利用拟定保险条款或确定保险费率的机会进行欺诈等。如在保险条款中使用容易产生误解的含糊词语来避免责任。我国《保险法》对保险公司及其工作人员在保险业务中隐瞒与保险合同有关的重要情况,欺骗投保人、被保险人或受益人,或拒不履行保险合同约定的赔偿或给付保险金义务的行为,作出明确的处罚规定。这就从法律上保护了被保险人的利益。

4. 提高保险业的经济效益和社会效益

通过政府监督,实现企业经济效益和社会效益的统一,并保证保险企业适度的规模经营,减少资金占用,扩大承保范围,不断满足经济发展和社会稳定对保险保障的需要。

(三)保险监管的原则

保险的监管原则与监管目标是一致的,两者相互促进、相辅相成。保险监管的原则是:

1. 依法监管

保险监管机构必须以法律(包括行政法规)为依据履行监管职能,即在法律授予的权限内,按照法律规定的内容和程序进行监管。保险公司必须依法接受保险监管机构的监管,监

管机构也必须依法进行监管，才能保持监管的权威性、严肃性和一贯性，进而达到监管的有效性，促进保险业的发展。

2. 适度竞争

从理论上讲，市场竞争越充分，交易效率越高，完全竞争的市场模式被认为是最理想的市场结构。然而，自发的市场并不等于健全的市场，市场失灵也会导致资源配置的失误。保险经营的特殊性，要求保险企业具有相当的规模，保险市场也不宜完全放开，否则无序竞争会导致盲目降低费率、变相退费等恶性手段出现，危及保险企业自身的偿付能力和整个保险业的稳定。可见，为维持保险市场的稳定发展，保险监管必须遵循“管而不死，放而不乱”的原则，着力创造和维护适度竞争的市场环境。

3. 公开性

与保险企业有关的法律应当向社会公布，各保险企业的业务经营和财务状况等信息，包括资产负债情况、盈亏状况、偿付能力状况、资本金变动等情况，应当向全社会披露。保险监管机构对保险企业的违规、违法行为的处罚，凡不涉及其商业机密的，应向社会公布。保险监管机构应为此建立相关信息的披露制度，明确披露的内容、方式、口径及时限。这既可发挥公众和舆论的监督作用，又为投保人选择提供依据，改善保险市场的信息不对称情况。

4. 自主经营不干预

这一原则是依法监管原则的合理引申。保险企业（包括国有独资保险公司）是自主经营、自负盈亏的独立企业法人，有权在法律允许的范围内，独立地开展经营。保险监管机构对保险企业的监管必须依法进行，凡法律允许企业自主决策，属于保险企业经营自主权内的事项，就应由其自主决策。监管机构可通过制定政策加以引导，但不得直接干预。如果保险监管机构干预了保险企业正当、合法的经营，就属于越权行为。坚持不干预保险企业自主经营的原则，有利于保险企业的发展，也使监管机构可以集中精力管好该管的事，避免承担不必要的责任。

（四）保险监管的方式

在不同的历史阶段和市场结构条件下，各国监管保险市场的方式有所不同，概括起来有以下三种。

1. 公示监管

所谓公示监管，是指政府不直接干预保险企业的经营活动，仅把其资产负债、营业结构及其他相关事项予以公布，由社会公众自己判断其经营状况。至于保险企业的组织形式、保险合同的格式和内容、保险资产的运用，均由保险人自主决定，政府不加过问。这是国家对保险市场最为宽松的管理方式，有利于保险企业在宽松环境中自主经营和自由发展，但保险经营的复杂性会妨碍公众对保险企业的经营状况作出合理判断，从而难以对保险人进行有效监管。采用这种监管模式的国家必须具备一定的条件，如经济发达，保险市场较为成熟，保险企业具有一定的自我约束能力，国民文化水准较高，具备一定的判断和选择能力。1994年以前，英国曾采用这一监管方式，但20世纪六七十年代许多保险公司的破产，表明这一方式已经难以有效地保护投保人的利益，因而被某些国家所放弃。

2. 规范管理

规范管理也称准则主义或监督主义。它是指国家规定保险企业经营的基本准则，要求保险企业遵守的监管方式。在这种方式下，政府对最低资本金要求、资产负债表审查、保险资金运用、信息披露、处罚等重要事项均加以明确，但对保险企业的经营则不加干预。由于保险业的特殊性，许多法规难以适用于所有保险企业，形式合法而实质不合法的行为时有发生，但规范管理仅涉及保险经营形式上的合法性，未能触及保险企业经营的实质内容。荷兰自 1922 年后采用这一监管方式，目前仍有不少国家在采用。

3. 实体管理

实体管理也称许可主义，是指国家制定完善的保险监管规则，法律赋予监管机关较大的权力，监管机构对保险市场进行全方位的监管。在这种方式中，国家通过有关法规明确保险企业设立、经营乃至应遵循的原则和制度，监管贯穿于保险企业设立和发展的全过程。实体管理是最为严格的监管方式，产生于瑞士，为当今大多数国家所采用。我国也采用该种方式。但在保险市场秩序良好的国家，对原来较为严格的监管方式有着放松的趋势。

（五）保险监管主体与客体

保险监管体系是监督和管理保险市场中各个实体和个人行为的，监管者和被监管者相互作用，共同构成一个动态的监管体系，在此体系中各自扮演着不同的角色。

1. 保险监管的主体

保险监管的主体包括保险行业的监督者和管理者两大类。这些主体有国家、保险行业本身、社会公众、社会评级机构等。下面分别对各类监管主体进行简要的介绍：

(1)国家保险监管机构。保险监管的职能主要是由政府依法设立的保险监督机构行使。美国的保险监管机构是各州政府的保险署，全国设有保险监督协会，负责协调各州保险立法与监管行为，并有权检查保险公司。

在保监会成立之前，中国人民银行是我国保险业的监管机构。1998 年 12 月成立的中国保险监督管理委员会，负责对商业保险的监管职能。

由于各国法律制度不同，立法和司法部门在一定程度上对保险机构进行特殊监管。立法机关以对法律的立法解释对保险业进行管理，法院以保险判例及其解释的特权实施对保险行业的管理。司法机关利用对保险监管机构的监管行为合法性的裁判权，影响、干预保险监管机构的行政行为。

(2)保险行业自律组织。在发达国家，保险行业协会是保险公司或保险中介机构(如代理人、经纪人、公估人等)的社团组织，对规范保险市场发挥政府监管机构所不具备的协调作用。保险行业自律组织参与保险市场的管理，主要表现在以下几个方面：

①代表协会会员对政府有关保险的立法与管理措施发表意见，反映情况，对政府决策产生直接或间接影响；

②协调协会会员的市场竞争行为，行业协会通过协议或规定对会员具有一定强制力和约束力；

③在业务方面制定统一的保险条款格式，协调最低保险费率标准，统一佣金比例；

④为政府保险监管机构对保险市场的监督管理提供专业依据。

中国保险行业协会经当时的主管机构中国人民银行批准，成立于 1996 年 5 月 8 日，主要职责是：

①制定保险行业共同遵守的行业自律规则；

②督促会员贯彻和执行各项金融法规、政策，辅助国家保险监管部门实施国家对保险业的监督和管理；

③规范同业之间的竞争，协调各会员之间的矛盾和争议，接受保险当事人的咨询；

④代表保险人利益与金融监督管理部门及其他政府部门联系，反映保险人的共同愿望和建议；

⑤促进中国保险业和国外保险业之间的联系和交往；

⑥组织对中国保险业发展的调查研究和信息交流活动；

⑦初审保险条款和保险费率；

⑧接受金融监督管理部门委托办理的事项。

除中国保险行业协会以外，有3家以上保险公司分公司的地区可以成立地区保险行业协会。目前，多数省、自治区、直辖市都成立了地区保险行业协会。这些地方性行业协会在促进当地保险信息沟通、加强行业自律等方面起着越来越重要的作用。

(3)独立审计机构。独立审计机构是指依法接受委托，对保险公司的会计报表及其相关资料进行独立审计，并发表审计意见的注册会计师事务所和审计师事务所。独立审计监督的目的，是对被审计单位会计报表的合法性、公允性(指被审计单位的会计报表是否在所有重大方面公允地反映了其财务状况、经营成果和资金变动状况)及会计处理方法的一致性发表审计意见。在保险行业独立审计上，注册会计师主要是接受保险公司或保险监管机构的委托开展审计工作。由于独立审计机构的客观公正性，世界各国在加强保险行业的监督管理时，都比较重视其意见。

(4)社会舆论和媒体。社会舆论和媒体具有时效性和公开性，有关保险公司经营财务状况和市场行为的分析报道，在很大程度上影响着消费者的投保决策。消费者主要采取向有关部门投诉、通过媒体披露等方式来影响保险公司的企业形象和市场占有率，影响保险监管机构的政策取向，对保险公司的行为也具有一定的约束作用。

2. 保险监管的客体

保险监管的客体即保险市场的被监管者，包括保险公司、保险中介机构、投保人、被保险人、受益人等。其中，保险公司是保险商品的提供者。投保人、被保险人和受益人根据保险合同享受一定权利，并承担相应义务，其行为对保险行业的健康发展起着重要的作用，也是被监管的对象之一。我国保险法明确要求投保人必须对保险标的具有可保利益。根据该项规定，保险监管机构可以对那些保险标的缺乏可保利益的投保人进行管理。

(六)保险监管的程度

保险监管必须避免过度监管和放松监管两种极端观点。

1. 避免过度监管

某些人认为保险监管是万能的，从而任意干预保险公司的内部经营管理。保险公司是自主经营、自负盈亏的独立法人，有权在法律法规允许的范围内，独立决定经营方针和发展策略，尤其是在市场经济条件下，只要保险公司不违反国家有关法律法规和政策，不违反社会公共利益和公共道德，保险监管机构就不应该任意干预其经营行为。保险监管不是万能的，监管失灵与市场失灵同样存在，不能认为保险市场中存在的任何问题，都可通过某些监管手段得以纠正和解决，否则容易导致过度干预，扰乱市场信号，使市场机制无法有效发挥作用，不利于保险业有效竞争机制的建立和完善。

2. 避免放松监管

某些人盲目崇拜市场机制的作用，抹杀政府监管的应有地位和积极作用。我国于2004

年7月1日颁布了《行政许可法》，某些人便倾向于能不监管就不监管，以免监管不当遭起诉。这容易导致过度放松监管，弱化保险监管的功效，滋生市场恶性竞争，损害保险行业信誉，削弱行业竞争能力。事实上，保险监管应努力做到管而不死，放而不乱，既鼓励竞争，又规范竞争，促使保险公司科学合理地权衡利润和风险。

二、保险监管的内容

鉴于保险市场各要素的不同作用和地位，各国均把保险监管的重点放在对保险公司的监管上，而对保险公司监管的具体内容也因各国经济体制、保险业发展状况、社会背景的不同而有所不同。概括起来主要有以下五个方面：

(一)机构监管

国家对保险机构监管的依据是《保险法》，主要体现在对保险机构组织形式、设立条件、经营范围等方面。

1. 保险机构的组织形式

保险机构的组织形式，因各国要求不同而有所不同。如日本规定有株式会社(股份有限公司)、相互会社(相互公司)及互济合作社三种。英国除股份有限公司和相互保险公司外，还允许劳合社采用个人保险组织。我国台湾地区的保险机构包括股份有限公司和合作社两类。我国《保险法》规定：保险公司的组织形式只能是股份有限公司和国有独资公司。

2. 保险机构的设立

保险实际上是一种风险集聚和分散机制，即保险公司以其收取的保费来补偿被保险人的损失，保险公司应有一定的自有资本金。保险公司除满足《公司法》对经营资产的要求外，还必须根据《保险法》的规定拥有相当数量的资本金，并缴存一定比例作为保证金，以保证营业期具备足够的偿付能力。同时，保险业务的专业性和技术性，决定了其从业人员必须具备相应的素质，才能保证稳健经营和健康发展。

各国对保险机构的高级管理人员的任职资格都有特别规定。各国保险法规对设立保险公司的最低资本金要求，还与保险公司经营业务的性质和种类，及保险公司开展业务的地域范围有关。如英国《保险公司法》规定：股份保险公司实收资本必须达到或超过10万英镑；相互保险公司最低开业资金不得低于2万英镑；劳合社承保商至少须向劳合社缴纳保证金150万英镑。

根据我国《保险法》和《保险公司管理规定》，设立保险公司或保险公司设立分支机构必须经中国保监会批准。非经中国保监会批准，任何单位、个人不得在中华人民共和国境内经营或变相经营商业保险业务。

3. 营业范围

营业范围监管是指政府通过法律或行政命令，规定保险机构所能经营的业务种类和范围，一般表现在两个方面：(1)金融业间(银行、保险、证券、信托业之间)的兼业，即是否允许保险人兼营保险以外的金融业务，或非保险机构经营保险业务；(2)保险业内不同业务的兼营，即同一保险人是否可以同时经营不同性质的保险业务。在我国，由于历史的原因，《保险法》颁布前成立的保险公司，曾被允许经营所有险种的业务。

《保险法》第92条规定，保险公司的业务范围包括：(1)财产保险业务，包括财产损失保险、责任保险、信用保险等；(2)人身保险业务，包括人寿保险、健康保险业务、意外伤害保险业务等。《保险法》还规定:同一保险人不得同时兼营财产保险业务和人身保险业务。但考虑到意外伤害保险、短期健康保险等,在风险特点、经营技术、保险期限等方面更接近于财产保险,同时又规定,经营财产保险业务的保险公司经保险监管机构核定,可以经营短期健康保险业务和意外伤害保险业务。

(二)业务监管

保险业务监管主要包括保险条款监管、费率监管、经营行为监管、再保险监管等。对保险业务的监管一般通过保险合同法来实施。

1. 条款监管

保险条款是一种由保险人单方面拟定的格式条款。为保护被保险人的利益,各国保险监管机构对保险条款都有着较严格的监督和管理,主要是根据不同险种的重要性和技术特点,以审定条款或报备的方式实施,其具体规定在国与国之间有所不同,但一般原则是涉及面广,与大众关系密切的险种,须由监管部门审查批准,其他险种条款事后报备即可。在保险条款的监管中,各国保险监管机构一般要求保险条款内容完整,明确保险标的、保险责任与责任免除、保险期限、保险价值与保险金额、保险费及缴费方式、保险赔款及保险金给付方法、违约责任和争议处理等内容。

2. 费率监管

各国保险监管机构对保险费率监管的目标,是保证费率的充足性、合理性和无歧视性。因各国对费率的计算基础不同,对人寿保险和财产保险的费率监管采用不同方式。就寿险而言,因其制定寿险费率的数理基础相同,只要公司没有适用歧视性规定,多数国家并不直接控制其费率,监管机构只需规定统一生命表及所依据的利率,并规定其提存准备金的计算方法做间接控制即可。但对财产保险,多数国家的费率监管远比寿险严格,一般均由监管机构核定后方可使用。

我国《保险法》第 107 条规定,关系到社会公众利益的保险险种,依法实行强制保险的险种和新开发的人寿保险险种等的保险条款和保险费率,应当报经保险监督管理机构审批。保险公司拟定的其他险种的保险条款和保险费率,应当报经保险监管机构备案。

3. 经营行为监管

各国保险监管机构对经营行为的监管,主要是防止保险公司间的不正当竞争和反欺诈行为。它们均有权检查保险企业的业务状况,并随时或定期派员实地检查各保险企业的业务经营及财务状况,并予以指导或纠正。

4. 再保险监管

对再保险业务进行监管,其目的在于分散保险公司的风险,保持经营稳定。但因各国经济发达程度和保险公司实力不同而不同。一般而言,经济发达国家的保险业比较发达,保险市场比较成熟和完善,保险公司自律能力比较强。因此,国家对再保险很少直接干预,一般也没有法定再保险的规定。发展中国家为了保护自身利益,防止保费过度外流,通常规定有一定比例的法定再保险。我国的《保险法》和《保险公司管理规定》明确,经营财产保险业务的保险公司,当年自留保险费不得超过实有资本金和公积金的 4 倍。保险公司对每一危险单位所承担的责任,超过其实有资本金加公积金总和的 10%的部分,应当办理再保险。

(三)财务监管

保险公司的财务监管即对其资产负债情况的监管,主要包括资产监管、资金运用监管和准备金监管等。

1. 资产监管

资产监管涉及保险公司的资产认定和资金运用两个方面。各国使用会计准则不同,甚至规定保险业适用不同于一般行业的会计准则。资产认定标准和监管方式都有所区别。美国非保险企业实行一般会计准则(GAAP),保险企业实行法定会计准则(SAP)。保险监管机构认定保险公司资产时作必要的扣除,如扣除低值易耗品,而从其他行业认定资产时则不作这类扣除。我国对保险公司资产的认定遵循"实际价值"原则,即以保险公司账面资产在清偿时的实际价值,为确定其实际资产的依据。保险公司的实际资产种类及其认可比率由中国保监会规定,实际资产价值为各项认可资产的认可价值之和。

2. 资金运用监管

保险资金运用监管是各国保险监管的主要内容。在国际上,保险资金运用的监管可分为两类:(1)以英国为代表的宽松型监管,主要由保险公司自己管理自己;(2)以美国为代表的严格型监管,一般通过立法来规定保险公司资金运用的方式与限额。

我国《保险法》和《保险公司管理规定》就保险公司的资金运用作出规定:保险公司的资金运用必须遵守法律、法规及中国保监会的有关规定,必须遵循稳健、安全性原则,并保证资产的保值增值。除经中国保监会批准,保险公司的资本金、公积金、各项保险责任准备金,应当在中国境内运用,且限于银行存款、买卖政府债券、买卖金融债券、买卖中国保监会指定的中央企业债券和国务院规定的其他资金运用方式。保险公司的资金不得用于设立证券经营机构,不得用于设立保险业以外的企业。近年来,随着我国金融市场的完善和监管水平的提高,对保险资金运用的限制有所放宽。国务院先后批准保险资金进入同业拆借市场,通过证券投资基金间接进入证券市场,并逐渐提高有关公司入市资金的比例。中国保监会还取消一批行政审批项目,包括保险公司投资证券投资基金的投资比例核定、保险公司购买中央企业债券额度的审批、保险公司境外运用资金审批等。

3. 准备金监管

准备金是履行未来债务的资金准备,关系到保险公司未来的偿付能力。各国保险监管机构均把对保险准备金的监管,作为负债监管的核心内容。各国的保险法规都有准备金提取的明确规定,且内容大体一致。我国《保险法》和《保险公司管理规定》规定:保险公司提存的各项保险责任准备金必须真实、充足。保险公司应当根据保障被保险人利益、保障偿付能力等原则,提取各项责任准备金。保险公司提取结转责任准备金的具体办法,由保险监督管理机构制定。

保险公司应按照已经提出的保险赔偿或者给付金额,提取未决赔款准备金;对已经发生保险事故,但尚未提出的保险赔偿或给付应当提取已发生未报告的赔款准备金,其提取金额不超过当年实际赔款支出额的4%。此外,为保证保险企业的财务稳定性,保险公司应按有关法律、行政法规和会计准则提取公积金和保障基金;保险公司从税后利润中提取公积金,用于弥补公司亏损,或转为增加公司资本金。

(四)偿付能力监管

保障保险人的偿付能力是保险监管的根本目标。保险公司偿付能力监管,是保险监管的核心内容。保险监管各方面的工作,都是围绕确保保险公司偿付能力不低于某一水平而展开。由于各国保险公司法规对认可资产和负债的规定有所不同,保险公司偿付能力标准也因国家而异。近年来，各国保险监管机构都在积极探索更为有效的偿付能力监管措施，主要包括最低资本充足率监管、风险资本监管、信息指标体系监管和保险监管机构组织的现场检查等。保险监管机构综合运用这些监管手段，对保险公司进行全面、系统分析。在偿付能力监管体系中，保险保障基金是用全行业积累的资金对受损的投保人给予必要的经济补偿，具有独特作用。我国《保险法》第四章“保险经营规则”中规定：保险公司应当具有与其业务规模相适应的最低偿付能力。保险公司的实际资产减去实际负债的差额，不得低于金融监督管理部门规定的数额，低于规定数额的，应当增加资本金。

（五）保险中介人的监管

保险中介人的监管主要是对保险代理人、保险经纪人和保险公估人的监管。

1. 保险代理人监管

各国对保险代理人的监管，一般采用资格管理制度。即要求代理人通过考试取得职业资格，如美国和加拿大的保险代理人考试制度，考试合格才能从事代理业务。美国除考试外，还要求保险代理人接受再教育，即每年参加由保险公司组织的培训，时间一般为 50 个工作日。各国还就保险代理行为作出规定，如代理人必须在授权范围内开展业务，越权代理造成的损失由代理人负责。我国目前已经建立了保险代理人的资格考试制度。

2. 保险经纪人监管

对保险经纪人的监管主要是对其职业资格管理的监管。我国《保险法》对保险经纪人作出原则性的规定，实际上宣布采用保险经纪人制度。《保险经纪人管理规定》和《保险经纪公司管理规定》的颁布实施，则为我国保险经纪人制度的建立奠定了法律基础。两部法规明确规定保险经纪人的组织形式为有限责任公司或股份有限公司，其设立必须经保监会批准，且有不少于 1000 万元的实收资本，具有符合规定的固定的营业场所、具有符合任职资格规定的高级管理人员和不低于员工总数 50％的持证员工；从事保险经纪的人员必须参加相关资格考试并取得资格证书。保险经纪公司在开业前必须按资本金的 15％缴存营业保证金，或按保监会的规定购买职业责任保险。保险经纪公司必须按规定向保监会定期报送业务和财务报表。在保险经纪活动中，经纪人必须遵守国家有关法律、行政法规，遵循自愿、诚实信用和公平竞争的原则，不得损害委托人利益，不得兼营保险代理业务，不得使用不正当竞争手段和挪用、侵占保险费、赔款、保险金。此外，还对中外合资和外资保险经纪公司的设立和经营，作出了明确的规定。

3. 保险公估人监管

世界各国对保险公估人都实施严格的监管，要求保险公估人员必须通过专门的资格考试，取得资格证书；保险公估人员必须经保险监管机构审核批准，并向有关部门申请注册；具有法律规定的最低资本金；必须缴存一定数额的保证金，并投保规定金额以上的职业责任保险。我国的《保险公估机构管理规定》规定：保险公估机构的组织形式为合伙企业、有限责任公司或股份有限公司。中国保监会依法对保险公估人实施监督管理；设立股份有限公司形式的保险公估机构必须具有符合法律规定的公司章程，其实收货币资本金不低于人民币 1000 万元，具有符合任职资格规定的高级管理人员，持证员工不得低于员工总数的 2/3，有符合规定的固定的营业场所等；保险公估公司只能在核定的经营区域内从事保险公估业务，其业务范围限于对保险标的承保前的检验、估价及风险评估和对保险标的出险后的查勘、检验、估损及理算；在开展业务时，保险公估公司必须严格遵守国家的有关法律、行政法规，坚持客观、公平、公正的原则，不得有弄虚作假、与客户串通等行为，不得向当事人出具虚假的公估报告。

第五节 团体保险

一、团体保险的定义和特征

(一)团体保险的定义

团体保险通常是指以团体为投保单位，团体内成员或部分成员作为被保险人。这个团体是指员工超过一定人数(通常为5～8人)并已经客观存在的单位法人。不能仅仅为参与保险而临时组成团体。

团体保险的内容包括：意外伤害保险、疾病保险、定期寿险、医疗费用保险和养老金保险等。团体保险分为团体人寿保险、团体医疗保险、团体牙科保险、团体长期护理保险等。团体保险可享受价格、投保条件等优惠。团体保险的商品有年金类、保障类和健康险类三种。团体保险承保的目的是：(1)逆向选择最小化；(2)与团体保险相关的管理成本最小化。

(二)团体保险的特征

团体保险在很大程度上受政府制定的多种法律法规的影响，特点是团体契约、团体经验定价及团体承保。

1. 团体契约

与个人保险相比，团体保险是通过一张保险契约，向与投保人有特定关系的许多被保险人提供保障。该保险契约也称为主契约。投保人通常是雇主或向员工提供福利的信托机构。团体契约的被保险人是全职员工，虽然他们不是契约的实际当事人，但可以在法律上执行其权利。员工经常被称为保险契约的第三方收益人。

个人保险在取得保险契约后开始生效，保险契约终止后结束。但在团体保险中，团体的某个成员可能在团体契约开始后很久才开始得到保障，或在保险契约终止前就已经失去保障。

2. 团体经验定价

传统团体保险的第二个重要特征就是经验定价的使用。如果一个团体规模足够大，团体的历史状况记录是决定投保保费的重要因素。团体成员较少时，团体保险契约将在分类基础上决定，并适用于所有在该类契约中的被保险人。

3. 团体承保

个人保险的申请人通常必须出示可保证明，团体保险的承保主要是基于整个团体，而非团体内单个成员的可保性。在满足保障的初始资格要求时，各团体成员不需要出示任何可保证明。与个人保险一样，承保人必须评估风险，并以团体的可保性为定价基础。团体承保保障是通过团体保险以低于个人保障的成本进行提供。

团体保险承保的主要特点是：①提供风险解决方案；②分散定价；③搞好服务管理。

在提供风险解决方案上，团体寿险需要考虑的是雇主目标。在发达国家，团体保险的销售员往往是投保企业的“三大顾问”：

(1)员工福利顾问。将团体保险计划合理地置于企业薪酬福利体系中,帮助企业构建一个充分反映雇员需要并与同行业相比具有竞争力的员工福利体系。

(2)安全技术顾问。熟悉该企业的产业背景和行业特点,在统计数据的基础上导入全面风险管理制度,预防和控制风险,并降低疾病、意外伤亡等事件的发生率。

(3)税务财务顾问。根据现行政策,合理安排团体保险的供款、保费列支渠道并选择好税惠享受条件有差异的员工福利计划。

二、团体保险费率

(一)费率制定

团体保险费的费率制定包括两个独特的过程:

(1)单个价格制定,是针对某个福利单位(如每份 1000 美元的人寿保险)的费率;

(2)总价格或是保费的制定,即保险客户为购买的整个保险期间支付的总价格。

某个特定保险团体是遵循分类定价法,还是遵循经验费率厘定法,是保费费率制定的基础。使用分类定价法时,保费费率的制定并不依赖某个特定团体的索赔;使用经验费率厘定法时,在为某个团体制定未来保费,并于保险期结束调整过去的保费时,均要考虑到该团体过去的索赔经历。

(二)分类定价法

在采用分类定价法制定费率的过程中,保费费率的制定只是针对团体保险的主要种类,不考虑这个团体过去的索赔经历。但因某种业务的索赔经历被用来决定这种业务的保险费率,索赔经历并没有完全被忽略。

分类定价法被用于没有可信赖的个人索赔经历的小团体。可信性缺失使得无法确定索赔经历是由于随机变化所致,还是真实地反映了这个团体的一般状况。

分类定价法经常被用来决定运用经验费率厘定法的团体的初次保费。特别是当无法获得一个团体的过去经历或这个团体第一次投保时,使用分类定价法所制定的费率和团体的实际经历来决定保费。

1. 费率制定基础

在计算分类保费费率之前,有必要建立一个基础。费率将根据这个基础来决定。这涉及:

(1)福利单位。一个团体的保费等于保费费率乘以提供的福利单位数。大多数普通团体保险的福利单位见表 7-2。

表 7-2 团体保险中使用的普通福利单位

团体保险的类型	福利单位
定期人寿保险(包括意外死亡和残障保险)	死亡福利单位是 110 美元
短期残障收入保险	10 美元的月收入
长期残障收入保险	100 美元的月收入
医疗费用保险(包括牙科费用保险)	每个雇员和家属的类别

(2)影响索赔的因素。公平性要求费率反映不同的团体导致的不同索赔经历。虽然保险公司之间存在着差异,但大多数保险公司用以下的因素来决定人寿保险、残障收入保险、

医疗费用保险和牙科保险的费率:性别、年龄、地理位置、职业、收入、规模、时间。

(3)保费支付的频率。团体保险的保费经常是每月支付,费率一般也是按月制定。对相同的保险期间,当保费支付不是过于频繁(例如半年一次)一般会比按月支付的保费总额少一些。

2. 分类保费率的计算

(1)计算方法。这是对某个特定团体保险项目确定分类保费费率,然后再确定最后的保费费率;最后利用这个费率与福利单位数量相乘得出团体的保险费用。分类保费率有三种不同的分类定价方法。

A. 对具有某种特性的团体制定不同的分类保费费率。这被保险公司认为将会影响保险索赔经历。

B. 建立单一标准的分类费率。在保费计算过程中,再参照因素变动影响调整标准的分类费率,以补偿偏离标准团体的某些特性。

C. 结合前两种方法,在确定分类保费费率时考虑某些因素,确定最终保费费率时再考虑另外一些因素。如使用同样的数据和假设,每种方法对给定的团体都应得出近似相同的保费额度。

(2)计算步骤。分类保费率的计算步骤为:

A. 确定净保费费率,使得净保费费率足以支付期望的索赔成本。对任何一个分类,净保费费率等于索赔发生的概率乘以索赔的期望值。

B. 根据费用、风险报酬和盈余的增值来调整净保费费率。其中费用包括佣金、保费所得税、索赔支付成本和其他相关成本。风险报酬代表着对保险公司或有储备的一种回报。这种或有储备是作为保险公司抵御非预期的、灾难性的索赔额的缓冲储备。盈余或净资产的增值代表着保险公司的边际收益。从公平的观点来看,净保费费率的调整是复杂的。

为计算简单起见,保险公司通常对它们的净保费费率乘以一个固定比例来对净保费费率进行调节。有的保险公司采用比例加固定收费的方法。如净保费费率是 0.60 美元,对其增加固定比例 20%,再加固定收费 0.10 美元,得出 0.82 美元的保费费率。

3. 保费计算

以下的分析主要是针对团体定期人寿保险,并且在分类保费费率的结构和保费的计算过程中,强调了团体定期人寿保险与其他类型的团体保险的不同。

(1)团体定期人寿保险。不同的保险公司计算最终保费费率和保费的方式是不同的。因为它们计算分类保费费率的方法不同而且对费率的调整的步骤也不同。保费的计算从确定未调整成本开始,根据所包括的雇员和分类费率确定。对危险行业的雇主,可以按较高的费率来收取保费。

(2)大团体的保费调整。对超过一定规模的大团体,在保费计算过程中经常要做一些调整。大规模的团体是运用初始的月保费来确定最终的月保费率,最终的月保费率将会在一个特定的时期内使用。

(3)小团体的保费调整。小规模团体的月保费率每个月重新计算一次。这种计算不仅根据保险的数量,而且根据雇员在年龄和性别的构成上的变化而调整,就好像是这个团体正在重新投保一样。

(三)经验费率厘定法

保险公司若使用经验费率厘定法,确定团体的保费费率时,应考虑团体的索赔经历。当把经验费率厘定法运用于未来时期时,此法用来确定:(1)对索赔经历偏离预期索赔经历的团体,重定该团体的保费;(2)规模大的团体变更保险公司时的初始保费。

经验费率厘定法不仅适用于确定下一个保险期间(一般是12个月)的保费费率,也被用来计算对索赔经历比预期要好的团体的退款额。一个保险期间结束时,如果团体的索赔经历比预期的差,也可能对费率水平做向上的反向调整,同时收取一笔额外保费。

1. 经验费率厘定法的合理性

经验费率厘定法能在最大程度上使保险持有人实现保费的公平性。尽管分类定价法考虑了影响索赔额的显而易见的因素,也能达到保费制定的公平性。但它不可能度量像生活方式、工作环境和士气等对索赔经历产生的影响,并对分类费率进行相应调整。

经验费率厘定法允许保险公司对具有较好索赔经历的团体,确定较低的费率,对具有较差索赔经历的团体确定较高的保费。使用经验费率厘定法的最主要原因,在于团体保险市场的竞争。如果一家保险公司无视团体的索赔经历,对所有团体均使用相同费率,索赔次数较少的团体将会寻找收费较低的保险公司。只有那些高风险的雇主,才会向这些不考虑索赔经历的保险公司投保。

2. 分红计算

分红计算包括以下九个步骤:

步骤1:支付保费

未做任何调整来反映团体的实际经历之前,投保人在使用经验费率厘定法的期间(一般是1年)实际支付的总保费。支付的保费可能是根据分类费率或团体的过去经历确定。

步骤2:引致索赔

这是适用经验费率厘定法于最近结束的保险期间所产生的索赔额。引致索赔表面上是在这个经验期间支付的索赔额,然而实际上在经验期间支付的索赔可能归属于以前期间,这些索赔必须从引致索赔中扣除;而在这个经验期间发生的索赔,则可能没有提出索赔申请或是正在解决的过程中。如果它们的价值能够估计,则引致索赔应当是:

引致索赔=在本期支付索赔-在前期发生但在本期支付的索赔+在后期支付但在本期发生的索赔估计值

索赔储备是指为那些索赔事件已经发生但索赔还未支付而做的储备,是保险公司基于对如下三者的估计而建立的储备:(1)已经批准但还没有支付的索赔;(2)正在解决的索赔;(3)已经发生但还没有申请的索赔。任何一个经验期间结束后,保险公司都能够精确地估计出将要支付的索赔比例,并据此确定团体保险的索赔储备。索赔储备一般是以年保费的某个比例,或以索赔支付的某个比例来确定。

这一比例随着保险种类的不同而有很大差异。团体定期人寿保险的索赔储备一般是年保费的10%~15%(如包括对残疾人的保费免交条款,比例将会提高到25%);对于医疗费用保险,索赔储备经常是20%~65%。

步骤3:止损限额

止损限额是指对团体支付的最大索赔额,目的是使可能存在的偶然波动对索赔额的影响最小化,包括团体的灾难性损失,如某起造成许多雇员死亡的事故。

止损限额经常以保费的一定百分比来表示。实际比例根据投保人和保险公司之间的商谈来确定。

步骤 4:预期索赔

这是保险公司预测的能足额支付经验期间索赔的保费数额。通常根据平均经验或特定团体过去的经验确定。

步骤 5:积分系数

这是团体过去经验可靠性的统计度量,或是对团体实际经历的真实反映,而非偶然发生结果的可能度量。它的取值在 0～1 之间。积分系数随团体规模和保险种类的不同而有不同。根据大数法则,团体规模越大估计的可靠性越高。随着索赔频率的增加,实际索赔金额也越来越接近预期索赔额。积分系数在实际运用中,经常是根据团体规模来确定,如见表 7-3 所示:

表 7-3　积分系数表

团体规模(雇员人数)	100	200	400	600	800	不少于 1000
人寿保险和长期残障收入保险	0.0	0.2	0.4	0.7	0.9	1.0
医疗费用保险和短期残障收入保险	0.2	0.5	0.8	1.0	1.0	1.0

积分受收取风险费用多少的影响。如一家保险公司对某个团体保单有足够的或有储备,则可能使用较高的积分系数。对雇主有较好索赔经历的年份,这将导致索赔费用的减少;对雇主有较差索赔经历的年份,将会导致索赔费用的提高。

步骤 6:索赔收费

索赔收费事实上是根据经验费率厘定法所算出的引致索赔和预期索赔额的加权平均。引致索赔的权数是积分系数 Z,而预期索赔额的权数是$(1-Z)$。

一旦确定了积分系数,计算索赔收费的过程相对简单。可用下面公式计算:

索赔收费$=Z\times$(根据经验费率厘定法计算的引致索赔)$+(1-Z)\times$(预期的索赔额)

其中:Z 是积分系数。如果使用的积分系数是 0～1,则索赔收费仅仅等于根据经验费率厘定法计算的引致索赔。

步骤 7:保单中的大额保险金额

在团体人寿保险合同中,保险金额可能有很大不同。通常高管人员的保险金额比低收入雇员的保险金额高。如在某个年份具有大额保险的雇员死亡,所引起的索赔额会对团体索赔经历产生很大影响。在运用经验费率厘定法确定索赔收费的过程中,需要使用几种方法来排除这种随机索赔。

(1)止损限额法。止损限额的主要目的是限制高索赔收费。但主要着眼于高索赔频率而非高索赔额。

(2)超额集合法。在这种方法下,任何一个人的保险金额都是受限制的,超过限额的金额不使用经验费率厘定法,而是使用涉及个人年龄来定价的分类定价法。保费收入根据保险公司的习惯加到索赔收费或维持费用中,这笔超过限额的金额必须是可保险的。

(3)选用一个更低的积分系数。在这种方法下,如保单中最小的保险金额和最大的保险金额有很大差异,则调低这个团体的积分系数。这使得对团体预期索赔额的权数增加,而对引致索赔的权数减少。

(4)提取一笔额外的或有储备。为应付超出限额的大额索赔设立或有储备。

步骤 8:维持费用

维持费用是指超出索赔额和分红的额外费用。它包括:(1)止损保险额;(2)费用(佣金、保费所得税和管理费用);(3)风险报酬;(4)保险公司盈余增加收费。

这些费用的总和减去储备的利息等于维持费用。这些储备包括索赔储备和或有储备,是保险公司为支付与该保险合约有关的未来索赔所持有的。但某些保险公司在确定维持费用时,并没有减去这部分储备利息,而是把它看作一笔额外保费支出。

维持费用的每个项目对大规模团体,都是根据团体的真实经验分别计算。对规模小的团体,保险公司则根据每个项目的平均值确定公式,然后使用这一公式计算维持费用。这个公式随着团体规模和涉及保险种类的不同而不同。大多数的情况下,维持费用是索赔额的一定比例或某笔固定费用加上索赔额的一定比例。

步骤 9:可支付分红

是否确定支付分红,应从保险期间所赚取的分红中减去结转本期的亏损(或是放于索赔浮动储备)所得到的数值,来确定是否支付分红。如果这个数值是正的,它就是支付的分红额;如该数值是负的,该数值就是被结转下一期的累积亏损额。

3. 费率修正

经验费率厘定法经常被用来根据团体过去的经历,来确定团体保险的未来保费。在这种情况下,经验费率厘定法往往使用较低的积分系数。如某家保险公司在计算分红时使用 0.8 的积分系数;在确定未来保费费率时,则使用 0.6 的积分系数。

保险转换时的初始保费,有时也用经验费率厘定法来确定。在计算重定保费时,为使重定保费能足够支付索赔额和留存额,应在未来分红数上加上一笔额外数额。这个数额事实上成为保险公司的安全边际,以免索赔额和留存额超出预期。

三、团体人寿保险

(一)福利明细表

福利明细表可简单到对所有员工提供同等金额的人寿保险保障,也可以复杂到对不同类的员工提供不同金额的保险保障。对单个雇主团体,最常用的福利明细表就是基于收入或职位决定人寿保险金额的明细表。福利明细表有两个目的:(1)将符合资格要求的员工进行分类;(2)确定各类员工的人寿保险金额。通过使用福利明细表,预先确定每个人的保障金额,这样可以将逆向选择问题最小化。

(1)收入明细表。这是指每个员工的人寿保险金额为其收入的若干倍。每个员工的保险金额可以是其年收入的两倍。大多数计划使用 1~2 之间的倍数,却很少会使用更高或更低的倍数。

为了制定福利明细表,员工的收入通常只包括基础工资,而不包括额外补偿(如加班费或奖金)。通常在员工转至不同的分类时,福利明细表会改变福利保障金额。根据表 7-4,如某员工的收入从 28000 美元上升到 32000 美元,其保障金额将从 40000 美元上升至 75000 美元。

表 7-4 收入明细表

年收入（美元）	少于 10000	10000～19999	20000～29999	30000～39999	40000～49999	50000以上
人寿保险金额（美元）	10000	20000	40000	75000	100000	150000

(2)职位明细表。职位明细表与收入明细表相似，如表 7-5 所示，人寿保险金额是基于员工在公司中的职位而非年收入。因高职位个人经常参与设计福利明细表，要注意整个计划福利的合理性。如对高职位人员提供过高的福利水平，职位明细表可能会带来违反非歧视规则的问题。职位明细表在决定员工年收入比较困难的情况下使用较多。

表 7-5 职位明细表

职位	董事长	副董事长	经理	销售人员	其他人员
人寿保险金额（美元）	200000	100000	60000	40000	20000

(3)等额福利明细表。在同等福利明细表下，无论员工的工资或职位如何，他们的人寿保险福利金额完全相等。在大多数情况下，同等福利明细表下的人寿保险金额相对较小，如 5000 美元或 10000 美元。当雇主期望为所有员工提供最小额的人寿保险时，通常会使用等额福利明细表。

(4)复合福利明细表。有时雇主提供的福利是上述类型的一个组合。常见的复合福利明细表是给工薪员工提供的保险金额，是年收入的某个倍数，而为计时工提供等额人寿保险。

（二）资格要求

团体保险契约，通常要求员工必须是在承保分类中全职工作，且是在职工作。此外还必须满足有关观察期、可保性或保费缴款的要求。

(1)承保分类。确定一名员工处于福利明细表的哪一类别中。

(2)全职工作。全职员工通常被定义为，工作时间不低于在正常工作周中工作时的员工，这种工作时数通常至少为每周 30 个小时。

兼职是工作时间少于全职但仍然超过某个最小值的周工作时数。按保险公司承保规定，雇主可以为兼职员工提供保障。但兼职员工会受到更严格的资格约束。如全职员工可能会得到 20 万美元的人寿保险保障，兼职员工可能只有 10 万美元的人寿保险保障，还会有一个观察期。

(3)在职工作。团体保险契约不仅要求员工全职工作，且要求在职工作。如某员工因疾病、伤害或其他原因，在保障的生效日期未能工作，该员工就不符合资格要求。在员工找到工作后，保障才开始生效。

(4)观察期。员工参保之前，必须符合观察期条款，观察期通常不会超过 6 个月。在观察期后的第一天，开始符合资格要求并得到保障。

(5)可保性。大多数团体保险契约的签订，不要求提供个人可保证明。但有些情况下可能会要求提供可保证明。如员工开始没有选择某项保险，但后来又申请得到了该保险，为防止逆向选择问题，保险公司会提出可保性的要求。在这种情况下，直到员工上交正确的可保证明,且保险公司接受该可保证明后,才能得到保障。

(6)保费缴款。对共同缴款的团体保险计划,只有在员工授权投保人进行工资扣款后,该保险计划才符合相应的资格要求。

(三)指定受益人

被保险人在团体保险中有权指定收益人。保险契约要求受益人的任何变化必须书面通知保险公司,但变更生效日可能会有不同,且以契约条款为准。除非指定受益人是不可撤销,否则员工有权在任何时候变更指定受益人。

死亡福利通过序列受益人条款进行给付。收益人排序是:配偶、子女、父母、兄弟姐妹或员工遗嘱执行人。大多数情况下,保险公司会把给付付给排序在前的受益人。

(四)理赔给付选择权

团体定期人寿保险契约对员工的死亡福利,既可以选择一次性理赔给付,也可以选择其他给付方式。在该契约下,每个被保险的员工在其生命过程中,有权选择和变更理赔给付方式。员工死亡时如没有选择理赔给付方式,受益人通常有权选择任何一种理赔给付。除一次性给付外,大多数保险公司会提供以下选择权:

(1)利息选择权。保险赔付存入保险公司,其利息支付给受益人。受益人可以在任何时候取出这些赔付。

(2)分期付款选择权。在某个特定的期间内,保险赔付作多次不等额支付。任何期间的分期付款金额,都是期间长度和死亡福利赔付金额的函数。

(3)分期定额付款选择权。保险赔付按指定金额进行分期付款,直到保险赔付及其利息收入付清。

(4)终身选择权。在受益人的整个生存期内,保险赔付分期支付。

(五)保费支付

团体保险契约规定,向保险公司支付保费是投保人的职责。保费必须按照契约指定的期间提前支付给保险公司,或为认可的代理商。保费通常按年计算,按月支付。

(六)索赔

大多数保险公司要求投保人和受益人在索赔处理前完成一个简要的表格。

(七)转让

转让是指人寿保单所有人可将其在保险契约中的权利转让给另一方。保险公司通常要求这种转让必须是书面形式,且在保险公司存档。

(八)宽限期

在宽限期内投保人可延迟支付保费而无须缴纳罚息。在宽限期结束时,如投保人还没有支付保费,保险契约将失效。

(九)完整契约

保单、投保单及相关文件构成了完整的保险契约。投保单中的所有声明都被视为陈述而不是保证,投保人或被保险人所做的任何其他声明,都不能被保险公司用作确定保障的基础。

与个人人寿保险相比,团体保险契约所附的投保人保单可能相对简短。大量信息包含在预备申请中,而预备申请不属于保险契约。保险公司应认真核实投保人在预备申请中所作的申明。完整契约条款同时还规定,代理人没有权力放弃或修订保险契约中的任何条款。

只有在取得保险公司批准后,契约的放弃或修订才能生效。

(十)不可抗辩条款

同个人人寿保险契约一样,团体保险契约包括不可抗辩条款。这是指除非投保人未支付保费,否则保险契约生效一定期间(通常是一年)后,其有效性不能被提出异议。如保险公司在这段期间内认为,保单中投保人的声明有实质性的虚假陈述,则保险公司可以提出异议。只有在被保险人所作声明与可保性有关时,才可以作为拒绝赔付的基础。

(十一)误报年龄的处理

如果团体定期保险单误报了被保险人的年龄,给付的福利仍为福利明细表中所指定的金额,但保费将根据员工的真实年龄进行调整。这与个人人寿保险不同。在个人人寿保险契约中,根据个人的真实年龄,按照所支付的保费调整保险金额。

(十二)终止条款

所有的保险契约都规定了保障终止的条件。当存在以下情况时,被保险人的保障将自动终止:(1)员工终止就业;(2)员工不再符合资格要求;(3)投保人或保险公司终止主契约;(4)员工未能支付保费。

(十三)保险延续

(1)就业临时中断的保险延续。这种中断可能是缺勤、临时解雇或疾病。对处于全职就业的临时中断的员工,雇主(而非员工)可选择是否延续其团体定期人寿保险。如延续保险,雇主必须继续缴纳保费。

(2)残疾员工的保障延续。根据保费豁免条款,在员工完全残疾时,即使在主契约已经终止的情况下,人寿保险也可以不支付保费而得到延续。但必须满足一定的要求:①残疾必须开始于员工在主契约中得到保障的期间;②残疾必须开始于特定年龄之前,这种特定年龄通常为60岁;③员工必须是完全残疾;④员工必须在一定期间(通常为12个月)内签署一份索赔单,并且每年提交残疾持续的证明。如果员工不再满足残疾的定义并且重新工作,只要该员工符合主契约的资格要求,并缴纳保费,该员工可以在团体保险契约下再次得到保障。

(3)转换选择权。在团体保险终止时,员工有权将其转换为个人保险。转换权的条件可能会有差异,主要依赖于团体保险终止的原因。对就业终止或不再具备可保性的员工,他们有权购买个人人寿保险,而不需要可保证明,但这种保单通常没有残疾保险和其他附加保险。

此外,这种权利还受到以下条件限制:

(1)员工必须在就业终止或不再具备可保性之后31日内申请转换,个人保单必须与转换申请保持一致,并在转换期结束后生效;

(2)不能是个人定期人寿保险;

(3)个人保单的面额不能超过团体保险契约终止时的人寿保险金额;

(4)个人保单的保费按转换日的员工年龄和所属风险种类进行计算。

(十四)提前给付

在过去几年里,许多保险公司在个人人寿保险产品中引进一种提前给付的条款。在这种条款下,如被保险人满足特定条件,保险公司可以提前中止部分死亡保险赔付。这些条件是发生如下一个或多个事件:①根据诊断,患有预期将在6～12个月内导致死亡的绝症;②发生艾滋病、中风等灾难性疾病;③发生长期护理的费用支出。在团体保险市场上,团体保险只允许绝症的提前给付。保险商要求必须提供医生的预期寿命证明。

提前给付的赔付金额，通常为其本人人寿保险的一定百分比，大致在25%～100%间浮动。此外存在最大福利限额，通常为25000～250000美元之间。剩余金额会在被保险人死亡之后付给受益人。保险公司会对提前给付收取额外保费。该额外保费可能是基本团体人寿保险保费的7%～8%。有些保险不收取额外保费，但会削减提前给付的赔付金。对提前给付的使用没有限制。它可以用于医疗费用支出，也可以用于提前支付丧葬费用。

第六节　医疗健康保险

健康保险是一种保障范围非常广泛，包含了不计其数的险种名目的保险的总称。这些险种几乎让人眼花缭乱，彼此间虽然相似，但却保障了不同类型的危险。中国保监会下发的关于印发《人身保险产品定名暂行办法》的通知第六条指出："按保险责任，健康保险分为疾病保险、医疗保险、失能能入损失保险、护理保险。"

一、健康保险概述

健康保险与人寿保险、意外伤害保险同属人身保险。它是以人的身体为保险标的，在保险期限内因疾病、生育或意外事故导致医疗费用支出和收入损失时，保险公司予以补偿或提供医疗服务的人身保险。

（一）健康保险的分类

健康保险由于保障项目繁杂，根据不同标准有如下分类方法：

1. 个人健康保险和团体健康保险

（1）个人健康保险是向个人签发的，对自己及特定家庭成员提供保险的一种合同；

（2）团体健康保险是保险人与团体保单持有人（如雇主或其他法人代表）订立的保险合同，为团体内符合条件的所有成员提供健康保险保障。

2. 定额给付、补偿给付与提供服务

（1）定额给付方式的医疗保险，应用人寿保险通行的定额给付原则，保险公司不管被保险人实际支出的医疗费用是多少，只是按照约定的金额给付医疗保险金。

（2）补偿式医疗保险，应用财产保险通行的补偿原则。保险公司在保险金额的限度内，按被保险人实际支出的医疗费用赔付保险金。

（3）合作健康组织一般都使用向被保险人提供医疗服务的方式，由保险组织向提供服务的医疗部门和医生支付费用和报酬。

3. 医疗保险、疾病保险和收入保障保险

（1）医疗保险又称医疗费用保险，为特定的医疗费用提供保障，具体包括医疗费、手术费、药费、门诊费、护理费、各项检查费、住院费用及医院杂费等。常见的医疗费用险种包括普通医疗保险、住院费用保险、手术费用保险、综合医疗保险和大额医疗费用保险等。

（2）疾病保险是以疾病为给付条件的人身保险，当被保险人罹患合同约定的疾病时，保险公司按投保金额给付保险金、特种疾病保险等。重大疾病保险主要是为癌症、心脏病等恶性疾病可能导致巨额医疗费用提供保障；特种疾病保险专门为被保险人因罹患特种疾病而发生的医疗费用提供保障，如牙科费用保险、眼科保障保险、生育保险、长期护理保险等。

(3)收入保障保险又称残疾收入保险，为那些因疾病或意外事故而不能工作的被保险人提供定期的收入保险金，以满足被保险人在残疾期间的生活费用等支出需要。被保险人必须满足保单规定的残疾标准，才能获得残疾收入保险金。

4. 主险和附加险

(1)主险是单独签发的保险单，保险人承担的责任仅限于健康保险或包括健康保险在内的各种保险的组合。

(2)附加险是附加于主险并必须与主险同时投保的健康保险，如重大疾病保险、意外伤害医疗保险等。

目前，我国现有的健康保险多为附加险。随着人们健康意识的不断加强和专业健康保险公司的设立，健康保险的主险种必将逐渐增多，市场份额不断增加。

5. 商业健康保险、管理式医疗、社会健康保险与自保计划

(1)商业健康保险是投保人与保险人双方根据自愿原则订立的保险合同，当发生约定的保险事故(被保险人因病发生医疗费用或因残疾造成收入损失等)时，保险人负责补偿或给付约定的保险金。

(2)管理式医疗将医疗服务的提供和资金的筹集结合起来，以降低医疗保险成本，提高服务效率。其组织形式包括蓝十字和蓝盾计划、健康维持组织、优选医疗服务组织等。管理式医疗产生于美国，是美国商业保险的主要形式之一，现逐渐被其他国家所借鉴。

(3)自保计划是指雇主通过部分或完全自筹资金的方式，为其雇员提供医疗费用保险，并因此承担部分或全部理赔风险。

(4)社会健康保险是国家通过立法形式强制实施的，对劳动者因患病、生育、伤残等原因所支出的费用和收入损失给予补偿的保险机制。

(二)健康保险特征

1. 疾病的构成要件

健康保险所承保的各类风险事故中，疾病是最主要而又最典型的，其特性在一定程度上体现了健康保险的特点。健康保险承保疾病的构成要件有三：

(1)非由明显外来原因引起。疾病应当是由于人体内在的原因所致精神或肉体上的痛苦或不健全，而不是指外来的、急剧的、偶然的事故而蒙受的身体伤害。某些疾病可以由外界原因诱发，如病菌传染、气候骤变、误服药物等。但这些感染必然要在身体内潜伏并酝酿一段时间才会形成明显病症。一般都是作为内在原因，属疾病范围。

(2)非由先天原因造成。依照保险原理，保险合同订立之前已发生的风险事故，保险人是不承担责任的。健康保险的保险人对被保险人投保时已经存在的疾病是不承保的。那些先天存在于被保险人身体或器官性能的残缺不全或畸形，不在健康保险人承保之列。但如确属遗传因素的病症，在保障合同订立之前并未显现，而在保险有效期间由潜伏转为明显的疾病，则可归入疾病范围。

(3)非由生存原因所致。人生由成长、壮大到衰老是一客观规律。在人体趋于衰亡的过程中出现一些病态乃属自然生理现象，不能作为健康保险中的疾病。据此，不能将为了增强体质、延缓衰老的保险费用，纳入健康保险的范围。在衰老过程中诱发出的其他疾病，则仍属偶然事件，可以列入健康保险的责任范围。

2. 与人寿保险比较

健康保险与人寿保险虽然同属于人身保险，但两者又有着较大的差异，主要体现在：

(1)保险责任。人寿保险以被保险人的寿命为保险标的，以被保险人的生存或死亡为给付保险金条件。健康保险则主要承保被保险人因疾病、分娩或遭受意外伤害，所引起的医疗费支出或经济收入损失。虽然都是为人提供保障，但两者的责任又差之甚远。

(2)保险合同。人寿保险合同是保险事件发生后的给付性合同，保险人按保险合同约定金额给付保险金。健康保险合同则多数是保险事件发生后的补偿性合同，保险人要按实际损失情况在保险金额范围内予以补偿。从这一点来看，健康保险与财产保险在原理上是一致的。

(3)保险期限。人寿保险一般为长期性业务，健康保险多为短期业务，以一年期居多。

(4)承保标准。健康保险的承保条件往往比人寿保险更为严格。对于产生疾病的因素需要做严格审查，体检是常用的手段。对于经过体检或其他风险评估方法被确定为次健康的保险人，往往被要求提高保险费率或重新规定承保范围。对某些特殊疾病，也可单独制定特种条款、额外收费或列明除外。此外，为防止已经患有疾病的被保险人投保，健康保险的保险合同中常有关于观察期的规定。观察期一般是半年，保险机构只对观察期结束后保险期限内的疾病承担补偿责任。对于被保险人在观察期内因疾病而支出的医疗费和减少的收入，保险机构不予补偿。

(5)保单续效。与人寿保险不同，健康保险多为短期保险，续保便是常常要讨论的问题。由于人的身体状况不断变化，即健康风险不断变化，保险机构会对续保持谨慎态度。健康保险合同中常有连续有效条款，注明保单在什么条件下失效，什么条件下可自动续保。

(6)医疗费用分摊。人寿保险没有这项内容，但健康保险中此种做法却极为常用，特别是医疗保险中。为了达到保险双方风险共担之目的，与财产保险中的一些做法类似，具体将在医疗费用保险中讲述。

二、医疗护理费用

美国的医疗费用账户(MSA)允许自营业主或在员工数量小于或等于50人的公司工作的员工将健康医疗成本列为税前费用。医疗费用账户由两个部分组成：(1)个人缴费金额高的健康保险；(2)支付医疗费用的税收递延储蓄账户。账户内的钱可以用于他处，但此时要纳税，还要交15%的罚金。虽然医疗费用账户能够减税，但许多家庭不一定能负担如此高的自付医疗费金额。对多数人来说，非常相信要保护自己及家庭免于承担巨额的医疗费用。但为便于探讨医疗健康的理财计划，很有必要将医疗费用划分成如下三类：

(一)正常或可预算的费用

这些费用是每个家庭能从其每月预算中支付的基础费用，如定期拜访内科大夫、定期进行医疗检查或拍X光片、小病治疗及购买少量药品等。一般观念认为，家庭的年度医疗费用预算额越大，总成本就会越低。美国健康维持组织(HMO)的特点是会支付绝大部分医疗费用(包括例行检查费用)，该组织的成员从总体上来看基本不需要承担额外成本。如个人或其家庭参加了健康维持组织，这种医疗费用通常会得到自动支付。

(二)超常费用

超常费用指超出预期没有包括在预算中的医疗费用，如大型灾难医疗费用等。这些费用金额非常大，导致个人或家庭出现严重财务危机。因其具有极大的破坏性，对这类大型灾难医疗费的事先计划非常重要。为满足这些费用支出，多数人需要购买保险或参加其他计划。然而，在许多情况下，这一决策实际上并非由个人作出，他的雇主会为此提供“雇员要么接受，要么拒绝”的医疗费用保险计划。某些情况下，雇员越来越多地在雇主提供的多种医疗费用计划或方案中进行选择。当丈夫和妻子都被雇用时，他们通常会选择放弃或减少接受由其雇主提供的医疗计划，从而节省为计划所缴纳的费用。防范大型灾难医疗费用的传统方法，是购买大型医疗费保险。但健康维持组织及其他护理安排也能提供综合性的大型灾难保险。

覆盖医疗护理费的主要来源有：(1)健康保险与保险金，由雇主或由个人提供医疗费用险；(2)社会保障医疗保险金；(3)责任险和汽车险保单中的医疗费支付；(4)工伤医疗保险金；(5)其他政府保险金；(6)其他雇主医疗费偿付保险金；(7)家庭可以得到的其他救助；(8)可使用的医疗储蓄账户。

(三)托管护理费或长期护理费

托管护理费通常是照顾那些日常生活不能自理的人员时所发生的费用。托管护理有多种形式，如熟练疗养所护理、中介机构护理、成年人白日护理、家庭健康护理。个人或家庭的财务风险暴露(包括需要护理者的孩子)可能会很大，如没有参加任何保险的疗养所护理，每天的费用约为 120 美元，一年的成本会高达 43800 美元，这还没有包括需要护理者的治疗费和其他费用。

支付托管护理费用的来源，有长期护理险和其他经济来源。长期护理险是一种较新的保障形式，现在已存在如下保险类别：(1)由当事人、当事人的家庭或他人购买的个人长期护理险；(2)通过被保险人的雇主或者企业团体或某个协会(团体)计划购买的长期护理险；(3)附加在寿险保单中的长期护理险；(4)寿险合同中的加速死亡保险金条款；(5)医疗保险；(6)家庭可获得的其他收入和资产。

许多机构提供了灵活费用计划，又称费用补偿账户。这种安排允许保户将部分工资收入封存用于医疗或赡养人的抚养费用。这些资金不用缴纳所得税或社会保障税。如果资金不是用于这些用途就会被没收，必须仔细规划灵活费用计划的资金金额。

三、医疗费用保险

(一)医疗保险的定义

医疗保险又称医疗费用保险，是为被保险人提供医疗费用保障的保险，是健康保险的主要险种之一。医疗费用是指医疗过程中发生的各种费用，包括诊疗费、手术费、药费、护理费、住院费、医院设备使用费等。实务中的医疗保险险种，往往是为其中一项或若干项的组合提供保障。

通常，医疗保险各险种将下列情况作为责任免除：(1)订立保险合同时已经患有的疾病；(2)因被保险人自杀、自残所致疾病；(3)战争及战争行为所致伤病；(4)核污染、核辐射所致疾病；(5)艾滋病；(6)因被保险人酗酒、吸毒及擅用麻醉剂所致疾病；(7)因被保险人的不法行为或严重违反安全规则所致疾病。

(二)医疗保险的种类

1. 基本医疗费用保险

多数医疗费用保险单提供基本医疗费用保险。通常包括住院医疗费用保险、手术费用保险和门诊医疗费用保险等。

(1)住院医疗费用保险。该险种为特定的住院费用提供保障。它承保被保险人因疾病或意外伤害需要住院时支出的诊疗费、手术费、药费、护理费、住院费、医院杂费、各项检查费等,通常可以单独投保。住院费用保险可以使用补偿给付方式,在保险金额的限度内,按实际支出的费用赔付;也可以采用定额给付方式,按被保险人的实际住院天数和保险合同中约定的日给付金额给付医疗保险金。在住院费用保险中,为了防止被保险人的道德风险,对医药费和杂费的给付可规定一个最高限额,或者规定80%的报销比例,即被保险人自己必须承担20%的费用支出。

(2)手术费用保险。该险种为被保险人在患病过程中进行必要的外科手术而发生的医疗费用提供保障,可以单独投保,也可以作为住院费用保险的附加险。保险金给付的另一种办法是使用相对价值表,该表对每种外科手术分配一个单位数,实际给付金额是该单位数乘上在保险单中规定的单位价值。相对价值表的优点是,它根据外科手术的复杂程度确定保险金的给付,而且通过调整单位价值可以兼顾各地外科手术费用的差价。

(3)门诊医疗费用保险。该险种为被保险人的门诊费用提供保障,门诊费用主要包括检查费、化验费、医药费等。该保单一般规定可报销的门诊次数,并规定每次门诊医疗费用的报销限额。因保险机构缺乏足够的专业人员对门诊处方的合理性进行监督检查,面临较高的来自被保险人和医务工作人员的道德风险和欺诈风险,保险机构在经营此类险种时会特别谨慎,限制也十分严格。

基本医疗费用保险具有保险期限较短、保险金额较低的特点。当基本医疗费用保险无法满足某些投保人对医疗费用保障的需求时,可以购买大额医疗费用保险。

2. 大额医疗费用保险

大额医疗费用保险(major medical insurance)在人身保险比较发达的地区非常流行,是一种比较完备的商业性医疗保险。保障范围通常仅限于医药费用,包括住院费、医院杂费、手术费、门诊费、急诊费以及护理费。保单对医疗费用提供大额保障,对单项医疗费用和费用总额实行限额控制,但限额一般较高,并规定终身限额,通常还有免赔额和共保条款等规定,以控制保险公司经营的风险。它还有一个显著特征即除外责任较少。

大额医疗费用保险分为两种:(1)补充大额医疗费用保险,用来补充住院费用保险等基本医疗费用保险,即对超过基本医疗费用保险的保险限额以上部分的,正常医疗费用和基本医疗费用保险不保的医疗费用给予补偿;(2)综合大额医疗费用保险,它不仅在一张保单中提供足够的医疗费用保险,还覆盖了被保险人可能发生的大多数医疗费用。

大额医疗费用保险一般都要求被保险人分担医疗费用。分担医疗费用的方法主要是规定免赔额和共同保险。除了规定绝对免赔额外,还规定了年度免赔额。共同保险的比例一般为20%,另有停止损失条款(stop-loss provision)规定,如果被保险人的免赔额和共同保险分摊金额超过一定金额后,保险机构会补偿100%的合理的医疗费用。

(三)医疗费用保险的保险期限和责任期限

保险期限是指保险机构对保险合同约定的保险事故造成的损失给予补偿或给付保险金

的期限;发生于该保险期限以外的任何事故,保险机构不负任何责任。责任期限是指被保险人对医疗费用负责的期间,它起始于保险事故发生即患病之日,止于保险单规定的一定时期之后,常见的有 90 日、180 日、360 日等,其中以 180 日最为常见。

如果被保险人在保险期限内患病并在保险期限内治愈,则保险机构将承担保险期限内发生的属于保险范围的医疗费用;如果被保险人在保险期限内患病,责任期限在保险期内满期,则保险机构只负责被保险人在保险期限内发生的属于保险范围的医疗费用;如果被保险人在保险期限内患病,责任期限逾越了保险期限,则保险机构只负责被保险人在责任期限内发生的属于保险范围的医疗费用。保险责任的确定,为被保险人提供了必要的保障,也为被保险人避免承担过大的保险责任构筑了有效的屏障。

例:李先生购买了一张个人医疗费用保险单,保险期限从 2008 年 7 月 1 日至 2009 年 6 月 30 日,责任期限为 180 日。试分析保险机构在以下情形中应承担的医疗费用:

(1)李先生在 2008 年 8 月 1 日患病住院接受治疗,并于 2009 年 1 月 1 日治愈出院;

(2)同上,只是延迟于 2009 年 8 月 1 日治愈出院;

(3)李先生在 2009 年 5 月 1 日患病住院接受治疗,并于 2009 年 8 月 1 日治愈出院;

(4)同上,只是延迟于 2009 年 12 月 1 日治愈出院。

本案例的关键是如何使用为期 180 日的责任期限,案例分析如下:

(1)由于李先生在保险期限内患病,并在保险期限内治愈,不必考虑责任期限,保险责任应承担所有保险范围内的医疗费用。

(2)李先生在保险期限内(即 2008 年 8 月 1 日)患病,保单规定的责任期限在保险期限之内(即 2009 年 1 月 27 日)满期,保险机构只承担保险期限内(截至 2009 年 6 月 30 日)发生的属于保险范围的医疗费用,2009 年 7 月 1 日至 8 月 1 日发生的医疗费用不予补偿。

(3)李先生在保险期限内(即 2009 年 5 月 1 日)患病,保单规定的责任期限在保险期限之外满期(即 2009 年 10 月 27 日),保险机构应承担责任期限内发生的属于保险范围的医疗费用。由于李先生在责任期限满时继续接受治疗,保险机构对发生于 2009 年 10 月 28 日至 2009 年 12 月 1 日之间的任何医疗费用不予补偿。

(四)医疗费用分摊

医疗保险通常要求被保险人自己承担部分医疗费用,以鼓励被保险人将医疗费用控制在尽可能低的水平上,从而有助于降低保险公司的成本。在医疗费用保险中,常见的费用分摊方式是免赔额、比例给付和保单限额。

1. 免赔额

免赔额又称自负额,是指在保险事故导致的损失中由被保险人自己承担金额,据此被保险人发生的医疗费用在免赔额以下的部分由自己承担,超额部分由保险机构补偿。

免赔额的形式有多种:

(1)固定金额,如规定某事故免赔额为 50 元或 100 元等,被保险人实际发生的医疗费用超过免赔额时,超过部分由保险机构给予补偿;

(2)固定比例,如规定每项事故免赔额为实际损失的 5%或 10%等,实际发生的医疗费用乘以约定的免赔比例由被保险人负担,剩余部分由保险机构补偿;

(3)日历年度免赔额,在每一日历年度开始后,被保险人必须自己负担约定金额以内的医疗费用,当累积医疗费用超过约定金额后,超过部分由保险人负责补偿。

免赔额规定的优势在于：

(1)免去了大量小额理赔，节约有关费用；

(2)使保险公司的平均支出下降，保费也相应降低；

(3)为投保人提供了一定的防损、减损的经济激励因素；

(4)不同风险的投保人，可根据自己的状况选择免赔额高低，获得最合适保险需求。

一般地说，出险概率大的投保人选择较低免赔额较为有利，出险概率小的投保人选择较高免赔额较为合适。

2. 比例给付

比例给付即对医疗费用超过免赔额的部分由保险双方按比例分摊，通常保险机构承担80%，剩余的20%由被保险人承担。

3. 保单限额

保单限额是指在保险合同中规定保险金给付限额，实际支付的医疗费用超过这一限额的部分，由被保险人自行承担。这样有利于控制总支出水平。

在保险理赔实务中，将这些限制保险责任或分摊医疗费用的方法结合起来使用，通常能够有效激励被保险人自觉控制医疗费发生。但在发生高额医疗费用后，被保险人按比例条款分摊的部分可能大大超出其支付能力。因此，许多医疗费用保险还会引入一个止损条款。该条款规定，当被保险人支付的免赔额和比例分摊额达到规定限额后，保险机构将补偿被保险人发生的其余费用。

设尹女士买了一张医疗费用保险单，该保单日历年度免赔额为500元，并包含一个20%的比例分摊条款和5000元的止损条款。尹女士在2008年发生保险责任范围内的医疗费用为：(1)400元；(2)4000元；(3)40000元，问尹女士和保险机构各自应该承担的保险费用。分析：

(1)实际发生医疗费用400元，低于日历年度免赔额(500元)，应该全部由尹女士承担。

(2)实际费用4000元，超过日历年度免赔额3500元，超过部分的20%即700元应该由尹女士承担，免赔额与比例分摊额总和为1200元，未超过止损限额(5000元)，故尹女士承担1200元，保险机构承担2800元。

(3)实际费用40000元，超过日历年度免赔额39500元，比例分摊额为7900元(39500×20%)，但免赔额与比例分摊额总和8400元，超过止损限额(5000元)，故尹女士承担5000元，保险机构承担35000元。

四、残疾收入保险

一个人去世后，其收入会完全丧失，家庭总收入也会因此减少。但如该人是因残疾丧失了工作能力，由此产生的后果，不仅仅是家庭总收入因其收入中断而减少，治疗疾病支出还会比以前增加许多，残疾人只能依靠其他成员的收入来维持生活。倘若家人没有任何收入来源时，其后果则不堪设想。为此，美国商业保险公司开办的以团体或个人方式投保的残疾收入保险，为那些因残疾丧失工作的人提供了保障，有效地解决了这个问题。目前，美国大约有2/3的员工参加了各种残疾收入保险。

(一)残疾收入保险的定义

残疾是指劳动能力的丧失或降低，故残疾又叫失能(disability)，其重要标志是经济收入减少。残疾收入保险是对被保险人因残疾、疾病或意外伤害不能正常工作引起的收入损失，给予经济补偿的一种保险，属于给付型险种。

在这种保单中，往往对残疾一词具有严格的定义。通常对伤残发生的前一、二年，投保人从总体上看无力适应之前所进行的正常的工作。伤残一、二年之后，投保人无力适应就其所受教育、训练与经历而言应该胜任的任何工作。如果投保人能工作(不管是什么工作)，人们都会鼓励其重新工作。

在美国，许多承保人还把其恢复伤残值的能力与其可得保险赔偿费挂钩，来降低保险赔偿费的支出。一般伤残收入保险投保人，在取得伤残保险赔偿之前均有一个等待期。等待期是指从投保人伤残始到保险赔偿金支付止的时期，这是伤残收入保险的一种免赔额。等待期之后，若投保人仍然伤残则开始支付赔偿金。赔偿金额的支付期一般为第13周开始，到投保人65岁为止。有些保单的赔偿金的支付期为投保人伤残后的余生。一般支付期越长，所付保费也就越高。每月或每年支付给伤残了的投保人的赔偿金，一般为投保人伤残前收入的2/3不到；或制定一个最大的一次性的赔偿费的额度，一次付讫。承保人对这种赔偿费支付非常慎重，因为所得税、社会保障或其他支出要从投保人的工资单中支出，而这些项目却不可从伤残人赔偿费中支出。因此，承保人往往会担心投保人利用这一手段渔利。

引起残疾的原因主要有疾病和意外伤害两类。这里的“疾病”是指在保单生效后首次被发现患病，如果被保险人在保单生效前已经患有疾病，就无法投保，这种限制是非常严格的。按照失能程度的不同，残疾可分为部分残疾和完全残疾。完全残疾简称全残，即完全丧失劳动能力。部分残疾又称半残，即部分丧失劳动能力。全残者不能从事任何有工资或经营收入的职业。半残者能从事一些有收入的职业，但其收入比原来的收入要少。有的保险单将被保险人双眼、双手、双脚完全失去正常功能的情况，推定为完全残疾。部分残疾的残疾程度通常按下列公式确定：

$$残疾程度=\frac{残疾前收入-残疾后收入}{残疾前收入}$$

下面简单介绍几种商业保险中常用的关于全残的定义。

1. 全残的通用定义

早期出现的残疾收入保险单对全残的界定非常苛刻，被保险人很难领取残疾收入保险金。目前，多数残疾收入保单对全残的规定比以前更富有灵活性。

残疾保险通常分为两个阶段：在残疾初期，如果被保险人不能完成其惯常合理职业的基本任务，则可认定为全残或完全丧失工作能力，被保险人可以按规定领取收入保险金；经过一段时期后，通常为2～5年，如果被保险人仍不能完成任何与其所受教育、训练或经验相当的职业任务，才可以认定为全残，并继续领取残疾收入保险金，直到保单规定的给付期满。采取该种定义的保单通常会规定，凡从事有收入职业的被保险人都不能认定为全残。这就是说，如果被保险人自愿重返任何一种有收入的职业，全残收入保险金就会终止。

2. 原职业全残

在我国又称专门职业能力丧失，采用这一定义的保单通常针对某些特定职业，如果从事这些职业的被保险人因残疾不能完成原有职业的基本任务，就可以领取约定的保险金，而不论是否从事其他有收入的职业。

3. 收入损失全残

20世纪70年代，美国和加拿大推出了一种特殊的残疾收入保险，颇受高收入阶层的欢迎。它将全残定义为被保险人因疾病或遭受意外伤害而使收入损失超过约定的比例，即被认定为全残，具体可分为两种情形：(1)被保险人因全残而丧失从事工作的能力；(2)被保险人尚能工作，但因残疾使收入显著下降。这类保单通常还规定了被保险人在完全丧失工作能力后，所能领取的最高限额和被保险人因残疾而遭致的收入损失确定方法。

4. 推定全残

残疾收入保险在某些特殊情况下适用推定全残。第一种情况是被保险人患病或遭受意外伤害后，在短期内很难断定是否会残疾，保险机构通常会在保险条款中约定一个定残期限，即如果被保险人在定残期限满时仍无明显好转迹象，将被自动认定为全残。第二种情况是，被保险人发生了保单规定的伤残时，将被自动认定为全残，如双目完全永久性失明、任意两肢失去活动能力等。被推定全残后，保险机构将一次性给付全部收入保险金，即使被保险人以后痊愈并恢复原职业也不例外。

(二)残疾收入保险的特征

残疾收入保险与其他保险相比，具有以下几个显著特征：

1. 保险金额和保险金给付难以确定

一个人残疾后，通常其收入水平会有较大幅度降低。残疾收入保险为被保险人提供一些程度的收入补偿，以便被保险人残疾后的生活水平能达到或接近原来的生活水平。但个人的收入来源往往是多渠道的，有专职收入，也有兼职收入。保险机构在确定对被保险人的最高给付金额时，通常只考虑其专职收入。对某些被保险人而言，专职收入可能低于其兼职收入。按照专职收入确定最高给付金额，显然不能很好地满足被保险人的保障需求。因此，保险机构在确定被保险人的最高给付金额时，难度较大。

2. 保险金给付时间可能较长

医疗保险为被保险人提供住院期间的费用补偿。通常在被保险人出院时，就可以进行保险赔付，且多数为一次性付款。许多残疾收入保险是分期给付的，即以按月向被保险人给付一定金额的方式提供保险金，这实际上属于一种年金，直到被保险人残疾康复或死亡为止，持续时间可能较长。

3. 费率厘定难度大

由于残疾收入的给付时间可能较长，与医疗费用保险相比，残疾收入保险金更容易受时间因素的影响，主要表现在以下几个方面：(1)残疾收入保险的费率厘定过程较为复杂，难度较大，需要考虑货币的时间价值，在厘定费率时要计算保险金的现值；(2)随着时间的推移，物价一般呈上涨趋势，为了给被保险人提供较充足的保障，保险机构通常还要在残疾收入保险中加入生活费用调整给付条款。这些都增加了精算工作的难度。

4. 容易发生道德风险

如果保险机构为被保险人提供的保障程度较高，则被保险人就可能为领取残疾收入保险金而发生自残行为，或残疾后不积极实施康复计划，能够参与某些就业活动时也会不积极寻找职业。

(三)残疾收入保险的内容

1. 保险对象

残疾收入保险对被保险人有一定要求：(1)年龄不低于18周岁，不高于55周岁或60周岁；(2)有正当职业。

2. 保险费

该保险的保险费与被保险人的性别、年龄、工种、环境有关。一般情况下，年龄增高发病率会上升，保费随年龄增加而升高；女性发病率高于男性，同等条件下男性的保费低于女性；危险程度高的工种残疾率高，从事工种的危险程度越高，则费率越高；环境恶劣地区的发病率高于环境良好地区，前者的费率高于后者。

3. 除外责任

残疾收入保险往往将战争、暴乱、吸毒、自杀、自残及各种不法暴力行为列明除外。某些特殊嗜好或特别职业，如跳伞、冲浪、滑雪等竞技活动及探险、高空作业等危险工作，或经特约加保或列作除外责任。

4. 推迟期

被保险人残疾后的初始一段时间(一般为三个月或半年)称为推迟期。保险人对推迟期内被保险人的收入损失不予任何补偿。这样做是为了降低保险成本，当然这要基于被保险人在这段时期尚有一定能力可维持自己的生活。

5. 给付金额

全残给付一般为残疾前收入的75%～90%。据此，残疾后的收入(含保险给付金)总是低于残疾前。这样做旨在鼓励残疾者积极寻求力所能及的劳动以实现自我补偿，也有利于抑制道德风险。

6. 给付方式

残疾收入保险金一般按月进行补偿给付，而非按年给付或一次性给付。这样做便于保险机构及时观察被保险人实际残疾状况的变化，也能更好地维持被保险人的生活开支。当合同约定的等待期(相当于免赔额的功能)满后，保险公司按月给付，直到残疾康复或约定的最长给付期满。确定每月全残保险金的常见方法包括固定给付法和公式法两种。选择何种方法取决于保险的业务性质，比如长期险还是短期险、个人险还是团体险。

(1)固定给付法。这种方法通常适用于个人残疾收入保险。给付方法是保险双方事先约定一个固定金额，并记录在保单中，当满足给付条件时，由保险机构按照约定金额定期向被保险人进行给付。在这种方式下，无论被保险人在残疾期间是否还有其他收入来源，保险机构都要如数给付残疾收入保险金。

(2)公式法。公式法通常用于团体残疾收入保险。公式法考虑了被保险人残疾后的其他收入来源，将全残收入保险金表示为被保险人残前收入的一定比例，这一比例通常在60%～70%之间。短期残疾收入保险的比例相对较高，高于90%的比例也很常见。比如，公式法可以规定，被保险人在全残时的残疾收入保险金为残前收入的70%，并减去从其他渠道领取的保险金。

当被保险人仅符合部分残疾的条件时，保险金给付公式通常为：

$$\text{部分残疾收入保险金}=\frac{\text{残疾前收入}-\text{残疾后收入}}{\text{残疾前收入}}\times\text{全残收入保险金}$$

7. 给付期限

残疾收入保险金的给付期限可以是短期，也可以是长期。短期给付一般是补偿被保险人身体恢复前的收入损失。长期给付则往往是补偿全残者不能恢复参加劳动所受的收入损失，通常给付到65岁或法定退休年龄或被保险人死亡。

五、人身意外伤害保险

人身意外伤害保险属于人身保险业务种类之一，是指在保险期限内因发生意外事故致使被保险人死亡或残废时，由保险机构按照保险合同的规定给付保险金。人身意外伤害保险的保障项目，是被保险人因意外事故而造成的死亡给付、残疾给付、医疗费用给付和收入损失给付。人身意外伤害保险可以同时提供这四项保障，也可以只提供其中的一项或几项。

（一）意外伤害

人身意外伤害保险承保的风险是意外伤害，包括“意外”和“伤害”两层含义。

1. 意外

意外伤害保险中所说的“意外”是指伤害的发生是受害者没有预见或来不及预防和躲避，或伤害的发生违背了受害者的主观愿望，一般以“非本意”、“外来”和“突然”三个词来限定：

（1）“非本意”是指伤害的发生，是受害者未能预见到和非故意的事故，如飞机坠毁使乘客遭受伤害等。有些意外事故则是被保险人应该预料到的，如抄近路翻墙跌伤等。另有一些事故虽是被保险人可以预见到，但在客观上无法抗拒或在技术上无法躲避的事故，如楼房失火，门口和走道被封，被保险人迫不得已从窗口跳下摔成重伤。或者虽在技术上可以采取措施避免，但由于法律和职责上的规定，或要履行应尽义务，不能去躲避（如民警与歹徒搏斗中受伤）。凡是被保险人的故意行为使自己遭受伤害，如自杀、自伤，均不属于意外事故。

（2）“外来”是指伤害是由受害者自身以外的原因造成，如食物中毒、被机动车辆撞伤等。疾病所致伤害虽非被保险人事先能预见到，但它是人体内的生理故障或新陈代谢的结果，不属于意外事故。

（3）“突然”是指事故发生的原因与伤害结果间具有直接关系，在瞬息间造成伤害来不及预防，如飞机坠落、车祸。需要注意的是，职业病（如硅肺病、铅中毒等）虽属非本意的外来原因所致，但属长期接触有毒物质而形成，并非突然出现，且可作预见和预防，因而不属于意外伤害之列。

2. 伤害

意外伤害中的“伤害”是指人的身体受到侵害的客观事实，伤害由致害物、侵害对象、侵害事实三个要素构成，缺一不可。

（1）致害物是指直接造成伤害的物体或物质。按照致害物的种类不同，伤害可以分为器械伤害、自然伤害、化学伤害、生物伤害等。

（2）伤害对象是指致害物侵害的客体。在人身意外伤害保险中，只有致害物侵害的对象是被保险人的身体，才构成伤害。如果侵害的是被保险人的肖像权、名誉权等，不属于伤害对象，即人身意外伤害保险中的伤害是生理上的伤害，而非权利侵害。

（3）伤害事实是指致害物以一定方式破坏性地接触或作用于被保险人的身体，如果没有伤害的客观事实，就不构成伤害。

（二）人身意外伤害保险的特点

人身意外伤害保险具有以下几方面特点：

1. 季节性

从人身意外伤害保险的业务数量来看，春秋季节是旅行者人身意外伤害保险的旺季；炎夏季节，游泳者平安保险相对集中。从出险的概率来看，寒冬季节，常常冰雪铺路，跌滑致伤者较多；台风季节，人身事故较多。

2. 期限短

人身意外伤害保险的保险期限较短，一般不超过一年，有的设置只有几天或几小时，如公路旅客意外伤害保险只承保旅客从上车到下车这一段时间。

3. 可以不出具专门的保险单

在人身意外伤害保险中，保险机构可以出具专门的保险单，但在某些情况下，也可以不出具专门保单，如公路旅客人身意外伤害保险，就以车票为保险凭证，保险机构不再另外签发保单。

（三）意外伤害风险

依照可保性划分，意外伤害风险通常可分为不可保意外伤害风险、特约保意外伤害风险和一般可保意外伤害风险三类。

1. 不可保意外伤害风险

它指根据保险原理不应承保或受承保技术水平和承保能力之限，无法承保的意外伤害保险。保险机构如承保不应承保的风险，则将违反有关法律规定或违背社会公共利益。如当事人在故意犯罪活动或寻衅斗殴中所受意外伤害，在酗酒和吸毒后发生意外伤害，保险机构不能承保。又如大规模战争或核爆炸，会造成大范围的人身伤害。这类风险是基于承保技术与承保能力之限，而被列入不可保风险的范围。当然，随着保险技术水平之提高和保险市场承保能力的增强，这类不可保风险将逐渐成为可保风险。对不可保意外伤害风险，通常在保险条款中明确列为除外责任。

2. 特约保意外伤害风险

它指根据保险原理可保，但因风险较高或责任不易区分，保险机构一般不予承保，只有经过保险双方特别约定，有时还要加收保险费后才予承保的意外伤害保险。如从事跳伞、攀岩等剧烈体育竞技时所受意外伤害，其风险远高于一般活动，需加收保费；医疗事故造成的意外伤害，如医生误诊、药剂师配错药品、检查时造成的损伤、动手术切错部位等，只有少数病人才存在此类风险。意外伤害保险的费率系根据大多数人的状况制定的，为使保费负担公平合理，保险机构一般不承保这类风险。对于特约保意外伤害风险，在保险条款中通常列为除外责任。保险双方如果特别约定承保某风险，则由保险机构在保险单上签注特别约定或出具批单，对该项除外责任予以剔除。

3. 一般可保意外伤害风险

它是指在一般情况下可保的意外伤害风险。事实上，除了不可保意外伤害风险和特约保意外伤害风险外，均属一般可保意外伤害风险。需要指出的是，特约保意外伤害风险与一般可保意外伤害风险之间并无严格界限。保险公司可根据自己的技术条件、承保能力和经营状况，决定将某种意外伤害风险归入前者或后者。

（四）意外伤害保险的分类

意外伤害保险可以按多种方式分类。主要有：

1. 依照承保风险不同，分为普通意外伤害保险和特种意外伤害保险

前者承保保险期限内的各种意外伤害，不具体规定意外事故发生的原因与地点。这种保险的保险期限通常为 1 年。后者承保特定时间、特定地点或特定原因的意外伤害。如游

泳者平安保险的保险责任仅限于游泳场内发生的溺水死亡。这种保险的保险期限一般较短。

2. 依照实施方式分，可分为自愿意外伤害保险和强制意外伤害保险

前者指投保人与保险机构在自愿基础上订立保险合同的意外伤害保险。意外伤害保险多数属于此类。后者是国家机关通过颁布法律法规强制实施的意外伤害保险。如凡在国内搭乘火车、轮船、飞机旅行的人，都必须缴纳规定的保险费，发生意外事故所致伤害，由中国人民保险公司按前述条例之规定给付保险金。

3. 依照保险期限不同，可分为短期、1年期和长期意外伤害保险

短期意外伤害保险的保险期间短于1年，有的只有几天、几小时或更短；普通意外伤害保险多属1年期的保险期限；长期的保险期限则超过1年。

4. 依照保险对象不同，可分为个人意外伤害保险和团体意外伤害保险

前者以个人为被保险人，后者以团体为投保人，团体中的成员为被保险人。

(五)意外伤害保险的基本内容

投保人向保险机构缴纳保险费，如被保险人在保险期限内遭受意外伤害，在责任期限内死亡或残疾，可由保险机构给付保险金。这里主要有保险责任和给付方式两个要点。

1. 保险责任

意外伤害保险的保险责任构成有三个要件，缺一不可。

(1)被保险人在保险期限内遭受意外伤害。它要求被保险人遭受的意外伤害必须是客观事实，而非臆想与推测。因而在保险实务中，被保险人或其收益人负有遭遇意外伤害的举证责任。它强调被保险人遭遇意外伤害的事实必须发生在保险期内，如被保险人在保险期限开始前遭受意外伤害，而在保险期内死亡或残疾，则不属于保险责任范围。

(2)被保险人在责任期内死亡或残疾。意外伤害保险只负责被保险人因意外伤害导致的死亡和残疾。对于因意外伤害导致的医疗费支出和收入减少，保险机构不予负责。对于因疾病导致的被保险人死亡或残疾，保险机构也不予负责。责任期限是意外伤害保险特有的概念，指从被保险人遭受意外伤害之日起的一定期限，通常为180天。它强调被保险人在遭受意外伤害后的死亡或残疾必须发生在责任期限内，否则保险机构不承担给付保险金责任。

(3)意外伤害是被保险人死亡或残疾的直接原因或近因。在意外伤害保险中，被保险人在保险期限中遭遇到意外伤害，并且在责任期限内死亡或残疾，并不意味着必然构成保险责任。只有当意外伤害与死亡、残疾之间存在必然的因果关系时，才构成保险责任。当意外伤害是被保险人死亡或残疾的直接原因或近因时，保险机构应当给付保险金；当意外伤害是被保险人死亡或残疾的诱因时，保险机构不是按照保险金额和被保险人的最终后果给付保险金，而是比照健康者遭受此种意外伤害造成的后果给付保险金。

2. 给付方式

意外伤害保险属定额给付型保险，当保险责任构成时，保险机构应按保险合同约定的方式给付保险金。(1)死亡保险金给付。意外伤害保险合同中，通常规定有死亡保险金的额度或死亡保险金额的比率。大多数情况下，死亡保险金为一个保险金额。(2)残疾保险金给付。残疾保险金的额度决定于保险金额与残疾程度两个因素：

残疾保险金＝保险金额×残疾程度(比率)

残疾程度是人体组织永久性残缺或人体器官正常机能永久丧失，对一般人的劳动能力影响的量化。需要注意的是，保险机构给付被保险方的保险金不超过保险金额。

六、个人健康保险常见条款

个人健康保险单是保险机构与投保人之间的一种合同，以条款的方式规定了保险双方的权利和义务。下面简单介绍个人健康保险的常见条款。

（一）续保条款

健康保险合同赋予被保险人续保的权利，但此权利的界定是非常严格的，尤其是在被保险人不具备可保性时。既然个人健康保险只是在特定期间内提供保障，不可解约条款也并不能保证保险永不中断。即使保单是不可解约的，保险公司也保留了拒绝更新保单的权利。个人健康保险保险单（包括残疾收入保险和医疗费用保险）中有多种条款，规定了保险公司和被保险人双方执行续保或拒绝续保的权利。比如，2009 年某寿险公司附加住院医疗保险条款规定如下：

> 附加住院医疗保险条款
>
> 本附加合同期限为一年，若在保险期满前 10 日，投保人未以书面形式作不续保的通知，则本附加合同视为续保有效。本公司保留终止本附加合同续保的权利。本公司如终止本附加合同的续保，须在本附加合同期满前 30 日内以书面形式通知投保人。

个人健康保险按照所包含的续保条件的不同，如解约和更新保单的不同可以分为以下六类：

1．不可解约（non cancel able）保单

这类保单规定，在被保险人到达约定年龄之前，只要按时缴纳续期保费，合同就一直有效，保险机构不得以任何理由解除或变更合同。残疾收入保单通常是不可解除，而医疗费用保单则很少不可以解除。保险机构对这类保单承担的风险较大，费率也较高。

近年来，由于过于严重的索赔，迫使大多数保险公司纷纷放弃发售这种残疾收入保单，逐渐用保证更新条款来代替不可解约条款。这并不是因为保险公司无法中断保险，而是无法调整不同情况下的保险费率。

2．保证更新（guaranteed renewable）保单

保证更新保单中规定，只要被保险人按期缴纳保费，保险机构在被保险人到达约定年龄之前必须给以续保。多数保证更新保单允许被保险人在到达 60 岁、65 岁甚至更高年龄之前进行续保。但每次续保时，保险机构针对所有同类保单提高保险费率。

3．有条件更新（conditionally renewable ）保单

这类保单规定，保险机构只能根据保单载明的特定理由拒绝续保，但不能与被保险人的健康状况有关。被保险人的年龄或职业状况通常是保单所列明的拒绝理由。如残疾收入保单可以规定，只有在被保险人到达约定年龄之前，或退休之前才准予续保。

4．保险公司选择更新（renewable at the company's option）保单

这种保单规定，保险机构在某些约定日期（通常是保单生效对应日或保费到期日）拒绝续保，这事实上就意味着保单对被保险人没有作出任何形式的续保保证。针对同类保单，保险机构还可以增加保障的限制条件或提高保险费率。同类保单是指某一险种的所有保单或

搜索或打电话给保险公司的客服询问、对比，就可以锁定一个大致的价格来选择产品。就目前来讲，网络直销成本较低，网络销售会便宜一点，投保价格相对较为低廉。

（四）理赔

对消费者来说，理赔是十分需要注意的问题，什么样的赔偿标准，赔偿有什么要求等等都要先搞清楚，一定要仔细研读理赔条款，不明白的时候要多问，千万不能以自己的理解来当作保险公司的赔付标准。

在选好适合自己的重疾险后，我们就可以订立自己的投保计划了。

对长期的储蓄型重疾险来说，缴费期限的选择是比较关键的。一般来说，长期储蓄型重疾险缴费期选择非常灵活，而从经济的角度综合考虑，缴费期不宜太短，通常 40 岁以下的人群，不妨选择 20 年缴费期。

具体来看，缴费期越短，总的保费支出绝对数额会越少，然而将缴费期适度拉长，获得的好处可能更多。一是年交保费比较少，每年的负担相对较低；二是一旦短期出险，缴费期长更划算。如 A 和 B 两个同龄人同时购买了一款重疾险，保额 10 万元，A 的缴费期为 10 年，年缴 9000 元，B 的缴费期为 30 年，年缴 3000 元。两年后，假设 A 和 B 同时出险，均获得 10 万元理赔，但 A 已交的保费为 18000 元左右，而 B 交的保费只有 6000 元左右。相比之下，不妨选择长期缴费。

对均衡保费型和自然保费型这两种保费情况来说，不妨进行一些组合。采用“储蓄型＋消费型”的重疾保障组合，是不错的选择。比如，对 20 岁到 30 岁的投保人而言，由于经济能力有限，消费型短期险种的费率优势比较明显；35 岁以后，随着年龄的增长，消费型险种的费率优势逐渐缩小，此时可相应提高储蓄型险种的占比；到 45 岁后，短期消费型险种所提供的保障占比，可逐步降低到 10%，甚至不再购买，转而由储蓄型长期险种提供全部重疾保障。这样，我们就能拥有一份既适合自己，又有资质保障，还能节省保费的重疾保单了。

附：个人应做保险规划

理财周报　蔡嵩婷

一、结婚生子养老 3 阶段最重要

所有人都有自己的需求和目标，随着时间的推移，这些需求与目标不断变化，因此每个人的保险方案都应该顺应这些变化。婚姻初期，家庭规模逐渐扩大，大多数家庭都需要某些保险保障。这种保障可以包括公寓或住所的财产保险、家庭成员的人寿与残废保险，以及整个家庭的足额健康保险。

保险既是对家庭的责任，也是对自己的保障。对家庭的责任包括对父母的赡养、对子女的抚养、对家庭大宗资产负债的偿还；对个人的保障包括健康和养老问题的提前准备。

由于人生各阶段都有自身的特点，面对不同的特点和责任范围，个人和家庭都应该作出相应的保险规划，以保证生活质量。当家庭收入提高，经济状况发生变化时，对保障的需求也随之改变。你可能需要为子女的教育进行长期的规划，增加人寿保险以符合更高收入和更高生活水平的要求，并对健康保险方案进行修改。此后，随着子女的长大成人，成家立业，退休福利就成为你的考虑内容，并进一步改变家庭的个人保险方案。

二、重要的时间、事件节点

当个人或是家庭规划各自的保险时，有几个重要的事件和时间节点是不能不考虑的。这些

事件、时间节点的前后，每个人承担的责任会发生重大变化，所需要规划的保险内容也有所差异。

第一个重要事件就是结婚。这是个人走向家庭的重要转折点，迈入婚姻的殿堂意味着个人开始承担家庭的责任，必须为家庭未来的生活品质提供必需的保障。

第二个就是孩子出世。此时家庭责任扩展到下一代，家长双方对于家庭的责任延续到了至少20年之后，需要保证孩子的教育条件不会受到严重影响。

第三个重要的时间节点就是40岁左右。此时家庭已经进入了稳定期，收入颇丰，但是此时不仅需要考虑赡养老人、抚养孩子，自己的养老问题也提上了日程。

根据不同时间和事件节点，个人生命周期可以划分成单身期、家庭初建期和家庭稳定期，在不同阶段就会有不同的需求和责任，相应地规划不同的保险组合。

三、不同保险规划

当一个人离开学校步入社会之后，开始具备收入能力，也是给自己规划保险的开始。自我保险是一种建立货币基金以承担损失成本的过程。自我保险并不能减少风险，它只提供了弥补损失的方法。许多人因疏忽而缺乏自我保险的意识。

此时，个人事业刚刚开始，年轻人会在不断的尝试中定位。在这个阶段，大多单身者无须担负家庭责任；在消费习惯上则缺乏规划，难以留存大量储蓄；喜欢参加户外运动、旅游等意外风险较高的活动。因此，购买保险时考虑的第一因素是避免意外风险。

年轻人刚刚踏上工作岗位，大多收入有限，可以考虑一些定期的寿险产品，投保应该以消费型、纯保障型产品为主。

结婚生子不仅是人生大事，更是个体走向家庭的重要转折点，它对于个人的保险规划也有着重要转折意义。不仅个人的责任将扩大到家庭，还会因为孩子的出生，使得家庭的消费方式产生巨大变化。

有了孩子的家庭，教育经费是不可忽视的话题。家长除了规划自身保障，规避因家长意外造成孩子未来教育中断的风险，也可以选择教育金产品，合理分散家庭财务负担。

案例2:二手车按新车购置价投保引起纠纷

案例背景

2003年1月29日，田某花了12.3万元从某机动车市场购买一辆长春奥迪，并向保险公司投保了车辆损失险、第三者责任险、盗抢险、不计免赔特约条款。投保时，田某选择奥迪车的新车购置价32万元作为保险金额，缴纳保险费5488元。同年6月3日该车发生火灾并全部损毁。事故发生后，田某向保险公司索赔，经过勘察，保险公司只同意按奥迪车的实际价值12.3万元承担责任，其理由是依据《保险法》规定，保险金额不能超过保险标的的价值，超过部分无效，即使保险金额高于车辆的实际价值，也只能以车辆的实际价值12.3万元理赔。但田某认为，自己是按32万元投保和缴纳保险费的，保险公司应当赔付32万元。双方争执不下，于是田某将保险公司告上法庭。

案例分析

法院经审理后作出判决，保险公司按车辆的实际价值，即新购置价扣减折旧后承担责任，赔付22万元。根据损失补偿原则，保险事故发生后，被保险人有权获得补偿，但保险人的补偿数额以使标的物恢复到事故发生前的状态为限。本案中田某购买车辆时仅花费12.3万元，却得到22万元赔偿，是否违背了损失补偿的原则？

事实上,本案中保险条款规定:"按投保时车辆的新车购置价确定保险金额的,发生全部损失时,在保险金额内计算赔偿,保险金额高于保险事故发生时保险车辆实际价值的,按保险事故发生时保险车辆的实际价值计算赔偿。"保险金额如何确定的部分,则规定:"保险金额可以按投保时保险车辆的实际价值确定。"本保险合同中的实际价值是指同类型车辆新车购置价减去折旧后的价格。

一般地说,出现在同一份保险合同中的术语应作相同解释,可以认为在发生全部损失时,"按保险事故发生时保险车辆的实际价值计算赔偿"中的实际价值,也是指新车购置价减去折旧后的价格。根据合同自愿原则,依照当事人双方意愿订立的保险合同对当事人具有法律约束,当事人必须严格遵守,按照约定履行自己的义务;依法成立的合同受法律保护。

本案中,保险公司在制定保险条款、订立保险合同时自愿选择按照出险时的实际价值,即新车购置价扣减折旧后的金额赔付,虽与损失赔偿原则不符,但也应按此条款理赔。

案例3:跌倒致死是否属于意外死亡?

案例背景

1999年10月20日,严某以婆婆王某为被保险人,向保险公司投保了意外伤害保险,保险金额50万元,缴纳保费500元。保险期间是1999年10月24日至2000年10月24日,收益人为严某。2000年1月1日,王某在行走时突然摔倒,送医院抢救无效死亡,医院出具的死亡证明为"脑溢血死亡"。事故发生后,严某以王某系意外跌倒后致脑溢血死亡为由,向保险公司申请给付50万元身故保险金。保险公司经调查发现,王某一直患有严重的高血压,故认为被保险人系高血压病突发脑溢血死亡,不属于意外事故,不予承担给付意外伤害保险金的责任。

案例分析

本案争点是被保险人是意外跌倒后致脑溢血死亡还是高血压病发致脑溢血死亡。收益人认为,被保险人王某死亡后,已经提供医院出具的抢救诊断书和脑溢血死亡证明,以及被保险人跌倒后死亡的证明。但是几个月后,仍没有得到保险公司的理赔通知。

保险公司认为,被保险人是因高血压突发脑溢血死亡,不属于条款规定的保险责任。根据调查核实,被保险人一直患有严重的高血压,且缺乏必要治疗,加上年事已高,随时有高血压突发脑溢血的危险。被保险人之前没有任何意外伤害发生,发病后即送往医院,经抢救无效死亡,并非因跌倒致死。即使被保险人因脑溢血引起跌倒死亡,也是由于被保险人身体内的原因造成的,不符合条款规定的意外事故的构成要件。因此,保险公司不应承担意外身故保险责任。

法院审理认为,原告称被保险人在水泥路上行走时突然跌倒,经查,被保险人患有高血压,随时会发生头晕、脑溢血等症状,而被保险人行走时突然摔倒可能是身体不适造成的,不构成保险公司承担保险责任的依据。由于原告未能提供任何证明被保险人发生意外伤害的证据,故判决驳回原告的诉讼请求。

第八章　资产组合

资产组合与有效市场理论是现代金融学的基础，金融产品定价是投资理财规划的重要内容，行为金融学是一门新兴的学科。通过对这些理论的介绍，本章分析了投资者的风险类型、有效市场理论下的信息作用，比较了有效市场和无效市场的投资策略，介绍了金融产品的定价模型和资产组合的评价指标，为制定合理的投资决策提供理论依据，希望对投资者的投资决策能有所帮助。

第一节　资产组合

一、资产组合的含义

（一）资产组合理论的提出

尽管投资者很早就认识到分散持有证券可以降低投资风险，但首先对此作出实质性分析者，应该追溯到哈瑞·马科维茨于 1952 年发表的题为《资产组合》一文及其后出版的同名专著，并由诺贝尔经济学奖金获得者夏普等人完善和发展。在上述文章和专著中，马科维茨详细阐述了“资产组合”的基本假设、理论基础与一般原则，从而奠定了其作为“资产组合”理论开创者的历史地位。

马科维茨通过“预期报酬—方差分析”方法，得出各种证券组合情况下的一般规则：在给定的预期报酬下，期望组合风险最小；在给定的组合风险下，期望投资收益最大。上述要求体现了资产组合理论的基本目标。资产组合理论还强调：在证券投资中要重视个别证券的特性，认真分析该证券外在和潜在的价值及风险性；在资产组合中，要重视若干证券之间的相关性，尽量把那些相关系数小、相关程度低的证券组合在一起，使证券的高风险和低风险相互抵消，以取得市场平均报酬率。如果把相关系数高的证券组合在一起，要么导致风险更大，要么导致收益更低。随后夏普创立的资本资产定价理论，增进了组合投资方法的实用性，进一步完善了资产组合理论。

研究资产组合理论旨在在投资决策中寻求一种最佳的资产组合。这一理论对个人投资决策的启示是：个人进行任何投资都存在一定风险，在投资过程中应避免过度集中于某一个投资项目，引起过度投资，增加投资风险；应通过组合投资，减少风险。掌握资产组合理论，对于个人进行多元化投资，分散风险，提高投资收益具有重要作用。

（二）资产组合

资产组合就是由几种资产构成的组合，投资者可以按照各种比例将其财富分散投资于各种资产上，如股票、债券、银行存款等。我们把投资者同时拥有的各种证券的集合称为一个组合。假设投资者选择投资在 n 种资产上的比重是 $x_1, x_2, \cdots, x_n$，则满足下面的条件：

$$x_1 + x_2 + \cdots + x_n = \sum_{i=1}^{n} x_i = 1$$

式中，i：某种特定的资产；n：证券组合中所包括的资产种类的数量；x_i：第 i 种资产的投资分配比重。

（三）客户类型与资产组合

在财务策划过程中，理财规划师将客户的风险承受能力进行了分类，并针对每种类型的客户列出了相应的资产组合。这些类别分别是保守型、轻度保守型、均衡型、轻度进取型和进取型。不同类型资产组合的风险承受能力，按照从前往后的顺序依次递增。

1. 保守型(conservative)

保守型客户的资产分配策略，主要是在确保资产安全的基础上获得稳定的收入。保守型的投资者可能会把大部分资金投入到风险较小的产品中去，如现金投资、固定利息投资等，而风险较高的股票投资则低，这样的资产组合在短期一般不会出现重大亏损，而从中长期来说，则可以获得比较稳定适中的资本增长收益。

2. 轻度保守型(moderately conservative)

轻度保守型客户的资产组合策略，非常强调收入的安全性以及中长期稳定的资本增长。从具体的分配比例来看，现金投资和固定利息投资比例要低于保守型，而股票、房地产投资的比例则高于保守型。此类客户的资产组合产生的收入流相对稳定，因有部分股票和房地产投资，还可以产生一定的税收利益。此外，本类资产组合发生亏损的可能性也比较小，一般只有当组合中的多种投资产品价值发生严重下跌时，这种情况才会发生。

3. 均衡型(balanced)

相对于前两种客户而言，均衡型客户的资产组合在各种资产类型之间的分配相对比较平衡。从中长期来说，可以在收入与资本增长之间获得一个较好的平衡。但从长期来看，本类资产组合的市值会有一定程度的波动，有可能给客户带来相应损失。此外，由于组合中有比前两种类型更大比例的股票和房地产投资，税收方面的利益也会较多。

4. 轻度进取型(moderately aggressive)

轻度进取型客户的资产组合策略，更多地强调资产价值的增长，较少考虑取得现金收入的需求。本类型的资产组合往往有超过一半的资金投资在股票等高风险的资产上，而现金投资、固定利息投资所占比例则较小。股票、房地产等投资在全部投资中的高比例意味着资产组合的市值波动比较频繁，波动幅度会较大，出现亏损的可能性会较高。

5. 进取型(aggressive)

进取型客户的资产组合策略，主要强调中长期收益的最大化，会把他大部分的资金投入到股票、房地产等风险相对较高的投资产品中去。该资产组合中，股票和房地产等高风险高成长性资产占绝大部分，因此市场状况的波动会给资产组合的市值带来很大影响。这类投资者会利用杠杆投资的方法，提高可支配资金的回报率，这也意味着更高的投资风险。如客户要追求中长期的高回报，就必须接受短期可能发生的亏损。

二、投资组合的收益和风险的估计

（一）资产组合的收益

当投资于一个资产组合时，投资者在这些资产上所获的收益率，取决于资产类别和在各种资产上的投资比例。投资组合的期望收益率记为 $E(R_p)$，可表述为：

$$E(R_p) = \sum_{i=1}^{n} x_i E(R_i)$$

式中，$E(R_i)$：第 i 种资产的期望收益率；n：证券组合中所包括的资产种类的数量；x_i：第 i 种资产的投资分配比重。

我们从这个公式中可以发现，多个证券组成的资产组合的期望收益，是组合中各证券的期望收益的加权平均数，权数为在各种证券上的投资比例。

（二）资产组合的风险

在投资组合的情况下，标准差的计算稍微复杂。计算投资组合的标准差或方差时，需要涉及协方差。资产组合的方差可以通过如下公式计算：

$$\sigma_p^2 = \sum_{i=1}^{n}\sum_{j=1}^{n} x_i x_j \sigma_{ij}$$

其中，$\sigma_{ij} = E\{[R_i - E(R_i)][R_j - E(R_j)]\} = \mathrm{Cov}(R_i, R_j)$

因此，资产组合的方差是资产组合中各个资产的方差和协方差的组合，且协方差越小，通过分散化投资可以使资产组合的波动性就越小。资产组合的方差也可以写成：

$$\sigma_p^2 = \sum_{i=1}^{n} x_i^2 \sigma_i^2 + \sum_{\substack{i=1 \\ i\neq j}}^{n}\sum_{j=1}^{n} x_i x_j \sigma_{ij}$$

另外，因为：$\mathrm{Cov}(R_i, R_j) = \rho_{ij}\sigma_i\sigma_j$；

所以：

$$\sigma_p^2 = \sum_{i=1}^{n} x_i^2 \sigma_i^2 + \sum_{\substack{i=1 \\ i\neq j}}^{n}\sum_{j=1}^{n} x_i x_j \rho_{ij}\sigma_i\sigma_j$$

从这个公式可以发现，资产组合方差的大小依赖于单个资产的方差，各资产间的相关系数以及投资比重。我们还可以发现，除了各证券收益之间完全正相关的情况外，资产组合的标准差比组合中的各证券的标准差的加权平均数要小。所以，投资者通过不同证券的投资组合，可以选择出能满足自己所偏好风险水平的投资对象。

马科维茨的资产组合理论认为，只要分散持有证券，就能使方差减小，降低投资风险。正由于投资组合的期望收益是各证券期望收益的加权平均值，其风险则是由各证券收益方差的加权平均值来决定，而各证券间的相关性对组合的方差又起着决定性的作用。所以，相关性不同，分散投资的效果也不同。当证券收益之间在完全不相关、完全负相关或者一定程度正负相关的情况下，也即排除完全正相关的情况时，由多种证券构成的投资组合，由于各证券收益的变动方向和幅度的大小，会产生相互抵消作用，这就可以降低与投资者期望收益水平相应的风险水平，这种效果称之为“风险分散效果”。

在只有两种证券构成的投资组合情况下，其中一个证券的比例为 x，另一证券的持有比例为 $1-x$，组合收益的方差是：

$$\sigma_p^2 = E[R_p - E(R_p)]^2 = x^2\sigma_1^2 + (1-x)^2\sigma_2^2 + 2x(1-x)\rho\sigma_1\sigma_2$$

下面我们来看看两证券间的相关性对投资组合收益方差的影响。设两证券的投资风险相等，且都为σ，即有$\sigma_1=\sigma_2=\sigma$，如果投资者将其资金全部投资于证券1，即$x=1$，则组合投资收益的方差就为：

$$\sigma_p^2=x^2\sigma_1^2=\sigma^2$$

同样，如全部投资于证券2，即$x=0$，则组合投资收益的方差为：

$$\sigma_p^2=(1-x)^2\sigma_2^2=\sigma^2$$

我们可以看到，当$\rho<1$，即两证券不完全正相关的情况下，就有：

$$\sigma_p^2<\sigma^2$$

这证明只要投资组合中两证券收益之间并非完全正相关，那么，合理安排投资比例，可以减少投资组合的方差。并且，各证券收益之间的相关性越低，投资组合的方差相应也就越小。特别是当证券收益为负相关时，组合的风险水平得以降低。由此可见，相关系数越小，风险分散的效果也就越大。所以，当采用分散投资的策略时，可以保证在获得一定的期望收益的前提下，使组合的方差减小，投资者总能从分散投资中获得好处。

三、有效组合与最优投资组合

前面我们讨论了组合的原理，组合中证券选择的基本问题，以及组合投资的效果。如果每个组合都是一个整体，不同组合间就存在着优劣的比较，从而就引出了有效与无效组合的概念。

（一）风险资产的有效组合

1. 多个证券的组合的形成

我们以横轴表示标准差、纵轴表示期望收益的坐标平面上来看组合的收益与风险，来观察在风险既定的前提下，追求收益的最大化，或在收益既定的前提下，达到最大限度地规避风险，这就是二维规划的含义，可用图8-1表示，该曲线上的每一点表示一种可能形成的组合资产的期望收益和标准差。任何一种证券组合，都将在本图中找到相对应的一点，全部证券组合，即构成本图中$ABCD$所形成的阴影部分，代表人们面对的所有投资机会。

2. 投资组合的有效边界

我们知道风险回避型投资者总是会选择期望收益一定但风险较小，或者风险一定而期望收益较大的资产组合。我们把满足这些条件的组合称作“有效组合”。从图8-1中可以看出，越是处于图形上端的点，所对应的预期收益就越大，反之则越小；而越是位于图形右边的点，所对应的投资风险就越大，反之则越小。显然，A点代表了风险最小的证券组合，B点代表了预期收益最大的证券组合，除此之外，再也不可能存在其他比A点风险更小的和比B点预期收益更大的证券组合。

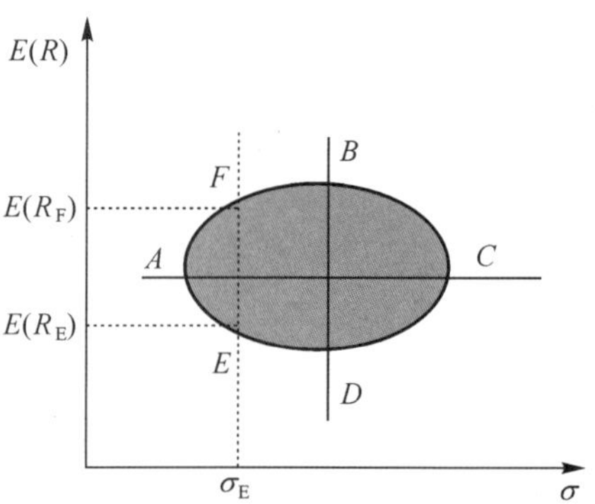

图8-1　证券组合资产的构成领域

投资者所关心的是图中曲线AB上的组合，A点以下位于曲线上的组合是无效的组合，因为在同样的风险水平上，存在着期望收益更大的组合。所以风险回避型投资者不会选择这样的组合。比如，随意取曲线AD上的一点E，它是期望收益为$E(R_E)$，标准差为σ_E的资产组合，但与之相比，却有标准差相同而期望收益更高的组合 F 存在，所以 E 是无效组合，由此也可以看出 AD 上的任一组合都是无效的。

可见，只有落在 AB 曲线上的证券组合才是全部有效组合，AB 曲线也是所有证券有效组合的有效边界，在有效边界以外的任何一点投资都是非有效的。我们曾提到的风险厌恶者，即保守的投资者，可选择 A 点附近的有效组合，虽然收益值较小，但标准差同样也较小。反之，风险偏好者则可选择接近 B 点的有效组合，以博取最大的收益值，同时承担相对应的高风险。

（二）风险资产与无风险资产的有效组合

1. 一种风险资产和一种无风险资产的组合

前面讨论的资产组合都是由风险资产组成，下面讨论风险资产和无风险资产的组合。假设有一种风险资产和一种无风险资产组合，其中，无风险资产的期望收益为 R_f，因为这是确定性的收益，所以其收益的方差为 0。另外，设风险资产的期望收益为 μ，标准差为 σ，无风险资产的持有比例为 x，那么投资于风险资产的比例是 $1-x$。这样，资产组合的期望收益和标准差分别是：$\mu_p = xR_f + (1-x)\mu$ 和 $\sigma_p = (1-x)\sigma$。

即组合的期望收益和风险是两种资产收益的加权平均数，权数为两种资产的投资比例。组合的风险大小取决于组合中所包含的资产风险的大小，以及投资于风险资产的比例。如图 8-2 所示，线段 AB 是安全资产和风险资产可能组合的领域，它构成安全资产与风险资产组的有效边界。

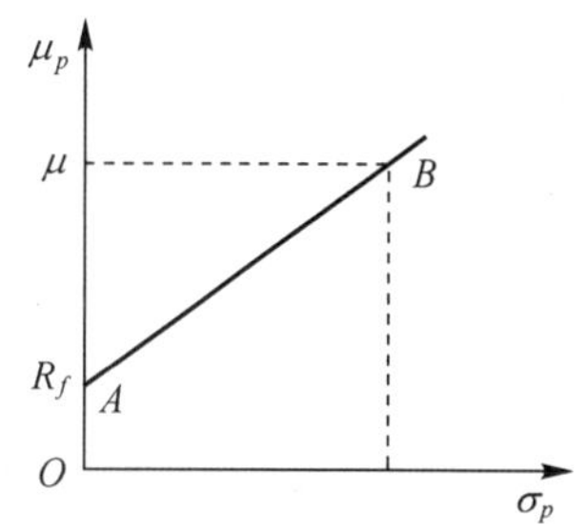

图 8-2　一种安全资产和一种风险资产的组合

安全资产通常是指国债、无风险贷款等，当存在着以相同利率进行借入和贷出活动的可能时，人们的投资机会并不仅仅在于安全资产与风险资产的轮番持有，而可能是通过借入资金，进行超过其自有资产量以上的风险资产的投资。借入实际上就是负的贷出，而安全资产的卖空就等同于资金的筹集。这时，投资机会就从图中的 B 点向右上方延伸，也就是说，投资者可能选择的领域和有效边界是一条由 A 经 B 点延伸的直线。位于 B 点左方的各点都是表示组合中既有风险资产也有一部分债券（资金贷出），而位于 B 点右方的各点都是表示组合中全部是风险资产，并且其投资的数额超过投资者的自有资金，投资者通过借入一部分资金追加投资于 B，我们称 B 点右方的各点为杠杆组合。

2. 无风险资产和多种风险资产的组合

当在市场上存在许多风险资产时，风险资产组合的有效边界就是图 8-3 中所示的凸形集合。相对于该线上的任一种风险组合，既没有风险水平相同而收益期望较高的组合，也没有期望收益相同而风险较低的组合存在。

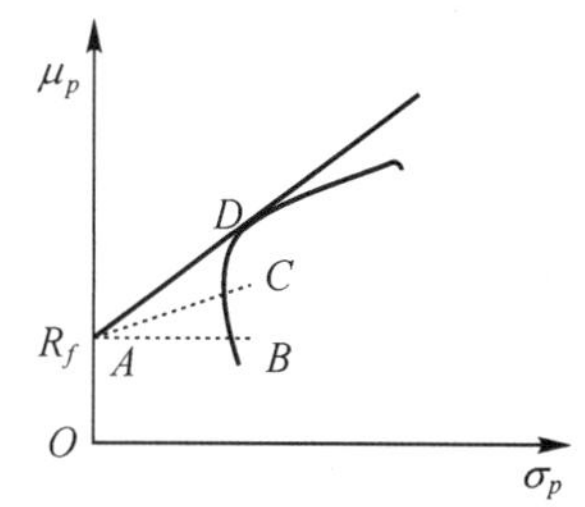

图 8-3　无风险资产和多种风险资产的组合

投资者在进行安全资产与风险资产间的组合时，选择风险资产组合中的哪一种来与安全资产组合，表面上看是没有什么不同的。如风险组合中的 B 与安全资产进行组合时，所形成的组合都落在 A 点与 B 点连接的直线上。但对合理投资的投资者来说，这样达成的所有可能的组合，都不是有效的投资机会。因为，风险资产组合中的 C 点与安全资产组合的话，可以得到与 B 点风险水平相同而期望收益较大的投资机会。因此，含有安全资产的有效组合就落在 A 点与 D 点连成的直线上，这就是可能选择的多个风险资产与一种安全资产的有效组合。

第二节 资本资产定价模型

一、关于模型的基本假定

马科维茨模型从理论上解决了投资者的最优投资决策问题，但这种模型是以数学、统计学为基础的，繁复的计算使该理论缺乏可操作性。为此，斯坦福大学教授威廉・F. 夏普在1963年提出了证券组合选择的新方法，即资产资本定价模型(CAPM)。

资本资产定价模型有以下的基本假设：①投资者是厌恶风险的，其目的是使预期收益达到最大；②所有的投资者对所有证券的均值、方差都有相同的估计；③不考虑税收因素的影响；④完全的资本市场，即无交易成本、所有资产完全可分、投资者是价格制定者、所有资产数目一定；⑤存在无风险资产，投资者可在无风险利率下进行无限制的借贷；⑥资本市场处于均衡状态。

二、市场组合与资本市场线

(一)分离定理

在分析资产的有效组合时，可以发现：当一种风险资产与无风险资产进行组合时，投资者都会选择同一个风险资产；当用多种风险资产与无风险资产进行组合时，所有投资者都会选择相同的风险资产组合，然后将它与无风险资产进一步进行组合。于是，投资者的整个最优选择过程可以总结为两个步骤：寻找合适的风险资产组合，这时不必考虑投资者效用的无差异曲线；确定风险资产与无风险资产的投资比例，这时必须结合投资者的无差异曲线。

这是托宾(Tobin)提出的著名的“分离定理”。所谓分离定理是指投资者在进行风险资产与无风险资产组合的选择时，可以按上述两个步骤进行，这就意味着投资者的收益与风险偏好与其风险资产组合的最优构成无关。托宾的分离定理是建立在马科维茨的全协方差模型的基础之上，它要求计算组合内的每一种资产的均值、方差及资产间的关系，计算量很大。

后来，夏普对此模型进行了修改，他针对全协方差模型在计算方面的缺陷开发了新的指数模型——资本资产定价模型，使计算量大大简化。马科维茨的资产组合选择理论可以看作是投资者行为理论，即考察单个投资者在追求效用最大化情况下的行为模式；而夏普的资本资产定价理论是一个市场均衡定价模型，他确切地描述了市场均衡状态下投资者期望收益是如何决定的。

(二)市场组合

根据分离定理，在均衡状态下，每个投资者都拥有相同的风险资产组合 D，并且该组合中每种证券的构成比例都等于该证券市场价值在全部证券的市场价值中的比例。这是因为，如果某种证券在组合中的比例小于其市场价值占全部证券市值的比例，说明其需求量小于供给量，该证券的价格就会下降，使其预期收益上升，从而会吸引投资者购买，使得其需求量上升。相反,如果对某种证券的需求量超过其供给量,也即在组合中所占的比重超过其市值在全部证券市值中的比重,则该证券的价格将会上升,导致其预期收益下降,使得其需求量减少,最终使得供需平衡。

因此,市场组合就是所有投资者都按同一比例持有的组合资产,记为 M。从理论上说,市场组合不仅仅包含普通股,还包括优先股、债券、不动产等所有风险资产,但由于上述资产在实践中的难以观测,即真正意义上的市场组合是难以确定的,这种情况下,可以用普通股形成的组合来替代。

(三)资本市场线

当市场存在着无风险的借贷利率 R_f 时,在图形上作一条直线连接 R_f 与 M,从而形成允许无风险借贷情况下的线性有效集合,我们称该集合的线性表示为资本市场线,如图 8-4 所示,资本市场线上的每一个点(即每一个组合)都优于不经过市场组合的组合以及不采用无风险借贷时的组合,因为其他组合都位于资本市场线的下方。

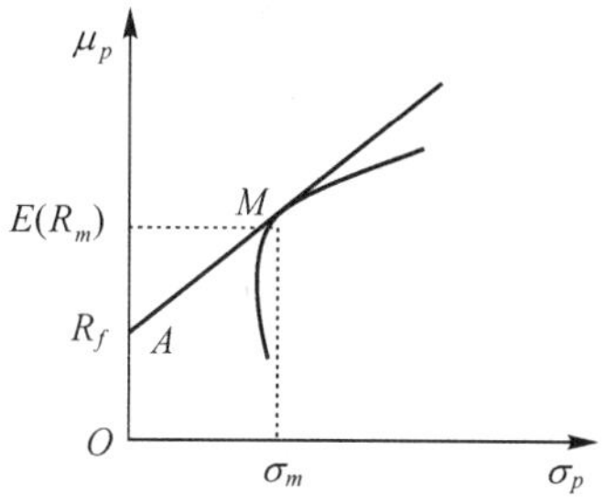

图 8-4　资本市场线

若要求解资本市场线上任一组合的收益与风险,只要写出资本市场线的方程即可。设该线上任一点的收益为 R_p,方差为 σ_p,则根据两点决定一条直线的原理,资本市场线的表达式为:

$$E(R_p)=R_f+\frac{E(R_m)-R_f}{\sigma(R_m)}\sigma(R_p)$$

从这个式子可以看到,资本市场线所表示的是组合的收益与其风险之间的一种线性关系,其斜率表示单位风险的收益。应该注意的是,这里的组合指的是有效组合,也即资本市场线表示的是有效组合的收益与风险之间的线性关系。

(四)证券市场线

在无效性的投资组合与其他个别证券的风险与收益条件下,资本市场线很难对其收益与风险进行衡量。为此,须用证券市场线的模型来进行描述,即:在市场均衡状态下,证券的期望收益率与系统性风险的关系可表示为:

$$E(R_i)=R_f\times\left[\frac{E(R_m)-R_f}{\sigma_m}\times\sigma_{im}\right]$$

公式中 $E(R_i)$ 表示第 i 个风险资产的期望收益,$E(R_m)$ 为组合资产的期望收益,σ_{im} 为第 i 种资产与组合 M 收益之间的协方差。该公式表明,在市场均衡状态下,风险证券或组合的期望收益率,是它与市场组合收益的协方差的线性函数。

(五)资本资产定价模型

在证券市场线数学模型中,证券的系统性风险是用协方差来表述的,但人们习惯于以市场组合作为衡量风险的标准,即用证券或组合的协方差相对于市场组合方差的倍数来说明证券或组合相对于市场组合的风险。若令:$\beta_i=\frac{\sigma_{im}}{\sigma_m}$,其中 β_i 表示 i 相对于市场组合的风险,称为 β 系数,则证券市场线可以简化为:

$$E(R_i)=R_f+\beta_i[E(R_m)-R_f]$$

上式是引入了 β 系数后的证券市场线表达式,同时也是资本资产定价模型的数学表达式。在资本资产定价模型中风险衡量单位 β_i，我们称其为市场风险。当投资者将其财富分散投资在许多资产时，个别资产的风险会变得越来越不重要，而投资人所面临的总风险会变成资产彼此间的协方差。β_i 衡量个别资产和市场之共变情形，并以市场组合收益率的标准差 σ 进行标准化，在此设定下，市场组合之市场风险 β_m 等于 1。

三、套利定价理论

资本资产定价模型建立在对投资者偏好的一系列假设的基础上，而这些假定常与现实不符，在检验资本资产定价模型时，难以得到真正的市场组合，甚至有一些经验结果完全与之相悖。为了探讨更具有广泛意义和实用性的投资组合理论，1974 年罗斯提出了一种新的资本资产均衡模型——套利定价模型(APT)。

(一)模型的基本假设

套利定价的模型，不需要像资本资产定价模型那样对投资者的偏好作出很强的假设，只要求投资者对于高水平财富的偏好，胜于低水平财富的偏好，对风险资产组合的选择也仅依据收益率。即使该收益与风险有关，风险也只是影响资产组合收益率众多因素中的一个因素，因此，罗斯的套利定价模型的假设条件，要比夏普的资本资产定价模型更为宽松，因而更接近现实、更具有实用价值。罗斯的套利定价模型认为，因素模型是决定证券价格的基础，而套利行为则是使证券价格达到均衡的推动力。

套利定价理论有以下的基本假设：(1)资本市场是完全竞争、无摩擦和无限可分的；(2)所有投资者对同种资产的收益具有相同的预期；(3)在资本市场上，存在着充分多的资产；(4)资本市场中不存在着任何无风险的套利机会；(5)投资者都相信证券 i 的收益受到 k 个共同因素的影响。

(二)套利机会与套利定价

套利是指利用同一资产在不同市场或不同资产在同一市场上存在的价格差异，采用低买高卖的策略而获利的现象。如同一资产在两个市场上的定价不同，投资者就可以在价格较高的市场上卖空该资产，同时用所得资金在价格较低的市场上买入该资产，这时他就可以获得一个确定的正的价差。又如，风险相同的两种不同资产在同一市场上的收益不同，投资者也可以卖空收益较低的资产，同时买进收益较高的资产而获得确定的正收益。

在上述两种情形中，有两点值得特别注意：(1)上述操作所获得的投资收益是确定的，也即是无风险的；(2)投资者的投资金额为零。这就是说，如果市场上存在着套利机会的话，投资者可以用零投资获得确定的正收益。在这里可以将套利机会定义为，由于市场上对资产定价的差异，而导致的可通过低买高卖策略而以零投资获得无风险的正收益的可能性。

套利机会一旦被投资者发现，就会被加以利用进行套利，这一行为会使得价格差异很快消除。套利者不断卖空定价较高的资产的结果，会使其供给上升，从而导致价格下降。相反，套利者不断买空定价较低的资产的结果将使其需求上升，从而使得其价格也上升。显然，这样的套利机会在市场上不可能长期存在，随着套利活动的增加，套利的机会将不复存在，所有资产都将被正确地定价，也即同类资产在同一市场应该具有同样的价格水平，这就是价格同一律的原理，当市场达到有效并处于完全竞争时，在市场均衡的条件下，由于价格同一律的原理，市场中将不存在套利的机会。

APT 与 CAPM 两者都是利弊兼而有之，但却同样说明了风险与收益间的关系是符合理性的——更多的系统性风险，更高的预期收益。

第三节　投资组合业绩

一、投资评价的意义

投资组合业绩评价是对投资组合实际运营结果所作出的分析与评价。投资组合的业绩评价在投资管理中处于十分重要的地位。通过组合评价，能使投资者判断出投资组合的经营者是否达到了预定的经营目标以及是否有效地控制了风险，使投资者对不同投资组合经营者进行比较评价，从而选择最为符合自己投资理念的投资对象。

投资组合业绩评价提供了一种评价投资过程中所存在的不足以及改进这些不足的新的机制，它作为投资管理机制中重要的组成部分，发挥着促进组合投资管理水平提高的作用。业绩评价的制度和行为有助于基金管理者自觉地履行好其代理业务，使得这一市场能够健康有序地发展。

二、投资组合收益的测算

评价总是建立在比较的基础之上的。对投资组合业绩的评价就是通过比较不同组合之间的收益而进行的。因此首先应该正确确定投资组合在一定时期内的收益率。当然，在实际评价时，不是简单地比较不同组合的收益率，而是在一定的风险水平和约束条件下的一种综合评价。

（一）简单收益率

所谓简单收益率是指在任何一个时间区段上投资所得与其投资总额之比。投资所得一般由两部分组成：一为资本利得，二为红利。如果计算期内没有红利支付，那么投资所得就只剩下资本利得，简单收益率的计算公式为：

简单收益率＝(资本利得＋红利)/最初投资

简单收益率方便易算，只是有一个基本要求就是投资期内的投资数额不发生变化。但组合投资的特点恰恰是，在投资期内，投资的金额数量经常都会发生改变。例如，在开放型投资基金投资期限内的任一时间，其投资者既可以向投资组合追加资金，也可以从中抽回资金，使得基金发生资金流量变动。伴随着投资量的变化，其收益流也会发生相应的改变，这时，期末的基金价值就不仅仅反映投资价值本身的变化，如果采用简单收益率的计算就不能准确反映投资的收益。

为了能正确地确定投资组合的收益率，应该对计算期间所发生的资金流入流出进行调整，然后再按调整后的数据计算收益率。方法有两个：一为时间加权收益率，二为价值加权收益率。

（二）时间加权收益率

时间加权收益率是在计算出某一时间区段内各个时期的投资收益率的基础上，再将上述收益率求几何平均值的结果。其公式为：

$$R_p=[(1+R_1)(1+R_2)\cdots(1+R_n)]^{1/n}-1$$

其中,$R_1,R_2,\cdots,R_n$ 是各个时期内的投资收益率。时间加权收益率忽略不同时期资金额的差异,按照持有期间的长短计算收益率,持有期间越长,对收益率的影响越大。

(三)价值加权收益率

价值加权收益率是考虑了追加的投资后所计算出来的投资收益率,具体的方法是把投资期分为若干个相等的区间,运用贴现现金流量法计算出各个区间的收益率,然后再换算出投资期内的投资收益率。

假定期初的市场价值是 v_0,期末的市场价值是 v_1,中间分成 n 个相等的子区间,发生在各个子区间的现金流是 c_i,则计算价值的加权收益率可以采用下面的式子:

$$v_0+\frac{c_1}{1+R}+\frac{c_2}{(1+R)^2}+\cdots+\frac{c_{n-1}}{(1+R)^{n-1}}=\frac{v_1}{(1+R)^n}$$

求出式中的 R,再采用复利折算公式求出投资期内的收益率为:

$$R_p=(1+R)^{n-1}$$

三、投资业绩的分解

(一)投资组合的业绩评价

在对证券组合的业绩进行比较时,如果所比较的两者风险相同,这时只要看收益率的高低就可以判断出业绩的优劣;同样,如果两者业绩相近而其中一个风险较小,也很容易得出结论。除了证券组合两两之间的比较以外,人们常用基金组合的业绩来与风险水平相当,但是在市场上随机抽取的证券形成的组合的业绩进行比较来判断基金的经营状况。有许多研究成果都显示,随机挑选的证券所形成的组合,其业绩超过了基金。这一结论除了说明基金的业绩可能真的不如大盘以外,也可能存在如下两种情形:基金的投资受到实际的约束,不像纯理论上的组合那样,可以随意买卖任意数量的证券;由于市场有效性的程度较高,投资分析不能获得超额利润。

(二)投资业绩的分解

Fama 指出在评价投资组合的业绩时,一方面要根据其所承担风险的大小考察其应获得的收益,即总风险溢价;另一方面,要考察投资组合管理人正确地选择证券所带来的超额收益,即总选择收益。也就是说,投资组合的业绩可以表示为:

投资组合总业绩=总风险溢价+总选择收益

假设存在一个投资组合 A,那么 Fama 的投资业绩分解框架可以用图 8-5 表示出来,图中纵轴代表收益,横轴代表用 β 值表示的风险。在图中,DE 表示在风险值为 β_A 的时候,投资组合的总收益,CE 表示投资组合的预期收益,预期收益是由无风险资产的收益率 R_f(BE)和风险溢价(BC)组成,这样投资组合获得比预期收益高 DC 的收益,该收益就是选择收益。

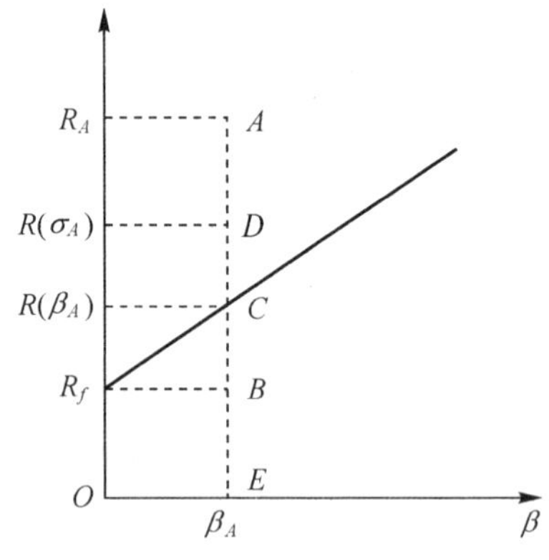

图 8-5 投资业绩分解图

根据 Fama 的分析,又可以把选择收益分为两种,一种是股票选择,另一种是市场时间的选择。

（三）股票选择

利用Fama的投资业绩分解原理，投资者投资于风险资产所获得的总溢价由两个部分构成，一部分来源于正确的股票选择所获得的收益，一部分来源于相应风险水平上所获得的正常风险溢价，可以用下面的式子表示出来：

风险投资总溢价＝选择收益＋正常风险溢价

即：
$$R_A - R_f = [R_A - R(\beta_A)] + [R(\beta_A) - R_f]$$

假设组合A的标准差是σ_A，在考虑总风险的情况下，该组合的正常收益为：$R(\sigma_A) = R_f + \frac{R_m - R_f}{\sigma_m}\sigma_A$，就可以把选择收益分为分散投资收益（$FC$）和净选择收益（$AF$）两部分。

1. 分散投资收益

总风险下的正常收益值$R(\sigma_A)$与之考虑系统风险下的正常收益率$R(\beta_A)$，是分散投资所获得的收益，即分散投资收益$=R(\sigma_A)-R(\beta_A)$。在我们讨论的这个图形里，分散投资带来收益大于分散投资带来的成本，这一投资是有利的。

2. 净选择收益

净选择收益是总选择收益减去分散投资收益，可以用公式表示如下：

$$净选择收益 = [R_A - R(\beta_A)] - [R(\sigma_A) - R(\beta_A)]$$

分散投资收益总是非负的，净选择收益总会小于选择收益，只有在投资组合完全分散时，即组合中各股票的非系统性风险由于分散投资而得以完全消除时，两者才会相等。应该注意的是，投资组合的分散程度越高，所要求的风险补偿也就越小，净选择收益也就越大。

附1：投资组合的合理配置

各种金融资产的合理配置，必然应当首先明确何谓合理配置，“合理”的标准如何，大致可以认定为：

（1）收益最大化。何种项目能够得到最大收益，这是金融资产配置的最重要目的。

（2）安全化、防范风险。金融资产运营会有相当风险，但各类金融资产所遇风险并不完全相同，这就需要寻找风险最小或较小者参与，风险较大者则应设法规避。

（3）便利化。资产在需要时，能够较顺利、方便，且很少受损地变为现款，以满足生活中对现金的需要。

（4）流动性。金融资产要求具有较好的流动性，能够自由地从一种资产转换为现金这项资产。

当收益、风险、便利与流动性各项目标发生冲突时，应选择基本目标，如收益最大化等。同时考虑管理人员的素质、魅力，抗御风险的能力、精神准备，以及财力的雄厚程度等等。

附2：中国平安保险推荐的个人理财投资组合

平安保险为个人及家庭理财推荐的投资组合，首先把人生分成六个阶段：单身期、家庭形成期、家庭成长期、子女大学期、家庭成熟期和退休期。其次把投资者按照风险偏好分为保守型、保守中庸型、中庸型、中庸进取型和进取型，此处只选择了有代表性的保守型、中庸型和进取型。最后又考虑投资者的财富，按照资产的多少分为五等即：＜10万元，10万～50万元，50万～100万元，100万～300万元，＞300万元。具体见表8-1。

表 8-1 平安保险推荐的投资组合

资产（万元）	单身期,保守型的投资组合(%)					投资回报率(%)		
	股票	存款	基金	寿险	债券	年平均	最高	最低
<10	0	60	10	5	25	4.1	6.3	1.9
10～50	5	50	13	6	26	5.5	9.3	1.6
50～100	6	50	11	8	25	5.6	9.9	1.3
100～300	6	45	15	8	26	5.8	10.2	1.4
>300	8	32	20	10	30	6.6	12.3	0.9
资产（万元）	单身期,中庸型的投资组合(%)					投资回报率(%)		
	股票	存款	基金	寿险	债券	年平均	最高	最低
<10	30	40	10	5	15	11.1	29.8	−7.5
10～50	30	30	15	6	19	11.4	30.1	−7.3
50～100	32	25	15	6	22	11.9	31.8	−8
100～300	38	20	18	8	16	13.4	37.1	−10.2
>300	38	18	18	8	18	13.4	37.1	−10.2
资产（万元）	单身期,进取型的投资组合(%)					投资回报率(%)		
	股票	存款	基金	寿险	债券	年平均	最高	最低
<10	70	20	5	5	0	20.2	63.5	−23.1
10～50	70	15	5	5	5	20.2	63.6	−23.1
50～100	72	10	8	5	5	20.9	65.4	−23.7
100～300	75	5	5	6	9	21.5	67.9	−25
>300	70	5	9	6	10	20.5	63.8	−22.9
资产（万元）	家庭形成期,保守型的投资组合(%)					投资回报率(%)		
	股票	存款	基金	寿险	债券	年平均	最高	最低
<10	0	50	22	8	20	4.6	7.5	1.7
10～50	5	48	19	8	20	5.8	10	1.5
50～100	6	48	19	9	18	5.9	10.5	1.3
100～300	6	40	27	9	18	6	10.5	1.4
>300	8	40	24	10	18	6.4	12	0.8
资产（万元）	家庭形成期,中庸型的投资组合(%)					投资回报率(%)		
	股票	存款	基金	寿险	债券	年平均	最高	最低
<10	28	35	21	6	10	10.7	28.1	−6.7
10～50	28	30	24	6	12	10.8	28.3	−6.6
50～100	30	25	22	8	15	11.4	30.1	−7.3
100～300	35	20	17	8	20	12.8	34.7	−7.3
>300	38	15	19	8	20	13.6	37.2	−10.1

续表

资产（万元）	家庭形成期，进取型的投资组合（%）					投资回报率（%）		
	股票	存款	基金	寿险	债券	年平均	最高	最低
＜10	70	18	0	6	6	20.3	63.6	－23.1
10～50	70	10	8	6	6	20.3	63.7	－23
50～100	72	8	6	6	8	20.9	65.4	－23.7
100～300	76	6	6	6	6	21.7	68.8	－25.3
＞300	70	6	9	6	9	20.5	63.8	－22.9

资产（万元）	家庭成长期，保守型的投资组合（%）					投资回报率（%）		
	股票	存款	基金	寿险	债券	年平均	最高	最低
＜10	0	55	16	9	20	4.6	7.5	1.6
10～50	5	55	18	9	18	5.7	9.8	1.6
50～100	5	50	17	10	18	5.7	9.7	1.6
100～300	5	45	22	10	18	5.7	9.8	1.6
＞300	5	40	28	9	18	5.7	9.8	1.6

资产（万元）	家庭成长期，中庸型的投资组合（%）					投资回报率（%）		
	股票	存款	基金	寿险	债券	年平均	最高	最低
＜10	25	36	19	8	12	10.1	25.7	－5.5
10～50	25	32	20	8	15	10.2	25.9	－5.4
50～100	28	26	19	9	18	11.1	28.6	－6.4
100～300	30	22	17	9	22	11.8	30.5	－7
＞300	32	16	21	9	22	12.3	32.3	－7.8

资产（万元）	家庭成长期，进取型的投资组合（%）					投资回报率（%）		
	股票	存款	基金	寿险	债券	年平均	最高	最低
＜10	65	20	0	6	9	19.2	59.5	－21
10～50	68	12	6	6	8	19.9	62	－22.2
50～100	70	10	6	6	8	20.4	63.7	－22.9
100～300	72	8	8	6	6	20.8	65.4	－23.8
＞300	70	8	8	6	8	20.4	63.8	－22.9

资产（万元）	子女大学期，保守型的投资组合（%）					投资回报率（%）		
	股票	存款	基金	寿险	债券	年平均	最高	最低
＜10	0	58	12	10	20	4.5	7.5	1.6
10～50	5	55	10	12	18	5.6	9.7	1.5
50～100	5	52	13	12	18	5.6	9.7	1.5
100～300	5	48	17	12	18	5.7	9.7	1.6
＞300	5	45	22	10	18	5.7	9.8	1.6

续表

资产（万元）	子女大学期，中庸型的投资组合（%）					投资回报率（%）		
	股票	存款	基金	寿险	债券	年平均	最高	最低
<10	22	38	16	9	15	9.5	23.3	－3.3
10～50	22	33	19	10	16	9.6	23.4	－3.2
50～100	25	26	17	10	20	10.5	26.2	－5.2
100～300	28	25	12	10	25	11.4	29	－6.2
>300	30	18	18	9	25	11.9	30.8	－6.9

资产（万元）	子女大学期，进取型的投资组合（%）					投资回报率（%）		
	股票	存款	基金	寿险	债券	年平均	最高	最低
<10	60	25	0	7	8	18	55.2	－19.2
10～50	62	18	5	7	8	18.5	56.9	－19.9
50～100	65	15	5	7	8	19.2	59.5	－21
100～300	68	10	7	7	8	19.9	62	－22.2
>300	65	10	9	7	9	19.3	59.5	－21

资产（万元）	家庭成熟期，保守型的投资组合（%）					投资回报率（%）		
	股票	存款	基金	寿险	债券	年平均	最高	最低
<10	0	50	18	10	22	4.7	7.8	1.6
10～50	5	48	15	12	20	5.7	10	1.5
50～100	6	48	16	12	18	5.9	10.5	1.3
100～300	6	40	24	12	18	6	10.5	1.4
>300	8	40	24	10	18	6.4	12	0.8

资产（万元）	家庭成熟期，中庸型的投资组合（%）					投资回报率（%）		
	股票	存款	基金	寿险	债券	年平均	最高	最低
<10	25	35	10	10	20	10.4	26.1	－5.3
10～50	25	30	15	10	20	10.5	26.2	－5.2
50～100	28	25	15	10	22	11.3	28.8	－6.3
100～300	30	20	15	10	25	11.9	30.7	－7
>300	32	15	18	10	25	12.4	32.5	－7.7

资产（万元）	家庭成熟期，进取型的投资组合（%）					投资回报率（%）		
	股票	存款	基金	寿险	债券	年平均	最高	最低
<10	70	16	0	8	6	20.3	63.6	－23.1
10～50	72	10	5	8	5	20.7	65.3	－23.8
50～100	75	6	5	8	6	21.5	67.9	－25
100～300	76	6	5	8	5	21.7	68.7	－25.4
>300	72	6	8	8	6	20.8	65.4	－23.8

续表

资产（万元）	退休期，保守型的投资组合（%）					投资回报率（%）		
	股票	存款	基金	寿险	债券	年平均	最高	最低
＜10	0	58	10	12	20	4.5	7.5	1.6
10～50	5	55	8	12	18	5.7	9.9	1.4
50～100	5	52	13	12	18	5.6	9.7	1.5
100～300	5	48	17	12	18	5.7	9.7	1.6
＞300	5	45	20	12	18	5.7	9.8	1.6
资产（万元）	退休期，中庸型的投资组合（%）					投资回报率（%）		
	股票	存款	基金	寿险	债券	年平均	最高	最低
＜10	22	45	11	10	12	9.3	23.1	−3.4
10～50	22	35	18	10	15	9.5	23.3	−3.3
50～100	25	30	20	10	15	10.3	25.9	−5.4
100～300	28	25	17	10	20	11.2	28.7	−6.4
＞300	30	20	20	10	20	11.7	30.4	−7.1
资产（万元）	退休期，进取型的投资组合（%）					投资回报率（%）		
	股票	存款	基金	寿险	债券	年平均	最高	最低
＜10	60	25	0	9	6	17.9	55.1	−19.2
10～50	62	18	5	9	6	18.4	56.8	−20
50～100	65	15	6	9	5	19.1	59.3	−21.2
100～300	68	10	8	9	5	19.8	61.9	−22.3
＞300	65	10	8	9	8	19.2	59.5	−21

第四节　投资组合管理

一、投资组合管理概述

金融资产的种类广泛，品种繁多，股票、债券和货币市场工具及金融衍生产品等，构成了数目巨大的金融资产，已经逐步取代产业资本，成为当今各国机构投资者和个人投资者首选目标，金融投资理论也成为投资学的主要研究对象。

（一）投资组合理论的精髓

投资组合理论的精髓在于如何进行资产配置，如何调整各主要金融资产间的权重，如何确定各证券资产的具体券种，以便在风险最低的条件下，使投资者获得最高的投资回报。资产定价理论和资产组合理论为投资者提供了识别证券定价是否合理，提供了构造有效投资组合的原理和方法。但是,对于机构投资者而言,确定投资目标和投资方针,科学合理地分析、搭配投资组合,并对投资组合进行绩效评估和调整,则属于更为纷繁复杂的系统工程——投资组合管理。

投资组合就是确定在一个投资组合中不同资产类别所占的比例,主要取决于以下因素:各种资产的预计税后收益、投资者的财务状况、投资期限、个人因素、个人投资限制、个人投资目标、个人投资政策以及个人承受风险的能力。

(二)投资组合程序

下面是在制定投资组合策略时可能需要经历的一些步骤:①考虑投资者的个人情况(包括投资局限)、投资期限、财务状况和税收状态;②考虑个人的投资目标;③检查投资者的当前资产组合;④考虑并选择在投资者的特定组合策略中应该包括的资产类型;⑤最大限度地评估被选资产类型的长期收益风险特征,从逻辑上讲,这一步与前一步可能同时进行,因为在决定包含在一个组合中的资产种类时,必须充分考虑长期收益风险的特征,确定被选择资产在整个组合中所占的比例。同时,在每项被选定的资产类别中,进行第二次组合。最大限度地考察应该如何持有各类资产(即是直接持有、通过金融中介持有,还是利用税收优惠账户或计划),实施计划,定期检查并重估计划。

(三)投资组合政策

为了实现投资目标,投资者应该在其投资限制框架内制定相应的投资政策。在制定投资政策时,可能需要考虑下面一些问题:应该在多大程度上实施激进型或防守型政策,投资组合中应该保持多高水平的流动性和市场性,投资组合的分散程序应该多大,应采取什么方式,投资组合中应该包括什么种类、什么级别的有价证券,投资者应该如何对市场价格变化作出反应。这就是说,对投资时机应该采取什么样的投资政策。

(四)投资组合管理的主要问题

目前投资组合中存在的问题大致有以下方面:①制定投资的方针和目标,避免构建投资组合的投机性和盲目性;②尽量减小证券投资的系统性风险和非系统性风险,采取分散化投资。

投资者必须随时掌握证券市场的动态,对投资组合进行不间断监控,方可保证组合内的证券资产的价格和收益变化符合投资者的最初预计。当市场条件发生变化时,投资者还要果断地对原有的投资组合作出调整,以扩大收益,减少损失。

二、投资组合管理的内容

投资组合的管理是一项非常复杂的系统工程,需要科学有效的管理技术和方法。整个投资组合管理过程主要包括以下步骤。

(一)确定投资方针与政策

不同的投资者由于自身资金来源、资金数量、财务状况和风险偏好类型的不同,会形成不同的预期投资目标,因此在确定每一组有效的投资组合之前,必须根据投资者的不同情况,制定投资方针和政策。在制定投资方针和政策时,主要考虑的问题是:①投资数量;②对风险的承受力;③流动性、收益性和安全性要求;④投资期限。

(二)分析投资对象

随着证券市场的飞速发展,各种金融衍生工具层出不穷,证券的内涵和外延都有了更进一步的扩展。投资组合的投资经理在不同的证券之间选择投资对象，确定投资组合，必须熟悉证券市场上各类金融商品的特性，对包括股票、债券等各种有价证券的收益、风险、期限和流动性等因素进行细致的分析和精确的判断，从各种证券行情变动的历史资料中，通过分析，计算出各种证券的风险—收益系数，了解各种证券的预期收益率的高低和风险的大小，为设计投资组合提供有利依据。

（三）建立投资组合

在对投资对象进行分析的基础上，投资组合投资经理根据计算和分析的结果，结合投资者的投资目的和财务需要，从市场中选择不同的证券建立组合。投资经理可以计算出投资组合的预期收益率水平和风险水平。在建立投资组合时，要求投资经理能够通过对宏观经济的分析，对市场的未来走势作出明确的预测，从而把握最佳的投资时机，确定对投资的证券种类、投资比例等，对分配于各类资产的资金进行合理的分散化配置。

（四）调整投资组合

在制定好投资组合后，由于宏观经济和微观经济因素随时都在发生变化，因此投资组合投资经理需要对不断变化的证券市场进行不间断的分析和判断，根据市场情况随时调整投资策略，保证原有的投资目的。虽然市场是理性的，证券的价格随着时间的变化会达到均衡，但是即使是发育良好和积极的市场也不是完全有效的，特别是在中国的证券市场上，素来有“政策市”、“坐庄”、“内幕交易”等特殊因素参与，因此，投资组合投资经理要时刻把握市场的变化情况，利用有利因素进行资产调整。

三、投资组合的构建与调整

投资组合的构建，是指投资经理如何选择纳入投资组合的有价证券，并确定其各自权重的过程。其基本指导思想是力图通过证券的多样化来减少投资组合的风险，使由少量证券造成的不利影响得以最小化。

（一）投资组合构建的步骤

要保持家庭金融资产特别是高端客户资产的可持续发展，必须通过合理分流和资产组合来解决，且这种投资工具的组合必须互补，避险与风险投资相配套。大而言之，就是要做到物化资本与证券化资本、现金流相匹配。

1. 界定所要选择的证券范围

对于中国的大多数投资者而言，目前的投资对象依然集中于储蓄、股票、债券和基金等传统金融资产。但是，随着我国金融市场的发展，金融期货、期权、外汇等已经进入投资组合选择的范围。近来，在证券市场国际化的影响下，国际股票、非美元债券也列入备选的资产类型，使投资组合具有了全球化特征。虽然资产类型的数目有限，但每种资产类型的证券数目却十分庞大。

2. 计算各个证券和资产类型的预期收益和风险

投资者从根本上讲都是回避风险的，从这个意义上说，投资者需要的是预期效用的最大化，而不仅仅是预期收益的最大化。效用作为满意程度的一种度量，既要考虑收益，又要考虑风险。作为投资组合的管理人员，必须掌握计算各种证券风险—收益率期望值的定价模型和技术，以便比较众多的证券以及资产类型之间哪些更具有吸引力，在选择高质量证券的基础上，提升整个投资组合的价值。

3. 投资组合最优化

在计算每种证券期望收益和风险的基础上，还要确定各种证券的权重。在把各种证券集合到一起形成所要求的资产组合的过程中，不仅要考虑每一种证券的风险收益特性，更重要的是分析所有组合证券随着时间的推移可能产生的相互作用。利用马科维茨的投资组合分析模型，通过对每种证券的期望收益率、收益率的方差、协方差的分析，计算出配置各种证券在投资组合中的比例，实现既定风险程度下，预期收益率的最大化，或既定预期收益率下，风险程度的最小化，以达到整个投资组合的最优化。

4. 实现投资组合的平衡性

即在全部家庭资产中必须确定一个合理的组合比例，确定该比例的基点是避险。也就是说，在全部家庭资产中，无论社会经济生活发生怎样的变化，都必须守住家庭生活的最低保障线，确保家庭生活安然无恙。

5. 实现投资组合的互补性

家庭资产的投资组合中，必须高度关注投资品种的相互联系和互补，充分考虑投资工具和投资品种的互补性，考虑各个投资品种此长彼消的相关性。只有这样，我们才能在风云变幻的世界经济格局中稳操胜券，立于不败之地。

6. 实现投资组合的获利性

在社会经济生活中，劳动能够创造价值，资本和知本也能够创造价值。在充分满足家庭经济生活的避险要求，将家庭资产部分物化和确保充足的现金流之后，就可以较大限度地考虑资产的证券化问题了，即拿出部分家庭资产进行风险投资，让钱去生更多的钱，用钱去赚更多的钱。

(二)投资组合的调整

投资经理要根据投资环境的变化，同时根据投资策略，随时准备对投资组合进行动态的调整。

1. 消极策略下的调整

在消极投资组合策略下，投资经理在相当长的时期内，不会对投资组合作出调整，只有对整个宏观经济趋势进行分析，得出市场可能发生逆转的判断后，才改变原有的投资组合计划。根据对市场指数组合风险收益的预测，改变持有无风险资产和风险资产组合的比例。当预测市场将面临上升行情时，就可增加风险资产的持有比例；相反，当预测市场将面临下降行情时，就应适当减少风险资产的持有比例，转而持有更多的无风险资产。

2. 积极策略下的调整

在积极投资组合策略下，投资经理需要对投资组合不断地进行监控，并对构成其组合的每一种证券进行跟踪分析，以确定其是否还具有吸引力；同时，对组合外的各种有价证券的价格进行分析，判断价格是否存在扭曲。当确定现有组合不再具有吸引力时，就应适时进行调整。调整过程中，应保证每一次调整后的投资组合的收益增加额，大于所支出的分析计算费用以及换购证券的交易费用。

四、投资组合的应用分析

我们以证券投资基金为例，来分析机构投资者的投资组合管理的业绩表现，从而了解投资组合策略的应用情况。尽管各基金的投资理念和投资风格有所不同，但组合投资几乎是所有基金管理者的基本策略。不过基金投资组合的回报率并不能保证超过市场平均水平。产生这种现象的主要原因是：

(1)目前机构投资者构建投资组合时主观性较强，缺乏科学的定量分析，造成投资组合业绩不良。

(2)制定合理的投资组合需要庞大的基础数据库，但致力于开发数据库的机构投资者非常少，无法利用组合理论指导和管理投资组合。

(3)我国证券市场上机构投资者所占的比例还很低，非理性投资者相应居多。非理性投资者所掌握的信息带有较大的噪声成分，一般不能形成对未来收益的合理预期。当市场上众多的投资者均以这种预期交易时，基于相关理论模型评估、预测股票的回报率和风险，也就失去了实际意义。

(4)我国股票市场呈现出显著的“政策市”和“消息市”特征，股市的系统风险比非系统风险大得多，而组合投资只能降低非系统风险，所以组合投资带来的回报增加并不明显。今后随着机构投资者队伍的扩大，市场结构的不断改善，投资者风险意识的不断增强，基于系统的定量分析的投资组合管理，将逐渐成为机构投资者的重要内容。

五、哑铃式投资的介绍

作为在全球范围内非常成熟的一种投资技术——哑铃式投资(Barbell Approach)，已经在全球应用得非常广泛，随着国内的投资市场逐渐完善，有望逐步成为中国基金管理人的有效投资工具[①]。

(一)哑铃式投资的概念

哑铃式投资是一种非常有效的投资组合管理技术，即投资人选取风格差异较大的两类投资产品进行组合，新的投资组合兼有两类投资产品的某些优点，同时能够回避市场波动带来的损失。这个技术最早出现在债券投资中。由于该组合只持有短期(1～5 年)和长期(25～30 年)的债券，而不持有中间期限(6～24 年)的债券，呈现出两头集中的分布，形似哑铃，故被称为哑铃式组合，相应的该投资技术也被称为哑铃式投资技术。

(二)哑铃式投资组合的优势

哑铃式组合的优点在于：

(1)长期端的债券投资效率高，流动性好，调整灵活，对利率变动敏感，可以提供较高利息收入，以及由于利率降低可能带来的资本利得；

(2)短期端的债券变现快捷，可以满足投资人随时可能出现的多样化现金需求；

(3)通过调整组合中短期债券和长期债券的比例，可以很方便地调节组合的久期与风险结构；

(4)组合中长期端的债券占据较高的比例，随着利率的变动，整个组合的资本价值会出现较大幅度的调整，对利率变动非常敏感。

投资组合运作中，管理人可构建一个包含股票和债券的哑铃式投资组合，该组合就能兼有成长性和稳定性的优点，股市大幅上扬时，该组合能博取较大的获利空间；股市表现不佳时，债市往往会有较积极表现，此时投资人也能获得较为稳健的投资回报。即使是在完全的

---

① 《哑铃式投资技术的概念及运用方式》，《证券时报》2005 年 8 月 22 日。

股市投资中,哑铃式投资技术也有用武之地。投资管理人可以构建一个包含价值型股票和成长型股票的哑铃式组合。

一般认为,在多头市场中成长型股票表现较好,而在空头市场中价值型股票往往成为防御明星。然而在实际操作中,市场轮动速度很快,多空变幻难以判断,此时单纯投资于成长型股票或价值型股票往往会由于操作节奏与市场周期不合拍而遭受损失。而哑铃式组合则可以避免上述不足,通过合理搭配价值型股票与成长型股票的比例,同时严格精选个股,投资管理人可以做到无论在多头市场还是在空头市场,都能获得较为理想的投资收益。

(三)哑铃式投资组合的实施

任何投资技术都需要严格的操作计划、操作方法以及操作纪律作保证,哑铃式投资技术也不例外。实际运用哑铃式投资技术时,可从以下方面着手。

1. 确定哑铃式投资组合的投资重心

投资人使用哑铃式投资技术,首先要确定组合的两个投资重心,以分别构成组合的两头。投资重心的选择中,应注意两个投资重心应具有较大的差异。投资人如选择投资风格激进的股票作为投资重心时,可同时选择投资风格较为稳妥的债券,作为另一个重心。纯股票型的投资人,将价值型股票和成长型股票作为哑铃式组合的两端,也是一个好的选择。

2. 确定投资组合中各投资重心的组成比例

确定投资重心后,在组合中所占的比例对组合整体的风险收益有较大影响。哑铃式投资组合并不要求两个投资重心分别占比50%,投资人可以自主确定两投资重心所占组合的比例,从而获得风险收益特征适合自身需求的投资组合。如股票和债券的组合,风格积极的投资人可适当调高股票比例,降低债券比例;风格偏保守的投资人可适当调低股票比例,增加债券比例。但投资重心及占比一经斟酌确定,就必须严格据以操作,不能随意更改,否则会丧失哑铃式投资的本来意义。

3. 精选投资品种

从我国证券市场的实际情况来看,在信息不对称的大背景下,投资品种的选择对投资组合的最终业绩表现至关重要。确定了哑铃式组合的投资重心后,投资人需要将更多精力放在投资品种选择上。如价值型股票和成长型股票的组合,投资人应尽可能挑选出价值被严重低估及成长性好的股票,为投资组合的业绩表现打下良好基础。

4. 定期调整组合

投资组合运作一段时间后,随着时间推移及市场波动,组合的某些投资特性可能发生改变。如股票和债券的投资组合,经过一段时间,某些债券会到期,此时需要添加新债券品种。又如价值型股票和成长型股票的组合,某段时间价值型股票的表现可能好过成长型股票,导致组合中价值型股票的份额超出预先确定比例,此时需要投资人对组合中两种股票的比例重新进行调整,使其符合原比例。

六、几种重要的家庭理财组合模型推荐

家庭是个人理财的主要单位,家庭理财品种的选择、风险的控制和比例的分配,是制定有效理财组合的三大关键。年龄、家庭年收入和学历与居民的投资行为密切相关,我们针对不同年龄、家庭年收入以及学历居民家庭的理财目标,提出如下五种理财组合模式,供大家参考。

（一）低风险稳定收益组合模式：储蓄＋保险＋债券

适合人群：主要适合年龄在 25 岁以下，年收入在 5 万元以下，学历不高的居民家庭。这一类居民家庭抵抗风险的经济能力有限，冒险精神不强，同时要为将来成家立业打下良好的经济基础，进行原始资本积累，探索理财模式。

理财目标：在保证本金安全的基础上获得平稳的资本利得。

理财方法：可将 40％的资金投入银行存定期，主要用以应付未来的大笔支出；10％的资金购买人生意外保险；50％的资金购买国债或其他固定收益型债券。

（二）低风险收入型组合模式：储蓄＋保险＋债券＋基金

适合人群：主要适合年龄在 26～45 岁之间，年收入 5 万元以下，学历不高的居民家庭。随着家庭积蓄的逐渐增加，此类居民对理财知识有了进一步了解，有承受一定风险的能力。

理财目标：既注重固定收益又追求一定的资本增值。

理财方法：可将 20％的资金放入银行，存定活两用便以子女教育费用或大宗物件支出；20％的资金用以购买医疗保险和子女教育金保险；30％的资金投入债券获取稳定的投资收益；30％投资高成长性基金，以追求资产的长期增值。

（三）积极增长型组合模式：储蓄＋保险＋股票＋房地产

适合人群：主要适合年龄在 26～45 岁之间，年收入在 5～10 万元之间，中等学历的居民投资者。此类居民家庭收入水平较高，又积累了一定的投资经验，比较了解收益和风险的关系，在追求高收益的同时能承受一定的风险。

理财目标：分享市场的长期收益。

理财方法：可将 20％的资金存入银行；10％的资金购买保险；40％的资金投入股市获取较高收益；30％的资金投资房地产，实现居住和投资双重功效。

（四）高风险收入增长型模式：储蓄＋保险＋股票＋期货

适合人群：适合 26～35 岁之间，年收入在 10 万元以上，具有高学历的居民投资者。此类居民家庭拥有雄厚的经济实力，积累了丰富的投资经验，不满足保值型产品提供的固定收益，通常涉足一些高风险的投资领域。

理财目标：追求资本收益的最大化。

理财方法：可将 10％的资金放入银行以备日常生活开支；10％的资金用以购买家庭成员的意外险；40％的资金进行外汇炒卖，攫取大量差价收益；40％的资金投入期货市场，进行投机获利。

（五）收入型组合模式：储蓄＋保险＋债券＋股票

适合人群：主要适合 46 岁以上，年收入在 10 万元以下，学历不高的居民投资者。随着年龄的增大，此类居民对财产安全性的要求逐步提高，开始为养老做充足的准备。

理财目标：保证本金安全的同时，保守地追求一定的资本增值。

理财方法：可将 30％的资金放入银行；10％的资金用以购买医疗保险和养老保险；40％的资金投入债券获取稳定的投资收益；20％的资金投资股票，以追求资金的高收益。

第五节　资产选择行为

一、投资选择准则

面对不同的投资对象，投资者需要作出合理的选择，尽管投资者的选择千差万别，但从理论上加以概括，可以总结出投资者据以作出投资决策的依据，即投资决策准则。

(一)最大收益准则

最大收益准则是面对众多的可供抉择的投资对象时，应选择收益最大者。这里存在着一个收益大小的比较问题，我们不可能对风险资产的收益大小直接比较，最大收益准则只能用来在安全资产中作出选择。我们假定有五种不同的资产，其收益特征如表 8-2 所示。

表 8-2　五种不同资产的收益率情况

资产 1		资产 2		资产 3		资产 4		资产 5	
收益	概率	收益	概率	收益	概率	收益	概率	收益	概率
8	1	10	1	−8 16 24	0.25 0.5 0.25	−4 8 12	0.25 0.5 0.25	−20 0 50	0.1 0.6 0.3

从表中可以看到，资产 1 和资产 2 具有确定性收益，无论未来的情况如何变化，投资者总是可以获得确定的收益 8 和 10，我们称这样的资产为无风险资产；而资产 3、4、5 的收益率则具有不确定性，即收益的取值有多种不同的可能性，可能性的大小由相对应的概率值来决定，我们把这样的资产称为风险资产。

根据最大收益准则，只能在资产 1 与资产 2 中作选择，其结果认为应该选择资产 2。

(二)最大期望收益准则

最大期望收益的具体做法就是根据我们前面介绍的期望收益率的计算方法，先计算每种资产的期望收益，然后选择其中最大者作为投资对象。

根据表 8-2 中的资料，我们可以计算出所示 5 种不同资产的期望收益如下：

资产 1：$\overline{R_1}=8\times1=8$

资产 2：$\overline{R_2}=10\times1=10$

资产 3：$\overline{R_3}=(-8)\times0.25+16\times0.5+24\times0.25=12$

资产 4：$\overline{R_4}=(-4)\times0.25+8\times0.5+12\times0.25=6$

资产 5：$\overline{R_5}=(-20)\times0.1+0\times0.6+50\times0.3=13$

根据最大期望收益准则，上述 5 种资产中，投资者应该选择资产 5，但不难看出资产 5 的风险也最大。这就是说，最大期望准则并不能结合风险来考虑收益的状况，作出全面合理的选择。投资者在不确定性环境中进行投资抉择时，不仅要考虑将来收益的期望值，也要考虑投资的风险。

(三)最大期望效用准则

效用是投资收益能给投资者带来的满足程度。在结合风险来考虑投资收益的情况下，由于投资者对收益与风险的偏好各不相同，一定的收益与风险给不同投资者所带来的满足程度是不相同的。一般而言，较高的收益对应着较高的效用值，但效用值的增长并不随收益值的增长而增长。期望效用可以表示为：

$$EU(R) = \sum_{X=1}^{\infty} P(R)U(R)$$

每个投资者的效用函数都是不一样的，我们假设某个投资者的效用函数 $U(R)$ 可以表示为：

$$U(R) = 100 + 2\sqrt{R}$$

根据上面的两个公式，可以计算出资产的期望效用，将每种资产的期望效用值进行比较，选择最大者作为投资对象，这一资产选择的方法就称为最大期望效用准则。

我们假设存在有三种资产，其未来价值和概率分布如表 8-3 所示：

表 8-3　三种资产的未来价值和概率分布

资产 A		资产 B		资产 C	
未来价值	概率	未来价值	概率	未来价值	概率
95 105	0.50 0.50	85 100 140	0.50 0.25 0.25	70 130	0.50 0.50
$\overline{R_1}=100$		$\overline{R_2}=100$		$\overline{R_3}=100$	

将表中的数据代入上述的效用公式和期望效用公式，可以得到表 8-4：

表 8-4　三种资产的效用和期望效用

资产 A			资产 B			资产 C		
未来价值	概率	效用	未来价值	概率	效用	未来价值	概率	效用
95 105	0.50 0.50	119.49 120.49	85 100 140	0.50 0.25 0.25	118.44 120.00 123.66	0.70 130	0.50 0.50	116.73 122.80
$EU(R_1)=120.0$			$EU(R_2)=120.1$			$EU(R_3)=119.8$		

根据最大期望效用准则，投资者应该选择资产 B 进行投资，这一准则充分考虑了投资者对收益与风险的综合看法。根据该准则作出的投资抉择，并不能给投资者带来最大财富或最大收益，但却能给特定投资者带来最大期望的效用。

二、投资者的资产配置策略

(一)资产配置的定义

资产配置的直接含义，是把不同的资产(可投资品种)配置给不同(投资目标、风险偏好不同)的投资者。市场中各投资品种有不同预期收益和预期风险，面对众多可投资品种和投资的较多限制，为获得最大化收益同时希望承担最小风险，投资者需要在收益和风险之间平衡进行资产配置,以确定投资于各投资品种的资金比例。

资产配置也是一种风险管理策略,基于投资者的投资目标、风险偏好或风险承受能力,平衡可投资品种(股票、债券和现金)的收益——风险特征来减少市场波动对组合的影响。

(二)资产配置的步骤

1. 分类

先将投资的证券分为风险性资产和无风险资产,所谓的风险资产,是指股票、基金、外汇、期货等,无风险资产是指银行存款、国债等。

2. 配置

根据投资者的年龄、投资属性、市场状况等因素,决定资金在风险资产和无风险资产之间的分配比例。如35岁以下的投资者,因职业生涯还很长,故可以采取积极的分配策略:40%股票、30%基金和30%外汇等;35岁以上65岁以下的投资者,则适合采取介于积极和保守间的分配策略,如20%股票、20%基金、30%定期存款、30%保本型投资等;对65岁以上的投资者,则应采取保守型的分配策略,定期存款和保本型投资占大部分。

3. 进场

对风险资产的投资,选择合适的时机进场非常重要,如股市正处于熊市中,就应该尽量判断熊市的底部,以避免进场时就遭受很大的损失。对无风险资产的投资,则是越早进场越好,这可以节约时间,获得时间的复利价值。

4. 修正

在进场之后,由于市场的不断变化,需要根据市场的实际情况,修正自己的资产配置,以期获得更大的收益。

5. 转投资

这是把无风险资产投资所获得的利息或年金进行转投资,此时可以重复选择风险资产或无风险资产进行投资。

6. 评估效果

如风险资产和无风险资产投资都有获利,则这种资产配置计划又会产生"交叉获利"的效果;反之,如风险资产的投资亏损,至少无风险资产投资已经做好了保本准备,日后也会有利息和年金收入,对整个投资计划而言,可以达到平衡风险的作用。

资产配置是中长期投资获利的决定性因素,做好资产配置规划,是奠定中长期投资组合绩效的关键。随着投资渠道与投资品种的多样化,投资者要接受比以前更多的投资理财信息,也面临着前所未有的市场变化,资产配置也从中长期静态配置转至动态配置。

(三)资产动态配置策略简介

这一策略是指根据市场情况在不同类型的资产之间动态地配置资金。如当股市上升时,将更大比例的资金投向股票;超过某一高点,资金应全部投向股票,从股市的进一步上升中充分获利。相反,当股市下跌时,要及时削减投资于股票的资金比例,换成生息存款或可能的债券,形成投资组合的垫底价值,防止进一步的损失;股市达到某一低点,资金应全部转向存款,确保股市再跌情况下组合价值不再下降,如此便建立了基金的保底水平。投资组合持有部分现金和部分股票,组合对市场波动的反应就会温和一些。动态资产配置的缺点,是不断调整增加交易成本。

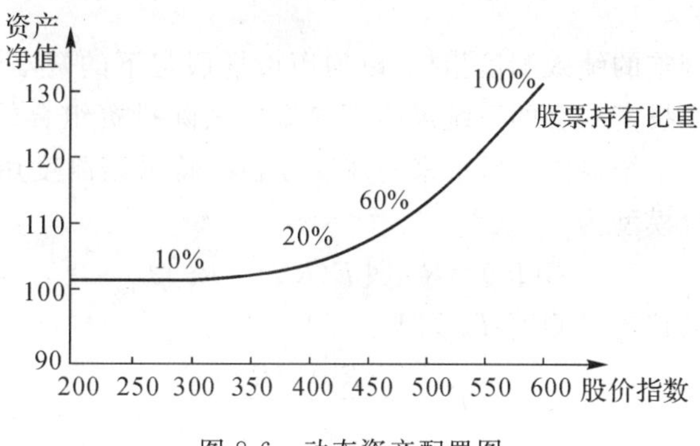

图 8-6　动态资产配置图

（四）投资组合绩效的风险调整测度指标

所谓风险调整测度指标，就是以一定形式用投资组合承担的风险，对其所得的收益率进行调整得出的绩效评价测度指标。这是评价一个投资组合管理者（主要是基金管理者）管理绩效或管理水平的科学标准。下面首先介绍国际上比较流行的绩效评价指标，然后再研究它们之间的关系。

1. 夏普测度

这是以均衡市场假定下的资本市场线作基准的一种按风险调整的绩效测度指标，也就是用投资组合的总风险，即标准差去除投资组合的风险溢价，反映该投资组合所承担的每单位总风险所带来的收益。按均衡市场假设条件下资本资产定价模型中的资本市场线形式如下：

$$E(R_p)=R_f+\frac{E(R_M)-R_f}{\sigma_M}\sigma_p$$

式中：$E(R_p)$代表投资组合的期望收益率；R_f 代表无风险利率；$E(R_M)$代表市场组合期望收益率；σ_p 代表投资组合期望收益率的标准差，测量该投资组合的总风险；σ_M 是市场投资组合的标准差，测量市场投资组合的总风险。

夏普测度是资本市场线中的斜率项，如要考察某一投资组合而非市场组合，则夏普测度就等于该投资组合的风险收益（又称作风险收益或风险溢价）除以它的标准差，用 S_p 表示，公式为：

$$S_p=\frac{E(R_p)-R_f}{\sigma_p}$$

由于在某一样本期内投资组合的期望收益率和标准差的真值，以及市场中无风险资产利率的真值，我们是观测不到的，一般用样本期的观测值代替期望的真值，也就是用样本期投资组合的平均收益率和标准差的估计值，代替投资组合的期望收益率和标准差真值，用样本期市场中的无风险资产（银行存款或短期国债）平均利率估计值，替代无风险资产收益率真值。于是，夏普测度 S_p 又可以写成以下形式：

$$\hat{S}_p=\frac{\overline{R_p}-\overline{R_f}}{\hat{\sigma}_p}$$

从统计学意义上讲，用样本观测期的估计值代替期望值，有两个隐含假定：一是样本期的收益率呈正态分布，二是这种分布在各个时期是平稳的。实际上这两个假定很难完全满足，所以，用过去样本期的估计值代替期望值，总会有一定的误差。

2. 特雷诺测度

这是一种按风险调整的绩效测度指标，以均衡市场假定下的资本资产定价模型或证券市场线作基准。它是用投资组合的系统风险即 β 系数去除投资组合的风险溢价，反映该投资组合所承担的每单位系统风险 β 所带来的风险收益。特雷诺测度用 T_p 表示。均衡市场假设下的资本资产定价模型为：

$$E(R_i)=R_f+[E(R_M)-R_f]\beta_i$$

则对某投资组合的特雷诺测度 T_p 如下：

$$T_p=\frac{E(R_p)-R_f}{\beta_p}$$

式中：β_i 为第 i 种资产的系统风险，β_p 为该投资组合的系统风险。同夏普测度的技术处理相似，特雷诺测度 T_p 的样本估计为：

$$\hat{T}_p=\frac{\overline{R_p}-\overline{R_f}}{\hat{\beta}_p}$$

特雷诺测度 T_p 用的是系统风险而非总风险，而系统风险一般只是总风险的一部分，投资组合中的资产数目越多，系统风险越接近总风险。特雷诺测度假定总收益全部是由系统风险定价的，没有反映出组合中的风险分散程度。由于对风险含义的理解和测量方法及量纲的不同，使得夏普测度与特雷诺测度不仅测度值不同，而且对同一评价样本的排序结果也可能不同。

3. 詹森测度

詹森测度是以 CAPM 模型中的证券市场线为基准，来评价投资组合绩效的一种测度指标，用 J_p 表示（J_p 等于投资组合的期望收益率，减去用 CAPM 模型对该投资组合收益率的估计结果之后的差额）。测度中的风险指标也是采用系统风险 β_p 对投资组合的收益率进行调整。詹森测度公式为：

$$J_p=E(R_p)-[R_f+E(R_m-R_f)\beta_p]$$

从公式上看，詹森测度 J_p 就是用 CAPM 模型对该投资组合收益率进行估计的投资组合的阿尔法值（α_p）。α_p 是指投资组合期望收益率与均衡市场条件下 CAPM 模型对该投资组合的定价之差，经常把 α_p 称为非常规收益率或超额收益率（由 CAPM 模型定价的收益率称为常规收益率或均衡市场期望收益率），因此 J_p 也是一种非常规收益率。这种非常规收益率可能是正的，也可能是负的。根据这个非常规收益率测度，就可以对各个投资组合的管理绩效进行评价，绩效好的投资组合其非常规收益率也应该较高，绩效差的投资组合其非常规收益率也应该较低。詹森测度 J_p 的样本估计式如下：

$$\hat{J}_p=\overline{R_p}-[\overline{R_f}+(\overline{R_m}-\overline{R_f})\hat{\beta}_p]$$

4. 估价比率

估价比率是建立在 CAPM 模型基础之上，与詹森测度 J_p 密切相关的评价投资组合绩效的测度指标，用 AR_p 表示。估价比率 AR_p 等于用 CAPM 模型测度的投资组合的非常规收益率除以其非系统风险 $\sigma_{\varepsilon p}$。由于投资组合既承受系统风险，也承受非系统风险（尽管可能比较小），而组合收益是由风险的大小定价，可以认为投资组合的非常规收益率也与非系统风险大小有关。估价比率 AR_p 指标测算的是每单位非系统风险所带来的超额收益。公式为：

$$AR_p = \frac{\alpha_p}{\alpha_{\varepsilon p}}$$

式中：$\sigma_{\varepsilon p}$ 为投资组合的非系统风险，又称可分散化风险。由于不同投资组合其资产构成数目不同，资产越多的组合其非系统风险越小，对很分散的投资组合，其可分散化风险 $\sigma_{\varepsilon p}$ 应该较小，故其估价比率应该较大。因此，在某种程度上说，估价比率也是对各投资组合资产分散程度的评估。估价比率 AR_p 的样本估计式如下：

$$A\hat{R}_p = \frac{\hat{\alpha}_p}{\hat{\alpha}_{\varepsilon p}}$$

5. M^2 测度

M^2 测度是经改进夏普测度指标后建立的测度指标，即莫迪格里安尼的平方测度，用 M^2 表示。与夏普测度指标类似，M^2 测度指标把总风险作为风险的度量，这种收益调整方法很容易解释不同市场基准指数有不同收益水平的原因。

M^2 测度指标计算方法如下：假定有一个投资组合，当把一定量的无风险资产头寸加入其中后，这个经过调整的投资组合的风险就可以与市场组合的风险相等。如投资组合 P 的标准差是市场指数的 $m/n<1$，卖空无风险资产；$m/n>1$，买入无风险资产，经调整的投资组合 P^* 应包含 m/n 的投资组合 P 和 $(1-m/n)$ 的无风险资产。因而，M^2 测度就等于调整的投资组合 P^* 期望的收益率 $E(R_{p^*})$，与市场投资组合的期望收益率 $E(R_m)$ 之差额。其公式为：

$$M^2 = E(R_{p^*}) - E(R_m)$$

与上述测度指标一样，为了便于计算，M^2 测度指标样本公式可表示为：

$$\hat{M}^2 = \overline{R}_{p^*} - \overline{R}_m$$

式中：$\overline{R}_{p^*}$ 是对应样本期间调整的投资组合 P^* 平均收益率。

6. 套利定价测度

根据罗斯的套利定价理论，建立与詹森测度 J_p 相类似的另一种测度指标——套利定价测度指标。这一指标是以 APT 模型为比较基准，用 A_p 表示。套利定价测度 A_p 等于投资组合期望收益率，减去以 APT 模型估计得到的期望收益率之差额。公式如下：

$$A_p = E(R_p) - (\lambda_0 + \beta_{1p}\lambda_1 + \beta_{2p}\lambda_2 + \cdots + \beta_{mp}\lambda_m)$$

式中：λ_0 为无风险资产利率，λ_i 为独立因素 i 的风险溢价，β_{ip} 为投资组合对独立因素 i 的敏感性量度 $(i=1,2,\cdots,m)$，也就是 APT 模型中的系统风险因子。套利定价测度 A_p 表示投资组合收益与均衡市场条件下的多因素模型 APT，对该投资组合风险定价的收益率之差。

从形式上看套利定价测度 A_p 与詹森测度 J_p 相似，但两者有较大不同。虽然两者都采用了完全分散化假定下的系统风险，但套利定价测度不仅考虑了与市场组合的系统风险 β_M，还考虑了与其他因素变动（如利率变动、GNP 增长率等）有关的系统风险 β_i，因 APT 的多因素模型解释效力，远高于 CAPM 模型的解释效力，可以认为套利定价测度比詹森测度更为准确。由于套利定价模型本身的估计比较困难，该项测度在计算上有一定的难度。

第六节 市场有效性

一、随机漫步与有效市场理论

(一)随机漫步理论

随机漫步理论是有效市场理论的先驱。该理论认为,价格的波动不会出现任何趋势或者形态,过去的价格波动也不能用来预测未来的价格波动。这是因为,股票市场内有成千上万的精明人士,并非全部都是愚昧者。每个人都懂得分析,而且资料流入市场全都是公开的,所有人都可以知道,并无任何秘密可言。既然你知我知,股票现在的价格就已经反映了供求关系,或距离其内在价值不会太远。

所谓内在价值的衡量方法就是看每股资产值、市盈率、派息率等基本因素来决定。这些因素也不是什么大秘密。每个人打开报纸杂志或上网都可以找到这些资料。如果一只股票内在价值 10 元,肯定不会在市场变到值 100 元或 1 元,市场不会有人出 100 元买入这只股票或以 1 元沽出。现时股票的市价已经代表了千万人士的看法,构成了一个合理价位。市价会围绕着内在价值而上下波动,这些波动却是随意进行而没有任何轨迹可寻。

随机漫步理论无疑是图表分析的大敌,如随机漫步理论能够成立,所有股票专家都无立足之地。没有什么妙方能够战胜股市,股价早就反映一切了,而且股价不会有系统地变动。根据该理论,即使用很天真的选股方法,比如对着报纸的股票版丢掷飞镖,照样可以选出战胜市场的投资组合。

(二)有效市场理论

资本市场中的金融资产是一种虚拟资产,其价格完全可能脱离其价值,这样便会影响资本市场的资源配置效率。如资本市场的基础价格能够被投资者准确知晓,那么,通过人们的合理预期,市场会自动调整价格。问题是:投资者很难准确知晓一项资产的基础价值,实际中是用信息披露代替基础价值的公布。由市场监管者采取措施保证信息的规范、公开、准确和全面,而投资者自身通过对信息的分析,来决定金融资产的基础价值。因为在有效市场上,存在着大量的理性投资者,他们追求利益的最大化,不断预测证券的未来价值,在这个市场上,信息的获取是不需要成本的,证券的价格可以被合理制定并反映出所有的信息。

1. 有效市场的条件

有效市场是一种理想情况,需要满足三种条件:假设条件、充分条件和必要条件。

(1)完全竞争市场因竞争作用使市场达到均衡。理性投资者主导市场是信息发布渠道畅通,投资者可以无成本地得到信息,且所有投资者都能同时得到可以利用的信息;交易无费用,市场不存在摩擦,资金可以在资本市场中自由流动。

(2)股票市场没有交易成本。所有投资者都能没有成本地、平等地获得所有可获得的信息;所有投资者对当前价格和未来价格的变化趋势认识相同。在这样的市场中,当前价格显然反映了所有可获得的信息。

(3)股票价格随机行走。不可能存在持续获得超额利润的交易规则;价格迅速准确反映信息。一般投资者和专业投资者的投资业绩无显著差别。

2. 有效市场类型

根据有效市场理论,可以把市场分为三类:①弱式有效市场,在该市场中,所有过去的价格和信息都反映在债券价格中,各类技术分析都是徒劳的;②半强式有效市场,在该市场中,所有已经公开的信息和价格都全部反映在价格中,基础分析是无效的;③强式有效市场,所有的信息包括公开和未公开的信息都已经反映在价格之中,即使拥有内部信息也是没有用的。可用图 8-7 表示如下:

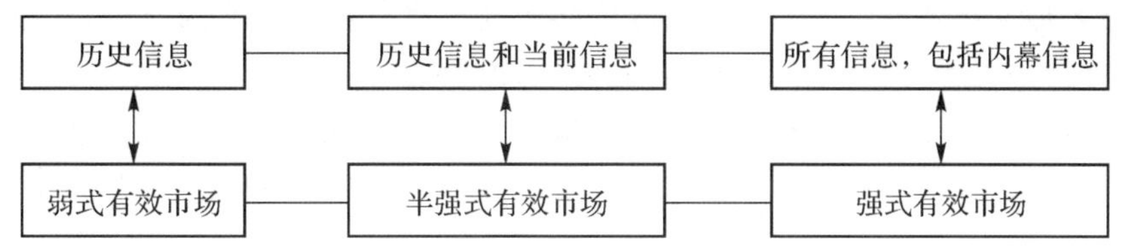

图 8-7 有效市场理论的三种形式

有效市场理论是现代金融理论的基础,很多基本模型都建立在这个基础之上,如资本资产定价理论、套利定价理论、期权定价理论等。研究人员为检验有效市场理论进行了成百上千的实证研究,这些研究都尝试着去探讨某个特定的市场是否是有效的,如市场是有效的,有效的程度又究竟如何。研究的重点主要集中在正态分布、易变性、风险/收益率交换等方面。事实上,大量的研究表明技术分析在预测证券价格方面确实是不大起作用的,这就在某种程度上支持了有效市场理论。

(三)市场的有效性检验

1. 季节效应和小公司效应

市场上的很多"异象"为有效市场假说无法解释,最重要的是"季节效应"和"小公司效应"。"季节效应"主要有"一月效应"、"周末效应"、"假日效应"等。Rozeff 和 Kinney[①] 证明了"一月效应"的存在,即凡在一月份的最初几日,股票收益都反常的高;French[②] 证明了"周末效应"的存在,即一般从周五交易收盘到周一交易收盘这段时间内,股票收益率大大低于一周中的其他日子。

Banz[③] 将纽约股票交易所的股票按公司大小分成五类,发现最小一类公司的股票平均收益率要高出最大一类相应值达 19.8%。这一现象即为小公司效应。他的研究成果表明,如果按股票市值大小进行公司排队,无论是总收益率还是经风险调整后的收益率,都与公司大小呈负相关性。

2. 过度反应和反应不足

在行为金融研究中,过度反应与反应不足是两个重要概念,并对有效市场假设提出了有力挑战。在证券市场上,新信息的发布包括:新股上市、财务报表信息公布、股票分割等,都会对股票的价格产生影响。如投资者对收益过度反应,结果就是股票价格暂时偏离其基本

① Rozeff Michael and William Kinney . Capital Market Seasonality: the Caseof Stock Returns . *Journal of Financial Economics*, 1976(3): 370-402.

② French Kenneth. Stock Returnsand the Weekend Effect . *Journal of Financial Economics*, 1980(8): 55-69.

③ Banz Rolf. The Relationship Between Returnand Market Value of Common Stocks . *Journalof Financial*, 1981(9): 3-18.

价值。

除了季节效应、小公司效应、过度反应和反应不足的情况外，证券市场上还存在着很多违背有效市场理论的现象。不同的研究人员、投资者等会持不同观点，这就产生了不同的投资策略。

二、有效市场理论与投资策略

有效市场理论产生于西方学者对证券价格运动规律与投资策略的研究，与投资管理理论、财务管理理论有着内在联系，是这两种管理理论的基础和重要组成部分。对市场有效性问题的研究与观点，对个人理财客户、财务分析专家、投资组合专家及机构投资者都有重要意义。

(一)消极的投资策略

认为市场有效的投资者采取消极的投资策略，即只根据各项资产的风险收益特征进行选择，而不用对其进行调整。这是因为，消极策略的投资者认为，证券的市场价格已精确反映了所有可公开获取的信息，证券在市场的定价被视为恰当的，其回报率正好等于所承担风险而应获得的补偿。消极策略的投资者还认为，试图对证券价格变化作出预测，从总的情况看是枉费心机的。

相信市场有效的投资者往往采用消极的投资策略，如随机购买股票。根据风险分散原理，单个股票不能分散非系统风险，于是市场上产生了一种投资方式——市场组合投资，这就是指数基金。风险分散和市场有效假设理论导致了指数基金这种新颖的投资工具的产生。指数基金是指按照某一指数的编制原理而构建组合进行投资的基金。由于省去了技术分析和基础分析采用的调研、资料等费用，指数基金的管理费用低于其他投资方式。1976年美国诞生了先锋指数基金，它的组合比例完全与标准普尔500指数一致。研究显示在1982年至1997年，先锋指数基金的表现超过了85%的积极型管理基金。

(二)积极的投资策略

认为市场非有效的投资者采取积极的投资策略。积极策略的投资者认为，证券市场并不总是那么有效，投资者可以根据某种方法或方法体系形成对投资对象价格转折点的系统预测，并依据这一预测来把握市场时机。这类投资者经常在市场上主动寻找被高估或低估的投资对象，或根据自己的预测频繁地买进卖出，以期赚取超过市场平均收益的利润。

积极型投资策略的核心思想是“相机抉择”，即通过“相机抉择”技术达到减低风险、扩大收益的目标。积极的投资策略分为技术分析方法和基本分析方法。

1. 非弱式有效下的投资策略

如果市场没有达到弱式有效，说明资产价格的变化有趋势，技术分析方法可以获得超额利润，投资组合应该采取积极策略，首先用技术分析法选择成长性强的资产，其次再在成长性强的资产中进行投资组合。

该技术分析方法是反对有效市场假设的，其基本假设是：股价按过去持续存在的趋势运行，投资者的心理因素和历史的资料，是驱动价格变化的主要原因。其投资理念是：价格变动遵循可预测的模式，且没有足够的投资者能识别出这种模式并使之消失；信息进入市场是从信息灵通的人士再逐步传播到一般投资者，这一过程导致股价变化达到下一个平衡需要时间。

2. 非半强式有效下的投资策略

如市场没有达到半强式有效，说明股价变化有规律可循，这种规律不仅受历史价格决定，也受基本信息的影响。应首先采用技术分析和基本因素分析法来选择资产，再作组合选择。

基本分析的核心理论认为，整个股票市场、各种行业或单个公司的股票都有其内在价值，价值的具体状况取决于现在和未来的收益。利率和风险因素等变量，可以确定某一时点上某投资资产的内在价值。如果现行的市场价格与内在价格的差额较大，足以弥补交易成本，投资者就应该采取适当措施：如某股票市场价格低于其内在价值就应买入该股票，其市场价格高于内在价值就卖出该股票。基金分析专家相信市场价格与内在价值不符是偶然现象，最终投资者会认识并修正它。市场不一定总是有效，也不一定总是无效。投资者运用各种评估方法挑选价值被低估的股票，希望自己持有的投资组合的收益率能高于市场平均收益率。积极投资者采用的技术分析方法和基本分析方法，正是市场有效形成的原因。

3. 非强式有效下的投资策略

如果市场没有达到强式有效，说明还可以利用内幕消息选择资产。当公司即将有重大盈利消息或结构性改变时，内幕人员可以利用该消息提前进行股票的买卖，从而走在一般投资者的前面，获得巨大的利润。各国的法律一般都把内幕交易定为非法行为，这种投资策略不适用于真正的投资行为。见图 8-8。

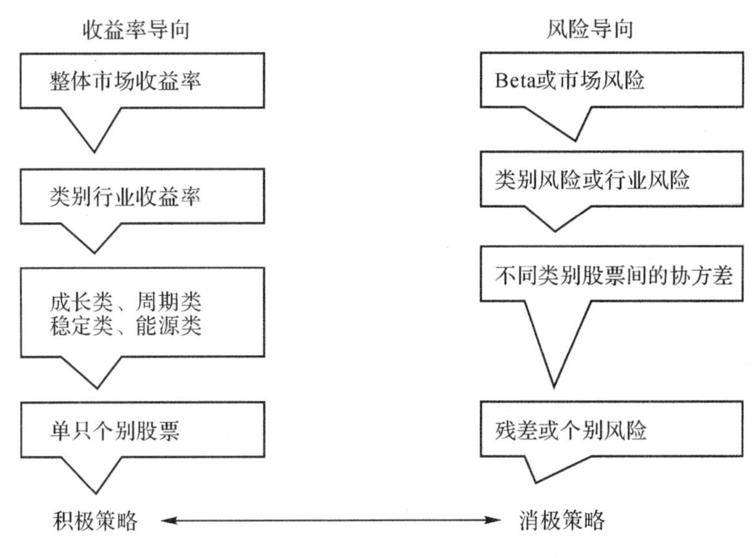

图 8-8 积极策略和消极策略的思路

三、我国股票市场的有效性

对中国股票市场有效性的研究已经很多，尽管有实证表明，中国的股票市场已经达到弱式有效市场，但更多的实证研究持反对观点。从前面对有效市场的讨论中，我们发现，有效市场需要满足以下几个条件：①证券价格反映全部信息；②价格变动是随机游走的；③没有交易费用，投资者可以无成本地获取所需要的信息。纵观我国的股票市场，很容易发现我国的股票市场难以满足上述条件，主要原因是我国的股票市场存在以下缺陷：

（一）政府的过度干预

在由计划经济走向市场经济的过程中，政府的行政干预对经济发展有着明显的作用。有研究表明，包括产业政策、汇率政策、财政政策和货币政策等宏观经济政策，对我国的股价波动具有重要影响，政策性因素是造成股票市场异常波动的首要因素，政策对股市的波动起到重要作用。

（二）投资者的非理性行为

成熟股票市场的发展，离不开成熟理性的投资者，投资者的文化素质，对经济的判断能力等，都对股票市场的发展起着重要作用。在中国，由于整个社会智力资本结构的低层次，造成了很大一部分股票市场上的投资者，是由知识层次较低的人群构成，这些人不具备判断宏观和微观经济状况的能力，只是在市场跟风投机，这种不理性的投机行为使得证券价格的波动体现了“羊群效应”，从而使股票价格波动具有明显的趋势性，影响了股市的有效性。研究表明，我国的个体投资者在投资行为上存在诸多的认识偏差，投资者总是处在一种追随政策，缺乏自主意识的状态中，无法树立理性投资的意识，他们频繁地交易、“跟庄”，结果损害了自身的利益。

（三）严重的信息不对称

信息是影响证券价格波动的重要因素，一个好的信息，可以增加投资者对未来现金流的预期，反映到证券价格上，就造成了证券价格的上涨。但股票市场上的信息不畅，导致内幕交易等非法行为，一直存在于我国的证券市场，并起到重要的影响作用（见图 8-9）。尽管我国的现行法规对上市公司信息披露的时间、内容、程序、格式和违规责任都作了详细规定，但各种信息披露不规范的事件也时有发生。最典型的表现就是，内幕知情人员利用内幕信息勾结庄家操纵股价，实证研究表明，中国股票市场上存在着严重的内幕交易行为。

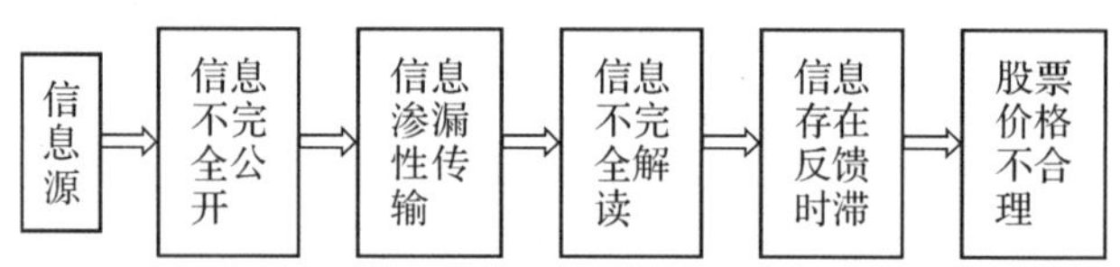

图 8-9　信息不畅下的股价表现

综上所述，可以发现中国股票市场上目前尚存在着一系列缺陷，使我国的股票市场不是一个有效市场。投资者可以采取积极的投资策略，使自己的投资降低风险，提高收益率，从而战胜整个市场。

第九章　养老金融

本章从退休养老的视角，简要介绍国外的员工养老福利状况。这里以北美的美国和加拿大为例。两国的福利制度建立较早，发展较为完善，加拿大更是举世闻名的福利国家，选定这两国的福利制度作为例子具有典型的借鉴意义。我们先从国外员工如何养老开始，逐步对年金、养老金计划、自助福利计划、期权计划展开介绍。

第一节　员工福利计划

一、国外员工的养老计划

（一）国家提供的社会保障计划

退休养老规划是在财务上给退休或将要退休的老人符合其期望的财务保障，使他们的晚年生活有稳定的收入来源。北美老年居民的生活来源，主要有以下几个方面：(1)社会保障；(2)退休金计划；(3)年金；(4)投资组合的收益及资产出售收入；(5)年金以外的其他人寿保险；(6)社会对鳏寡老人和低收入人群的补助。

上述几个资金来源中，年金以外的其他人寿保险通常并不能给投保者提供稳定的现金流入。社会对鳏寡老人和低收入人群的补助，只是提供最基本的温饱生活，金额极其有限，在做养老规划时收入来源主要着眼于其他方面。

加拿大以福利国家著称，丰厚的政府退休保障计划使一代人无须为自己的退休生活发愁。然而，步入 20 世纪 90 年代之后，随着政府赤字增加，人口老龄化问题加剧，人均寿命延长及工作人员与退休人员比例的变化，导致社会保障体系面临崩溃的迹象。从当前这代人开始，要想过上富足的晚年生活，单靠国家社会保障体系养老已经不大可能。社会保障金在生活较富裕的北美退休人群需支付的全部费用中，所占比例越来越小，越来越难以满足退休人员的养老需求。为使社会保障体系不至于破产，降低社会福利水平是必然之举。

（二）退休金计划

对绝大多数人来说，退休金计划在整个养老费用中具有举足轻重的地位。它是通过个人正常工作时期的收入提取一定比例，逐年积累形成基金，供退休后的正常开支。美国的退休基金收入构成了劳动者退休后收入来源的主要部分。1998 年，美国退休基金的市场总值已经超出 6 万亿美元，拥有美国股票的 25％和公司债券的 40％。

北美的退休金计划非常多，劳动者可根据自己的实际情况从众多的计划中选择最适合自己的退休金计划。

(三)年金

构成退休金一部分的还有一项较重要的内容是企业年金。企业年金是商业人寿保险公司销售的一种投资产品,它可以在一定时期内周期性地给客户提供系列的支付额。将企业年金纳入退休计划是希望积极规划未来退休生活的有效措施。购买企业年金实质上就是与保险公司签订了一个长期合同来管理自己的养老资金,为自己将来的退休生活提供辅助收入。企业年金在退休养老规划中的最大特点,是可以在一定程度上缓解长寿可能带来的经济困难。许多国家对企业年金提供一定的税收优惠。

(四)个人资产组合的投资收入和资产出售收入

个人资产组合的投资收入和资产出售收入,是构成退休生活保障资金来源的最重要渠道。特别是对于资产水平较高或期望提前退休的人士,该项资金是养老金的最主要内容。在个人资产组合中,大部分人基本上只有债券、股票和开放式基金三部分。

在北美做房地产投资的人较少,依靠买卖房产获取差价的收益者更是少之又少。他们的一生中大致都要经过数次买卖房产的过程。第一次是结婚前后的首次置业,此时经济基础不厚,家庭成员少,一般会买较小的住房。随着收入提高和家庭成员的增加,一般会在中年阶段,将原来较小的住房换成较大的住房。到退休后,孩子独立离家了,家庭成员减少,不需要到单位上班,他们又会将原来较大的房产出售,在远离市中心的郊外买个较小的房子。最后一次换房中通常会有一笔大额资金节余下来,成为退休资金的重要来源。

通过对国外员工养老情况的大致说明,我们将进一步介绍国外员工退休后生活收入的重要来源退休金计划。

二、退休金计划

(一)美国退休金计划的一般情形

在为客户制定退休计划的整个程序中,退休金计划占有举足轻重的地位。它是将个人正常工作的收入留存一定比例,逐年积累下来形成养老基金,供退休后生活开支。一般来说,发达国家的劳动者可根据自己的实际情况,从众多的退休金计划中选出与其自身情况相适宜的计划。

美国退休基金的资产回报率,对公司盈利及员工退休收入都有较大影响。退休基金往往是公司股票较集中的拥有者。退休基金的管理者在一定程度上控制着公司的经营政策与发展方向。退休基金收入还构成了劳动者退休收入的主要部分。

退休基金之所以能够成为美国金融系统的重要组成要素,原因是:(1)有利于吸引和留住优秀员工;(2)可以满足劳资谈判的要求;(3)为公司所有者和核心管理者提供福利。最重要也最为雇主关心的是第一点。

美国和加拿大的退休金计划可分为两种基本类型:雇主发起的退休金计划和个人建立的退休金计划,下面分别介绍。

(二)雇主发起的退休金基本计划

在美国,雇主可以发起基本退休金计划和附加退休金计划。前者是指员工在被雇佣一定时间后自动参与,主要包括两种:固定缴款计划和固定收益计划;后者则是员工为满足退休目标而在基本计划外自愿参与。

1. 固定缴款计划

固定缴款计划是由雇主和员工按固定公式计算支付退休金，并缴纳款额的一种退休金计划。通常，缴款额是按员工收入的一定比例支付，通过为每个员工设立单独账户来存入所缴款项并进行投资积累。员工在退休时一次性领取退休金或购买适当形式的养老年金。对固定缴款计划来说，诸如客户年龄、收入水平、供款数额等，都会对客户退休时的每月退休金收入有较大影响，但最大的影响因素是所缴款项的投资表现。事实上，固定缴款计划与可变年金非常相似——两者都是按照固定的金额缴款，但都无法保证退休时能获得相应的回报，客户最终的收益完全取决于投资的结果。固定缴款计划并不是一种高风险投资，管理者往往会把投资品种限定在相对高质量的资产中，从而可以在一定程度上确保计划参与者的利益。但这并不意味着固定缴款计划没有风险，其投资报酬率仍然会在一定的范围内变动。

2. 固定收益计划

与固定缴款计划不同，固定收益计划必须按照合同条款确定员工在退休时每年或月应得的退休金，然后由精算师通过对员工的死亡率、工资额、管理费用、投资收益率等进行测算，确定雇主应当支付的缴款额。这就是说，在固定收益计划中，员工退休时应获得的收益已经确定，而与退休基金的投资回报率水平高低无关。如退休基金的投资表现较差，雇主必须补充缴款差额以确保员工最终收益达到计划中约定的数额。一般来说，判断退休金是否合理有个大致标准，即能否让员工的退休金收入与社会保障收入之和达到退休前净收入的70％到80％。在固定收益计划中，由于雇主对员工的退休金收入负责，如果投资的表现达不到要求，雇主必须牺牲部分利润来补足差额。许多公司出于回避风险的考虑，纷纷将固定收益计划转向固定缴款计划。

（三）雇主发起的退休金附加计划

除基本退休金计划外，许多公司还提供附加退休金计划。这些计划通常是自愿参加，还允许员工在增加退休金数额的同时继续享受税收优惠。附加计划有三种基本类型：利润分享计划、401(k)计划和节俭储蓄计划。以下我们简要介绍前两种类型。

1. 利润分享计划

利润分享计划是一种储蓄性的退休金计划，雇主每年根据公司盈利的一定比例捐献资金建立雇员养老基金，主要由雇主将其经营利润用来支付计划的供款。从雇主的角度来看，利润分享计划的显著优点，在于它不会给雇主带来较大的供款压力。因为雇主支付的供款会随着利润变动而逐年变动，当雇主的利润很低时，其缴纳供款也会成比例地减少，在某些特殊的情况下（如发生亏损）甚至不需要支付供款。

利润分享计划还可以激励员工更加努力地工作。员工只有努力工作才能使企业的利润上升，进而增加对利润分享计划的供款。利润分享计划使公司每年需捐献的资金在量上具有较大的灵活性，同时把雇员未来可得养老津贴与公司现在的盈利规模挂起钩来，对调动雇员的工作积极性具有较大益处，深受雇主欢迎。这种养老基金计划同样具有延期付税的优点。

尽管利润分享计划能减少公司在利润减少时的负担，但减少对利润分享计划的供款，就意味着减少了员工的福利，可能伤害员工工作的积极性。许多企业不论实际的利润水平如何，规定了对利润分享计划供款额的最高限和最低限。通常，利润分享计划的资金，主要投资于某些定息投资、股票、债券或公司自身发行的证券。

利润分享计划的资金投资于公司自身发行的证券，当企业利润水平较高时，雇主对利润分享计划的供款就会增加，企业的股价也极有可能上升。当然，企业利润降低甚至亏损的时候，员工也会遭受双重损失。

2.401(k)计划

在美国，401(k)计划是一种非常流行的退休金计划。这一计划创立于1981年。因其相关规定体现在联邦税务条例第401条第(k)项中，故简称401(k)计划。适用于公营单位和非营利组织的退休金计划，称为403(b)计划，它具有与401(k)计划相似的特点和减税条款。

401(k)计划只适用于私人公司，属于自愿性质。雇主申请成立401(k)计划后，员工便可以将税前薪金一定比例的金额转至特定个人账户。虽然美国法律没有硬性规定雇主必须提供投资选择，但大部分雇主均按照美国劳工部的自愿性指引，提供至少三种不同的投资选择，包含不同的风险及回报组合，员工可以自由选取。虽然401(k)计划由员工自行投出薪金参与，并要求雇主事先申请该项计划，但事实上绝大部分大中型企业都已提出申请，相当部分企业还有一定补助，以提高员工参与计划的兴趣。

401(k)计划最吸引人的一点是，账户持有人暂时不需要就供款及投资所得的利润缴税，而是直到退休领取时才缴纳。因退休后收入会相对较低并带来边际税率的下降，加之有更多的税收优惠，届时需交的税款便相对减少。对于雇主来说，不同雇主有不同的供款比例，企业的供款同样是递延至将来领取时才需要缴税。

(四)个人建立的退休金计划——基奥计划

除了参与雇主独自办的退休金计划，个人还可以建立自己的有减税优惠的退休金计划。个人建立的退休金计划主要包括两种基本类型，即适合自雇者的“基奥计划”(Keogh Plans)和适用于所有人的“个人退休金账户”(IRA)。在加拿大则有注册退休储蓄计划(RRSP)。这种计划是每期由雇员随意提供一定数量的资金，雇主补充相应数量资金用以建立养老基金。通常这种养老计划要求两年存入的金额50%由雇主补足。计划的优点是：①雇主的捐献款项与累积资金的投资收入，在雇员提款前免征个人所得税；②雇员与雇主的捐献款项的归属可立即明确。其缺点是个人存入款项现在仍要作为个人所得税的课税对象。

基奥计划源于1962年美国国会通过的《自雇者个人退休法案》(简称《基奥法案》)。它允许自雇者个人像一般企业那样建立具有税收递延优惠的退休金计划。任何全职或兼职的自雇者都有权建立一个基奥账户。自雇者投入到基奥账户中的资金，可以和401(k)计划中的供款一样，作为应税收入的抵减项。

自雇者可以到银行、保险公司、经纪行、互助基金和其他金融机构开立基奥账户。退休金计划中的资金由指定的主办金融机构负责经营管理，但各账户中资金的具体投资方式完全由供款者自己决定。基奥计划的参与者，每年可将其年收入特定比例的资金投入该计划，且这些金额可从其当期应税所得中扣减，但不得超出法定的最高限额。此外，从投资中获得的收益会重新投入到账户中去。基奥计划中的所有供款和投资收益，均不得提前动用，除非参与者患上重病或者残疾，否则必须要保留到自雇者59.5岁之后。

(五)个人建立的退休金计划——个人退休金账户

个人退休金账户是指由个人建立的一种退休储蓄账户，它符合美国联邦所得税法规定，享有一定的税收优惠。所有有收入的受雇者都可以建立个人退休金账户。该账户的参与者每年存入账户内的供款，在不超过规定限额的情况下可从其应纳税所得中扣除。

根据美国现行法律的规定，在下列三种情况下，每年投入个人退休金账户的最高限额为2000美元：(1)该纳税人不满70.5岁；(2)该纳税人有可靠收入(工薪收入或赡养费)；(3)该纳税人与其配偶都没有参加其他合格的退休金计划。参加了其他合格退休金计划的纳税人，也可以将其投入个人退休金账户的供款的一部分从其应税所得中扣除。

个人退休金账户通常由银行、经纪人公司、保险公司、共同基金、信用社等金融机构主办，主办机构负责处理个人退休金账户的日常管理工作。主办机构为确保该账户符合法定要求，并成为一个合格的退休金账户，必须获得国内税收部门的许可。个人退休金计划也是一种完全由供款者自己控制的账户，就是说供款者可以自行决定账户中资金的投资方向。主办机构将个人退休金账户内的资金投资于股票、债券、房地产等。与基奥计划和401(k)计划一样，从个人退休金账户上获得的收益，可以获得税收递延，直到最终提取这些资金。

(六)注册退休储蓄计划

加拿大的注册退休储蓄计划是一个自我养老计划。纳税人将其收入的一部分缴纳给某个信托基金，并享受免税优惠。但当纳税人提前收回这些钱用于消费的话，这些资金(包括本金和累积收益)就需要重新缴税。

从法律上讲，注册退休储蓄计划是一种信托，是将财产缴纳者缴纳的财产交与托管人或受托人保管的一种安排。该受托人是独立的第三方，且是代表收益人的利益持有该资产的人。收益人是指有权从信托基金中获得收益和资本的人。在注册退休储蓄计划中，财产缴纳者就是那些从税前收入中缴纳部分收入的人。通常用“贡献者”来指该部分人。收益人通常就是贡献者，但如是指定的配偶注册退休储蓄计划，则收益人也有可能是配偶。

法律限制注册退休储蓄计划只能用于合法投资，合法投资一般包括储蓄账户、定期存款；加拿大交易所列出的加拿大公司的股票和国外公司的股票，以及某些未列出的国外股票；联邦和各省的债券，某些加拿大政府的债券，包括贡献者本人的某些指定债券的抵押品；用于合法投资的共同基金，某些指定的国外投资，最大不能超过注册退休储蓄计划建立时账面价值的25%；股票交易所列出的加拿大公司的期权、担保和优惠权。

贡献者不必向注册退休储蓄计划提供现金。以上列出的任何一种合法投资者都可以作为“贡献者”。当纳税人在市场价格高于原始价格时，应将资产转变为注册退休储蓄计划，同时必须申报资本收益。

三、自助员工福利计划

自助计划是允许员工用雇主提供的福利资金，自主选择福利种类和程度，以达到最佳安排。过去，员工很少有机会决定雇主如何举办福利计划以满足自己的需要。最近，很多公司建立了弹性福利计划，允许员工根据雇主事先设定的支付限额，来选择自己需要的福利项目。这一举措收到了一举两得的效果，既满足了员工的需求，又合理控制了雇主成本。如今，人们开始关注自选计划控制健康计划成本的作用，使自选计划变得日益复杂，提供了一系列补偿员工选择，如健康维护组织、优先选择提供者组织及其他管理医疗计划。

(一)自助员工福利计划的产生

20世纪70年代中期，自助员工福利计划开始在美国稳步增长。特别是1978年《税收法》(IRC)规定这类计划的优惠税待遇后，自选福利计划更是备受欢迎。有的计划允许员工免税缴纳一定金额的医疗保险费，或允许员工建立灵活的开支账户(FSA)，还有些计划两者兼顾。虽然雇主们认为建立这类计划,可减少员工应纳税额以增加他们的可消费收入,从而满足员工们的各种需求,但其主要动机还在于这类计划能够享受税收优惠。随着自选计划的逐渐普及,员工能选择的福利项目也越来越多。这无疑增加了雇主招聘新员工的优势,营造了良好的劳动关系。

(二)自助员工福利计划的特征

自助计划可从福利内容和福利选择两方面显示出自己的特征。

1. 福利计划内容

福利内容不仅包括医疗支出福利、伤残福利、意外死亡抚恤、休假、家属护理援助,而且包括奖学金、研究基金、交通补助、教育资助、免费服务、员工折扣和附加福利。其中附加福利包括一定金额的家属人寿保险。

2. 福利选择

福利选择要在计划年度的年初进行,除非满足一定的特殊条件,这些选择是不能更改的。在下列情形下,福利选择可以更改:

(1)家庭状况的变化,如员工结婚或离婚、配偶或家属去世、生育或收养小孩、配偶开始工作或终止工作、员工或其家属从兼职工作到全职工作等重大变化。

(2)工作变化,在一定时间内工作变化的雇员可以撤销对该福利的选择。

(3)计划收费的变化,如保险公司或第三方福利提供者增加或减少了自助计划的收费,自助计划允许员工调整支付。如费用发生重大改变,也允许员工撤回或选择其他具有相似保障的计划。

(4)保障范围改变,在计划年度过程中,如果第三方福利提供人缩减或终止福利保障,员工可以选择相似的保险计划。

(三)工资扣款与灵活开支账户

1. 工资扣款

许多自选计划都建立在薪金扣缴的基础上。在建立了福利计划的企业中,员工通过税前薪金扣缴向计划缴费,这与向传统福利计划缴费不同。常见的例子是医疗计划,员工每月都可以在缴纳联邦或社会保障税之前,从工资中扣出部分资金用于向医疗计划缴费,这称为“薪金扣缴”。

要注意的是,员工认为这种薪金扣缴或再分配个人薪金,在实际上变成向雇主缴费。如某员工每年有25000美元应税收入,每月纳税后向医疗保险计划中的家庭保险项目缴纳83.33美元。员工将这83.33美元视为工资减少即个人成本。而在自选计划中这83.33美元减少是税前的工资扣缴。此时,员工仍然会认为83.33美元的工资扣缴属于他个人的缴费。实际上这笔钱作为雇主向医疗计划的缴费,已不需要再缴税。因此,员工每年应税收入只有24000美元,由雇主代缴的1000美元(83.33美元×12)医疗费不需要缴税。工资扣缴在许多自选计划中意义重大,是医疗计划的主要资金来源。在完全通过工资扣缴而建立的灵活开支账户中,情况更是如此。

2. 灵活开支账户

灵活开支账户允许员工通过税前扣薪的方法筹集资金,通常用于支付雇主计划没有覆盖的医疗保险和受供养人的长期护理保险,被扣减的薪金记入员工补偿账户,当员工适时提出补偿申请时,这部分资金就用于购买福利项目,但必须在年初指定用于哪些福利项目。福利项目一旦指定就只有在某些特定条件下才可以改变。

(四)自助计划的主要种类

1. 核心—附加计划

最常见的自助计划是对所有员工提供一组核心福利,再加上某些可选择的次级福利计划。这些可选择的福利作为员工"福利包"的一部分,允许员工根据他们的意愿用现金或信用来购买,加入到核心福利。如果信用不足以购买期望的福利,员工可以用税后缴费支付。

2. 套餐式自助计划

在套餐式自助计划中,员工可以在许多事先安排的福利计划包中进行选择。通常至少有一个福利包可以免费获得。如员工选择了价值更高的福利包,应按规定为此付费。福利包的项目或是免费或要支付一定费用,有些则是负支付。负支付意味着选择它的员工可以得到现金补偿。福利包收费取决于两个因素:(1)福利选择是否包括家属医疗保险;(2)是否选择健康维护组织和优先医疗服务组织。

套餐式自助计划的优势在于:相对于核心—附加计划,套餐式自助计划更容易控制逆向选择,更易于管理和交流。如某大型金融机构的员工自助计划是套餐式自助计划,共包含有七个事先安排的福利包,每个福利包都是为特定员工人群设计,每个福利包中都包含一种医疗保险计划和不同数额的团体人寿保险,员工可以在这七个福利包中自主进行选择。

3. 灵活开支可购买的福利项目

灵活资金可用于支付下列福利项目:医疗补偿计划,包括那些拥有优先提供者组织(PPO)的计划;健康维护组织;牙科计划;视力保护计划;灵活开支账户;团体定期寿险,包括意外事故和假肢保险;短期病残保险;长期病残保险;401(k)计划;现金给付计划;度假或其他休假计划;收养补助计划。

灵活资金(免税)不能用作奖学金或研究基金、交通运输补贴、教育福利、长期护理保险计划,某些类似于IRC132条所规定的具体福利或膳食住宿费。因资金来源渠道灵活和支出渠道多元化,将两方面作不同形式的组合,就能设计出各种各样的计划。

(五)自助计划设计

在实行自助计划前,雇主必须对现有的福利计划进行分析。如员工对现有计划强烈不满,正确的解决办法是查清不满的原因。如雇员的不满来自福利需要的多样化,实行自助计划就是恰当选择。

1. 自助计划的福利构成

实行自助计划的基本问题是,计划中都包括哪些福利项目。需要考虑的因素有:(1)雇主的承受能力;(2)员工的福利需求;(3)保障员工的主要个人风险,如人寿保险、伤残收入保险、医疗支出保险等;(4)提供额外休假和子女看护等非传统型项目。

2. 雇主资助的程度

在员工自助计划中,雇主可依据员工的工资、年龄、家庭状况和工龄等因素,决定用来购买员工福利的支出。如果企业可用于员工福利的资金有限,自助计划应该首先考虑员工的基本福利保障;企业可用于员工福利的资金如较为充裕,自助计划就应该提供较多的选择。

3. 保费税前转付计划和弹性支付账户选择权

自助计划中,保费税前转付和弹性支付账户选择权可以降低员工的税赋,增加其可支配收入,似乎没有道理不向员工提供这种福利选择权。

4. 自助计划的改变

员工的需求是不断改变的，自助计划也会随之发生改变。两个情况会影响福利选择权改变的频率：(1)在费用作出调整和保险合同更新时，员工可以改变福利选择；(2)雇主为员工提供的福利如是根据员工工资高低而定，员工工资调整时可以改变选择。在多数自助计划中，用来购买福利的费用是按年度计算。通常在新福利年度开始前，福利选择的改变必须完成。在一个计划年度期间，任何家庭财务状况的改变都不能引起福利的重新选择，直到下一个福利年度。

四、国外员工的股权期权计划

(一)概述

员工持股计划(ESOP)的概念最早形成于20世纪50年代，现已在世界各发达国家得到广泛的发展，国内也正在逐步引进这种管理机制，将其当作二板市场公司上市的必要条件。

狭义的员工入股，是指公司为使员工取得所属公司股票而提供各种便利制度；广义的员工持股，是指职工通过持有本企业的部分特殊股权，以此参与企业经营管理和剩余利润分配，从而形成一整套完整的企业管理体系。从员工福利的角度而言，还可把员工持股计划定义为将部分或全部资产投资于雇主证券的税收优惠的雇员退休金计划。

员工持股有：非杠杆型(No Leveraged ESOP)和杠杆型(Leveraged ESOP)股票期权计划、股票增值权和股票赠予等。股票的来源，一般为雇主预付工资协助员工依其自由意志，按照市场价格或比市场价格低的价格，从市场或单位购得的股票。

从管理层面来看，员工持股计划的意义在于：(1)实施员工持股计划的企业更容易获得投资者的信任，有利于吸引战略投资者；(2)可推动企业上市并提高企业的总体价值；(3)股权分散可降低资本风险和经营风险，避免恶意收购行为的发生。

(二)国外员工持股的实践及其经验

以美国的员工持股制度为例，持股计划建立在ESOP的步骤上，一般包括：

(1)确定公司的所有者是否准备转让股权，公司是否准备发行新股，这涉及企业实施员工持股计划的目的。

(2)目标确定后，进行员工持股计划推行的可行性分析。这种可行性分析可由外部顾问主持，也可由企业自己进行。通过分析来决定企业是否适合实施员工持股计划。可行性分析需要考虑的因素有：①公司改制成本；②员工工资总额；③公司能否负担向计划转移的收益；④管理者是否认同使员工也成为公司股东的思路。

(3)进行价值评估。对于上市公司来说，公司的价值可通过资本市场得到相当程度的确定。封闭性的非上市公司在建立员工持股计划前，则由有资格的独立评估机构对公司的价值和将出售给员工持股计划的股票，作出初步评估。当转让完成时，还要最后进行一次价值确定。

(4)进行方案设计和起草。由拥有相关专家的法律公司来负责设计和起草相关的文件，并提交给内部收入服务局(IRS)。

(5)为员工持股计划提供资助。非杠杆型员工持股计划的资金主要来自于公司的捐赠。杠杆型计划来自于贷款，或由现有的收益计划如利润分享计划转换而来。在某些特殊情况下，员工持股计划的资金来源于员工在工资或其他利益方面的让利。

(6)选择信托机构负责管理计划。

(三)员工持股计划的交易结构及运作程序

典型的员工持股计划的交易结构及运作程序如下：

1. 公司增资发行新股

公司实行员工持股计划时，其主要程序和步骤是：(1)成立、设置或委托一个员工股份信托人，即先设计一个可以对员工股份购买及管理运作负责的员工股份信托基金会；(2)由员工持股计划(通过信托人或基金会)向银行或其他贷款人贷款筹资；(3)员工持股计划(通过信托人或基金会)以公平市价购买公司股票；(4)股份由信托人或基金会控制，公司保证持股计划贷款的偿还，信托基金会用拥有的股份作为贷款偿还抵押物；(5)公司向员工持股计划缴纳数量足以偿还银行贷款的本金和利息；(6)员工持股信托基金会将上述款项偿还给银行。

2. 市场交易方式——公司贷款购买旧股

市场交易方式(leveraged buyout transaction)的主要程序和步骤是：(1)员工持股计划贷款筹措资金，公司用购买的股份作为附属担保品保证贷款的偿还，从而取得贷款用于购买股票；(2)员工持股计划以公允市价向外部股份出售者购买公司的存量股份；(3)员工持股计划将所获得利润用于偿还贷款(股份的抵押及偿还贷款程序与前一种方式相同)。

(四)员工持股计划的立法

美国对员工持股计划在立法方面作了较详细合理的规定，主要包括：

(1)设立员工股份信托基金，这是可以控制雇主股份的合法实体。

(2)设置悬置账户，员工股份信托基金从银行借款购买公司股票，放在一个悬置账户内，随着借款的偿还，再按照确定的比例分次转入员工个人账户。

(3)员工广泛参与，至少应该有70%的非高薪阶层的员工参与这个计划，且非高薪阶层参与该计划所得平均收益，不得低于高薪阶层所得平均收益的70%。

(4)参与各方的获益限制，员工股份信托基金归还贷款的减税额，不得超过工资总额的15%～25%，每个参加该计划的个人从中得到的收益不得超过其工资总额的25%。

(5)获得股权的限定，参与员工持股计划的员工获得独立的股权，须工作满5年，或工作3年后，才能获得应有份额的30%，以后逐年增加20%，7年之后获得全部股份。

(6)投票权，已经分配到股票的员工以个人名义行使表决权，尚未分配到参与者手中的股票，由受托人或基金执行人行使表决权。

(7)多元化投资选择，对接近退休年龄的员工，允许将其账户中的资产投资到其他行业，对接近55岁和参与该计划10年以上的员工，可将其25%的股份向外投资。

(8)分红及利益分配，员工账户的股票价值如超过50万美元，每年只能分到10万美元，对员工的利益分配可采取股票形式，也可付给等额现金。

(9)员工股份的价值评估，对于非上市公司的股票，员工持股计划执行人在按照规定将股票分配给员工之前，信托基金会必须请独立的评估者按美国劳工部的相关规定进行评估，且以后每年一次。

(10)股票回购规定，对于员工参加持股计划得到的股票，员工如希望变现，公司有用当前公平的市场价格购回的责任。

(11)信托人的资格和标准，员工持股计划的信托人可是一人或一群人，也可以是一个独立的银行或信托公司，主要任务是购买该公司股票，保护参与者利益。

(12)税收优惠，美国1984年税收改革法案对员工持股计划的参与者均提供税收上的优惠，参与者有参与员工持股计划的员工、实行员工持股计划的公司、发放贷款的银行和出售股权的股东。

(13)公司补助，实行员工持股计划的公司，通常会对员工持股提供若干优惠或补贴，以促进和推动员工持股计划的实施。

从以上内容可以看出美国员工持股计划的一些特点：

(1)信用贷款和预期劳动支付是雇员取得股份的主要形式。

(2)员工持股计划的股份由专门机构或独立的法人组织来管理。

(3)股份的取得有限制条件，以利于员工长期持股。

(4)员工持股的范围广，包括一般员工和管理阶层，保证了收入的平等性。

(5)员工的投票权得到法律保障。

(6)雇员持股计划和养老保险相结合。

(五)员工持股的教训

美国的员工持股计划也有一定的不足之处：

(1)不是对所有的行业都能起到应有作用，主要是对新型的高新技术企业，尤其是那种以人力资本为主要创造力量的企业效果明显。

(2)投资风险较大，职工加入持股计划后，不但将他们的人力资本，而且将他们的相当部分金融资本都投入到了同一企业，缺乏必要的风险分散机制，增加了政府的财力负担。

已破产的美国安然、世界通信、安达信等大公司，曾经因发生一系列会计假账丑闻而闻名世界。这些大公司的CEO，号称每年的工资收入为50万美元，福利待遇为每年500万美元，而持有公司股权的红利收入，则可能是每年高达5000万美元。对这些CEO而言，增进个人收入的最简单办法，就是将公司股票的价值不断地炒作，使之达到最大。为此不惜修改账本，增加虚假利润。如安然公司的一笔账务处理，就使得当年的经营业绩顺利实现扭亏为盈，利润虚增38亿美元。事情败露后，股票价格是一落千丈。

我国也有大量的类似事例。如银广夏股票的股价，某个会计年度亏损高达数千万元，经过会计的特别处理后，一举扭亏为盈，实现账面盈利2亿多元。这一状况使得银广夏的股票在一两年的时间内，从每股8元上升到40余元，成为当时股市中杀出的一匹“黑马”，而后在事情真相揭穿后，又接连15个跌停板，迅速回落到5元多，而后又跌落到2元多，股民损失惨重。

解决这一问题的最好方法，就是将股票分红从现期收益改为预期收益，直到3年后或该CEO离开公司的半年后再予兑现，如此可望公平一些。

第二节 养老金计划

一、合规养老金计划

养老金计划可分成合规养老金计划与非合规养老金计划，这是养老金计划最核心的分类。这里的合规与否，主要是指企业遵循的养老金计划，是否符合国家有关养老金制度法规，还是超越了这一制度法规。选择合规计划可以得到税收缴纳上的种种优惠，但需要遵循很多法律要求，且减少了雇主和员工自我设计养老金计划的机会和选择自由；后者则无法享受这些优惠，好处是自由随意。

（一）合规养老金计划的资格要求

美国目前法定合规计划的资格要求，主要有如下 11 项：

(1)合规养老金计划针对的是符合养老金计划的固定雇员及其收益人，并非面向企业的所有雇员。

(2)合规养老金计划必须达到最小覆盖范围的要求，以避免雇主歧视普通雇员。每年要对养老金计划进行测试。测试方法有：①百分比例测试(ratio percentage test)。即养老金计划覆盖的人数必须包括相当于高薪雇员人数 70％的普通雇员人数。②非歧视分类测试和平均收益百分比测试。非高薪雇员的养老金平均收益，必须至少达到高薪雇员平均水平的 70％以上。符合这两种测试方法中的任意一种，就证明该企业的养老金计划达到了最小涵盖范围的要求。

(3)合规养老金计划必须满足最少参与人数的要求。包括以下任意一项：①50 名或多于 50 名的企业员工；②至少 40％的企业普通员工。

(4)不能从高薪支付雇员的利益角度对其他普通员工有歧视政策。合规养老金计划中，养老金并非平均分摊给每个参加的员工。在与社会养老保险结合的前提下，允许为收入较高的在职员工提供更多的养老金。

(5)合规养老金计划必须书面成文，并使雇员都知悉该计划。

(6)合规养老金计划的资金不得转移用作其他目的。除非该养老金计划出错或计划被取消，否则企业不得任意抽出已投入养老金计划的资金用于别的用途。

(7)合规养老金计划必须提供可以确定的福利水平，雇主投资于养老金计划中的资金确定而稳定。值得一提的是，利润分享和有股票红利的养老金计划不受该资格要求的限制。

(8)合规养老金计划应是长期甚至是持久性的。

(9)当雇员达到正常退休年龄或是合规养老金计划终止时，必须全额给予福利金。

(10)死亡抚恤金和残疾抚恤金不能包括在合规养老金计划中。

(11)扣除通货膨胀因素后，对每个退休雇员的合规养老金支付每年不能超过 20 万美元。

（二）合规养老金计划的优势

美国的大多数企业都设立了合规养老金计划，具体包括养老金计划、利润分享计划、储蓄计划和股票红利计划等，合规养老金计划首先具有税收优惠的优势，这是它成为企业养老金计划首选的重要原因。税收优惠有以下几项：

(1)注入养老金计划中的资金，可以作为合理费用从税前所得中扣除。

(2)养老金计划资产的投资收益不征收联邦所得税，直到养老金付给退休员工或其收益人时再征税，计划资金的投资所得享有延期纳税的权利。

(3)雇员在实际得到养老金前不被认为是得到一笔收入，不征收个人所得税。这意味着养老金计划参与者对其实际确认但延期支付的收入，享有延期纳税的权利。

税收优惠使得合规养老金计划比直接的现金支付更具有优势。设立这一计划，意味着企业分配在合规养老金计划中的资金，就多于比直接以现金方式支付给员工的退休计划，现期可以少交一定数额的税金。这对企业和员工都是有利的。

（三）合规养老金计划包含的抚恤金

（1）死亡抚恤金。养老金最初的目的是为退休员工提供福利保障，但有部分养老金计划为收益人设立了死亡抚恤金。主要形式为：①以年金形式发放抚恤金。很多企业养老金计划采取年金的形式为员工发放养老金，采用年金形式发放抚恤金不会给企业的养老金账户管理带来重大的现金流变化，可帮助企业更方便地管理养老金账户；②合格的退休前遗属年金（Qualified Preretirement Survivor Annuity，QPSA），员工死亡后其配偶作为法定收益人，可得到员工的退休前遗属年金。

（2）残疾抚恤金。残疾抚恤金是合规养老金计划的一种重要的附加福利。

（3）疾病和意外伤害抚恤金。

（四）非合规养老金计划

为何不是每个雇主都愿意采用合规养老金计划？问题在于并非每个雇主都能获得同等的税收优惠。调查发现不同职员对各种类型的养老金计划有着不同的偏好。根据专家统计研究的结果，以下四种人喜欢延期支付的合规养老金计划：①快退休的老年人员；②预期有高额养老金的长期在职职员；③能够在获得高额养老金支付前有足够现金维持一定生活水平的部分高薪职员；④不依靠养老金收入维持生活的员工。

除此之外，许多员工可能更偏好现金支付，如距离退休还遥遥无期的年轻雇员。养老金计划的设计者，应考虑到大多数员工的喜好和选择。企业的不同实际情况，也是制订养老金计划的重要考虑因素。有些企业希望对某些员工支付比计划更高水平的养老金，这就需要设立非合规养老金计划。

非合规养老金计划不需要满足国家的严格法律规定，相应地也不能享受税收优惠。这类养老金计划随意性比较大，可根据企业的不同需求对养老金计划作出不同的规划和设计。

（五）合规和非合规养老金计划的比较

合规养老金计划和非合规养老金计划，在很多方面都有显著差异。

（1）所得税扣除的时间。合规养老金计划是当资金注入养老金计划时，扣除费用来计算所得税；非合规养老金计划则是当养老金支付给雇员时，扣除费用来计算所得税的。

（2）养老金计划内的参与员工。合规养老金计划中至少包括70%的非高薪支付雇员；而非合规养老金计划可能只包括独立合同人或管理人员或高薪雇员，不必遵守70%人数的法律规定。

（3）可撤回养老金的范围规定。合规养老金计划包括了普通员工，适用于有关授予试验的法规，一定要满足5年或3～7年的授予试验。非合规养老金计划只对独立合同人或特定管理人员或高薪雇员设立，养老金将可能随时被全额撤回。

（4）养老金计划的资金收益的税收问题。合规养老金计划的投资收入的累进税可以免除，但当雇员根据其他福利计划的相关规定而得到其他资产时，将一并被征税，不能据此扣除收入所得税。非合规养老金计划的投资收益，将在获得收益的即期就对雇主征税，在实际向雇员分配养老金时对雇员征税，雇主将得到相应的所得税扣除的权利。

（5）人员构成。合规养老金计划包括独立合同人和董事，也包括普通员工；而非合规养老金计划可能只包括独立合同人、董事、特定的管理人员等。

(6)养老金计划对资产负债表的影响。合规养老金计划资金供给充足,计划对企业的资产负债表不会有负面影响;非合规养老金计划对资产负债表的影响可能是负面的。

二、美国的私人养老金计划

(一)一般状况介绍

美国的私人养老金计划建立于1974年,又称为职业养老金计划(Occupational Pension Plan)或雇主养老金计划(Employer Pension Plan)。美国的私人养老金计划基本上是企业自愿建立的,不具有强制性。企业有权不实行私人养老金计划,但在招用人员时必须说明。企业建立私人养老金计划,通常都是由雇员组织(如工会)与雇主集体协商谈判决定的,也有雇员个人与雇主谈判的情况。雇主一旦建立私人养老金计划,则必须覆盖全体雇员。

这一养老金计划又称为"个人账户计划",是指雇主和雇员共同缴纳一定比例的费用,进入雇员个人的养老金账户。养老金水平取决于缴费年限的长短和缴费数量的多少。对同一雇员来说,雇主和雇员的缴费率是按照一个预期的养老金水平来确定的。若雇员参加私人养老金计划的年龄不同,雇主和雇员的缴费比例可以是相同的,也可以有所差异。

雇主与雇员分担缴费义务的比例,有的计划是1∶1(雇主和雇员各交一半);有的计划是雇主多缴点,雇员少缴点;也有全部由雇主缴,雇员不缴费的情况。总体来看,雇主多缴,雇员少缴或不缴的情况比较多,而没有雇员多缴雇主少缴的情形。

存入雇员个人账户上的私人养老金,既可以用来向人寿保险公司购买人寿保险年金或团体延期给付年金,也可以通过信托基金方式积累起来,由银行、信托公司或个人受托人来管理,投资收入记入参加者的个人账户上,在退休时一次总付账户余额或多次支付。

私人养老金计划是美国养老保险体系的"三大支柱"之一,是劳资双方矛盾斗争妥协的产物。雇主建立私人养老金计划,可以缓解劳资双方的矛盾,有利于吸引和稳定优秀的雇员,同时也确实有利于保障雇员退休后的基本生活。据说,美国相当部分退休人员的收入,大部分来源于私人养老金计划,基本养老金只占其中很少部分,个人储蓄养老保险金的收入微乎其微。

一般来说,私人养老金计划提供的养老金,加上公共养老金计划提供的养老金,可以达到雇员退休前收入的50%～55%,低收入人员则可以达到70%～75%。由于雇员退休时绝大部分已不存在子女教育负担,偿清了住宅抵押贷款,完成了个人储蓄计划,并且支出和税赋相对工作时期大幅减少,私人养老金计划加上社会保障计划提供的养老金,大体上可以保证退休人员的生活不低于退休前的标准。美国的私人养老金计划是劳资两利的,对活跃金融市场,促进经济发展,也发挥了重要作用。

美国的私人养老金计划,数量众多,情况复杂,但从总体上可以划分为缴费确定计划和给付确定计划两种不同的模式。

(二)私人养老金计划的管理和投资运营

据美国劳工部统计,劳工部监督指导着全国大约90万个私人养老金计划,其中约80万个规模很小,人数不超过100人。另据1988年1月的一份报告显示,有29家私人养老金计划的资产超过100亿美元;271家超过10亿美元。截至1987年9月30日,全国最大的100家雇员福利计划,掌握了超过1万亿美元的资产,1000家最大的私人养老金组织,掌握了近1.6万亿美元的资产。如此众多的养老金计划组织和如此庞大的基金,如何进行组织管理和投资运营，是一个非常复杂而又十分重要的问题。

美国的私人养老金计划，并不是由雇主或企业自己管理的，大多数是由雇员代表组织成立一个管理委员会进行管理，并雇用专门的管理人员从事具体的投资运营工作。管理工作包括收缴、存储、投资和支付四个方面。私人养老金计划的基金与企业的资金完全分离，属雇员集体所有（在缴费确定计划中属于雇员个人所有），企业和雇主没有支配权。企业和雇主可以征得雇员代表组织同意后，从基金中借支一部分资金，但最多不能超过基金的10%，且须照付利息。基金的具体管理人员一般属于专门人才，他们是全体雇员（雇员代表组织）的雇员，其报酬由管理委员会视其工作能力和投资收益来决定。

私人养老基金一般委托人寿保险公司、商业银行、信托投资公司或个人受托人作为代理进行投资。选择哪个受托人，由基金管理人员决定。选择的依据是这些投资机构的资信状况。受托人并不保证投资收益和基金积累规模，而由从事咨询的精算师评估基金投资收益和积累规模是否适宜。

基金进入信托投资机构后，投资方向主要有以下几个方面：(1)政府债券和公司债券，一般来说收益较低，但回报率比较稳定，风险小；(2)公司股票；(3)海外投资；(4)房地产业。后三项投资的共同特点是投资风险大，但预期的收益率也较高。

私人养老金计划的基金到底向什么方向投资，一般由基金管理人员决定，投资收益并入基金；实行个人账户的缴费确定计划中，投资方向则由个人选择，投资收益记入个人账户。私人养老金计划一般都实行“基金制”，资金流入一般大于资金流出，养老金是一种长期负债，延期支付，积累起来的资金大部可用于长期投资。

养老基金的投资收益可免缴联邦所得税，投资人对市政建设债券一类的免税证券投资并不感兴趣，主要投资对象是公司股票，其次是公司债券和政府债券。私人养老基金是美国股票市场上最大的投资者之一。私人养老金计划的投资首先注重的是收益性原则，投资收益愈多，企业（雇主）向养老金计划缴费就愈少（缴费确定计划中个人账户余额增加），投资管理人员（投资经理）的报酬也越高。当然，在投资中也会考虑到安全性和变现性的原则。

三、给付确定型计划

（一）给付确定型养老模式

提供一项养老金计划的重要方面，在于决定什么样的计划结构是最优的。为此，需要就一些基本问题作出抉择：养老金计划选择提供的是给付确定型模式还是缴费确定型模式，或混合型养老金计划模式？为了作出正确决策，养老金计划发起人和其他决策人员必须弄清楚：这些养老金计划在筹资、发起人责任、收益保障等方面，都存在哪些差异，在承担投资风险和收益方面有哪些相同。

合规养老金计划在资格要求、资金管理等方面，都应当严格按照国家法律的相关规定设立，从而可以享受一定税收优惠。它是美国目前运用最为广泛的养老金计划。合规养老金计划主要分为给付确定型计划和缴费确定型计划两种。

给付确定型计划保证员工在退休后可以定期收到一定数量的退休收入。通常，养老金是在收益人退休之后开始支付，直到收益人离开人间为止，故养老金计划发起人要承担死亡风险。这就是说，一些收益人可能寿命很长，从而长时期领取养老金。在养老金计划的结构框架上，最为重要的方面就是养老金给付公式、替代率和资金筹措。如果存在遗属权利条款，支付期可能长于收益人的生命期。

(二)给付确定型计划的养老金给付计算

给付确定型计划又称为养老金确定计划，是指缴费并不确定，无论雇员缴费多少，退休时的待遇都是确定的。在养老金确定计划中，不实行个人账户制度。一般雇员不缴费，养老费用全部由雇主负担。雇主缴费多少则取决于经办机构的投资收益状况，如果收益较好，雇主就可以少缴费甚至暂时不缴费；反之，就应多缴费。雇员退休时，按照在该企业工作年限的长短，从经办机构领取相当于其在职期间工资收入一定比例的养老金。这与我国目前仍然实行的退休时按标准工资一定比例计发养老金的办法，有相似之处。

20 世纪 70 年代早期，养老金给付计算的公式，一般用特定雇主手下工作的员工在其整个职业生涯中所得到的平均工资额，乘以工作年限，再乘以养老金收益系数即可得到。如某个职工年平均工资额为 25 万美元，为雇主已经工作了 30 年。雇主的养老金收益系数为 1.5%，则其养老金收益为每年 1.125 万美元(这种计算方式假设养老金计划并未与员工的社会保障收入合并)。在 70 年代末和 80 年代初，许多雇主转而采用最终工资作为支付标准的收益计算公式，雇主可用职工最后 1 年的工资水平，也可以用最后 3～5 年的平均工资水平来决定养老金收益水平。但通货膨胀加剧了养老金收益的变化，因而用 30 年工资水平均值化的做法开始显示出一定的合理性。

参加给付确定型计划的雇员退休时，领取的养老金待遇，与雇员的工资收入高低有关，与雇员工作年限有关。具体计算公式为：

养老金＝若干年的平均工资×系数×工作年限

若干年的平均工资是计发养老金的基数。可以是退休前 1 年的工资，也可以是退休前 2～5 年的平均工资，还有的规定为在该企业工作期间收入最高的 10 年或 15 年的平均工资。

系数是根据工作年限的长短来确定的。有的计划规定在该企业工作 30 年及以上的，系数为 2%，低于 30 年的在 1.5%左右；有的计划规定凡工作年限超过 15 年的系数相同。

系数乘以工作年限，构成雇员退休时个人养老金的替代率。一般工作年限在 30 年以上者，养老金的替代率可达到 75%左右。这样，如果加上社会保障计划提供的基本养老金，替代率就显得过高。解决这一问题的普遍做法是采用“抵消法”，即将给付确定型计划中取得的养老金总额，扣除部分社会保障计划所提供的养老金，最高的抵消比例是 50%。

假如某雇员参加的私人养老金计划的计发基数为三年的最高平均工资(如 50000 美元)，工作年限为 35 年，系数为 2%，抵消比例为 50%，他从给付确定型计划中实际得到的养老金为：

养老金＝50000×2%×35－从社会保障计划中得到养老金×50%

假如某雇员退休时从社会保障计划中得到的养老金为每年 2 万美元。按照上述公式，他能从私人养老金计划中得到养老金的数额为 2.5 万美元。公共养老金与私人养老金两项之和为 4.5 万美元。

表 9-1 雇员到 70 岁时其 IRA 中的基金价值(每年存款 2000 美元) (单位:美元)

开始存款年龄	每年收益率			
	8%	10%	12%	14%
20	1147540	2327817	4800036	9989043
25	773011	1437810	2716460	5181130
30	518113	885185	1534183	2684050
35	334634	542049	863327	1387145
40	226566	328988	482665	713574
45	146212	196694	266668	363742
50	91524	114550	144105	182050
55	54304	63545	74559	87685
60	28973	31875	35097	38675

从表 9-1 中可以看出,开始存款的时间越早,年收益率越高,可得到的收益相应越大。

现在通用的养老金给付公式是服务年限乘以最后 3 年的平均工资,再乘以 15%。据此计算,一个在工作岗位上服务了 30 年、最后 3 年的平均工资为 4 万美元的员工,每年可得到的养老金收益为 1.8 万美元。该公式产生了过高的收益水平,有利于长寿者和高工资的员工,从而诱导人们提前退休。然而对于养老金计划发起人而言,这一切都是有成本的,采用最终工资标准的计算公式,极大地增加了养老金计划的风险,增加了工资中通货膨胀部分给发起人带来的风险。若通货膨胀出人意料地高涨——或仅是一种温和但高于预期水平的通货膨胀,这一计算公式也将增强人们期望收益水平将会高于预期水平的心理。为养老金计划筹集的资产,其收益也许可以补偿通货膨胀的影响,但不能抵偿通货膨胀的风险。

给付确定型计划还有其他计算方式,一般适用于非同业公会的员工,对这些员工或多雇主养老金计划,养老金给付公式一般为统一收入基数乘以工作年限。当然,较之于以最终工资水平计算的公式而言,该计算方法可能产生相同的结果,但它取决于统一收入基数的大小。而该基数金额又是雇主同工会谈判的结果。

在给付确定计划中,一般都规定有享受的资格或条件,大部分规定必须工作满 10 年,也有规定必须满 5 年或 15 年的,达不到这一条件的雇员退休时,不享受任何养老金。达到这一条件时,每年享受的养老金数额还有最低限额和最高限额的规定。另外,该计划中的养老金,在雇员退休前不能支取;流动后也不能转移(资格保留,退休后仍按月支付);雇员退休前或退休后死亡的,终止保险关系,不再向其家属提供养老金待遇,但付给死亡雇员家庭一定数额的一次性抚恤金。退休人员死亡后,家属隐瞒不报继续领取养老金,则视为犯罪行为。

(三)替代率标准

在决定养老金计划给付水平的标准时,雇主一般先从确定替代率标准入手。替代率是指养老金收益和社会保障收入对工资的替代程度,它是占最终支付额一定百分比的每年的养老金支付额。替代率的经济意义在于,养老金计划发起人希望员工退休并同意员工的补偿要求时,诱使员工办理退休。同时,发起人也向那些受益于社会保障的员工提供保险,以防保障金的给付减少。

确定替代率时，一般假设员工是在正常的退休年龄退休，职业生涯一般为30～40年。若某个员工的养老金收益为2万美元，其最终工资额预计为4万美元，则建议养老金替代率为50%。这就是说，养老金收益将替代员工目前工资水平的50%。

为了确定合适的替代率，雇主首先要考虑在最有利于自身的同时，该替代率是否会促使员工提前退休；其次，当对员工的现金补偿折现值小于该笔现金对于雇主的贡献价值时，预期50%的替代率是否足以为现在的员工提供足够补偿。如社会保障支付不包括在50%的养老金替代率中，则员工的退休收入将大于最终工资的50%。即50%的替代率加上社会保障待遇水平，将会极大地诱发大家提前退休，并提供更大规模的延期补偿。为了解决这些问题，养老金计划发起人通常会雇佣一些顾问，通过其掌握的数据库信息，告诉委托人其他的养老金计划发起人正在做什么，这种相互比较，有助于揭示员工对雇主提供的工作和技术愿意接受的回报。这将帮助雇主明白现金工资同养老金之间的平衡关系。一些雇主认为社会保障给付是养老金计划的一部分。因而，他们确立了包括社会保障给付在内的替代率目标。

(四)资金筹措

养老金计划可以建立在现收现付制基础之上，也可以通过专门提取部分资产积累，再加上计划发起人未来的缴费，以确保足额支付承诺的收益水平。给付确定型计划所筹基金可能过多(此种情况下，基金数会大于未来所需支付的养老金)、适中或过少。随着时间的推移，积累不足的养老金计划必须通过发起人的额外缴费或投资回报来加以解决。因此，养老金计划的筹资能力可部分地用下列指标来描述：即在特定的时限，养老金计划的融资稳健度和抗风险能力。

一旦养老金计划的目标替代率及对未来工资和预期寿命的估计值得以确定，财务顾问和养老金计划发起人就需要在精算师和财务专家的帮助下，测算出备选的资产配置和投资收益率的预期水平，就能据此推算出如何将现收保费投资于养老金计划，如何将后续年份收取的保险费用来支付其承诺的养老金。如果已投资保费金额加上基金的收益超过需要支付的养老金数额，那么雇主可以降低或取消未来的缴费。但若基金收益低于预期水平，缺口部分则应由雇主补偿。对于给付确定型计划，应该注意的是，即使基金额和未来的投资收益不足以给付养老金，收益人也有权利得到承诺的养老金。在基金收益高时，养老金计划发起人获利，在收益低或规划不佳时则要承担风险。

四、缴费确定型计划

(一)缴费确定型计划的好处

(1)简便灵活，雇主不承担将来提供确定数额养老金的义务，只需按预先测算的养老金数额规定的一定的缴费率缴付。雇主也不承担精算的责任，这项工作可以由人寿保险公司承担。

(2)养老金记入个人账户，对雇员有很强的吸引力。一旦参加者在退休前终止养老金计划(转换工作)时，对其账户余额处置具有广泛的选择权，或者在资金转移到人寿保险公司，或者转移到新雇主的养老金计划，或者继续留在原养老金计划中，到退休时一次性支取。如果雇员在退休前死亡，养老金计划一般会把全部账户余额作为抚恤金付给雇员的家属。

(3)缴费确定计划不必参加养老金计划终止的再保险。也就是说，如果雇主遇到重大的经济困难时，可以随时终止养老金计划，并不承担任何责任。

(二)缴费确定型计划的缺陷

(1)雇员退休时的养老金取决于其个人账户中养老金的数额,参加养老金计划的不同年龄的雇员,退休后得到的养老金水平相差较大。

(2)个人账户中的养老金受投资环境和通货膨胀影响较大,在持续通货膨胀,投资收益不佳的情况下,养老金难以保值增值。

(3)这种养老金计划鼓励雇员在退休时一次性领取养老金,终止养老保险关系。但因为一次性领取数额较大,退休者往往不得不忍受较高的所得税率(最高可达35%左右)。此外,缴费确定计划的养老金与社会保障计划的养老金完全脱钩,容易出现不同人员的养老金替代率畸高或畸低。正因为如此,美国私人养老金采用缴费确定计划模式的越来越少,绝大部分采用给付确定型计划模式。

(三)缴费确定型计划的一般注意事项

在缴费确定型计划中,雇主和员工都为养老金计划缴纳工资额度的一定比例或金额。那么,员工退休时既可一次性获得养老金给付,也可以年金形式获得养老金,直至该计划积累的养老金本利之和全部发放完毕为止。较之给付确定型计划而言,缴费确定型计划没有养老金计算公式,收入替代率是一个非常重要的目标,筹资过程并未受到诸如投资营运和预期寿命的精算估计等因素的直接影响。相比之下,缴费确定型计划收益人却要承担长寿风险。这就是说,收益人退休后的资产有可能因其寿命过长而不够养老之用。

在理论上,提供缴费确定型计划的雇主可以使用某种方法,即首先设定目标替代率,形成一些有关最终工资水平、从业时间和投资收益的估计,据此推算出每年应支付多大金额以达到预设结果。如果投资收益高于预期水平(一般不会总是这样),员工可以得到一次性给付,或是养老金计划的给付,后者将产生大大高于原始预期水平的收入替代率。当然,若基金的投资收益低于预期水平,最终替代率和给付的养老金可能会远低于预期水平。

在一些缴费确定型计划中,雇主为员工配置资产的情况下,就需要对全部养老金计划的收益人群体——即所谓的代表性员工有个界定。因为养老金计划发起人害怕承担因投资失败而引起的责任,某些法律规则的实施会使得这种模式逐渐丧失吸引力。

在许多缴费确定型计划中,通过有选择地将资金投入诸如普通股和固定收入类的资产,或者投入特定的投资基金和某一资产类别的基金,收益人可以参与投资决策。因此,在决定投资基金的风险组合时,收益人能发挥一定的作用。它满足了员工独特的需求与偏好,这一点颇具有吸引力。与此同时,因配置优秀的资产组合需要较高水平的专业知识,也会面临某些风险。

(四)给付确定型、缴费确定型或者混合型养老金计划

给付确定型计划是否比缴费确定型计划更具吸引力,并非一目了然。虽然两项养老金计划中的税赋相差无几,但后者在诸多重要方面都有别于前者。

缴费确定型计划是一种典型的简易模式,因该计划所给出承诺较少,长期性和忠诚意愿较弱。然而,除非筹资成本相当高,否则渴望获得退休收入保障的员工难以辨清缴费确定型计划的诱人之处。一些员工重视岗位流动性和选择性,不愿因此丧失过多的养老金收益,他们将发现缴费确定型计划更为吸引人。一般来讲,从养老金计划发起人的角度来分析,每种计划的诱人之处,对某些员工来说不具有吸引力,反之亦然。养老金计划的发起人和员工,不可能同意某种形式的养老金计划必然优于另一种的说法。

近几年来，缴费确定型计划的数量增加很快，给付确定型计划几乎没有增长。其中一个原因，可能是缴费确定型计划使得《雇员退休收入保障法》的给付管理负担大为减轻，但目前还没有令人信服的实据来支持这种观点。另一个理由是其他因素促使人们转向缴费确定型计划。有数据显示，缴费确定型计划增长的大部分，得益于公司采纳该计划作为给付确定型计划的补充，及一些小单位采纳该计划。最后要注意的是，政府政策对职工流动性不再保持中立，现行政策更倾向于鼓励员工流动。在这种政策背景下，给付确定型计划失去了先前将员工挂在某单位的优势。

给付确定型计划和缴费确定型计划或两者的混合体，是应用最广泛的合规养老金计划。它们在信息和管理上都具有规模效应，都是为退休进行储蓄的有效手段。在财务和员工激励方面，它们有细微或较大差别，并有各自的优点和缺点。某些养老金计划发起人希望员工能较长期地为同一雇主工作，给付确定计划对他们具有吸引力。然而员工可能认为缴费确定型计划的既得收益权和流动性更具有吸引力。类似的是，虽然投资人想通过缴费确定型计划将投资风险转嫁给收益人，员工却偏爱给付确定型计划。这种计划可以抵御通货膨胀的风险和社会保障的不足，以防患于未然，但可能需要频繁地加以改动，以符合每个员工的要求。缴费确定型计划很容易理解和计算其价值，但给付确定型计划却复杂得多。面对这些冲突，混合型计划可以使雇主在接受员工的养老金计划偏好的同时，构建具有吸引力的激励机制，因而具有一定的亲和力。

哪种模式对养老金计划发起人更好呢？这取决于发起人想要做什么，及法律和劳动力市场许可发起人做什么。从员工的角度来考虑，最优的养老金计划取决于员工对待风险的态度函数。

（五）养老金计划选择的实证分析

1995 年美国出版的《员工福利研究所机构信息汇总》一书显示，截至 1990 年，缴费确定型计划已经覆盖了一半以上养老金计划的参与者，占养老金计划总数的 80％以上。上述数据证明：缴费确定型计划有取代给付确定型计划之势。在 1975 年，私营养老金计划 28％的资产额是缴费确定型计划，到了 1993 年，这一比例超过了 45％。其他数据也值得认真考虑。如员工的流动性不如 15 年前强。截至 1996 年 9 月 30 日，美国国内税务署批准的给付确定型计划数，是缴费确定型计划数的 4 倍。1996 年中期，美国私营和公共给付确定型计划的总资产达到 4 万亿美元左右，而缴费确定型计划的资产仅有 1.2 万亿美元，其中还包括 401(k)计划中的 6750 亿美元。

在 20 世纪 80 年代和 90 年代早期，各种评论家认为缴费确定型计划将大行其道的看法正受到质疑，至少对私营养老金计划来说是这样的。因征收附加税的缘故，现在返还多余资产变得更加困难，其吸引力也大打折扣。因此，促使给付确定型计划向缴费确定型计划转变的主要动力不复存在。另外，养老金计划发起人对隐含于缴费确定型计划之中的责任有了更加清晰的认识，如果没有达到员工对资产积累的预期值，发起人将被迫补偿其资金缺口。最后，人们对于特定环境下给付确定型计划带给某些雇主的有利条件，有了更为深刻的认识。据说，一些大型公共养老基金正在评估缴费确定型计划的优缺点。所以，养老金计划调整的新浪潮可能将要到来。

不管总的发展趋势如何，私营机构必须选择一种养老金模式，该模式应该是在特定环境中，为达到特定目标所作出的经济有效的选择。决策时需要考虑诸多重要因素，如筹资和投资行为之间的互动性、适当的员工流动水平、专业知识的价值、计划成本、发起人现金流的变化程度。

给付确定型计划并不像当局宣称的那样必然缺乏吸引力。这种年金形式的养老金计划成本虽然较高,但为劳资双方同时受益。公司专业知识、重新调整劳工的选择、通过良好的投资运作来降低总筹资额的潜力,都是一些机构所关注的指标。这些机构应该仔细研究给付确定型计划。那些对上述指标不感兴趣,无力支付费用或现金流高度不确定的机构,应该考虑缴费确定型计划。某些机构发现每种养老金计划都有其优缺点,它们开始考虑近年来得到较快发展的混合型养老金计划。

五、个人储蓄性养老保险

个人储蓄性养老保险是由个人自愿向商业性保险机构投保养老寿险,向商业银行储蓄养老金等,借以在晚年养老金不足使用时,可作为补充养老使用。国家还鼓励开展个人储蓄性养老保险。这一做法相当于美国为职工建立的个人退休基金账户。

职工个人储蓄性养老保险,是我国多层次养老保险体系的第三层次,是由职工自愿参加、自愿选择经办机构的一种补充保险形式。按国家劳动和社会保障部的解释:"由社会保险机构经办的职工个人储蓄性养老保险,由社会保险主管部门制定具体办法,职工个人根据自己的工资收入情况,按规定缴纳个人储蓄性养老保险费,记入当地社会保险机构在有关银行开设的养老保险个人账户,并应按不低于或高于同期城乡居民储蓄存款利率计息,以提倡和鼓励职工个人参加储蓄性养老保险,所得利息记入个人账户,本息一并归职工个人所有。职工达到法定退休年龄经批准退休后,凭个人账户将储蓄性养老保险金一次总付或分次支付给本人。职工跨地区流动,个人账户的储蓄性养老保险金应随之转移。职工未到退休年龄而死亡,记入个人账户的储蓄性养老保险金应由其指定人或法定继承人继承。"

实行职工个人储蓄性养老保险的目的,在于扩大养老保险经费来源,多渠道筹集养老保险基金,减轻国家和企业的负担;有利于消除长期形成的保险费用完全由国家"包下来"的观念,增强职工的自我保障意识和参与社会保险的主动性;同时也能够促进对社会保险工作实行广泛的群众监督。此类保险形式实质上是一种商业保险。个人储蓄性养老保险可以实行与企业补充养老保险挂钩的办法,以促进和提高职工参与的积极性。

目前在我国还没有专门设置个人养老储蓄,尽管我国目前逾 50 万亿元的储蓄存款中,几乎有 10 万亿元是用作养老准备,因此有必要专门开设养老储蓄的专门储种。

第三节 美国养老金计划

一、养老金计划确定中的筹资和投资行为

缴费确定型计划和给付确定型计划的显著区别,在于两者的筹资方式不同。顾名思义,如果作出了缴费额的承诺,缴费确定型计划总是完全积累基金,资产价值等于负值。给付确定型计划可能完全积累,也可能非完全积累,雇主必须向缴费确定型计划缴纳事先承诺的保险费。然而,对于给付确定型计划,雇主在计划时期的缴费可以少于精算平衡时的保费,雇

主接下来或寄希望于超额的投资收益,或用早期多缴的保费来达到收支平衡。

对于私营的单一雇主和多雇主确定的给付型计划,法律规定了筹资水平和筹资渠道。这既可以保证技术上的一致性,但又产生了一些副作用。《雇员退休收入保障法》的立法宗旨乃是加强私营养老金计划的管理,鼓励筹集更多基金以保证计划的稳健性。但是,对于私营养老金计划来说,因为养老金缴费享有免税待遇,旨在增加收入的国内税务署立法抑制了筹资活动,最近几年,允许筹资的领域几乎没有扩大。就公共养老金计划而言,没有等同于《雇员退休收入保障法》的概念,也就没有关于强制足额筹资的规定,但却有太多的州政府法规和工会协议来管理公共养老金的筹资。

给付确定型计划的筹资水平,受到养老金计划所筹基金投资经营的影响。两种类型养老金计划间的关键区别在于,必须处理好谁承担风险以及养老金的资金来源和投资活动。假如某给付确定型计划的发起人,因投资收益达不到预期水平而必须增加筹资额,为何不转向缴费确定型计划呢?原因就在于给付确定型计划在风险承担和保障方面,比个人更有效率,同时缴费确定型计划隐含了传授员工投资知识的义务,如不这样做,法庭有可能判定由养老金计划发起人承担投资风险。

养老金计划发起人应该在筹资成本和投资绩效之间作出某种选择。某些发起人可能认为通过提供给付确定型计划,能够减少员工养老金的总缴费额,缺口部分则试图通过投资收益来补偿;另一些发起人可能更愿意在整个期间制定较高的缴费标准,通过提供缴费确定型计划将投资风险转嫁给员工。不管发起人持何种态度,他们必须明白员工也会有偏好。没有理由认为员工会对 1 美元给付确定型计划基金和 1 美元缴费确定型计划一视同仁看待。如果发起人转向缴费确定型计划,某些员工可能发现投资风险(和死亡风险)负担,要承担投资失败的风险,要求缴费确定型计划筹集更多的基金,进而降低其退休保障程度。

二、养老金计划成本

在选择养老金计划之时,一个需要考虑的重要因素是,在提供养老金收益的同时,雇主将承担融资和其他成本。通常,所选养老金计划的边际成本等于或小于养老金计划发起人和最终持股人/纳税人的边际收益。

(一)行政管理成本

根据哈金斯(Hag Huggins)的研究,一家精算咨询公司为一家大公司(员工超过 500 人)管理给付确定型计划的成本,要比管理一项缴费确定型计划的成本多 1/3,若参加养老金计划的人数减少时,这种成本差距将进一步扩大。当有 15 个参加者时,缴费确定型计划的行政管理成本,是给付确定型计划的 50%。这似乎可以解释为什么缴费确定型计划对于小公司和新成立的公司更具有吸引力。自 1990 年以来,两者的相对成本没有发生改变。

(二)筹资成本

对于成本的另一个着眼点来自于投资理论。经实践验证的理论告诉我们:人们对于充满风险的投资活动,或多或少都有不同的贴现率。一般而言,人们认为风险较大的投资活动应采用较高的贴现率。从员工的角度考虑,养老金计划是一种投资活动。缴费确定型计划和给付确定型计划的根本不同之处在于,谁承担投资失败的风险和未来退休基金积累不足的风险。面对二者的选择,员工应将给付确定型计划视作风险较小的养老金计划。因此,评估其价值时应采用较低的贴现率,这意味着发起人如能以较低成本提供优质的投资管理(因为单个员工无法得到规模经济，并且员工获得积累知识的成本可能很高），给付确定型计划可能比缴费确定型计划更有成本优势。换而言之，提供缴费确定型计划的雇主可能不得不制定较高的缴费率，以弥补由于附加风险而带来的风险溢价。对于有较高现值的给付确定型计划，发起人和员工必须达成共识，即发起人要有长远的战略眼光，信誉卓著，且员工流动率低。

(三)给付确定型计划中的选择

获得收益是产生成本的行为过程的结果。在收益范围内，必须对全部成本加以评估，虽然给付确定型计划的行政管理成本较高，但为发起人提供了多种有价值的选择。如给付确定型计划为养老金计划发起人提供了一些思路，以及管理养老金计划中员工的人口状况，发起人可以经常调整建立在某种特定目的基础之上的养老金给付公式，以鼓励提前退休。如增加在职受益以补偿意外的通货膨胀水平；也可以用养老金计划奖励那些高素质或高效率的员工。如果这些员工的养老金贴现率较低，他们就会看到给付确定型计划中的负担，是对其优秀表现所作出的经济奖励。若所筹资产的投资表现上乘，雇主也可能使用给付确定型计划筹集退休后的收益。这些选择对于补偿日益突出的养老金成本问题，可能极有价值。

(四)发起人现金流的变化

彼特森(Peterson)对于养老金计划的选择，提供了一个新颖的视角。他证明现金流对具有高度不稳定性的公司而言，通过选择缴费确定型计划可能会降低其经营的杠杆作用(收入变化以及变动成本和固定成本的变化导致经营现金流的变动)；缴费确定型计划是同利润而非工资联系的。由于上述原因，养老金计划必须被设计成一项利润分享计划。在该计划中，缴费额是利润额的百分比，没有利润就不存在缴费。可通过调整缴费额来弥补现金流的变化。当利润高时，缴费额也高；利润低时，缴费额也低。

三、养老金计划确定中的雇主与员工

(一)员工流动性

如前所述，给付确定型计划因受到雇主提供最终工资计划的流行趋势的影响，目前负担沉重。这就是说，养老金水平实际上同员工从业早期的工资无关，而同最后工资水平高度相关。该养老金计划不鼓励劳动力流动，同时，为了实现较高的最后工资水平，员工要为同一个雇主长期努力工作。员工可得到工资和建立在高工资基础之上的养老金收益两次回报。但这些承诺因增加了离职成本，从而降低了对新员工的吸引力。

设想某员工在职业生涯中转换了新的工作，并希望在老年时得到10%的年支付率。他愿意使用不变的养老金给付公式。考虑到高工资的优势，他继续采用统一的工资比率增长额来计算给付额的新工作，其薪水如能高于原工资额的3%，就可以留给员工大致相同的收益现值。这就是说，高于原工资额3%的部分，将补偿员工从第一个工作退出时所交养老金收益撤离费的损失，这其中没有考虑新工作的非现金净收益。

既得受益权要求是流动性的另一方面，它意味着某职工在获得全部养老金收益前必须在企业中工作若干年。1975年之前，一些公司的规定工作期为28年甚至于更长。《雇员退休收入保障法》要求每个具备全日制资格的职工，必须在15年后才能拥有养老金收益的全部权利，随后法律调整为5年享有期或7年分级享有期。该法律适用于私营给付确定型计划，也适用于私营缴费确定型计划，没有针对公共养老金计划投资的全国性立法。既得受益权要求差别较大，它们可能更多地取决于州立法和工会协议。

在给付确定型计划中，如果职工在获得全部既得受益之前跳槽，或者雇主有意识开除该职工，他们就将失去全部或部分养老金收益。既得受益权要求也倾向于制止员工在既得受益权期内转换工作。从养老金计划发起人的角度来讲，既得受益权的要求可能是有利的。这要求人员流动由相关替代雇佣率和培训成本都保持较低水平。同时，如员工工作的年限少于雇主要求的年限，雇主可以依照既得受益权要求重新取回承诺的养老金缴费。另外，既得受益权要求允许解雇不满意的临时工而不必对其担负长期义务。从雇主的角度讲，既得受益权有助于留住雇主想留下的员工，同时也给予雇主很大的权限，如在低素质员工获得养老金受益权之前将其开除等。

缴费确定型计划经常但并非总是会立即拥有既得受益权，尽管在雇佣期的前 3 年可能不缴费，并且常常与为某个雇主服务的年限和员工的年龄无关。这对雇主是不利的，该养老金计划并不能阻止高素质员工的跳槽，这种流动性对员工来说却极具吸引力。

(二)雇主专业知识

虽然没有明确的理论或无可辩驳的实证研究，表明为何一种养老金计划比另一种养老金计划更受人青睐。但某些人认为，在作出选择之前必须处理好由养老金计划发起人决定的特定人力资本的数量，这种处理方式是最优的或者是更易于接受的。如大学教授大多数都参加了缴费确定型计划，教授所做的工作几乎不需要雇主运用特定的人力资本。就教学和科研工作而言，复杂知识并非必要，实际上教授必要的教学和科研技术在任何大学都被认为具有较大价值。大学一般没有理由设立一项旨在奖励长期服务或大量投资于机构专业技术的养老金计划。

许多公共和私营机构的确需要员工拥有大量的专业知识，以便于作出正确决定。这种机构能够奖励那些工作年限长的员工。这些机构通过设计具有撤销条款的确定型养老金计划，从而大量投资于雇主专业人力资本的构建。养老金计划中的撤款负担，旨在减少人员流动率，使雇主更经济地寻找替代员工并支付培训成本，而非对于员工转换工作的惩罚。

根据杰士曼和斯泰梅尔的说法，没有证据表明近些年经济生活中职业界限模糊的现象，可以解释相当比例的养老金计划采用缴费确定型计划的趋势。这一证据同下述规定相符合，即随着制造业增长的下降，减少鼓励员工构建雇主专业人力资本的养老金计划。

四、混合型养老金计划

在缴费确定型计划和给付确定型计划之间作出抉择并非容易。许多情形下，进退维谷的境地使养老金计划发起人无法作出抉择。如果可以避免这种两难困境，人们就可以作出更好的选择。为了摆脱这些困境，对于传统的给付确定型计划/缴费确定型计划结构而言，具有选择性的养老金计划结构业已出现。它们包括联合计划(两种基本形式的联合)、现金余额计划、养老金权益计划和目标收益计划。

(一)联合计划

博迪(Bodie)、马科斯(Marcus)和莫顿(Merton)等人，深入分析了给付确定型计划和缴费确定型计划，但没有发现哪种模式更为人们偏爱。他们认为根据劳资双方的偏好，一种混合的“最低计划”也许会占有重要地位。该计划包括一项依据规定养老金给付公式计算出的最低退休收入保障，最低保障之外由缴费确定型计划加以补充。许多雇主已经采纳该模式，同时,缴费确定型计划也属于401(k)条款类型。从某种程度上来说,给付确定型计划为雇主提供了某些特别机会,以便产生具有内在吸引力的激励(如用撤离费增加离去的成本),提供给员工分担风险的收益。补充部分(指缴费确定型计划部分)为雇主减少了投资风险,同时,也使员工感受到了规格统一、便于转移的好处。当然,由于最低保障部分和补充部分都享有税收减免的优势,二者均有吸引力。

回顾前面讨论的养老金计划组织结构的重要性。大多数机构介于支持缴费确定型计划(如教授学者)和支持给付确定型计划(如专业技术人员)之间。因此,兼有二者特性的联合计划,对于许多发起人来讲更有意义。作出决定的关键,在于养老金计划组织结构资本规模的比重。简单的规则是:如果养老金计划组织结构资本很重要,给付确定型计划在联合计划中的比重应大一些,反之,缴费确定型计划的比重应更大一些。

(二)现金余额计划

1984年,美洲银行公司建立了第一个现金余额计划(CBP)。近些年,该计划开始成为养老金发起人模式选择的重点对象。大约200个给付确定型计划转向了现金余额计划。尽管现在选择这种养老金计划的人数并不多,但该计划确有一些引人瞩目的特征。

就私营雇主而言,现金余额计划遵守《雇员退休收入保障法》筹资条例的规定,并且由养老金收益保证公司承保。现金余额计划是一种给付确定型计划,还具有一些使缴费确定型计划具有吸引力的特征。现金余额计划中的收益产生方式类似于缴费确定型计划,一般采取一次性支付的形式,收益价值根据账户余额大小而定。资产被聚积起来,雇主承担投资风险。另外,类似于给付确定型计划,调整现金余额计划可以诱发提前退休,和缴费确定型计划一样,个人长寿风险由员工承担(除非退休时雇主提供终身年金或是员工用收入购买终身年金)。现金余额计划是可转移的,它允许被授权的员工在离开工作机构时取走产生的收益。该养老金计划账户积累的缴费额和利息额同所支付的收益直接相关,便于员工理解。

为了弄清楚现金余额计划如何运作,让我们举例说明。某员工参加某发起人的养老金计划已达10年之久,其年收入为4万美元,发起人将员工预期工资的一定百分比存入参加者账户,存款根据工作年限的不同可能有所变化。假设该员工每年账户内的存款额为其薪水的5%,根据一些可预测的市场指数或利率进行计算的利息额也计入该账户。如果指数是长期国库券利率,并且国库券年收益率为7%,则账户内存款产生的利息为存款余额的7%。还可以进一步假设,该员工在第11年初的账户余额为8000美元,第11年末,按照前面作出的国库券利率假设和缴费假设,该员工的账户将增加2560美元(2000美元是5%的缴入存款,560美元是按7%孳生的利息),账户内的现金价值达到10560美元。如果该员工此时离开该机构,账户余额将一次性返还。

和传统的给付确定型计划不同,现金余额计划不能很容易地收取撤离费,利息存款部分造成贫穷人员得到的远多于其应该得到的。此外,因养老金计划赖以支持的投资资产可能少于缴费和存款利息的价值,还存在投资风险。然而,如发起人的投资资产价值大于总账户存款额,发起人就可以获利。现金余额计划可以和最低收益水平、401(k)计划、匹配计划和利润分享计划配合使用。存款可以与最后平均工资额/服务年限公式相联系,为发起人提供收取撤离费的机会。现金余额计划的最终收益在支付时一般高于传统的给付确定型计划。因此,对那些具有较高员工流动率的机构而言,现金余额计划的成本要高于传统的给付确定型计划。然而,后者较低的未来退休收益水平,至少部分抵消了成本的差异。根据博瑞纳

(Brenner)的说法,未来退休的低收益水平的重要性,尤其为那些退休负担较重的机构所欣赏。

现金余额计划也影响到计划管理的其他方面。一次性支付所带来的额外流动资产需求,可能造成发起人将所持基金的大部分,投资于短期货币市场和债券之类的生息证券,进一步降低了资产收益率,并可能增加未来的缴费额度。现金余额计划没有贷款、自我指导投资选择之类的项目,其行政管理成本比缴费确定型计划低。

(三)养老金权益计划

可替代现金余额计划的一种混合型计划,是由瓦特(Watt)所描述的养老金权益计划(PEP)。养老金权益计划由RJRN公司在1993年首次使用,它根据年龄和最后平均工资水平等因素确定收益水平,这样做可以解决现金余额计划的部分缺点。

为了解养老金权益计划的运作机制,我们可以考察IBM公司在1998年采用的养老金权益计划,收益水平由根据年龄变化的基本点数来决定。一个29岁以下(含29岁)的员工每年可得到7个点,而45岁以上(含45岁)的员工每年可得到16个点。退休时,积累的全部点数之和(有上限)乘以最后5年工资额的平均数,再将乘积转换为养老金给付额、年龄和最后工资权重的双重影响,使得该养老金计划比现金余额计划更能吸引中年员工,在奖励快速升迁的员工方面具有更高效率。

(四)目标收益计划

目标收益计划(TBP)是一种旨在复制给付确定型计划结构的缴费确定型计划。目标收益可以是特定的美元账户,也可以是一定比例的工资。从表面来看,目标收益计划似乎是一种合法的给付确定型计划,但却要遵守缴费确定型计划规则。该养老金计划直接确定收益人的目标给付水平,使参加者的养老金计划在概念上类似于给付确定型计划,然而发起人又得到了一些同缴费确定型计划相协调的灵活性的好处。

缴费同年龄无关,并且收益的产生类似于给付确定型计划。年缴费额根据成本精算方法和利率、死亡率精算假设加以确定。养老金计划参加者有单独缴费和投资收入账户,实际收益由养老金计划参加者退出时账户的实际金额决定。因实际投资收益可能高于或低于计算年缴费额时所假设的利率水平,所以,养老金计划参加者实际收益可能高于或低于目标收益。此外,正如在缴费确定型计划中经常出现的情况那样,如果收益人不用个人收入购买终身养老金,他们就要承担长寿风险。

对于那些想提供有利于高薪员工的养老金收益,并保持低管理成本的小公司,目标收益养老金计划非常具有吸引力。就某些公司而言,员工的年龄越大,对公司的贡献就越大,目标收益计划对这些公司也有吸引力。因此,目标收益计划在吸引中年员工方面很有用。目标收益计划的不利之处,在于其非歧视性法规过于复杂。虽然发起人可以运用相关安全保护法规,但设计目标使得收益计划的法规正在受到挑战。

(五)养老金计划选择

养老金计划并不存在于真空中,它是企业及其他机构一揽子补偿计划的组成部分。因此,必须包括发起人希望施加影响的所有员工。当然,其他契约形式可能更加高效,但无论发起人的意愿偏好如何,劳动力市场将会限制发起人的养老金选择。

在评估备选计划的结构时,公平问题值得思考。某些人声称缴费确定型计划主要强调公平性。因此,在员工跳槽时,该养老金计划并没有处罚他们。尽管缴费确定型计划允许大规模的劳动力流动，但并不能据此认为它对所有的相关者都是公平的。当人们思考以劳资双方契约性质出现的养老金计划的作用时，对社会政策中某些特定成分的偏好，往往会掩盖事物的本质部分。员工用自己的人力资本同那些希望员工拥有技术知识的雇主相交换，以获得工资和退休金。在市场经济中，公平取决于劳资双方之间的讨价还价，将死亡风险和投资风险转嫁给员工公平吗？从雇主那里得到有价值的期权，却不必付出任何回报是否公平？发起人不能陷入过分简单化、天真的"公平"中。吸引、激励和嘉奖优秀员工的过程相当复杂，以至于限制劳资双方选择范围的法规有可能增加公平，也有可能减少公平。

第四节 养老金精算

一、长期精算估计的意义

养老金计划是提供老年收入保障的计划，职工在年轻时加入计划，退休后开始享受计划提供的养老金，直到死亡为止，需要经历一个较长时期。人类的养老需要随着世代交替不断延续，使得养老金计划成为一项超长期计划。在长时期内，养老金计划对参加人口未来养老金作出承诺或收取保费后，开始不断地积累着未来需要兑现的养老金责任，为了保证制度的偿付能力，需要测算债务长期内的变动、基金的积累规模和计划的基金状态。同时，为了使计划能在长时期内保持收支平衡，需要测算长时期内的收支变动、长期综合收入率、综合成本率和精算平衡值。

为了实现一定的计划目标，需要测算在一定的基金目标下的长期稳定的成本率。同时通过长期精算分析，对计划的财务能力提出预警。为此，养老金计划的长期精算估计，是保证计划长期偿付能力和财务稳定的基础，无论采取给付确定方式还是缴费确定方式，其缴费能否在长期内保持平衡，并满足预先承诺的给付水平，或者由预先规定的缴费水平，能否满足退休后保证一定待遇水平的给付支出，都需要进行长期的精算估计。

正如两种计划定期精算估计的内容不同一样，两种计划长期精算估计的内容也存在差异。对于缴费确定计划，计划的缴费水平事先确定，给付水平由缴费水平及其投资回报率决定，计划在任何时期的债务等于缴费累积额，计划是完全基金式的，不存在没有基金后备的债务，在短期和长期内均没有财务收支不平衡的问题，因此，长期精算估计的主要内容是对计划未来基金累积情况的预测。对于给付确定计划，如果实行完全基金积累模式，需要根据计划人口、经济状况和精算假设的变动，对计划未来的债务水平、满足一定基金目标的长期成本率等进行估计，如果实行现收现付制养老金计划，则其当期收入等于当期支出，不会有给付不足和多余的问题，但在人口老化时，计划所需缴费不断提高，此时，需要对计划在长期内的财务承受能力进行估计。如果为缓解人口老化对计划财务的压力，建立了部分积累制度，此时，需要对计划在长期内的财务收支、基金状态、精算平衡以及满足长期目标的基金成本率等进行估计，从而使计划建立在长期稳定的财务基础上。

二、长期精算估计的基本内容

长养老金计划财务收支和精算估计的内容，主要是计划未来各年的收支预测、计划偿付能力的估计和基金状况的估计。通过参加计划人口的数量和结构、工资水平、利率水平的预测,对未来计划的长期财务状况进行估计。预测期的选择决定于预测的目的,随着预测期的延长,预测的可信度会降低。养老金计划未来年度收入额和成本额的估计,是最基本的预测分析,当年成本大于年收入时,年收支出现赤字,如果没有过去积累的基金补偿收支赤字,养老金计划将面临支付困难。

年成本额和年收入额都是一种绝对数,受价格因素的影响,不可能进行不同时期的对比分析,因而需要进一步引入成本率、收入率和年度精算平衡分析的方法,对比分析养老金计划的年度财务收支状况。在长期分析中,通过计算和对比预测期内的综合收入率和综合成本率,估计长期内收支计划的精算平衡状态。最后通过对比计划积累的债务与积累的资产,分析计划的基金状态,当积累的债务大于积累的资产时,计划存在未储备偿还基金的债务,反之,当积累的债务等于积累的资产时,计划是完全能够偿还的。

归结起来,长期精算估计的内容包括:(1)年度收支估计;(2)年度收入或成本率和精算平衡估计;(3)综合收入率、成本率和长期精算平衡估计;(4)精算债务、净债务和计划基金状态的估计。

值得注意的是,给付确定计划在不同筹资模式下,长期精算估计的内容和重点存在差异。在现收现付融资方式下,由于计划没有基金积累,年收入等于年成本,但计划预先承诺的给付不断地积累着债务;在部分基金模式下,计划需要积累一定的基金,以应付未来年份的收支差距,当年的成本从年初基金中开支,因而需要估计年初基金支付当年成本的能力,同时估计长期内计划收入水平与成本开支的差距,以及计划积累的精算债务与积累的基金的差距;在完全基金模式下,除了对计划的年度收支水平和长期收支平衡进行估计外,还需要预测估计在保持计划完全基金状态,即保持计划积累的资产与积累的债务相等时的成本变动。

三、精算假设

养老金计划的长期精算估计建立在对未来计划人口预测、未来工资和利率预测的基础上。对未来养老金计划人口、工资和利率水平进行预测,需要对影响这些水平的因素进行科学假设,这些假设称为精算假设。

养老金计划人口的数量和结构决定于人口数量、结构和计划覆盖率,未来人口数量和结构由未来人口的生育、死亡、迁移等模式决定,分别用分年龄妇女生育率、分年龄人口死亡率和分年龄人口迁移率指标表示,但分年龄率的综合性较差,在人口预测中通常采用妇女总和生育率、预期寿命和标准化迁移率指标,预测时需要在一定的分年龄模式下分摊上述指标,形成分年龄率。目前,中国养老金计划的覆盖范围主要限定在城镇职工,人口预测也主要是对城镇人口的预测,这可以在人口预测中加入城镇化因素得到实现,人口城镇化主要由人口从农村向城镇迁移形成。

参加养老金计划的职工工资水平和预定利率水平,由国民经济的发展水平、社会劳动生产率、社会平均工资水平、通货膨胀率、投资平均回报率等决定,通常根据对国内生产总值、货币工资增长率、消费价格指数增长率、实际工资增长率、平均年利息率、劳动力年增长率进行分析的基础上,对养老金计划人口的未来工资增长率和未来年份平均年利率作出假设。归纳起来,养老金计划长期精算估计的精算假设,有妇女总和生育率、预测期末出生时预期寿命、迁移率或迁移人数、养老金计划覆盖率、养老金计划职工平均年工资增长率、消费价格指数、实际工资增长率、年利息率等指标。在进行预测时,精算假设通常取高、中、低三种数值,分别代表乐观情况、可能情况和悲观情况。

四、长期精算估计的理论模型

(一)养老金计划人口预测的影响因素

养老金计划的长期精算估计,需要对人口总数和结构、城镇人口数和结构、参加养老金计划人口和结构进行预测,从而确定计划中退休金领取者的人数和结构以及在职缴费的职工人数和结构等。同时需要对经济发展水平、社会平均劳动生产率、投资平均回报率等进行预测,以确定合理的参加养老金计划职工的工资水平和年利率水平。一定的给付水平规定下,根据退休金领取人数,可以计算年退休金的支出总额,在一定的工资水平、缴费率和参加养老金计划职工人数下,可以估计养老金计划的年收入水平。通过对长期内年收支水平的对比分析,进而分析计划的偿付能力。

养老金计划长期精算估计模型,由几个相互联系的模块组成,它们是:城镇分性别分年龄的人口模型、城镇参加养老金计划在职人口模型、城镇参加养老金计划的退休职工人口模型、平均工资水平和工资总额模型、利率模型和长期精算平衡模型等。

在养老金计划的长期精算估计中,最重要的是对养老金计划参加人数和结构的预测,它建立在人口预测、城镇人口预测、城镇在业人口预测、养老金计划覆盖率预测的基础上。而由经济发展水平决定的社会工资水平及其增长率、平均利率水平等可以根据社会平均工资和利率的统计规律结合对经济发展形势的预测,预先作出合理假设,直接用于长期精算估计。我们在这里主要对人口模型进行说明。

(二)养老金计划人口预测

1. 人口预测

影响人口变动的因素有人口的出生、死亡和迁移,在已知期初人口数和期内人口出生数、死亡数和迁移数时,可以利用人口平衡方程预测期末人口数。如果以 $P_{t,x}$ 表示 t 年初 x 岁的人口数,$D_{t,x}$ 为 t 年内 x 岁死亡人数,$I_{t,x}$ 为 t 年内 x 岁迁入人数,$E_{t,x}$ 为 t 年内 x 岁迁出人数,那么,$P_{t+1,x+1}=P_{t,x}-D_{t,x}+I_{t,x}-E_{t,x}$。0 岁人口数通过预测出生人口数得到,以 B_{t-1} 表示 $t-1$ 年内的出生人数,P_B 表示年内存活到 1 年初的婴儿存活率。

运用上述平衡方程预测人口,需要首先预测人口的出生数、分年龄死亡人口数和分年龄迁移人口数。在不考虑国际迁移时全国人口的变动只受死亡和出生的影响。

已知预测期初人口寿命 $e(0)$ 和预测期末精算假设的人口寿命 $e(n)$ 下,可以根据人口寿命的变动规律,依据一定的递推公式计算出预测期内各年的人口余寿 $e(t)$

$$e(t)=\int_0^{\infty} p_{t,x}\mathrm{d}s \approx \sum_{k=0}^{\infty} {}_{k+1}p_{t,x}$$

其中,${}_sp_{t,x}$ 为 t 年 x 岁存活 s 时的概率,$s\geqslant 0$,${}_{k+1}p_{t,x}$ 为 t 年 x 岁存活 $k+1$ 年的概率,$k=0,1,2,\cdots,t$,根据人口分年龄死亡模式,可以估计出 t 年的存活概率。

分年龄死亡率通常有以下几种估计方法:

(1)假设分年龄死亡模式不变,在一定的预期寿命下估计分年龄死亡率,这种方法一般在短期使用,如预测地区的死亡率水平已很低、或者对预测的准确度要求不高时使用;

(2)选择适合预测地区的模型生命表，在预测的预期寿命水平下直接或根据相邻水平插值得出分年龄死亡率；

(3)根据布拉斯罗吉特生命表，预测未来年份的年龄分别存活概率。

$t+1$ 年 $x+1$ 岁的人口数 $P_{t+1,x+1}$ 是 t 年 x 岁存活一年后的人数，也就是 t 年 x 岁的人口数与 t 年 x 岁存活一年概率之积。用公式表示为

$$P_{t+1,x+1}=P_{t,x}\quad (x=0,1,2,\cdots,t)$$

以分性别的人口和存活率代入上式，可以分别估计男女分年龄人口数。

0 岁人口数根据出生人口数估计，以 B_t 表示 t 年出生人数，$W_{t,x}$ 表示 t 年 x 岁的妇女人数，$f_{t,x}$ 表示 t 年 x 岁妇女生育率，有

$$B_t=\sum_{x=15}^{49}W_{t,x}\quad f_{t,x}$$

其中，男婴出生人数＝男性人口比例×出生人数

女婴出生人数＝人口出生数－男婴出生人数

设 t 年妇女总和生育率为 TFR_t，它是育龄妇女分年龄生育率之和：

$$TFR_t=\sum_{x=15}^{49}f_{t,x}$$

根据一定的生育模式估计分年龄生育是简单的，可以用标准化生育模式乘以预测年份的总和生育率得出。设标准化生育模式为

$$h_{x,t},h_{x,t}=\frac{f_{t,x}}{TFR_t}$$

显然，$\sum_x h_{x,t}=\frac{\sum_x f_{t,x}}{TFR_t}=\frac{TFR_t}{TFR_t}=1, f_{t,x}=TFR_t h_{x,t}$。

$h_{x,t}$ 实际上是分摊总和生育率形成分年龄生育率的系数。当 $h_{x,t}$ 不随时间变化时，可以用未来总和生育率和稳定的生育模式，预测未来的分年龄生育率。考虑生育模式的变化，可以采用布拉斯的冈泊茨相关生育模型，估计分年龄生育率。

2. 城镇人口预测

在城镇人口总和生育率和预期寿命下，采取上述人口预测方法，同时考虑人口城镇化的因素，可以预测城镇人口。其中，城镇出生人数、分年龄死亡人数的预测与上述方法相同，根据迁移政策和迁移的统计数据，可以预测未来城乡人口净迁移人数和净迁移率，在分年龄迁移模式下，进一步估计出分年龄迁移率，从而预测分性别和年龄的城镇人口。

以 $P^u_{t,x}$ 表示 t 年 x 岁的城镇人口数，$D^u_{t,x}$ 表示 t 年 x 岁城镇人口的死亡人数，$(NI)^u_{t,x}$ 表示 t 年 x 岁城镇人口的净迁入人数，有

$$P^u_{t+1,x+1}=P^u_{t,x}-D^u_{t,x}+(NI)^u_{t,x}$$

分年龄的净迁移人数，可以采取与分年龄生育率类似的估计方法得到。在一定的迁移模式下，根据总和迁移可以估计出分年龄的迁移率。分年龄迁移人数是分年龄人数与分年龄迁移率之积。

3. 养老金计划覆盖人口预测

养老金计划覆盖的人口，包括在养老金计划下的在职职工人数和已退休的领取养老金的人数。其中，参加养老金计划的在职职工人数，决定于城镇劳动适龄人口中实际就业的人

口数和养老金计划的覆盖率。以 LP_t 表示 t 年劳动适龄人口，$EP_{t,x}$ 表示 t 年 x 岁的在业人口数，TEP_t 表示 t 年在业人口总数，$RLEP_{t,x}$ 表示 t 年 x 岁的劳动参与率，$RUE_{t,x}$ 表示 t 年 x 岁的失业率，$CL_{t,x}$ 表示 t 年 x 岁的参加养老金计划的在职职工人数，TCL_t 表示 t 年参加养老金计划的在职职工总人数，$RC_{t,x}$ 表示 t 年 x 岁养老金计划的覆盖率，有：

$$LP_t = \sum_{x=y}^{r-1} P_{t,x}$$

y 为劳动力年龄下限，r 为退休年龄，国际上一般采用的劳动年龄界限为 15～64 岁，中国男性人口为 16～60 岁，女性人口为 16～55 岁：

$$\sum P_{t,x} RLEP_{t,x}(1-RUE)_{t,x}$$

$$EP_{t,x} = P_{t,x} RLEP_{x,t}(1-RUE_{t,x})$$

$$CL_{t,x} = EP_{t,x} RC_{t,x}$$

养老金计划下已退休并领取退休金的人数，根据年龄移算法计算，即以分年龄职工人数乘以分年龄存活率，计算下一个年龄段的职工人数，退休人数总和是分年龄退休人数之和。在制度转轨时，需要测算在旧制度下的退休人数和新制度下新增的退休人数，从而分别计算出新、旧制度下的退休金支出。

(三)工资和利率预测

1. 平均工资与工资总额预测

在假设的实际工资增长率和价格增长率下，可以估计出预测期养老金计划人均工资水平和工资总额水平。以 AW_t 表示 t 年人均工资，$IRAW_t$ 表示 t 年人均实际工资增长率，CPI_t 表示价格增长率，TW_t 表示 t 年工资总额，则：

$$AW_t = AW_{t-1}(1+IRAW_t)(1+CPI_t)$$

$$TW_t = TCL_t AW_t$$

2. 利率预测

利率水平根据价格指数和资金平均回报率预测，名义利率剔除通货膨胀因素的影响，成为实际利率，以 NIR_t 表示 t 年名义利率，RIR_t 表示 t 年实际利率，则：

$$1+RIR_t = \frac{1+NIR_t}{1+CPI_t} + NIR_t = (1+RIR_t)(1+CPI_t) = 1+RIR_t+CPI_t+RIR_tCPI_t$$

因实际利率与价格指数增长率都较小，上式可近似表示为：$1+NIR_t \approx 1+RIR_t+CPI_t$，即：$NIR_t \approx RIR_t+CPI_t$。

(四)长期精算平衡分析

养老金计划的长期精算平衡分析，是长期内收入和支出精算现值的对比分析，首先需要预测每年的收入和支出水平。根据精算现值的计算方法，在一定的利率下估计一定时期收入的精算现值和支出的精算现值。

养老金计划的年收入，等于年缴费工资总额与缴费率之积。缴费工资总额又是平均缴费工资与参加养老金计划的在职职工人数之积，以 TI_t 表示 t 年养老金计划的年收入，RI_t 表示 t 年养老金计划的缴费率，$W_{t,x}$ 表示 t 年 x 岁的工资，则：

$$TI_t = \sum CL_{t,x} W_{t,x} RI_t = TCL_t AW_t RI_t$$

养老金计划的年支出除养老金计划承诺的退休金给付外，还有附带的死亡给付和伤残给付支出以及费用开支，退休给付支出等于养老金计划已退休的职工人数与人均退休金水平之积，人均退休金水平等于不同收入水平和年龄段的退休金水平以退休金领取者加权的加权平均数。以 TC_t 表示 t 年总支出，TR_t、TD_t、TS_t、E_t 分别表示 t 年退休支出、死亡支出、伤残支出和费用支出，则：

$$TC_t = TR_t + TD_t + TS_t + E_t$$

t 年内退休支出 $=t$ 年退休职工人数×养老金平均给付水平

养老金平均给付水平＝社会平均工资×平均替代率

死亡、伤残支出分别根据分年龄死亡概率、分年龄伤残概率及计划承诺的给付水平估计。长期内收入和支出的精算现值等于计算时期内各年的收入和在一定利率下折现值的总和。以 $APVTI_0$ 和 $APVTC_0$ 分别表示长期内每年收入和支出在期初的精算现值，则：

$$APVTI_0 = TI_0 + TI_1 v + TI_2 v^2 + \cdots + TI_{n-1} v^{n-1}$$

$$APVTC_0 = TC_0 + TC_1 v + TC_2 v^2 + \cdots + TC_{n-1} v^{n-1}$$

长期内收入精算现值与支出精算现值之差，是长期内的精算平衡值，如果长期内收入精算现值等于支出精算现值，说明养老金计划在长期内是精算平衡的，如果收入精算现值小于支出精算现值，说明在长时期内养老金计划是入不敷出的。

五、长期精算平衡分析方法

（一）年度收支与基金支付率估计

年度收支的估计是对年内养老金计划的收入额、支出额与收支差额的估计，养老金计划在年度内的收入额由养老金计划人口中的在职职工人数、平均缴费工资水平、规定的缴费率、拒缴率等决定，养老金计划的年支出额，又称为年成本，包括计划给付支出和费用支出，由计划规定的给付和给付水平、计划人口中收益的人口规模以及计划费用水平决定。

在对未来养老金计划人口、工资和利率水平预测的基础上，根据计划的给付和缴费水平，可以估计每年的收入水平和支出水平。当年收入额大于支出额时，养老金计划在当年形成一定的积累，当年缴费总额小于年退休金及费用等支出总额，年度财务收支入不敷出，如果计划有过去年份积累的基金，可以用来补偿年度的收支差额，在基金积累的筹资方式下，如果制度在年初积累的基金越多，制度的偿付能力越强，当年初积累的基金额大于当年支出额时，制度被认为在当年是有偿付能力的，反之，如果制度年初积累的基金小于年度的支出，制度积累的资金将不足应付当年开支，在财务收支上出现赤字。

在基金积累筹资模式下，养老金计划基金的偿付能力通常由基金支付率来衡量，基金支付率是年初累积资产与下年度内支出的比例，用来衡量年度支出可以由年初资产满足的程度，或者说年初基金可以满足当年支出的倍数，基金支付率的计算公式为：

基金支付率＝（年初累积资产/下年度支出）×100%

其中，$t+1$ 年年初累积资产 $=t$ 年年末累积资产

＝（t 年年初累积资产＋t 年养老费收入）×（1＋年利率）－t 年内支出

t 年养老金计划收入 $=t$ 年参加计划的职工人数 $\times t$ 年缴费平均工资×缴费率×（1－拒缴率）

基金支付率越高，年初基金的支付能力越强。在一定时期内，基金支付率稳定在 100% 以上，表明养老金计划积累的基金在时期内具有稳定的偿付能力，年初积累的基金足以支付年度的支出。如果随着时间的延续，基金支付率不断下降，表明养老金计划支出正在不断地

消耗掉以往积累的资产,当基金支付率下降到100%以下时,表明年初积累的资产不足以应付年度支出,基金面临偿付困难。基金支付率是一个消除了价格影响的相对数,消除了经济增长和养老金计划变动等对名义累积资产额的绝对数的影响,也可以用于不同时期的对比分析。

通过基金支付率的分析,可以看出基金支付率达到最大的年份、收入开始大于支出的年份和基金用尽的年份。在基金用尽的年份上,积累的基金与其利息的收入只能满足当年的给付,在下一年初,基金的收入将不足以应付支出,开始出现赤字。

(二)年度收入率、成本率和年度平衡值

对养老金计划财务收支进行长期分析时,需要对不同时期的收入和成本进行比较,但年收入、年成本和年收支差均是绝对数。受价格因素的影响,不能直接用于不同时期的比较分析。收入率和成本率是当年收入和成本与当年缴费工资的比例,其分子和分母都以当年价格计算,消除了价格的影响,可以进行不同时期的比较。每年收入率与成本率之差,说明当年收支率的差距,称为年度平衡值。

$$养老金计划年收入率=\frac{养老金计划年收入额}{养老金计划当年缴费工资总额}\times 100\%$$

$$养老金计划年成本率=\frac{养老金计划年成本额}{养老金计划当年缴费工资总额}\times 100\%$$

年度平衡值=养老金计划年收入率-养老金计划年成本率

年度平衡值表明年收入超过年成本的数额占到当年缴费工资的比例。当年度平衡值为正数$k\%(k>0)$时,表明收入率大于成本率,当年收入除用于支出外能够形成一定的积累,当年积累的规模为缴费工资的$k\%$。反之,如果年度平衡值为负值$-k\%(k>0)$时,表明收入不足以应对当年成本开支,需要动用过去积累的基金,支出不足部分是当年缴费工资的$k\%$。在年度平衡值为负值时,如果计划过去有一定的基金积累,可以补足当年开支,但计划积累的基金仍不能补足当年开支,财务入不敷出。年度平衡值为零时,表明计划收入率与成本率在当年保持平衡,没有盈余和赤字。因此,如果加入期初基金因素,年度收入率为期初基金加上年度收入后与年缴费工资额的比例,成本率是年度成本与年缴费工资额的比例,在收入率中加入期初基金后,当年收入率小于年成本率时,计划在当年面临支付赤字。

通过年收入率、成本率及年度平衡值在不同时期的对比分析,可以说明养老金计划收支水平在不同时间的变动,如果年度平衡值在一定时期保持稳定增长的趋势,表明计划积累的基金不断增加,计划的偿付能力不断增强,计划的基金率不断提高。如果年度平衡值在一定时期内保持稳定的下降趋势,表明计划的偿付能力正在减弱,当年度平衡值降低到负值时,计划开始出现支付赤字,需要采取一定措施增加收入或降低成本以减少赤字,当计划过去积累的资产不能补足支付赤字时,计划将难以维持。如果年度平衡值随着时间的延续发生增长和下降波动,可能是由于养老金计划人口抚养比的波动、收入率和成本率的波动引起的。年度平衡值的波动,若在长期均衡后为正值,说明计划基金积累在增加,反之则表明计划在长期内消耗了过去积累的基金。

年度收入率、成本率和年度平衡值,反映了每年的收入和成本以及收支盈余或不足,在缴费工资中的比例。这些指标在不同时期的对比分析,反映了不同时期内收支差距及其形成原因的差异。通过分析一定时期内年度平衡的变动趋势,掌握计划收支的变动状况,为计划成本和收入的调整提供依据。

需要说明，年度分析只能说明年度的平衡状况，不能反映计划在长期内的精算平衡状态，一般适合于短期平衡分析，时期长度一般是 10 年或 20 年，对更长时期内的精算平衡分析，要采用长期精算平衡估计。比如，美国社会保障部每年作 75 年的长期精算估计，为计划成本和收入的调整提供依据。

（三）长期精算平衡估计

长期精算平衡估计的“长期”一般是 20 年以上，比如 50 年或 75 年内的长期综合收入率、长期综合成本率和长期精算平衡值的估计，用于分析在长期内计划财务收支的平衡状态。

综合收入率是时期初基金余额，与时期内每年总收入（不包括利息收入）的现值之和与时期内缴费工资现值的比例。

综合成本率是时期内每年支出现值与时期末目标基金数额现值之和，与时期内缴费工资现值的比例。n 时期末目标基金数额，通常规定为预计的下一年支出额，这可以看作是对未来不可预见风险的准备金，综合成本率包括在预测期末满足下一年 100％基金支付率的资产。

以 SIR_n 表示 n 年期内的综合收入率，SIR_n 表示 n 年期内的综合成本率，第 i 年的年收入为 AI_i、年成本为 AC_i、年缴费工资总额为 $S_i(i=1,2,3,\cdots,n)$，n 为长期精算估计的年数，在年利率 i 下的 t 年复利一元折现系数为 v^t，n 年内每年收入在 n 年初的现值为 $PVAI_n$，n 年内每年成本在 n 年初的现值为 $PVAC_n$，年工资现值为 PVS_n，预测期初基金余额为 F_0，预测期末目标基金数额 F_n，则：

$$SIR_n=\frac{F_0+PVAI_n}{PVS_n}$$

$$PVAI_n=AI_1+AI_2\,v+AI_3\,v^2+\cdots+AI_n\,v^{n-1}$$

$$PVS_n=S_1+S_2\,v+S_3\,v^2+\cdots+S_n\,v^{n-1}$$

$$SCR_n=\frac{PVAC_n+F_nv^n}{PVS_n}$$

$$PVAC_n=AC_1+AC_2\,v+AC_3\,v^2+\cdots+AC_n\,v^{n-1}$$

长期内的综合收入率与综合成本率之差，是长期综合精算的平衡值，用于反映养老金计划在长期内的财务收支精算平衡状况。以 SB_n 表示 n 年内的长期综合精算平衡值，$SB_n=SIR_n-SCR_n$。

当长期综合精算平衡值为零时，表明养老金计划处于完全精算平衡状态，这时，期初资产与未来收入的现值正好等于未来支出现值和预测期末满足下一年支出的基金现值。当精算平衡值为正值时，表明积累的资产除了用于预测期内的成本支出外，在预测期末形成了超过目标支出水平的基金积累。当精算平衡值为负值时，表明未来预计收入和期初资产不足以形成期末用于下一年支出的基金，甚至不能满足预测期内的成本支出，也称为精算赤字。

当精算平衡出现赤字时，如果在预测期内每年增加等于赤字额的收入额，可以使计划在未来保持精算平衡。相反，如果相应减少的成本额等于赤字额，也可以使计划在未来保持精算平衡。设 n 年内长期精算平衡赤字为 $-k\%$，

由于，$SIR_n-SCR_n=-k\%$；$SIR_n+k\%=SCR_n$，

收入率增加 $k\%$后，有$\frac{PVAI_n + k\%\ PVS_n}{PVS_n} = SCR_n$，

展开后有$[(AI_1 + k\%\ S_1) + (AI_2 + k\%\ S_2)v + (AI_3 + k\%\ S_3)v^2 + \cdots + (AI_n + k\%\ S_n) v^{n-1}]/PVS_n = SCR_n$，

故，$\frac{\sum\limits_{i=1}(AI_i + k\%\ S_1)}{PVS_n} = SCR_n$。

上式表明，在综合收入率的基础上增加精算赤字数额，等于每年的收入增加当年缴费工资的 $k\%$，也就是每年的缴费率增加 $k\%$。同样可以证明，如果收入率不变，长期内每年成本率降低 $k\%$，同样可以达到长期精算平衡。这一分析说明，长期精算平衡估计不仅可以预测长期内，比如 75 年内，在养老金计划收益规定和养老金计划人口下，收入和成本是否处于平衡状态，计划在长期内是否有偿付能力，同时可以估计如何在长期内调整缴费率和成本率，才能使计划处于精算平衡状态，从而保持计划在长期内财务的稳定性。

在现收现付模式下，每年的缴费额等于成本额，或每年的缴费率等于成本率，计划在年度和长期内是精算平衡的。但在这种模式下，计划的成本率由养老金计划人口的抚养比和养老金给付的平均替代率决定，在人口老龄化时，养老金计划人口的抚养比提高，在一定的养老金替代率下，需要的成本率提高，提高的程度受一定经济水平的制约。成本率超出经济发展水平允许的程度时，制度很难保持正常运行。为了避免这种情况，需要预先积存一定的基金，应付未来由于制度的高成本而产生的支付问题。这就产生了养老金计划的部分基金积累现象。在这一模式下，需要测算长期内维持精算平衡的稳定的缴费率，出于部分积累模式的长期精算平衡估计，具有更重要的意义。

为了测算一定时期的收入是否足以应付支出，长期精算平衡估计有时可以在收入率中不包括期初基金，成本率中不包括期末目标支出，此时简化了的计算公式为：

$$SIR_n = \frac{PVAI_n}{PVS_n};SCR_n = \frac{PVAC_n}{PVS_n}$$

通常，长期精算平衡估计每年进行一次，每年根据养老金计划的调整和养老金计划人口和经济发展的最新数据，调整未来成本率和收入率的预测数据，使每年的精算平衡估计建立在最新的统计信息和预测的基础上。

（四）长期封闭精算平衡检验

长期封闭精算平衡检验，是用一系列逐渐延长测算时期的精算平衡值与规定时期内的精算平衡值相比较，检验预测结果是否在规定的精算平衡值范畴内，从而说明计划在日期内的精算平衡状态是否可以接受。精算平衡检验通常用精算赤字水平衡量，当精算赤字为零时，未来综合收入率等于综合成本率，计划处于长期精算平衡状态，如精算赤字超过规定的水平，表明这一计划在未来是不安全的。精算赤字是一定时期综合收入率与综合支出率之差，与不同时期的成本率有一定关系。为了消除成本率水平的影响，通常采用精算赤字占时期综合成本率的百分比指标，预测期的精算赤字额应不超过所估计期间综合成本率的某一百分比。

$$\text{精算赤字在成本率中的比例} = \frac{\text{时期精算赤字}}{\text{时期综合成本率}} \times 100\%$$

$$= \frac{\text{时期综合收入率} - \text{时期综合成本率}}{\text{时期综合成本率}} \times 100\%$$

$$=\left(\frac{\text{时期综合收入率}}{\text{时期综合成本率}}-1\right)\times 100\%$$

在不考虑预测期初基金和期末目标基金时，上式为：

$$\text{赤字在成本率中的比例}=\left(\frac{\text{预测期内年收入现值}}{\text{预测期内年成本现值}}\right)\times 100\%$$

封闭的精算平衡检验，是指精算平衡的时期以长期精算平衡估计的时期为限，先从长期预测的起点开始，在较短的时期内进行精算平衡检验，逐步延长检验的时期，直到包括所有长期精算平衡估计的时期。比如，在75年的长期精算平衡自测算中，一般从头10年开始计算10年内的精算平衡值，及精算平衡值占时期内综合成本的百分比，以后每次估计区间增加一年，逐步估计从初始年度开始的时期长度为11年，直到包括整个75年时期的精算平衡值和精算平衡在综合成本率中的比例，这一系列估计共进行66次，每次估计时期长度增加一年。

由于预测时期越远，可信度相应越低，通常规定在开始的较短时期内精算赤字允许为负值或零。随着时期的延长，精算赤字可适当放大。如美国的社会保障信托报告中规定，在短期内，精算赤字占时期综合成本率的比例是0，随着预测时期的延长而逐渐增大，在75年期最大百分比为5%，不同时期内精算赤字比例的允许值在0～5%内线性变动。在测算时期内通过长期封闭精算平衡检验，可以发现在长期预测时精算赤字开始超过允许范围的时期，如果在一系列封闭期间的精算检验中，精算赤字占综合成本率的百分比超出允许的数额时，说明计划没有通过封闭精算平衡检验，意味着计划未来的财务存在问题，需要考虑通过采取提高缴费率或降低成本率的办法，改变计划未来的财务状况。

第五节　养老债务精算

一、成本与债务估计的基本问题

（一）成本与债务估计的意义

给付确定养老金计划，预先承诺养老金水平。养老金水平通常以一定的养老金替代率规定，养老金替代率是退休时每年得到的养老金替代在职期间工资的比率，一般用退休当年得到的退休金与退休前一年工资或退休前几年平均工资的比值表示。在基金积累模式下，需要估计为实现对未来的承诺每年的缴费水平，年成本就是把承诺的未来给付责任分摊于缴费年的数额。它取决于承诺的给付种类、给付水平、养老金计划参加人员的死亡率和利息率等风险因素，以及所选择的成本估计方法。

养老金计划的实际成本，在计划承诺的给付全部付清之前是未知的，计划的最终成本等于所有给付支出加上计划管理费用减去投资收益。年成本的估计需要在合理的精算假设下进行，精算假设是对未来风险因素发生规律的假设，它与未来实际情况有一定的差异，有时计划承诺的养老金水平也可能随经济情况的变动而调整，这使得依据精算法估计的养老金成本，可能不足以应付未来的承诺，使计划积累的基金不能完全抵偿积累的债务，从而存在着某些净债务，表明计划处于收不抵支的状态。为了监测计划的财务状况，需要定期测算该计划的成本和债务状况。

缴费确定计划预先确定缴费水平，给付状况由缴费额度及其投资收益确定，在实账积累的缴费确定计划中，计划债务就是积累的缴费和积累利息，如果缴费和累积利息以个人账户的方式记录，计划债务就是个人账户的累积额。因此，债务水平在任何时点都等于积累的资产，也就是说，计划的给付现值在任何时点都等于已积累的基金现值，计划不存在未备基金债务。缴费确定计划精算的主要方面是在计划建立前，根据养老金计划的给付目标和预计的未来投资收益，估计合适的缴费水平。但缴费水平并不追随给付目标和计划债务状况而调整。

因此，对于给付确定计划，成本债务的估计是建立和维持计划良好财务状况的前提，对于缴费确定计划，精算的任务主要是根据预计的给付和利率估计缴费水平，以及对投资利率进行预测，不存在对计划债务的定期监测问题。但是，给付确定计划成本与债务的估计、缴费确定计划缴费水平的估计，都是建立在给付现值与缴费现值平衡的关系上的，因此，两种计划的精算方法原理一致，只是实际测算的重点不同。本节主要研究给付确定计划的成本债务估计方法。

(二)养老金计划的人口理论

养老金计划人口包括参加计划的在职人口，退休前退出计划但已经积累了一定养老金权利的人口，退休人口和死亡人口等。计划人口的数量、性别和年龄分布、已工作年数分布、开始参加计划的年龄分布等方面，构成了计划人口的重要特征，养老金给付和缴费一般以工资的一定比例规定，因此工资的分布也是养老金计划人口的重要特征。

养老金计划人口数量因参加计划人口的死亡、退休、调离、伤残等因素而减少，因不断的新加入职工而增加。当引起人口增减的因素在长期内保持恒定不变时，也就是新增人口的数量和年龄结构不变，且减因概率不变。理论上说，经过长期发展，计划人口将成为年龄结构和工作年数稳定的静止人口。当人口到达静止状态时，计划给付不变，其他影响成本的因素也保持稳定时，计划的正常成本和债务将稳定不变。与静止人口对应的是稳定人口，当计划人口的年龄和工作年数分布稳定不变，总人口稳定增加的人口称为稳定人口。静止人口和稳定人口是两种理论人口模型，实际养老金计划人口在每年新加入人口数量和结构、死亡率等原因概率变动的影响下表现出各种类型的波动。

成本与债务的精算估计是在封闭人口下进行的，封闭人口指现有人口数量和结构不变，并没有人口的增减变动。在长期估计中，需要每年或每隔两三年重新估计，构成一系列封闭人口下的估计。在长期预测中，需要考虑每年增加的职工、他们的年龄和工资分布，这时的估计成为开放人口估计。

(三)养老金计划的精算假设

1. 减因概率

养老金计划精算的目的，是在预定的缴费水平下估计养老金给付水平，或在预先承诺的养老金水平下计算缴费水平。这需要对缴费和给付的条件及其规律进行研究。养老金计划主要提供退休年金，以保障职工退休后的老年生活。退休年金以职工参加养老金计划，并且在退休后生存为给付条件。此外，因发生死亡、残病、提前退休、调出等原因退出养老金计划也应该有一定的给付。养老费的缴付以职工在职存活为条件，职工死亡、残病、调离后不再缴费。如果不考虑残病和提前退休风险、并正常退休规定为某一固定年龄时，分年龄死亡率和调离率，构成职工养老金计划的两个减因。在进行养老金计划的精算估计时，需要根据过去的实践和对未来的预测对死亡率和调高率作出假设。

计算养老金成本和债务的基本假设，包括计划参加人口的各种减因率，未来工资的变动率和利息率等。参加计划人员的风险因素有死亡、伤残、因变换工作调出、退休等。职工退休后只受死亡因素的影响。风险因素的发生规律用各因素发生的概率表示，在多个因素共同作用下，职工退出在职状态成为非在职人员，以${}_tp_x^{(T)}$表示x岁的职工在t年后仍在职的概率，分别以${}_tq_x^{(m)}$、${}_tq_x^{(w)}$、${}_tq_x^{(r)}$、${}_tq_x^{(d)}$表示x岁的职工在t年内死亡、调出、伤残和退休的概率，在退休前有：

$${}_tp_x^{(T)}=1-({}_tq_x^{(m)}+{}_tq_x^{(w)}+{}_tq_x^{(d)})(x+t<r)$$

如果不考虑伤残因素，并退休规定在某法定年龄r上，则上式成为：

$${}_tp_x^{(T)}=1-({}_tp_x^{(m)}+{}_tp_x^{(w)})$$

如果不考虑退出因素，或者说假设退出概率为0，上式可以简单地表示为：

$${}_tp_x=1-{}_tq_x$$

其中，${}_tp_x$为x岁的人在t年内死亡的概率。

2. 工资增长率

养老金计划的缴费和给付，通常与职工在职期间的工资水平相联系。退休给付目标一般规定为一定的退休金替代率，退休金替代率是退休金替代退休前工资收入的比例。养老金计划缴费一般也以工资的一定比例缴付。因此，职工工资的变动规律成为养老金计划成本和债务估计的基本假设之一。职工工资随工龄、工作业绩、劳动生产率和通货膨胀率而变动。根据工资随工龄的变动规律，再加上通货膨胀率和劳动生产率使职工工资的增长率，可以估计职工工资的变动规律。设职工在x岁的业绩工资为$(SS)_x$，x岁职工的当年工资S_x，职工在y岁加入计划的工资为S_y，有$S_x=S_y\dfrac{(SS)_x}{(SS)_y}(1+I+P)^{x-y}(x<y)$。其中，$I$为通货膨胀率使职工工资提高的比率，$P$为劳动生产率使职工工资的增长率，$S_y\dfrac{(SS)_x}{(SS)_y}$是工作业绩提高使工资的增长比例。从加入年龄$y$岁起到$x$岁的累积工资额以$S_x$表示，$S_x=\sum\limits_{t=y}^{x-1}S_t$。

3. 利息率

利息率是计算养老金缴费现值和终值的重要因素。设i是t年利率，则n年后一元的现值为$\dfrac{1}{(1+i_1)(1+i_2)\cdots(1+i_n)}$。当$i_1=i_2=\cdots=i_n$，上式为$v^n=\dfrac{1}{(1+i)^n}$。$v^n$是以利率$i$计算的一元$n$年现值。

(四)养老金计划的长期精算

给付确定养老金的计划，在预先规定给付水平时，需要对年成本与精算债务进行估计。缴费确定养老金计划，在预先规定缴费水平时，需要估计退休后的待遇水平。

给付确定计划的正常成本是计划未来承诺的所有给付现值在成本分摊年的分配额，其年末的精算债务是过去累积的成本终值。成本与债务的估计方法分为两大类，一类是给付分配精算成本方法，一类是成本分配精算成本方法。给付分配精算成本法预先把承诺的退休后年给付水平分摊到各个成本分摊年份，形成在各个成本分摊年内得到的给付承诺，或是说每年得到的给付增加额，各年得到的给付承诺在分摊年的现值就是年成本，精算债务是累积得到退休金的权利现值。给付分配精算成本法中，根据给付分配的方法分为水平分配和比例分配。

缴费确定计划给付水平精算中，根据基金的平衡模式分为代内平衡和个人账户模式，代内平衡的精算模型与待遇预定计划相同，以工资比例缴费时，退休时年给付水平可由其推导公式得到。个人账户平衡公式在已知个人生命周期时，缴费和退休后的年金给付均是确定年金。在个人账户下，人均退休后给付额的计算公式与代内平衡公式相同。

养老金计划的长期精算估计对平滑长期内的缴费率，测算满足一定基金目标下长期内收支平衡，估计计划的长期精算平衡状态等，有重要意义。长期精算估计的主要内容，是长期内综合收入率、成本率和长期精算平衡估计，以及长期内计划精算债务、净债务和计划基金状态的估计。长期综合收入率是预测期内每年总收入现值与时期内缴费工资现值的比例，长期综合成本率是预测期内每年支出现值与时期内缴费工资现值的比例。长期综合收入率与长期综合成本率之差，是长期精算平衡值，当长期精算平衡值为正值时，表明计划在长期内收支有结余，计划处于精算盈余状态，否则处于精算赤字状态。

（五）退休给付的方式

1. 退休给付公式

养老金计划退休给付通常与职工的工资、工作年数有关。在职期间的工资越高，工作年数越多，得到的退休给付越多，有时退休给付只与工作年数有关。在美国，企业养老金计划给付通常有平均工资方式和最后平均工资方式两种。前者以在职期间平均工资的一定比例乘以工作年数规定给付水平；后者以退休前一年或几年平均工资的一定比例，乘以工作年数规定给付。由几个企业联合设立的养老金计划，养老金一般规定为固定数额与工作年数的乘积。

(1)水平给付。水平给付的给付公式为每参加养老金计划一年得到固定数额的给付。比如，计划规定每年得到固定数额 k 元，职工的工作年数为 N 年，退休给付 B_r 为 kN。如果从 y 岁开始加入计划，在 $x\sim x+1$ 岁当年得到的养老金权利以 b_x 表示，到 x 岁累积得到退休金的权利以 B_x 表示，$B_x=\sum_{t=y}^{x-1}b_t$，在水平给付下：

$$B_x=(x-y)b_x$$

(2)平均工资给付。平均工资给付以职工加入计划到退休前平均工资的一定比例乘以工作年数规定标准。

退休给付＝参加养老金计划期间个人平均工资×规定每年得到的比例系数×工作年数
＝参加养老金计划期间个人工资总额×规定的每年得到的比例系数

以平均工资的一定比例规定给付时，每年得到养老金权利，实际上是当年工资的固定比例，设固定比例为 g，则每年得到的给付权利为 $b_x=gS_x$，累积得到的给付权利为：

$$B_x=gS_x$$

(3)最后平均工资给付。在最后平均工资给付规定下，退休给付规定为每工作一年可以得到退休前一年或几年平均工资的某一比例。

退休给付＝退休前最后几年的平均工资×规定的比例×工作年数

在最后平均工资给付规定下：

$$B_r = k(r-y)\sum_{t=r-n}^{r-1} S_t / n$$

其中，n 为规定的计算最后平均工资的年数，k 为规定的每年比例，r 为退休年龄，y 为加入计划的年龄。简化上式，可以得出：

$$B_r = \frac{k(r-y)(S_r - S_{r-n})}{n} I$$

2. 给付方式

退休给付通常有以下几种给付方式：(1)生存年金。在退休职工生存期内给付年金，死亡后没有给付。(2)在退休后给付一定时期的确定年金，之后给付生存年金。如分期返还年金和全额返还年金等。(3)联合生存年金，提供两个人中任一人以存活为条件的生存年金，如夫妇老年收入保障，当其中一人死亡后，给付减少一半或更多。(4)退休时的现金选择，即一次性取出所有未来给付。

（六）基本成本概念

1. 未来给付精算现值

未来给付精算现值是养老金计划承诺的所有未来给付在计算时点的现值，它是养老金计划承诺的总债务。养老金计划的未来给付主要是退休给付，在规定条件下，当职工死亡、伤残、中途离职调离时也有给付。x 岁的未来给付精算现值(Present Value of Future Benefits)以 $PVFB_x$ 表示。如果只考虑退休给付，并退休金不随生活水平和通货膨胀而调整，年退休金规定为 B_r，

$$PVFB_x = B_{r\ r-x}p_x^{(T)} v^{r-x} \alpha_r \ (x<r)$$

其中，${}_{r-x}p_x^{(T)}$ 是 x 岁的人在 r 岁退休前仍在养老金计划中的概率，v^{r-x} 是利率在 $r-x$ 年前的折现值，是从 x 岁起每年初一元生存年金的现值。当未来给付是每月给付一次时，设每月给付额为 $B_r/12$，未来给付精算的公式为：

$$PVFB_x = B_{r\ r-x}p_x^{(T)} v^{r-x} \alpha_r^{(12)} \ (x<r)$$

$$PVFB_x = B_r \alpha_x^{(12)} \ (x \geqslant r)$$

其中，$\alpha_x^{(12)} \approx \alpha_x - 11/24$。假设给付 B_r 不变，来来给付精算现值决定于存活概率、利率折现系数和年金系数。在工作期间，由于 $r-{}_xP_x^T$ 和 v^{r-x} 在年龄趋于退休年龄 r 时趋于 1，那么，$PVFB$ 随着年龄的增长而提高，在退休后，由于年金因素 α_x 是 x 的减函数，$PVFB$ 随着年龄提高而降低。在某一年龄上，未来给付精算现值与退休时的给付额成正比，与利息率和减因概率成反比。

2. 计划中止债务

计划中止债务(Termination of Plan Liability)是养老金计划中止执行时，过去已经积累的养老金债务。它是养老金计划参加者已经得到的养老金权利的现值，或者说是计划已经承诺的养老金现值，不考虑将来可能产生的养老金权利。计划中止债务的计算公式为：

$$TPL_x = B_{x\ r-x}P_x^{t(m)} v^{r-x} \alpha_x (x-r)$$

$$TPL_x = B_r \alpha_x (x \geqslant r)$$

其中，TPL_x 为 x 岁职工的计划中止债务，B_x 为 y 岁进入计划在计划中止时的年龄 x 岁上已经累积得到的退休给付权利($y<x$)，${}_{r-x}P_x^{t(m)}$ 为在单减因下，从 x 岁存活到 r 岁的概率。

与未来给付精算现值的计算公式比较时，可以发现，对于已退休的职工，未来给付精算

现值与计划中止债务相等。两者对在职参加者的区别是：

(1)计划中止债务是到 x 岁累积得到的养老金权利 B_x 的现值，而未来给付精算现值是退休时将得到的年给付 B_r 的现值。因为若计划中止执行，计划参加者将不可能得到计划原来承诺的所有退休后给付，只能得到过去参加计划期间已经得到的部分。

(2)在计划中止债务中，存活概率是只包括死亡一个减因的概率，而不是包括死亡、伤残、退出等多减因的概率。因为若计划停止执行，职工在退休前伤残或退出计划仍然有权利得到过去已积累的养老金权利，但在退休前死亡，将不会得到这一权利。

养老金计划的中止债务是每个参加者中止债务的总和。计划中止债务通常用于衡量计划的资产状况，如果计划的累积资产与计划中止债务相等，这个计划在财务上能够保证在计划中止时债务的兑现。

3. 计划继续债务

计划继续债务(Continuation of Plan Liability)是假设计划一直持续下去(不考虑新加入职工)，对目前的职工和养老金领取人承诺的给付现值，或者说他们已得到的养老金权利现值。已得到的给付权利等于已经加入计划年数在预计加入计划总年数中的比例乘以退休给 B_r。对 y 岁加入计划，现在 x 岁人的计划继续债务 CPL_x 为：

$$CPL_x = B_r \frac{(x-y)}{(r-y)} {}_{r-x}p_x^{(T)} v^{r-x} \alpha_r = \frac{(x-y)}{(r-y)} PVFB_x (x<r)$$

$$CPL_x = B_r \alpha_r (x \geqslant r)$$

与计划中止债务不同的是，计划继续债务包含了未来给付变动的影响。同时，减因概率是包括死亡、伤残和调离等所有减因的概率。

值得注意的是在未来给付精算现值、计划中止债务、计划继续债务等的估计中，年金系数直接采用了定额年金，这实际上假设退休给付不作调整，如果退休给付随着社会平均工资或物价变动而调整，退休后的给付便成为一种变额年金，此时的年金系数成为以退休金增长率增长的资料，退休年龄上的一元生存年金系数 α_x，用退休时以平均余寿为时期长度的确定年金系数 αe_r 代替，精算上确定年金系数。如以确定年金系数代替生存年金系数，会高估年金系数。

4. 正常成本

养老金计划的正常成本是分摊未来给付精算现值于某年的值，或者说是某年得到的养老金权利的现值。计划正常成本的数值在不同的计划方法下是不同的，不同的精算成本方法在分摊未来给付精算现值的模式上存在差异。x 岁职工的正常成本(Normal Cost)以 NC_x 表示，未来给付精算现值是过去正常成本的累积值与未来正常成本现值之和。

$$PVFB_x = AVPNC_x + PVFNC_x$$

$AVPNC_x$(Accumulated Value of Past Normal Cost)是 x 岁过去正常成本的累积值，$PVFNC_x$(Present Value of Future Normal Cost)是 x 岁未来正常成本的现值。其中：

$$AVPNC_x = \sum_{t=y}^{x-1} NC_t (1+i)^{x-t} \frac{1}{{}_{x-t}P_t^{(T)}}$$

$$PVFNC_x = \sum_{t=x}^{r-1} NC_t \, {}_{t-x}P_x^{(T)} v^{t-x}$$

在加入年龄上，由于没有过去成本，正常成本的现值等于未来给付精算现值。

5. 精算债务

养老金计划的精算债务，是过去累积的获得养老金权利的价值，或者说是计划未来给付的净责任。从未来看，它是未来给付精算现值与未来正常成本之差。从过去看，它是过去积累的正常成本。在建立计划时，对具有一定工龄的职工在过去工作期间的贡献，有时也承诺了养老金，但不会有过去成本分摊，此时计划存在初始精算债务。初始精算债务以计划补充成本债务的形式存在，它是没有用计划正常成本分摊的部分。因此，在计划建立之初，计划的精算债务、补充精算债务和初始精算债务是相等的，计划执行第一年末，精算债务由第一年发生的成本、过去已有的补充债务的利息而增加，由给付的支出而减少。有时，当计划重新调整给付额时，也会产生补充精算债务。此外，精算假设的变动以及计算成本时的精算假设，与实际的差异等产生的精算债务，通常也以补充债务的形式存在。

补充债务是未来给付责任没有被正常成本分摊的部分，它等于未来给付精算现值与未来正常成本现值、过去正常成本累积终值之差，加入补充成本债务的概念，养老金计划的精算债务，是正常成本债务和补充成本债务之和。从过去看，正常成本债务是过去正常成本的累积额；从未来看，是未来给付精算现值与未来年成本现值之差。精算债务是过去正常成本的累积额与补充成本债务之和，也是未来给付精算现值与未来正常成本之差。x 岁的精算债务(Actuarial Liability)以 AL_x 表示，x 岁的补充成本债务(Supplemental Liability)以 SL_x 表示，x 岁的正常成本债务以 SL_x 表示，x 岁的正常成本债务以 NL_x 表示：

$$AL_x = PVFB_x - PVFNC_x(x-r)$$

$$AL_x = PVFB_x(x \geqslant r)$$

$$AL_x = NL_x + SL_x$$

$$SL_x = PVFB_x - (PVFB_x + ANPNC_x)$$

6. 补充成本

补充成本债务的分摊形成补充成本。在某些计划下，初始补充债务不分摊，为了避免补充成本债务的增加，以精算假设的利率使其产生利息，以补充债务的利息作为补充成本。此时，由于初始精算债务的存在养老金计划永远不会是完全基金的。一般情况下，补充债务需要以一定的方式分摊于未来成本中，常用的分摊方法有两种，一种是不考虑死亡率和其他风险因素，将补充债务在规定的分摊期内等额分摊，补充成本就是用 n 年一元定期确定年金去除初始补充债务的值。一种是以工资的一定比例分摊，以某年工资乘以补充成本债务与未来工资现值的比例计算补充成本。计划正常成本与补充成本之和是年成本。x 岁的补充成本(Supplemental Cost)以 SC_x 表示，年成本(Annual Cost)以 AC_x 表示，以 $AVPSC_x$ 表示 x 岁过去补充成本的累积额，$PVFSC_x$ 表示 x 岁未来补充成本现值，有：

$$SL_x = AVPSC_x + PVFSC_x$$

$$AC_x = SC_x + NC_x$$

补充成本是补充成本债务在分摊期内的等额分摊时，$SC_x = SL_x / \alpha_n$。

7. 未备基金债务

未备基金债务又称净债务，有时也称精算赤字。当计划过去成本累积形成的资产额小于计划的精算债务，此时计划存在未备基金净绩效。T 年计划的未备基金债务(Unfunded Liability)以 UL_t 表示，$UL_t = AL_{t-1}$ 年计划资产。

8. 精算收益和损失

养老金计划的成本与债务是根据精算假设在实际成本债务发生之前估计的，精算假设的死亡率和利率等风险因素与实际发生的情况存在差异，当精算假设的情况比实际发生的更有利时，会产生精算收益，反之，会产生精算损失。某一假设可能在某一给付方面产生收益，在另一给付方面产生损失，比如，当年轻的职工死亡率比假设数据更低时，在退休给付方面，会产生精算损失，但在死亡给付方面会产生精算收益。养老金计划在某年的精算收益或损失反映了各方面精算收益和损失的总和。

养老金计划的精算收益和损失有时会自动地分摊在成本中，精算收益被用来冲减计划的未备基金债务在选择的年份内分摊。

（七）成本与债务估计方法的分类

养老金计划的成本，是未来给付精算现值分摊于各年的数额不同的分摊模式，形成了不同的成本分配方法。也就是说，成本与债务的数额在不同的成本债务方法下是不同的。根据成本债务估计方法的不同特征，可以进行不同的分类。常用的精算成本方法有两种：

（1）直接以每年固定数额或工资的一定比例分配未来给付精算的现值，这种方法称为成本分配精算成本方法。

（2）把将来得到的给付总权利分配于各个缴费年度，使年成本成为当年得到的给付权利现值，这种方法称为给付分配精算成本方法。

在给付分配精算成本法中，计划给付首先分配在各年中，然后计算已经得到给付的精算现值。

成本分配精算成本法的大致计算程序是：

（1）计算所有预计给付的精算现值，再分配于各年，而不分配于给付的本身。

（2）根据精算成本方法是否产生补充债务，可以分为有补充债务和没有补充债务两种。当成本方法不产生补充债务时，必须把计划的所有给付现值，包括计划建立时，对过去工作期间的承诺产生的债务，以及其他风险因素变动产生的过去债务的变动等，都以正常成本的形式分摊在一定年份中。如过去债务以补充成本债务的形式独立存在，这时成本方法将产生补充债务。

（3）根据计划成本的分摊年龄起点不同，分为从开始承诺给付的年龄分摊和从计划建立时年龄分摊两种。当计划总成本从开始有给付承诺的年龄起分摊时，在建立计划前分摊的成本形成了计划的补充债务，当计划成本从计划建立起分摊时，所有的计划未来成本等于计划总成本，计划没有补充债务。

二、给付分配精算成本方法

（一）给付分配精算成本方法的一般说明

给付分配精算成本法是将在退休时得到的给付分摊在每个缴费年，参加养老金计划期间每年得到的养老金权利的现值就是每年的成本，在职期间年成本的精算现值等于所有承诺的未来给付精算现值。

理论上，退休给付的分摊方式有无数种，从而可以产生各种不同的给付分配成本。实践中通常分为传统的给付分配成本法和预计给付精算成本法两种。

传统的给付分配成本法，根据规定的每年得到的给付数额，或者说是每参加养老金计划一年得到的在退休后给付增加部分，计算每年得到的给付权利现值，确定年成本。参加养老金计划期间各年得到退休金权利之和等于退休时的年给付额。当 x 岁当年获得的养老金权利规定为一固定数额时，设 $b_x=k$，退休时获得的养老金总权利为 $B_r=k(r-y)$，当 x 岁当年获得的养老金权利规定为工资的固定比例 g 时，$b_x=gS_x$，$B_r=kS_r$，S_r 是从加入养老金计划到退休前 $r-1$ 岁的累积工资。

预计给付精算成本法，根据预先确定的退休后给付额，平均分配在参加养老金计划各年或以工资的恒定比例分摊在各年，当退休后给付一定时，可以预先估计年成本。如果退休金以退休前几年平均工资或退休前一年工资的固定比例规定，设 $B_r=gs_{r-1}$。满足这一要求的 b_x 分配模式很多，如果以每年固定数额分配 B_r 时，$b_x=B_r/(r-y)$，如果以工资的比例分配 B_r 时，$b_x=gS_x$，$g=B_r/S_r$。这里将主要介绍预计给付精算成本方法，分给付水平分配和以工资的比例分配两种情况。

（二）正常成本

正常成本是计划参加者在某年获得的养老金权利在计算年的现值，用公式表示为：

$$NC_x=b_x\alpha_{x\,r-x}P_x^{(T)}v^{r-x}$$

其中，r 为退休年龄，α_x 为从退休年龄起每年一元生存年金现值，${}_{r-x}P_x^{(T)}$ 为 x 岁的参加者在退休年龄上仍存活的概率，v^{r-x} 为精算利率在 $r-x$ 年的折现系数。当退休给付每月给付一次时年金系数需要换成每月支付一次的年金系数 $\alpha_r^{(12)}$。当每年以固定数额分配 B_r 时，以 ${}^{CA}b_x$ 表示每年得到的给付增加部分，此时有：

$${}^{CA}b_x=B_r/(r-y)$$

$${}^{CA}NC_x=B_r\alpha_{x\,r-x}P_x^{(T)}v^{r-x}/(r-y)=PVFB_x/(r-y)$$

假设某男性职工 25 岁参加工作并加入养老金计划，退休给付规定为每年得到退休前一年工资的 1%，法定退休年龄为 60 岁，参加养老金计划当年的工资水平为 6000 元，职工工资随着工龄增长率为 1%，随通货膨胀率和劳动生产率提高的比例为 4%，假设职工在职期间没有伤残、中途退出计划等发生，死亡是在职期间唯一的减因，死亡率资料采用中国《1990 年城镇从业人口生命表》提供的数据，利率假设为 5%。此时，退休给付为 11032.03 元，根据正常成本的计算公式，可以得出这个职工在不同年龄的正常成本，见表 9-2。

表 9-2　给付水平分配正常成本举例

年龄	年得到的给付权利 b_x	x 岁存活到 60 岁的概率 ${}_{60-x}P_x$	从 60 岁到 x 岁折现率 v^{60-x}	年金系数 α_{60}	正常成本 NC_x	正常成本与工资比 NC_x/S_x
25	315.20	0.843	0.181	10.54	507	8.47
35	315.20	0.860	0.295	10.54	843	8.63
45	315.20	0.891	0.481	10.54	1424	8.95
55	315.20	0.950	0.784	10.54	2474	9.54

当每年以工资的固定比例分配 B_r 时，以 ${}^{CA}b_x$ 表示每年得到的给付增加，有：

$${}^{CA}b_x=(B_r/S_r)S_x$$

正常成本 ${}^{CA}NC_x$ 为：

$${}^{CA}NC_x=PVFB_x(S_x/S_r)$$

比较上述两种方法，在开始参加保险的年龄 y 上，有：

$$^{CS}B_y \leqslant {}^{CA}b_y, {}^{CS}NC_y \leqslant {}^{CA}NC_y$$

在退休前一年年龄 $r-1$ 上，有：

$$^{CA}b_{r-1} \leqslant {}^{CS}b_{r-1}, {}^{CA}NC_{r-1} \leqslant {}^{CS}NC_{r-1}$$

上例中，如果每年得到的给付增加额是当年工资的恒定比例，不同年龄上的成本列于表 9-3。

表 9-3 b_x 是工资的恒定比例时的正常成本

年龄	年得到的给付权利 b_x	年得到的给付权利与工资的比例	正常成本 NC_x	正常成本与工资的比例(%) NC_x/S_x
25	116	2.27	187	3.12
35	189	2.27	507	5.19
45	309	2.27	1395	8.76
55	503	2.27	3946	15.22

(三)精算债务

精算债务是到计算年累积得到的养老金权利的现值。B_x 是从计划开始承诺的年龄起到 $x-1$ 累积得到的养老金权利，$B_x = \sum_{t=y}^{x-1} b_t$，有：

$$AL_x = B_x \alpha_{r\,r-x} P_x^{(T)} v^{r-x}$$

当每年以固定数额分摊退休给付时，到 x 岁累积得到的给付权利以 $^{CA}AL_x$ 表示，把 $^{CA}B_x = \frac{x-y}{r-y} B_r$ 代入上式，有：

$$^{CA}AL_x = \frac{x-y}{r-y} PVFB_x$$

当每年以工资的恒定比例分摊退休给付时，以 $^{CS}B_x$ 表示到 x 岁累积得到的权利，以 $^{CA}(AL)_x$ 表示 x 岁的精算债务，

$$^{CS}B_x = \frac{B_r}{S_r} S_x, {}^{CA}AL_x = \frac{S_r}{S_r} PVFB_x，由于 {}^{CS}B_x \leqslant {}^{CA}B_x，则：$$

$^{CS}(AL)_x \leqslant {}^{CA}(AL)_x$

上例中，两种给付分配下的精算下的精算债务见表 9-4。在开始加入养老金计划的年龄，由于成本积累，精算债务为 0，随着年龄的提高，精算债务迅速增加，在退休年龄前，债务积累为当年工资的 3 倍以上，从两种方法的对比来看，水平分配下的债务在各个年龄段均大于比例分配下的债务。

表 9-4　两种给付分配下的精算债务及其与工资的比例

年龄	累积得到的给付权利 B_x	x 岁存活到 60 岁的概率 ${}_{60-x}P_x$	从 60 岁到 x 岁折现率 v^{60-x}	年金系数 α_{60}	精算债务 AL_x	精算债务与工资的比例 AL_x/S_x
水平分摊						
25	0	0.843	0.181	10.54	0	0
35	3152	0.860	0.295	10.54	8437	86.33
45	6304	0.891	0.481	10.54	28484	178.92
55	9456	0.950	0.784	10.54	74224	286.23
比例分摊						
25	0	0.843	0.181	10.54	0	0
35	1463	0.860	0.295	10.54	3917	40.07
45	3846	0.891	0.481	10.54	17380	109.17
55	7729	0.950	0.784	10.54	60665	233.94

（四）补充债务

在给付分配精算成本法中，实际是从有权利得到养老金的年龄起开始分摊成本，而在建立计划前，并没有实际缴费积累，从而存在初始精算债务。如某人 20 岁参加工作，30 岁时建立了养老金计划，承诺从开始参加工作的年龄起积累养老金权利，这样计划在这个职工 30 岁时建立，却从职工 20 岁开始分摊正常成本。在建立计划时，由对过去工作期间正常成本的分摊，或者说对过去工作期间养老金的承诺而积累了债务，这一债务以计划补充债务的形式存在。随着时间的延续，补充债务表现为未来给付精算现值没有被正常成本分摊的部分，就是计划积累的精算债务与过去正常成本分摊的部分，也就是计划积累得精算债务与过去正常成本积累的差额。同时，养老金水平的调高、精算假设的变动以及精算假设与实际的差异产生的债务，也没有反映在正常成本中，只是以补充成本债务的形式存在。因此有：

$$SL_x = PVFB_x - (PVFNC_x + AVPNC_x) = AL_x - AVPNC_x$$

补充精算债务的分摊形成补充成本，补充成本债务的不同分摊方式形成不同的补充成本模式和年成本模式。通常只计算计划总体的补充债务，而不分别计算个人在不同年龄上的补充债务。当计划累积的基金与积累的债务相对应，成为完全基金计划时，补充债务的计算和单独记录的意义不大，一般在计划建立时估计由对过去工作期间积累的养老金权利而产生的债务，即初始精算债务，它以补充债务的形式存在。

为了说明补充债务的计算方法和补充成本的分摊方法，这里仍以上面给出的单个人的情况为例，并假设职工在 35 岁时开始建立养老金，在建立计划时，初始精算债务就是 35 岁时积累的过去正常成本，也就是 35 岁时的精算债务，假设每年以固定数额分摊给付，两种计算方法下，在 35 岁时的补充精算债务为：

$$SL_{35} = AL_{35} = B_{35}\alpha_{60\ 25}P_{35}v^{25} = 8437(元)$$

$$SL_{35} = AVPNC_{35} = \sum_{t=25}^{34} NC_t(1+i)^{35-t}\frac{1}{{}_{35-t}P_t} = \sum_{t=25}^{34} b_{t\ 60-t}P_t v^{60-t}\alpha_{60}(1+i)^{35-t}\frac{1}{{}_{35-t}P_t} = \sum_{t=25}^{34} b_{t\ 25}P_{35}v^{25} = 8437(元)$$

如果在30年内平均分摊补充成本债务形成补充成本，假设利率为5%，则补充成本为：

$$SC_{35}=SL_{30}/\alpha_{30},\alpha_{30}=\frac{1-v^{30}}{d}=16.14,SC_{35}=522(\text{元})$$

补充成本债务也可以按工资的恒定比例分摊，由于工资通常随年龄的增长而提高，这种分摊方式使补充成本在前面更低，后期更高，从而使未分配补充成本债务在初期积累得更多，增加了未来的财务风险。美国退休收入保障法中对养老金计划最小基金有严格规定，对补充债务不允许采用比例分摊方法。

（五）没有补充债务的给付分配精算成本法

没有补充债务的给付分配精算成本法，实际上是把建立计划时对过去的承诺、给付水平的调整以及精算假设变动等产生的债务，分摊在建立计划后的各个年份，使未来年成本相应增加的方法。设计划从 z 岁开始，在建立计划后的某年 x 岁上增加的给付权利为，$\frac{B_z}{B_r-B_z}b_x(z\leqslant x<r)$。这是从 z 岁起未来得到养老金权利在 z 岁前得到养老金权利中的比例与该年龄得到的给付权利之积。x 岁的养老金总权利为：

$$b_x^T=b_x+\frac{B_z}{B_r-B_z}b_x=\frac{B_r}{B_r-B_z}b_x(z\leqslant x<r)$$

可见，如果把建立计划前累积的债务分摊到建立计划后的各年中，相当于在原来每年得到养老金权利的基础上，增加计划建立前未分摊的养老金权利 B_z 在未来时期的分配部分。这样，x 岁累积得到的养老金权利是从 z 岁到 x 岁每年得到的养老金权利之和。

$$B_x^T=\frac{B_r}{B_r-B_z}(B_x-B_z)=\frac{B_x-B_z}{B_r-B_z}B_r(z\leqslant x<r)$$

依据 b_x^T 和 B_x^T 计算的年成本和精算债务将不包括补充成本和补充债务。

如果以均衡分配 B_r 的方式得到 b_x，此时，${}^{CA}b_x^T=\frac{B_r}{r-y}+\frac{B_r}{r-y},\frac{z-y}{r-z}=\frac{B_r}{r-z}$。

可见，在均衡分配方式下，没有补充债务下的年给付权利，实际上就是从建立计划起到退休为止分摊退休给付权利 B_r 得到的值。到 x 岁累积得到的给付权利是 x 岁前每年得到的给付权利的累积，因此有：

$${}^{CA}B_x^T=\frac{x-z}{r-z}B_r$$

当以工资的比例分配 B_r 时，有 ${}^{CS}B_x^T=\frac{B_r}{S_r-S_z}S_x$，${}^{CS}B_x^T=\frac{S_x-S_z}{S_r-S_z}B_r$。

三、缴费确定计划给付水平的估计

（一）缴费确定计划的预先缴费水平的确定

缴费确定计划预先缴费确定水平，计划的总成本就是缴费累积总额，计划的给付水平根据缴费多少、缴费的投资收益率的高低确定。在缴费确定计划中，没有成本估计问题，但需要根据缴费水平预先估计给付水平。理论上，缴费确定计划给付与缴费的联系可以采取个人平衡方式，也可以采取同代人平衡方式。个人平衡方式通常采用个人账户的记账和管理方式，个人一生的缴费与其得到的给付数额相等，个人在死亡时个人账户的余额由其预先指定的受益人继承，不存在同代人之间的收入再分配。同代人平衡方式是在同一年龄上职工的缴费和给付之间建立起平衡关系，参加养老金计划的职工缴费计入集体账户，如果职工在缴费期间死亡，其过去缴费额由仍然存活的职工分享，职工在职期间的死亡给付与过去缴费积累没有直接联系，通常规定为某一具体数额，退休后以生存年金的方式发放退休金，职工死亡后，其缴费余额由仍然存活的职工分享，职工的长寿风险由退休后购买生存年金得以分散和避免，可见，采取集体账户的方式存在代内再分配。实践中，缴费确定计划更多地采取个人账户的方式管理，个人账户使个人缴费和享受之间建立起直接的联系，增加了缴费的灵活性。在职工调动工作时，由于个人账户的归属权明确，个人账户累积余额可以随同职工转移，有利于职工的流动，从而在世界范围得到迅速发展。

缴费确定计划缴费与给付的不同平衡关系，分别用不同的精算模型表示。这里分别讨论代内平衡与个人账户两种方式下的精算估计。在个人账户下，如果允许退休时一次性领取账户累积额，此时不需要精算。但一次性领取个人账户的累积额，可能使养老金计划保障老年生活的作用减弱，使长寿者得不到应有的收入保障，或由于健康者不选择购买年金而产生逆向选择。因此，一般认为养老金计划应该采取年金的给付形式。个人账户累积额用于购买年金时，需要运用精算方法估计退休金水平。

(二)代内平衡的精算模型

缴费确定养老金计划以收费水平决定给付水平，但在计划设计时，也是根据目标给付水平，即在一定的精算假设下估计缴费水平的。因此，它与给付确定型计划的精算估计方法类似，根据未来给付精算现值等于未来缴费精算现值的平衡公式进行精算估计。根据前面的分析，在只考虑退休给付时，未来给付精算现值为：

$$PVFB_y = B_{r\,r-y}P_y^{(T)}v^{r-y}\alpha_r$$

设以工资的 k 比例缴费，未来缴费用值为：

$$PVFNC_y = ks_y^s\alpha_y^T : r-y$$

则退休给付为：

$$B_r = \frac{ks_y^s\alpha_{y:r-y}^T}{{}_{r-y}p(T)_y v^{r-y}\alpha_r}$$

例如，某男性职工在 25 岁参加工作并加入养老金计划，25 岁当年的工资为 6000 元/年，工资增长率 5%，养老金计划的缴费率规定为工资的 10%，退休给付规定为退休后每年固定数额的生存年金，退休年龄为 60 岁，假设利率为 5%。在职期间的减因只有死亡，不考虑伤残、中途退出计划等减因，退休后的给付只有退休给付，不考虑其他给付。以我国 2003 年城镇从业人口生命表提供的死亡率资料，计算 25 岁未来缴费现值为：0.1×6000×$(1+1.05P_{25}v+1.05_2^2P_{25}v^2+\cdots+1.05_{34}^{34}P_{25}v^{34})$＝0.1×6000×33.15＝19889.27(元)。

退休后每年一元生存给付在 25 岁的现值为：0.843247×0.18129×10.54＝1.611(元)。

退休后的年给付额为：B_{60}＝19889.27/1.611＝12345.92(元)。

如果退休给付以某一指数增长，设年增长率为 k%，退休当年的退休给付为 $B_r = \frac{ks_y^s\alpha_{y:r-y}^T}{{}_{r-y}P_y^{(T)}v^{r-y\,k}\alpha_r}$。其中，${}^k\alpha_r$ 为以年增率 k 增长的递增年金现值。

上例中，如果规定退休给付每年以 2%增长，此时从退休起递增的年金系数为 12.18，退休给付降低为 10681.76 元。

(三)个人账户平衡的精算模型

在个人账户平衡中，如果已知个人的生命周期，在这里主要指个人参加工作、退休和死亡等年龄，可以根据在职期间的收入能力、期望一生消费水平、预计个人账户累积利率等设计个人账户的缴费率，从而满足在一生中收入与消费的平衡。这时，个人在职期间缴费是一个确定年金，退休后的年金给付也是确定年金。设职工 y 岁参加工作并加入养老金计划，r 岁退休，d 岁死亡，y 岁的工资为 s_y，工资的年增长率为 j，个人账户的缴费率为 c，利率为 i，退休后年退休金 B_r 为退休前一年工资 S_{r-1} 的 g 比例，在 $y<r<d$ 时，个人账户收支的平衡公式为：

$$cs_y\alpha_{r-y}=gS_{r-1}\alpha_{d-r}v^{r-y}$$

等式左边是个人账户的缴费现值，它是以加入计划当年工资的 c 比例乘以工资增长率增长的定期递增确定年金现值。等式右边是每年给付退休前一年工资 g 比例在从退休到死亡的确定年金在 y 岁的现值。

其中：${}^s\alpha_{r-y}=1+\dfrac{1+j}{1+i}+\dfrac{(1+j)^2}{(1+i)^2}+\cdots+\dfrac{(1+j)^{r-y-1}}{(1+i)^{r-y-1}}=\alpha_{r-y\,i'}$

$\alpha_{r-y\,i'}$ 是以利率 $i'=\dfrac{i-j}{1+j}$ 计算的 $r-y$ 年确定年金现值。

利用上面的平衡公式，在规定的退休金替代率下可以采用估计缴费率 C，在规定的缴费率下估计出年给付水平。

中国养老金制度改革对基本养老保险实行社会统筹和个人账户相结合的办法，个人账户在退休时的累积额用于退休后平均余寿时期的退休金支付，超过平均余寿期间的退休金由社会统筹基金支付。个人账户在退休后的年支付额，依精算平衡公式计算。

个人账户收支的精算平衡公式，以个人寿命确定为前提，反映了每个参加个人账户保险的职工在缴费与享受之间的平衡关系。实际上职工的生命周期是未知的，人们并不知道他们实际的寿命。对个人养老保险金计划整体来说，每个职工的死亡年龄是个随机变量，可以用分年龄的死亡概率，衡量在各个年龄上的死亡水平，用平均余寿衡量职工在某一年龄上平均还能存活的年数。对计划整体而言，由于职工在退休前死亡、中途因调离或其他原因退出计划使缴费中断，仍然存活并留在计划中的职工才能继续缴费，因此，y 岁加入计划的期望缴费现值为：

$$cs_y+cs_{y+1}P_y^{(T)}+cs_{y+2\,2}P_y^{(T)}v^2+\cdots+cs_{r-1\,r-y}P_y^{(T)}v^{r-y}=cs_y^s\alpha_{y:r-y}^{(T)}=cs_y^s\alpha_{y:r-y}^{(T)}\,i'$$

其中，$P_x^{(T)}$ 为保留在计划中的 x 岁职工存活 t 年的概率，${}^s\alpha_{y:r-y}^{(T)}$ 为以工资增长率增长的从 y 岁到 r 岁的一元生存年金系数。

如果个人账户在退休时的累积额，用于购买从退休起的生存年金，退休金给付在 y 岁的现值为：

$$B_r\alpha_{r\,r-y}P_y^{(T)}v^{r-y}$$

个人账户在退休前的死亡给付，通常规定为退还个人账户累积额中个人缴费部分，如果个人账户缴费率的 50% 由个人承担，在 t 年末个人账户累积额中个人缴费部分为：

$$0.5cs_y(1+i)^{t-y+1}\alpha_{t-y+1\,i'}$$

假设死亡给付在死亡年年末死亡给付现值为：

$$\sum_{t=y}^{r-1}0.5cs_y(1+i)^{t-y+1}\alpha_{t-y+1\,i'}v_{t-y}^{t+1}P_y^{(T)}q_t^{(m)}$$

如调离给付规定为退还个人账户累积额，假设退出给付在退出年的年末，其给付现值为：

$$\sum_{t=y}^{r-1} cs_y(1+i)^{t-y+1}\alpha_{t-y+1\,i'}v_{t-y}^{t+1}P_y^{(T)}q_t^{(w)}$$

$q_t^{(w)}$ 为在死亡率和退出率两个减因下的 x 岁的退出概率。因缴费现值=退休给付现值+死亡给付现值+退出给付现值，所以：

$$cs_y^s\alpha_{y:r-y}^{(T)}=B_r\alpha_{r\,r-y}P_y^{(T)}v^{r-y}+\sum_{t=y}^{r-1}0.5cs_y(1+i)^{t-y+1}\alpha_{t-y+1\,i'}v_{t-y}^{t+1}P_y^{(T)}q_t^{(m)}+\sum_{t=y}^{r-1}cs_y(1+i)^{t-y+1}\alpha_{t-y+1\,i'}v_{t-y}^{t+1}P_y^{(T)}q_t^{(w)}$$

在上式中，如果没有在职期间的死亡给付和退出给付，精算平衡公式与代内平衡公式完全一样。根据上述平衡关系，可以估计在一定的缴费率下平均退休给付水平 B_r。缴费确定养老金计划通过精算设计可以根据目标给付水平和预计的利率水平，在一定的死亡率、退出率等精算假设下估计出所需要的缴费水平，但计划实际的给付水平由实际缴费水平、投资收益和死亡率、退出率等确定。

值得注意的是，从退休年龄 r 岁起的每年一元生存年金现值 α_r 与在退休年龄上平均余寿 $\mathring{e}_x$ 时期内的定期年金 $\alpha_{\mathring{e}_r}$ 是不相等的。在精算数学上可以证明 $\bar{\alpha}_r<\bar{\alpha}_{\mathring{e}_r}$，如果以后者代替前者，计算的养老金数额将减少。

附录1　提前还贷期权的风险管理与定价

——剥离式期权操作研究

随着我国个人住房抵押贷款市场中越来越多的提前还贷现象的出现，提前还贷对银行来说是巨大的利率风险这一认识也越来越被重视，但目前国内银行的做法显然不利于个人住房抵押贷款市场的长远发展。通过比较和分析已有的国际管理经验，笔者认为最适合中国现实状况的提前还贷的管理方式是预征期权费，并设想了剥离式期权操作的办法。

一、问题的提出

我国央行规定个人住房抵押贷款的法定利率调整后，各商业银行需要对已发放的贷款余额，至下一年1月起按新利率重新计算还款额度。这一政策固然符合实际情形，却导致住房抵押贷款不同于通常的固定利率贷款和浮动利率贷款，形同于利率跳跃式贷款。在这一体制背景下，当存贷款基准利率进入上升通道时，个人住房抵押贷款便可能出现大量提前还贷行为。2002年，提前还款潮初次出现时，国内商业银行出于防范风险的考虑，陆续出台了一些收取违约金等限制政策，引起了多方争论。目前的实际操作中，商业银行为了争取客户，基本上不再收取违约金，只是在提前预约时间、提前还款次数及金额等方面给予一定限制。

提前还贷行为对商业银行蕴含着巨大的利率风险，主要表现在：

1. 获取存贷利差仍然是我国商业银行主要的利润来源，提前还贷将直接导致银行利息收入减少。个人住房抵押贷款有房产抵押，又有保险公司的还贷保险，安全性高，是银行最优质的业务之一。若客户纷纷选择提前还贷，将意味着银行失去了相应的利息收入。

2. 提前还贷会打乱银行原有的资产和负债存续期匹配计划，容易产生较大的资金风险敞口。

3. 资金的非预期提前回收，一般较难在短时期内被重新有效利用，提前还贷容易造成资金闲置，使银行的资产收益下降。

4. 每笔贷款都会产生服务成本，这些成本一般被分摊到整个还款期进行补偿，提前还款只使得其中部分成本被收回，增加了银行的经营成本。

国内商业银行目前的做法，显然不能很好补偿所承担的风险。随着国内住房抵押贷款市场的不断壮大，提前还贷风险的不恰当处置将会使风险逐渐积累并暴露，不利于该贷款业务的长远发展。

国外个人住房抵押贷款开办已有较长时间，对如何处理提前还贷有了较成熟的研究，但国内相关贷款业务开办时间不长，存贷款利率体系尚未完全市场化，基础数据库不够完善，且国内金融衍生工具市场也不健全，很多国际先进经验在中国并不适用。在此背景下，笔者在提出适合国内现状的操作方案基础上，推导该操作方案中提前还贷期权的定价模型，及在国内利率体系之下为其定价，以处置好提前还贷问题就是较为适合的。

二、国外银行应对提前还贷通常采取措施

1. 利用违约金政策，进行价格补偿

通常情况下，美国的金融机构都会对个人住房抵押贷款的提前还贷行为收取一定的价格补偿，这些违约金政策包括：

(1)禁止提前还贷期：在一定的贷款期内，禁止任何提前还贷行为。这种政策能将该贷款期内的提前还贷概率降低到0，且不受外界环境的变化。

(2)固定违约金：规定一个固定的金额，或贷款本金的一个固定的比例。

(3)递减违约金：在固定违约金的基础上，规定一定时间内的一个递减的违约金比例，最后降低至0。

(4)收益保障条款：近年来金融机构更倾向于采用收益保障条款替代违约金。这种条款收取借款人一次性的费用，该费用等于提前还贷额乘上合同利率和市场利率之间差额的贴现值。

利用违约金政策进行管理是个好办法，但提前还贷是商业银行的一种期权性风险，真正合理的违约金难以度量，这并非有效的风险补偿措施(高山，2008)。

2. 利用衍生工具，管理提前还贷风险

美国拥有世界上最发达的资本和证券市场，利用衍生金融工具管理提前还贷风险，已成为金融机构的重要手段之一。以房利美为例，该公司采取的办法是发行可赎回债券，允许个人住房抵押贷款证券的发行人在利率下调(固定利率贷款)引起提前还贷风潮时赎回债券，这使该发行机构可用同样的方式再次发行利率较低的个人住房抵押贷款证券，其收益率也同时较低。房利美同时还利用一系列衍生品种作为可赎回债券的补充工具以及优化其个人住房抵押贷款投资组合的综合融资手段。这些包括利率互换、调期期权、利率上限等。利率互换能将短期债券转换为长期债券。调整期权则能有效地将一次性偿还债券或者不可赎回债券转为可赎回债券。公司只是这些衍生工具的终端用户，并不进行衍生品种交易、持有头寸或者进行衍生品种投机。这些衍生金融产品的运用，可保护类似房利美这样的金融机构，免受普遍利率风险，尤其是提前还贷风险的威胁。

国内尚无相对完善的衍生品市场，利用国外市场又会大大增加管理成本，该方法并不适于中国的实际情形。

3. 利用个人住房抵押贷款二级市场，转嫁提前还贷风险

美国拥有最大的个人住房抵押贷款二级市场，通过资本市场，转嫁提前还贷风险，已成为近年来管理提前还贷风险的新手段。美国个人住房抵押贷款证券的种类很多，从结构上来看，主要有复合结构和简单结构两种。最常见的个人住房抵押贷款证券是转手抵押贷款证券，即最基本的MBS。转手抵押贷款证券是指在一系列期限、质量和利率上相似的贷款集合的基础上发行的证券，该证券和由证券担保的相应个人住房抵押贷款所有权将从贷款发放人的手中完全转移至投资人手中。其最大的特点是，作为证券发行担保的个人住房抵押贷款将不再保留在原贷款机构的资产负债表上，而是全部转移给了投资人。这种证券一般均有政府担保公司的担保。这样贷款机构的提前还贷风险，将被全部地转移给投资人，不过风险本身并未发生变化。对投资者来说，仍然存在着提前还贷风险。因此基于进一步的

管理提前还贷风险的需要,美国金融机构又推出了一系列衍生产品,以对个人住房抵押贷款证券进行金融创新。

国内尚未形成完善的住房抵押贷款的二级市场,本方法尚没有在国内实施的实施条件。

4. Mortgage One 账户

渣打银行推出的 Mortgage One 账户,被称为按揭业务的革命性创新。该账户将借款人的存款账户与按揭账户相连,每日的存款账户余额将作为借款人可提前偿还贷款的本金,这样可以减少借款人的利息支出。提前还贷的存款部分则作为银行替借款人增加的信贷额度,借款人可以随时从存款账户中支取。该账户的创新不仅仅是一种按揭产品的创新,更是在按揭业务中引入了客户理财的概念,被香港银行业称为"按揭综合户"。

Mortgage One 账户改变了原有的被动防范违约风险和提前还贷管理办法,以主动和动态的方式控制提前还贷风险和违约风险,以将提前还贷可能会给银行带来的损失,通过个人授信的形式来加以弥补和解决,有其独到优点。不过考虑到知识产权问题,国内银行应根据实际情况尽快实现自主产品创新,以更好地应对提前还贷风险。

5. 调整信贷资金的供应方式

这种风险管理方法的基本思路是:银行根据历史提前还贷经验,预估未来提前还贷的概率和资金量,然后在此基础上进行资金配置。如能正确预计提前还贷率,便可很好地规避该风险。目前采用这种策略管理非系统性提前还贷的风险,在国外的银行已得到了广泛应用,成为一种比较成熟的提前还贷风险管理措施。

调整信贷资金供应方式的有效性,依赖于完善的商业银行个人抵押贷款数据库,国内商业银行直到近几年才渐渐重视这个问题,无法提供足够的历史数据来建立完善有效的模型。

6. 预先征收提前还贷期权费用

住房抵押贷款的提前还贷申请一般不会被银行拒绝,缘由是银行认为,提前还贷是银行赋予借款人的一种期权,银行在抵押贷款产品定价时,应将这种期权费用计入个人住房抵押贷款的定价之中,对所有借款人预先征收。本种预先征收提前还贷期权费用的方式在美国应用比较广泛,在欧洲国家则应用较少。

作为金融体系的一个组成部分,现代商业银行应顺应金融功能的发展潮流,将接受风险转嫁、提供风险管理服务作为核心职能之一,如此才能长期确保盈利来源和核心竞争力。为此,商业银行应认识到:采取预先征收期权费的方式管理提前还贷风险,在向客户提供个人住房抵押贷款这一金融产品的同时,也向客户提供了期权这一金融产品来发挥风险管理功能。银行作为金融服务机构以收取期权费的方式补偿所承担的风险成本;客户则通过支付一定的期权费获得了提前还款的期权,以规避利率风险。总的来说,预先征收期权费可使商业银行为客户提供风险管理服务的同时,也能更好地管理自己面临的提前还贷风险,形成一种共赢局面。

综上所述,从实际情况出发,预先征收提前还款的期权费用,是最适合中国商业银行应对提前还贷风险的。从金融功能的角度来说,这也是最恰当的一种处理方式。

三、国内外隐含期权理论的相关研究综述

(一)国外隐含期权理论的相关研究综述

期权理论的前提基于经济学的经济人假说,该理论认为,每个借款人都是一个理性的决

策者，目标则是追求一定约束条件下的个人效用最大化。因此，特定经济条件下借款人是否提前还贷，完全取决于该行为经济利益是否合算，或者说能否借此实现自身的效用最大化。[①]

隐含期权则认为提前还贷在本质上是客户执行隐含在贷款产品中的期权，银行应将期权价格隐含在贷款利率中，为客户提供风险管理的功能。运用隐含期权的观点来研究个人住房抵押贷款提前还款风险，是一种全新视角，已发展成为提前还贷风险研究中最重要的理论之一。国外有着完善的金融市场支撑，对提前偿还期权的研究一般都是建立在公司可赎回债的定价模型和利率运动模型的基础上，其中各阶段主要的代表观点如下：

Dunn、McConnell(1981)用Logic模型分析了固定利率抵押贷款的提前还贷权，认为它类似于一种看涨期权，违约则与此对应被看作是一种看跌期权。借款人决定是否要终止一笔抵押贷款，主要取决于对再融资成本和利率变量的分析，以及贷款是浮动利率还是固定利率而定。这是早期的提前还贷期权模型，构建了解释经济变量对借款人提前还贷行为的影响的理论框架。抵押贷款允许借款人提前还贷，也使其可以和随时清偿的债券一样被估价。

A. R. Hall(1985)运用双因子定价模型考察了固定利率抵押贷款的提前还贷期权的价值，以及该价值对贷款合约的各种变量的敏感性。提前还贷期权并未独立于抵押贷款本身被单独定价，Hall还考察了将提前还贷期权包括进入贷款合约时对贷款利率的影响，认为期权定价模型将高估提前还贷期权的价值，不过偏差很小。

F. Black等(1990)发表了研究单因素利率模型的经典文献，认为所有证券价格及利率都将由短期利率决定，该模型也可用于债券中的期权定价。F. Black，P. Karasinski考察短期利率服从对数模型的条件下，利用基于短期利率的单因素模型对债券及期权的定价问题。

James B. Kau等(1990)提出可以用标准向后估价法增加辅助变量的方法，来解决收益依赖于状态变量实际变化路径的证券定价问题，并以有上限的浮动利率抵押贷款为例，考察了分期付款及随时可提前偿还的情况下该种贷款的定价问题，指出该定价方法同样适用于其他具有路径依赖性的金融合约。

(二)国内隐含期权理论的相关研究综述

随着个人住房抵押贷款业务的快速发展，国内也出现了一些基于期权理论的研究。

白钦先(2006)基于"金融功能发展观"将金融功能归纳为基础功能、核心功能、扩展功能和衍生功能四个层次。其中，基础功能主要指服务和中介功能；核心功能主要指资源配置功能；扩展功能主要指经济调节和风险规避功能；衍生功能主要指风险管理和宏观调节。金融功能的演进是响应金融体系的发展需求逐步显现的，同时又反过来促进金融体系的发展。随着金融体系的复杂化，风险管理功能将成为核心功能且是金融功能的主要发展趋向。这一观点为我们探讨提前还贷的隐含期权理论提出了可行的操作思路。

郑振龙、林海(2004)提出银行的资产负债业务中隐含着期权的观点，并对隐含期权的特征和期权被执行的可能性等影响因素进行分析，再通过无套利分析和数值计算法对隐含期权进行定价，最后发现银行的真实利差明显偏低，贷款动力不足。

吴青(2005)认为管理隐含期权风险的基本思路，是分析期权被执行的可能性，以合理确定贷款中隐含期权的价值，使银行承担的期权风险能够从期权成本中获得补偿。在银行的

---

① 刘疆. 国外个人住房抵押贷款提前还款风险研究进展[J]. 时代金融，2007(2)：30—31.

资产负债表中，期权成本以期权调整利差 OAS(Option-adjusted Spread)的形式存在。在此基础上提出了期权调整利差的计算方法。

刘畅等(2006)认为可提前还贷的定期贷款，是隐含着期权的利率衍生品，并通过建立可提前还款的定期贷款数学模型，得出随机利率、违约金大小与提前还款可能性的关系。

李君(2007)提出一系列衡量隐含期权风险的数学计量方法，包括持续期缺口分析、利率敏感性缺口分析及有效凸度与有效持续期，并利用无套利法对隐含期权进行分解定价。

高山(2008)从金融功能的角度明确提出，住房抵押贷款提前还贷是商业银行的一种期权性风险，对其收取违约金并非国际惯例，也并非有效的风险补偿方式。商业银行应适应市场竞争的需要，接受风险转嫁，提供风险管理服务，并运用风险定价技术通过贷款交易价格对提前还贷的风险进行补偿。

四、剥离式期权化操作方案的利弊评析

中国采取何种方式处理提前还贷问题是最适合的？本文将首先借鉴和比较已有的提前还贷国际管理经验，结合中国市场的实际状况以及金融功能的观点，分析得出预先征收期权费是最适合中国的提前还贷管理方式。

(一)剥离式期权产品体系

隐含期权理论将期权价格隐含在贷款利率之中，预先征收期权费来应对提前还贷风险，是适合国内现状的一种方式，但却有上述种种缺陷。为解决对客户的公平性问题，也使提前还贷期权的价值衡量简单精确，笔者认为可以将隐含期权从个人住房抵押贷款中剥离出来，独立于贷款产品本身外设计和定价，也即剥离式期权化操作。这是预先征收期权费的一种更完善的方式。

首先提出一个包括贷款和期权的典型方案如下：贷款部分是商业银行根据央行规定的贷款基准利率及个人住房抵押贷款市场状况，假设客户不会提前还贷的前提下进行成本分析，确定贷款价格；期权部分是针对不同的客户群设计不同类型的期权产品供其自由选择，与贷款部分相互独立。期权产品又分为多种类型，以表 1 为例简单说明：

表 1 期权产品设计方案

	期权一	期权二	期权三
期权内容	无论利率如何发生变动，均不可提前还贷	在贷款合同签订日起到合同到期日之间的任意时刻提前还贷	在贷款合同签订 t 年后到合同到期日间的任意时刻提前还贷
期权价格	0	P	P_t

(二)优势

剥离式期权操作避免了隐含期权模式不灵活的缺陷，同时又使银行通过收取期权费发挥其应有的风险管理功能，其主要优势有如下几点：

对银行的好处：(1)期权产品的灵活性可使其对客户的吸引力增强，从而招揽更多的客户；(2)提前收取期权费而非事后收取违约金，将会更有效地弥补银行承担的风险；(3)针对客户对期权的选择情况，银行对个人住房抵押贷款未来的现金流有更加确定的把握，有利于资产负债的平衡管理，降低风险。

对客户的好处：支付一定的期权费即将未来的利率风险转嫁给银行承担，可结合自身的资金状况及对未来的预测，选择最适合自己的期权，使得贷款成本最小化。

（三）隐含期权理论研究的不足之处

隐含期权理论的研究也有着如下不足之处：

（1）国外的隐含期权理论大都基于固定利率抵押贷款或浮动利率抵押贷款，并不适于中国跳跃式浮动利率的状况，国内关于隐含期权理论的研究大多是综述性，缺少经过实际数据检验的定价研究。

（2）提前还贷期权隐含在个人住房抵押贷款之中，定价及提供都应依赖于主产品，但实际情形并不完全如此。

（3）隐含期权理论假设利率变动是决定期权是否被执行的唯一因素，这是不现实的，诸如借款人的收入状况，宏观经济形势等因素，都会引发提前还贷，这将导致基于隐含期权理论进行的定价研究失去合理性。

（4）银行将期权价格隐含在贷款利率中预先征收期权费，作为对客户提供风险管理的补偿，对客户是不公正的，会有一定比例的客户群因未来收入状况等不会选择提前还贷，银行便没有理由将提前还贷的风险定价强加给这部分客户。将提前还贷风险整合到定价模型中时，对风险驱动因子的描述也会变得难以精确。

隐含期权理论下，利率变动显示借款者应提前还贷时，会有部分借款者因收入限制等不选择提前还贷，但隐含期权的定价理论却缺省认为所有的借款者此时都会选择提前还贷，由此得来的定价结果将失去合理性。而在剥离式期权化操作中，这部分顾客已通过选择不购买期权而被排除在定价群体之外，利率因素对这些客户群将成为决定性因素。不同期权产品区分了不同类型的客户，使得提前还贷的期权定价在“经济人”假设前提下，依然获得较高合理性。

隐含期权理论的最大缺陷在于“经济人假说”，即客户是否提前还贷只取决于经济利益是否合算。但实证研究表明，引发提前还贷的原因有多种，利率只是其中之一，这样基于隐含期权理论进行的定价研究势必有失偏颇。本文提出“剥离式期权化操作方案”，虽然也遵循这一假设，但可通过不同期权产品的选择来区分客户群，就能最大限度地降低这一假设带来的定价误差。

五、剥离式期权化操作方案及其定价研究

（一）提前还贷期权定价模型

结合中国个人住房抵押贷款和中国利率体系的实际状况，本文将通过建立在如下基本前提上的简化模型来分析期权二价格 P 的确定：

假设一，定价模型基于等额本息还款法，即贷款本金和利息之和采用按月等额还款方式；

假设二，抵押贷款为跳跃式浮动利率贷款，贷款基准利率由央行公布，最终贷款价格在央行规定的范围内浮动，目前为 0.9～1.7；

假设三，提前偿还为提前偿还全部贷款，不包括部分偿还等情况；

假设四，客户群已被不同期权所区分，基准贷款利率变动是决定期权是否被执行的唯一因素；

假设五，央行宣布变动基准贷款利率都在月末，并从下月开始按照新基准利率执行。客

户按原计划偿还当月款项，若决定行权则在下月初结清贷款余额。

客户 A 与银行签订 N 年的贷款协议，贷款金额为 $P_n^0$①万元，贷款年利率为 R_0，每月末还款。因计息频率与偿还频率的不一致，为使问题标准化，现将 R_0 转化为等价的月利率 $r_0$②，偿还期限为 $n=N\times 12$，则分期偿还表2相应如下：

表2　原贷款利率下分期偿还表

月份数	每次还款额	每次还款中的利息	以后各期将付利息总和	贷款余额
0				P_n^0
1	1	$r_0\times P_n^0=1-v_0^n$	$n-1-P_{n-1}^0$	P_{n-1}^0
2	1	$1-v_0^{n-1}$	$n-2-P_{n-2}^0$	P_{n-2}^0
…	…	…	…	…
k	1	$1-v_0^{n-k-1}$	$n-k-P_{n-k}^0$	P_{n-k}^0
…	…	…	…	…
$n-1$	1	$1-v_0^2$	$1-P_1^0$	P_1^0
n	1	$1-v_0$	0	0
总计	n	$n-P_n^0$		

其中，v_0 为折现因子，$v_0=1/(1+r_0)$。

k_1 期末，央行首次宣布变动贷款基准利率，从 R_0 变为 R_1（相应等价月利率为 r_1）。若 $R_1>R_0$，客户将于下月初提前还贷，期权给客户带来的价值为 $P_{n-k1}^0\times[(1+r_1)^{n-k1}-1]-(n-k_1-P_{n-k1}^1)\times P_{n-k1}^0/P_{n-k1}^1$。

若 $R_1<R_0$，客户从下月起按照新的贷款利率计算偿还款项，分期偿还表3如下：

表3　新贷款利率下的分期偿还表

月份数	每次还款额	每次还款中的利息	以后各期将付利息总和	贷款余额
k_1	—	—	—	P_{n-k1}^0
k_1+1	P_{n-k1}^0/P_{n-k1}^1	$r_1\times P_{n-k}^0=(1-v_1^{n-k1})\times P_{n-k1}^0/P_{n-k1}^1$	$(n-k_1-1-P_{n-k1-1}^1)\times P_{n-k1}^0/P_{n-k1}^1$	$P_{n-k1-1}^1\times P_{n-k1}^0/P_{n-k1}^1$
k_1+2	P_{n-k1}^0/P_{n-k1}^1	$(1-v_1^{n-k1+1})\times P_{n-k1}^0/P_{n-k1}^1$	$(n-k_1-2-P_{n-k1-2}^1)\times P_{n-k1}^0/P_{n-k1}^1$	$P_{n-k1-2}^1\times P_{n-k1}^0/P_{n-k1}^1$
…	…	…	…	…
k_1+a	P_{n-k1}^0/P_{n-k1}^1	$(1-v_1^{n-k1-a-1})\times P_{n-k1}^0/P_{n-k1}^1$	$(n-k_1-a-P_{n-k1-a}^1)\times P_{n-k1}^0/P_{n-k1}^1$	$P_{n-k1-a}^1\times P_{n-k1}^0/P_{n-k1}^1$
…	…	…	…	…
$n-1$	P_{n-k1}^0/P_{n-k1}^1	$(1-v_1^2)\times P_{n-k1}^0/P_{n-k1}^1$	$(1-P_1^1)\times P_{n-k1}^0/P_{n-k1}^1$	$P_1^1\times P_{n-k1}^0/P_{n-k1}^1$
n	P_{n-k1}^0/P_{n-k1}^1	$(1-v_1)\times P_{n-k1}^0/P_{n-k1}^1$	0	0
总计	$(n-k_1)\times P_{n-k1}^0/P_{n-k1}^1$	$(n-k_1-P_{n-k1}^1)\times P_{n-k1}^0/P_{n-k1}^1$	—	—

其中，v_1 为折现因子，$v_1=1/(1+r_1)$。

① P_n^0 为年金现值系数，即在利率 r_0 下每期末偿还1，偿还期为 n 的年金的现值。

② 根据利息理论，转化公式为 $1+R_0=(1+r_0)^{12}$。

同理，在 k_t 期末，央行第 t 次调整基准贷款利率，若 R_tR_{t-1}，客户将于下月初提前还贷，期权给客户带来的价值为 $P^t_{n-kt}\times(P^{t-1}_{n-kt}/\ P^t_{n-kt})\times\cdots\times(P^1_{n-k2}/\ P^2_{n-k2})\times(P^0_{n-k1}/\ P^1_{n-k1})\times[(1+r_t)^{n-kt}-1]-(n-k_t - P^t_{n-kt})\times(P^{t-1}_{n-kt}/\ P^t_{n-kt})\times\cdots\times(P^1_{n-k2}/\ P^2_{n-k2})\times(P^0_{n-k1}/\ P^1_{n-k1})$。否则，客户将选择继续分期还款。

整个过程可由如下多叉树模型描述：

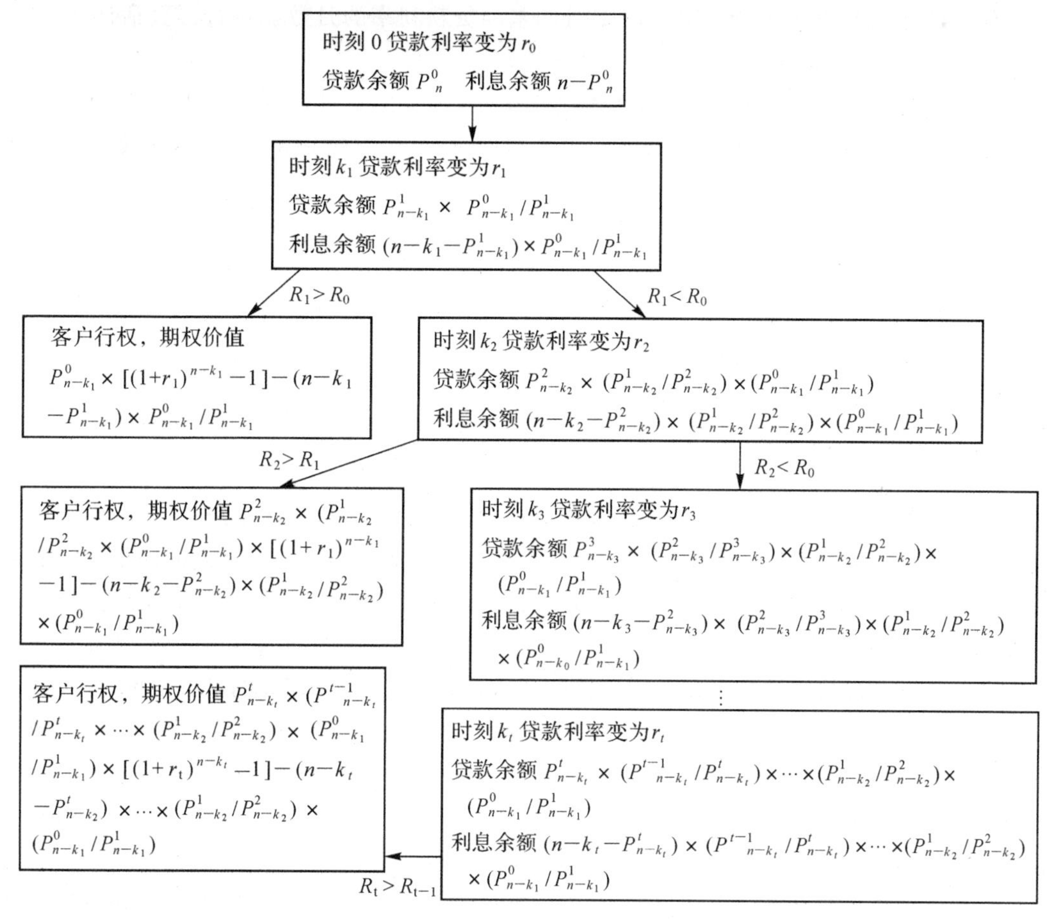

图 1　期权多叉树路径描述

假定客户最终在 t 时刻行权，行权价值为 V，根据风险中性定价原理，0 时刻期权的价值等于 V 按照存款基准利率 i 折现到 0 时刻的值。t 和 V 取决于利率的变动路径而不够确定，期权在 0 时刻的价值也将依赖于政府利率的路径。

(二)定价实证研究

如何为独立出来的期权产品进行定价。首先根据贷款分期偿还表中贷款余额的递推公式推导出提前还贷期权价值公式，然后利用最近 10 年央行公布的商业银行基准贷款利率历史数据估算政府利率变动的单纯跳跃过程中相关参数，以模拟出未来利率变动的路径。设定一个初始利率，未来的利率按照该单纯跳跃过程将有很多种可能的变化路径，每一种路径下都能根据提前还贷期权价值公式得出一个期权的价值，通过在 MATLAB 中编制特定的 Monte Carlo 模拟程序，便能近似地得出所有可能的利率变化路径下期权价值的均值，也即采用数值定价法对独立出来的期权产品体系进行定价。最终的定价结果表明了该定价模型的合理性。

1. 方程参数估计

根据林海、郑振龙(2004)的研究成果,为得出贷款基准利率未来可能的变动路径,首先要估计出政府利率单纯跳跃过程的参数。

本文使用 1991 年 5 月至 2008 年 12 月的基准贷款利率的月数据进行参数估计,共 212 组数据,差分序列 dRt 共 211 组数据。(数据略)

211 组数据中有 25 组非零数据,代表跳跃次数,则 λ 的估计值为 25/211=0.118;因利率具有期限结构,不同期限的贷款有不同的基准年利率,相应的 σ($\sigma^2=D(dR_t/R_t)/\lambda$)的估计如表 4 所示:

表 4 不同期限 σ 的估计

期限	1 年	1～3 年(含)	3～5 年(含)	5 年以上
dR_t/R_t 标准差	0.030319	0.035748	0.040603	0.039835
σ 的估计	8.81%	10.38%	11.80%	11.57%

2. 蒙特卡罗模拟(Monte Carlo)

本模拟利用风险中性定价原理,通过模拟标的资产价格的随机运动路径,以得到期权价值期望值的数值定价方法。大部分期权的价值实际上都能归结为期权到期的回报期望值的折现,尽可能地模拟风险中性世界里标的资产价格的多种运动路径,然后计算每种路径下的期权回报,折现取其均值即为期权价值。本模拟将按照估计出的利率路径进行,计算每次利率变动路径下期权的收益贴现到 0 时刻的贴现值,取其均值作为期权的最终定价。

根据林海、郑振龙(2004)的研究,中国的利率是由央行决定颁布的,可用一个单纯的可变波率跳跃过程描述,并具有相对较短时间的离散数据,因此对此跳跃过程适合用矩方法估计参数。最终估计结果为 λ=跳跃次数 n/样本数据总量 N,$\sigma^2=D(dR_t/R_t)/\lambda$。利用历史数据估算出参数 λ 及正态分布参数,可描述未来利率的变动情况。

贴现年利率按照 2009 年 4 月发布的五年期国债利率设定为 4%,取央行 2008 年 12 月 23 号公布的 3～5 年基准贷款利率 5.76%为初始利率值,转化为等价月利率 0.468%,则该利率下贷款本金按照分期偿还表为 $P_{60}^{0}=52.21$。未来的利率变动将按照随机过程 $dR_t=K_t\times dP$(其中,dP 服从参数为 0.118 的泊松分布,K_t 服从正态分布 $N(0, 11.80\%\times R_t)$)进行。每种利率变动路径下期权的价值公式都为:$P_{n-kt}^{t}\times(P_{n-kt}^{t-1}/P_{n-kt}^{t})\times\cdots\times(P_{n-k2}^{1}/P_{n-k2}^{2})\times(P_{n-k1}^{0}/P_{n-k1}^{1})\times[(1+r_t)^{n-kt}-1]-(n-k_t-P_{n-kt}^{t})\times(P_{n-kt}^{t-1}/P_{n-kt}^{t})\times\cdots\times(P_{n-k2}^{1}/P_{n-k2}^{2})\times(P_{n-k1}^{0}/P_{n-k1}^{1})$。

根据这些初始条件和递推条件编制 Monte Carlo 模拟程序,模拟次数为 10 万次。程序在 MATLAB 中运行得出的期权定价为 $P=0.136$,相当于贷款本金的 0.26%,在期初一次性支付。

这就是说,一笔金额 10 万元的五年期贷款的客户,在期初支付 260 元的期权费,就可以获得从期初到期末的任意时刻还款的权利。

六、结论与展望

这里提出较简化的剥离式期权化操作方案，进一步的研究或实际应用应形成更加复杂并完善的体系。虽然这种操作模式能较好地弥补隐含期权理论中经济人假设的缺陷，但只将利率因素作为引发提前还贷的决定因素，而没有考虑其他因素，依然会使定价结果的合理性降低。如能充分利用商业银行的提前还贷数据库，实证检验都有哪些因素影响提前还贷及其优先排序，并找到描述方法，在已有的定价模型中加入这些因素，则使本模型更趋完善。

国内商业银行应该对提前还贷风险有充分的认识和重视，针对本文提出的剥离式期权化操作，笔者认为可采取如下辅助措施更好地管理提前还贷的风险：

1. 资金流预测，表内对冲风险。本模式能在一定程度上区分客户的优劣，银行应在此基础上建立完善的个人住房抵押贷款数据库，分别预测不同类型的客户将为银行未来带来现金流的状况，以得到更加精确的资产负债表内匹配，使利率风险的敞口最小化。

某些客户选择贷款到期前五年内可提前还款，他们在可行使期权前的还款现金流是固定的，银行可对这部分现金流作出资金匹配计划；当客户可行使期权时，现金流变得不稳定，银行则应相应调整资金匹配计划以防范风险。

2. 吸引客户。在如今激烈竞争的个人住房抵押贷款市场上，客户损失的风险值得考虑。银行需要不断进行产品创新和多样化吸引更多的客户，借以提高盈利性并在一定程度上通过多样化来分散风险。如在市场调查的基础上完善期权产品体系的种类，或将期权产品体系作为一种营销手段，以附赠或优惠的方式吸引客户群体。

3. 增强风险意识。中国个人住房抵押贷款的二级市场必将不断发展和成熟，商业银行应注重培养市场对冲的能力，树立利用各种利率衍生产品对冲表内剩余风险的意识。同时商业银行应建立完善的个人抵押贷款数据库，待到时机成熟时结合信贷资金供应方式的调整，进一步降低提前还贷带来的损失。

（作者杨梦，浙江大学经济学院金融硕士）

附录2 基于资金流波动率的投资者情绪波动与股票收益研究

本文从资金流比率及其波动率的全新视角定义构建了投资者情绪指标，并通过计量检验发现该指标是影响股票指数涨跌的重要原因，且其非均衡误差正向影响股票指数走势。但直接构建股票指数与资金流比率波动率的ECM模型效果不佳，本文从更加定性的角度，研究了该指标短期均值、中期均值以及长期均值之间的交替关系，利用MATLAB构建了基于市场情绪波动动态变化的择时模型，取得了374%的超额收益率，适合对于市场整体的中长期趋势的择时判断。

一、引言

以Paul Samuelson(1965)和Fama(1965)的有效市场假说为核心的传统金融理论认为，股票市场中的投资者是理性的，资产价格完全反映了所有有价值的信息，等于资产的内在价值。然而噪音学派的Grossman和Stiglitz(1980)认为，如果价格包含了全部的信息，人们就失去了搜集信息的动力，而信息搜集又是有成本的，因此价格体系中一定会包含噪音。Kyle(1985)较早地提出了“噪声交易”的术语。Black(1986)则首次全面阐述了噪声交易研究的意义，他认为噪音虽然降低了证券的定价效率，但同时也创造了市场的流动性，因此证券价格其实同时包含了噪音和信息。事实上，国内外众多的实证研究表明，资产价格与其实际价值总是偏离的，且资产价格的波动并非完全无规律可循，其收益率和某些变量之间存在某些相关关系。

国外学者较早地从行为金融的角度探讨了投资者情绪与股票收益之间的关系。Delong和Shleifer(1990)以及Lee, Shleifer和Thaler(1991)认为可以采用封闭式基金的折价率(CEFD)作为投资者情绪衡量的指标，以避免样本选择的风险，可获取的数据时间也较长。Neal和Wheatley(1998)则发现利用共同基金净买入(FUNDFLOW)，可以有效地预测小市值股票比大市值股票产生的超额收益，可用来衡量投资者情绪。Brown(1999)采用的则是美国“个人投资者协会”(AAII)提供的投资者情绪指数。Baker(2003)认为衡量市场流动性的交易价差也可以很好地衡量投资者情绪。Neal和Wheatley(1998)，Baker和Wurgler(2004)均发现通过投资者情绪可以预测股票收益的变动，主要采用封闭式基金折价率的作为代理变量。Knneth，Fisher和Meir(2000)的研究认为，三类投资者情绪(机构、中型、小型)合并可预测未来S&P500的收益。Brown和Cliff(2004)检验了投资者智慧指数作为情绪指标对资产定价影响，发现定价错误与投资者情绪正相关，而且资产未来1至3年的收益与情绪指标负相关。

近些年来，国内学者也基于中国资本市场的特征作了相关的探讨。

饶育蕾、刘达锋(2003)根据“央视看盘”及《中国证券报》“券商看市”和“咨询机构看市”

的预测数据，分别构造了 BSI(Bullish Sentiment Index)指标，即看涨投资者人数除以看涨与看跌投资者总数，研究发现基于周预测的 BSI 水平与股票指数不具有回归关系。

王美今、孙建军(2004)同样根据“央视看盘”节目构造 BSI 指标，并进行实证检验发现投资者情绪的变化不仅显著地影响沪深两市收益，而且显著地反向修正沪深两市收益波动，并通过风险奖励影响收益。

程昆、刘仁和(2005)利用“看涨人数/(看涨人数＋看跌人数)”构建了投资者情绪指标，实证研究发现投资者中期情绪指数对股市的收益率波动的影响要远强于投资者短期情绪指数的影响，而且中期情绪指数是股市收益率的格兰杰原因。

陈彦斌(2005)使用风险规避系数、跨期替代弹性和主观贴现因子三个投资者主观偏好参数的波动来描述投资者情绪波动，并进行实证研究发现影响股票价格波动的情绪波动分别是主观贴现因子、跨期替代弹性和风险规避系数的波动。

张强、杨淑娥(2007)的研究则认为，机构投资者情绪虽然是影响股票价格的重要因素，但也为形成系统性风险，个人投资者的情绪影响并不显著。

综观国内外研究，可以发现如何构建投资者情绪指标对于检验投资者情绪是否会影响股票收益非常关键，而现有的研究中所选取的情绪代理变量绝大部分都具有外生性，并且都试图直接描述投资者情绪，甚少从市场数据本身入手进行挖掘。

基于“市场的价量情况是投资者多空力量博弈情况的反应”这一思想，本文从资金流波动率这一全新的视角，来刻画投资者情绪，并探讨基于本文定义的资金流比率波动率与股票收益之间的内在关系，最终基于这一研究结果构建本文的投资者情绪择时模型。

本文的安排如下：第二部分将详细介绍本文如何构建投资者情绪指标以及通过 ECM 检验该指标与股票价格的内在关系，第三部分则基于第二部分的研究结论，结合“黄金交叉”与“死亡交叉”的思想，构建了基于投资者情绪波动的择时模型并利用 MATLAB 进行实证研究，第四部分总结全文。

二、基于资金流波动的投资者情绪指标

(一)指标构建

资金流定义认为，资金流入导致股价上涨，资金流出导致股价下跌。基于这一理念，价格的涨跌是资金流相互博弈的结果。如果成交价上涨，则此段的成交金额定义为流入金额；如成交价下跌，则此段的成交金额定义为流出金额；如果两点间成交价并未发生变化，则认为流入流出金额相抵，净流入金额为 0。因此，从资金流的角度来描述的投资者情绪，理应对股票价格的走势有一定的预示作用。

本文构建投资者情绪指标的原则如下：

1. 对于某一股票指数，对其每一成分股的每日成交情况进行分析，如果该股票当日价格上涨，则将其资金流计入当日股票指数的 Flowin，反之则将其资金流计入当日股票指数的 Flowout；

2. 计算得到每日股票指数相应的 Flowin 及 Flowout 数据之后，定义当日股票指数的资金流比率(为了将资金流数据进行标准化)如下：

$$\text{Flowratio}=\frac{\text{Flowin}-\text{Flowout}}{\text{Flowin}+\text{Flowout}} \tag{1}$$

3. 滚动取 20 日的资金流比率的波动率来衡量市场情绪的波动，作为投资者情绪指标。

(二)资金流比率及其波动率与指数涨跌关系的初步分析

本文采用沪深 300 指数从 2002 年第一个交易日至 2009 年最后一个交易日的数据进行分析。比较样本期间每日的资金流比率与沪深 300 指数发现，在 1936 个样本点中，有 1046 个样本点两者是同向的，同向比例为 54.03%。利用 STATA 11.0 对两列数据进行相关性检验，其相关性为 30.37%。两个数据并不显著，结合图 1 所显示的数据关系，可以发现单从资金流比率的涨跌变化，难以预示指数的涨跌变化。

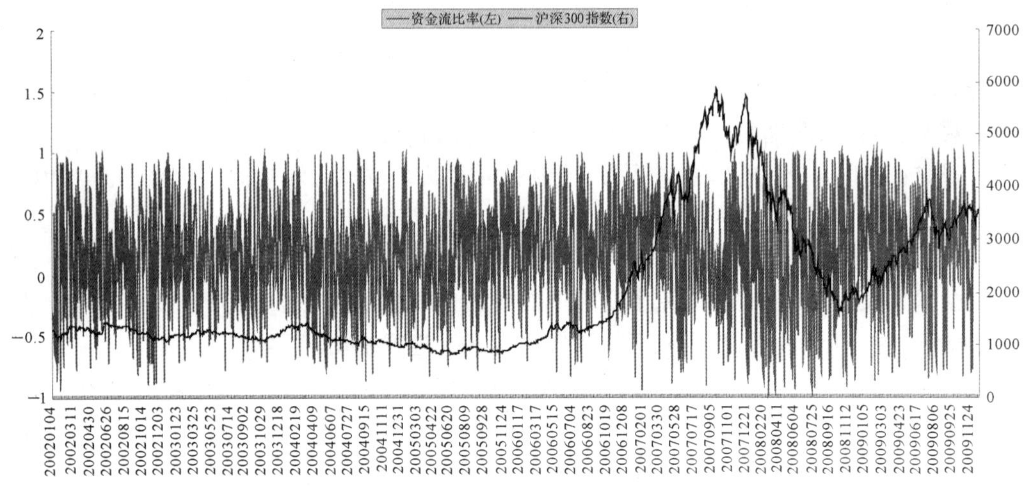

图 1 资金流比率与沪深 300 指数(2002—2009 年)

对图 1 的细节图进一步观察发现，资金流比率的波动情况似乎与价格走势的高点和低点有一定的关系。资金流直接体现的是市场对于股价或者指数的多空看法，而资金流的波动则可以体现多空观点变化的情绪高低。对资金流比率数据做进一步的处理，滚动取 20 日的资金流比率计算波动率，新的样本数据关系如图 2 所示。

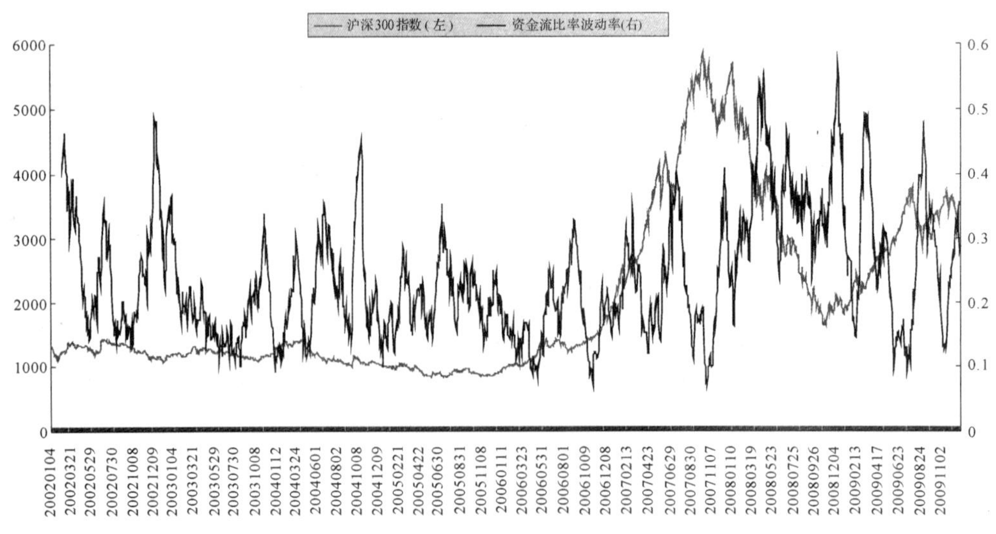

图 2 资金流比率波动率与沪深 300 指数(2002—2009 年)

从图2可以发现，当沪深指数处于顶部区域时，波动率往往处在相对低位，如2007年的5月末、6月末以及10月份，2008年的1月，2009年的7月等；当指数处于底部区域时，资金流波动率往往处于相对高位，如2002年的12月，2005年的7月，2006年的8月，2007年的7月和12月，2008年12月，2009年的9月等。

从行为金融学的角度可以很好地理解这一现象，投资者总是偏爱上涨行情而厌恶下跌行情。在牛市行情的末段，市场往往倾向于一致看多，一般来说情绪波动较小；但在熊市行情的末段，市场上往往是多空存在巨大分歧，从而导致情绪波动较大。

本文接下来从统计学角度探讨两者之间的关系。

（三）资金流比率波动率与指数涨跌的计量分析

常用的两种因果关系检验法中，基于水平VAR模型的格兰杰因果检验要求被检验变量均为平稳序列，而基于Error Correct Model(ECM)的因果关系检验的前提条件，则是各变量均为I(1)过程且存在协整关系。因此，本文将首先对两个变量进行单位根检验以判别其是否平稳。

1. 单位根检验

本文采用较常见的ADF方法进行单位根检验，利用STATA 11.0得到ADF检验结果如表1所示。

表1 样本数据单位根检验结果

		t统计量	P值
沪深300指数		−0.566	0.8784
沪深300指数一阶差分		−31.491	0.0000
资金流比率波动率		−4.263	0.0001
置信水平	1%	检验临界值	−3.43
	5%		−2.86
	10%		−2.57

数据表明，沪深300指数的ADF统计量显著大于检验临界值，因此该序列存在单位根，为非平稳数据，而对其进行一阶差分之后，差分数据的ADF统计量则显著小于检验临界值，为平稳序列，所以沪深300指数的数据系列是遵循I(1)过程的，这与许多国内学者的研究，如马薇(2004)，王少平和李子奈(2004)等是一致的。而资金流比率波动率的检验结果则表明该数据序列为平稳序列，服从I(1)过程。

2. 协整检验

沪深300指数序列为非平稳状态，故需要先对沪深300指数与资金流比率波动率进行协整检验，然后才能运用ECM因果关系检验。

本文采用JOHANSEN协整检验法，检验结果如表2所示：

表 2 JOHANSEN 协整检验结果

Johansen tests for cointegration

Trend:constant　　Number of obs=1882

Sample:3-1884　　Lags=278

maximum rank	parms	LL	eigenvalue	trace statistic	5% critical value
0	6	−5436.6672	.	23.6185	15.41
1	9	−5425.0462	0.01227	0.3765*	3.76
2	10	−5424.858	0.00020		

序号为0时的迹统计量23.6185大于临界值15.41，而序号为1时的迹统计量0.3765小于临界值3.76，表明沪深300指数与资金流比率波动率之间有且仅有一个协整关系，两个变量通过协整检验。

3. 基于ECM的因果检验

由于两个变量均服从I(1)过程且存在协整关系，故应对其采用基于ECM的因果关系检验。建立两个变量的ECM模型如下：

$$\Delta Index_t = \alpha + \sum_{i=1}^{a} A_i \Delta Index_{t-i} + \sum_{i=1}^{b} B_i \Delta Vol_{t-i} + \rho \mathrm{CE}_{t-1} + u_t \tag{2}$$

其中 *CE* 为误差修正项。从表3的检验结果(cel L1)可知，其调整系数 ρ 显著不为0且为正值，则说明Index受到Vol非均衡误差的正向影响。这和之前从图形中得出的观察结论是一致的。

表 3 基于VCM的因果检验

	coef.	std. Err.	z	$p>\|z\|$	[95% conf. Interval]	
D_Index						
_cel L1.	0.0000331	0.0001938	0.17	0.864	−0.0003468	.000413
Index LD.	0.0352154	0.023016	1.53	0.126	−0.009895	0.0803259
Vol LD.	185.7638	65.12832	2.85	0.004	58.11467	313.413
_cons	0.0001285	7.571243	0.00	1.000	−14.83923	14.83949
D_vol						
_cel L1.	3.31e-07	6.85e-08	4.83	0.000	1.96e-07	4.65e-07
Index LD.	−0.0000227	8.13e-06	−2.79	0.005	−0.0000386	−6.72e-06
Vol LD.	0.0350368	0.0230034	1.52	0.128	−0.0100491	0.0801226
_cons	−0.0128536	0.0026742	−4.81	0.000	−0.0180949	−0.0076123

虽然ECM因果检验的结果表明，资金流比率的波动率对沪深300指数确实是一个重要的影响因素，并且前者的非均衡误差较大时，往往预示着后者走高的趋势。但从表4的模型构建结果可以看出，试图直接对两个变量构建模型，效果是很不理想的。

本文第三部分将从一个更加定性的角度去利用这两个变量之间的关系。

表 4 ECM 模型结果

Vector error-correction model
Sample:3-1884 No. of obs=1882
AIC=5.774757
Log 1ike 1 ihood=−5425.046 HQIC=5.784515
Det(Sigma_ml)=1.09356 SBIC=5.08125

Equation	Parms	RMSE	R-sq	chi2	p>chi2
D_Index	4	54.4745	0.0062	11.69895	0.0197
D_vol	4	.01924	0.0168	32.0945	0.0000

三、基于投资者情绪波动的择时模型

第二部分的计量检验表明，本文所构建的投资者情绪指标是影响股票价格涨跌的重要因素，也就是说，通过把握该指标可以对交易起到一定的预示和指导作用。但由于直接对这两个变量构建模型效果并不理想，本部分将转而从一个更加定性的角度去构建相关的择时模型，以充分利用第二部分的数据分析所体现的这种指导作用。

由于处于高位的投资者情绪往往预示着多头行情的开始，而处于低位的投资者情绪往往预示着空头行情的开始，本文首先尝试的是，对资金流比率波动率设置上下界构建交易模型，即当波动率高于某一临界值时则买入指数，低于某一临界值时则卖出指数。基于这一交易原则，本文利用 MATLAB 编制交易程序(详见附录 1)并通过穷举法得到最优的上下界。实证结果表明，当上界为 22%，下界为 8%时，上下界择时模型的资产收益率最高，为 234.95%，超额收益率仅为 39.34%，并且从 2002 年到 2009 年只发出 3 次买入信号和 2 次卖出信号，频率太低。其买点卖点情况如图 3 所示：

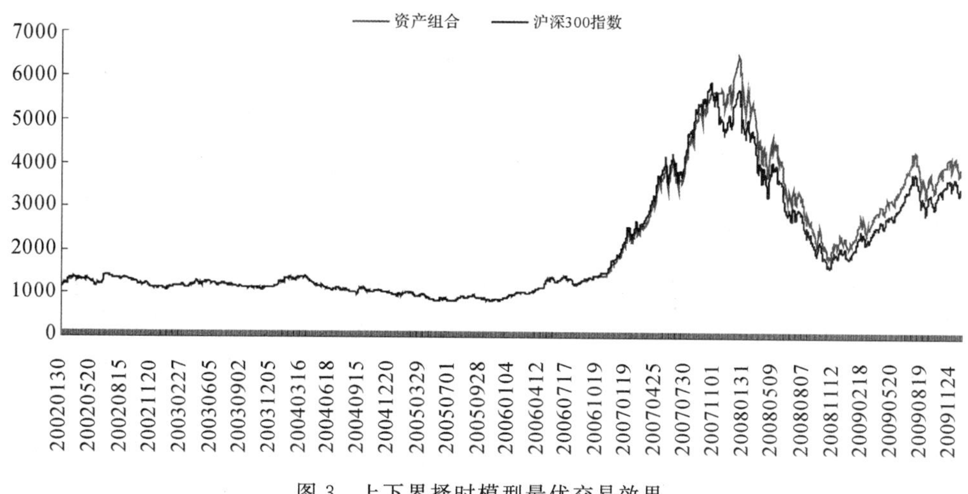

图 3 上下界择时模型最优交易效果

观察图 3 可发现这样的交易原则无法真正把握拐点，交易效果并不理想，原因是随着时间的推移和市场整体环境的变化，资金流比率波动率的范围也在不断发生变化。这样上下界的区间如果太窄，交易的效果会受到很大影响，如区间太宽，发出的交易信号又将太少。

基于此，本文结合技术分析中移动平均线(MA)的黄金交叉和死亡交叉判断交易点的思想，试图从市场情绪震荡波动的动态过程来构建交易原则。从市场情绪波动的动态变化来考虑，回落到长期水平以下的短期市场情绪，如果首次变得活跃，超越中期水平，则意味着市场很有机会出现多头行情；而回升到长期水平之上的短期市场情绪，一旦首次变得低迷，低于中期水平，则意味着市场很有可能步入了空头行情。这种超越很可能只是短暂的、小幅度的，但足以表现出市场心态的转折，从而对交易产生指导作用。

在这一新的指导原则下，本文调整了 MATLAB 交易程序（详见附录 2），并通过在(120,240)、(35,60)、(10,30)以及(15,25)的区间范围内穷举长期、中期、短期以及滚动计算波动率的时间跨度，发现当长期取 240 天，中期取 60 天，短期取 30 天，滚动计算期取 21 天时，择时模型取得了最优的资产收益率。从 2002 年到 2009 年，指数收益率为 183%，资产收益率为 557%，实现超额收益率 374%（不考虑手续费）。

交易时点以及市场情绪均值变动情况如图 4 所示：

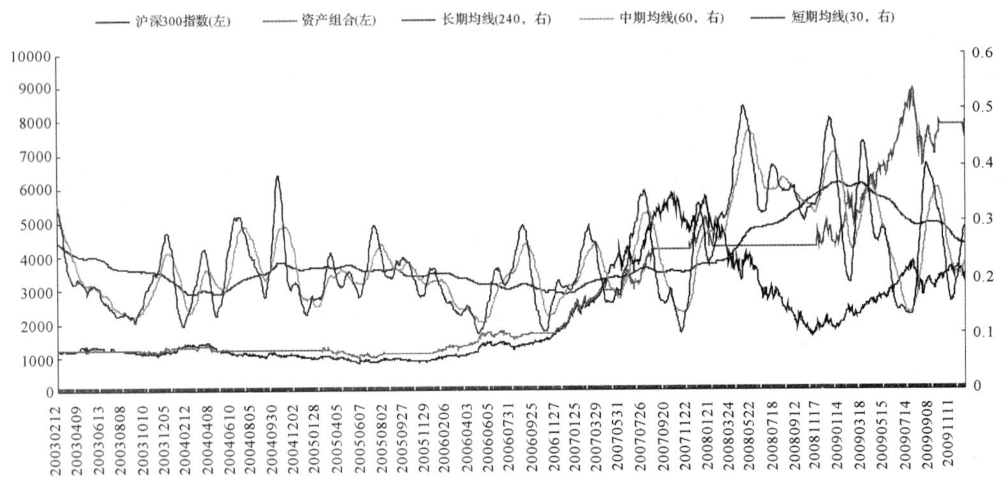

图 4　动态择时模型最优交易效果

可以看到，基于市场情绪动态变化的择时模型能够比较恰当地把握住行情拐点，从理论上也能得到比较好的解释，而高额的收益率也显示了该模型良好的可信的应用价值。

四、结语

本文从资金流比率及其波动率的全系视角定义并构建了投资者情绪指标，并通过计量检验探讨了该指标与股票价格指数之间的内在关系，在此基础上，利用 MATLAB 构建了具有优异效果的“市场情绪动态变化择时模型”。本文的主要观点如下：

第一，市场的成交价量是多空双方资金不断博弈的结果，通过资金流比率及其波动率可以很好地描述市场上投资者情绪的涨落变化。而计量检验表明，该指标是影响股票指数涨跌的重要原因，并且其非均衡误差正向影响股票指数走势。

第二，由于直接构建股票指数与资金流比率波动率的 ECM 模型效果不佳，应从一个更加定性的角度去利用这两者之间的关系从而试图对交易起到指导作用。本文结合移动平均线(MA)的黄金交叉和死亡交叉判断交易点的思想，从市场情绪动态波动的角度设计了“当短期市场情绪均线在长期市场情绪均线之下，但从下向上穿越中期均线时，买入指数；当短期市场情绪均线在长期市场情绪均线之上，但从上向下穿越中期均线时，卖出指数"的交易原则，所构建的择时模型取得了 374%的超额收益率，比较好地把握住了市场拐点。该择时模型的特点是，适合对于市场整体的中长期趋势的择时判断。

附录 1：上下界交易程序

```
fetch flowratio;
volday = 20;
vol = zeros(count - volday + 1,1);
for i = volday:count
    a = zeros(volday,1);
    for j = 1:volday
        a(j) = flowratio(i - volday + j);
    end
    vol(i - volday + 1) = std(a) * std(a);
end

market = zeros(count - volday + 2,2);
for i = 1:(count - volday + 2)
    market(i,1) = index300(i + volday - 2,1);
    market(i,2) = index300(i + volday - 2,2);
end
asset = zeros(count - volday + 2,2);
buy = 0;
asset(1,1) = market(1,1);
asset(1,2) = market(1,2);
for m = 1:20
    up = min(vol) + m * (max(vol) - min(vol))/20;
    for n = 1:(m - 1)
        down = min(vol) + n * (max(vol) - min(vol))/20;
fori = 2:(c)ount - volday + 2
    asset(i,1) = market(i,1);
    if buy = = 0
        if vol(i - 1)<down
          buy = 1;
        end
    end
    if buy = = 1
        if vol(i - 1)>up
          buy = 0;
        end
    end
    if buy = = 0
```

```
            asset(i,2) = asset(i-1,2);
        else
            asset(i,2) = asset(i-1,2) * market(i,2)/market(i-1,2);
        end
    end
        end
    end
```

附录 2:动态交易程序

```
fetch flowratio;
long = 240;
for volday = 21:21
    for mid = 60:60
        for short = 30:30
vol = zeros(count - volday + 1,1);
for i = volday:count
    a = zeros(volday,1);
    for j = 1:volday
      a(j) = flowratio(i - volday + j);
    end
    vol(i - volday + 1) = std(a) * std(a);
end

market = zeros(count - long - volday + 2,2);
for i = 1:(c)ount - long - volday + 2
    market(i,1) = index300(i + long + volday - 2,1);
    market(i,2) = index300(i + long + volday - 2,2);
end
longmean = zeros(count - long - volday + 2,1);
for i = long:(c)ount - volday + 1
    b = zeros(long,1);
    for j = 1:long
        b(j) = vol(i - long + j);
    end
    longmean(i - long + 1) = mean(b);
end
midmean = zeros(count - long - volday + 2,1);
for i = long:(c)ount - volday + 1
    c = zeros(mid,1);
    for j = 1:mid
        c(j) = vol(i - mid + j);
    end
```

```
        midmean(i - long + 1) = mean(c);
    end
    shortmean = zeros(count - long - volday + 2,1);
    for i = long:(c)ount - volday + 1
        d = zeros(short,1);
        for j = 1:short
            d(j) = vol(i - short + j);
        end
        shortmean(i - long + 1) = mean(d);
    end

    asset = zeros(count - long - volday + 2,2);
    buy = 0;
    asset(1,1) = market(1,1);
    asset(1,2) = market(1,2);
    for i = 2:(c)ount - long - volday + 2
        asset(i,1) = market(i,1);
        if buy = = 0
            if shortmean(i)<longmean(i) && shortmean(i - 1)<midmean(i - 1) && shortmean(i)> = midmean(i)
                buy = 1;
            end
        end
        if buy = = 1
            if shortmean(i)>longmean(i) && shortmean(i - 1)>midmean(i - 1) && shortmean(i)< = midmean(i)
                buy = 0;
            end
        end
        if buy = = 0
            asset(i,2) = asset(i - 1,2);
        else
            asset(i,2) = asset(i - 1,2) * market(i,2)/market(i - 1,2);
        end
    end
            end
        end
    end
```

（作者杨梦，浙江大学经济学院金融硕士）

参考文献

[1]Brent W. Ambrose, Richard J. Buttimer. Embedded Options in the Mortgage Contract[J]. Journal of Real Estate Finance and Economics, 2000, Vol. 21: pp. 95—111.

[2]Fischer Black, Piotr Karasinski. Bond and Option Pricing When Short Rates Are Lognormal[J]. Financial Analysts Journal, 1991, Vol. 47: pp. 52—59.

[3]Hall A. R. Valuing the Mortgage Borrower's Prepayment Option[J]. AREUEA, 1985, Vol. 13: pp. 229—247.

[4]John C. Cox, Jonathan E. Ingersoll, Jr. and Stephen A. Ross. An Analysis of Variable Rate Loan Contracts[J] The Journal of Finance,1980, Vol. 35: pp. 389—403.

[5]Kenneth B. Dunn and John J. McConnell. Valuation of GNMA Mortgage-Backed Securities[J]. The Journal of Finance,1981, Vol. 36: pp. 599-616.

[6]白钦先,谭庆华.论金融功能演进与金融发展[J].金融研究,2006(7):41-52.

[7]范俏燕.商业银行住房抵押贷款提前还贷风险管理研究[J].浙江金融,2007(3):55—56.

[8]高山.住房抵押贷款提前还贷风险管理研究[J].金融与经济,2008(3):20—22.

[9] 吴青.住房抵押贷款提前还贷风险分析及管理[J].南方金融,2005(5):17—20.

[10] 何小锋,黄嵩,刘秦.资本市场运作教程[M].北京:中国发展出版社,2002.

[11] 孙超,黄福广.投资组合业绩成分解析[J].石家庄经济学院学报,2003(1):8—12.

[12] 赵锡君,李向科.证券投资分析[M].北京:中国金融出版社,2003.

[13]刘疆.个人住房抵押贷款提前还贷风险实证研究[D].成都:西南财经大学,2007.

[14] 郑振龙,林海.银行资产负债中隐含期权的定价[J].金融研究,2004(7):23—32.

[15] 施锡铨,张森.我国住房抵押贷款提前还贷的博弈分析[J].财经研究,2002(10):35—42.

[16]韩泽县.投资者情绪与中国证券市场的实证研究[D].天津:天津大学,2005.

[17]饶育蕾,刘达锋.行为金融学[M].上海:上海财经大学出版社,2003.

[18]王美今,孙建军.中国股市收益,收益波动与投资者情绪[J].经济研究,2004(10):75—83.

[19]杨光.投资者情绪与股票收益研究[D].长沙:湖南大学,2009.

[20]于全辉.投资者情绪与证券市场价格互动关系研究[D].重庆:重庆大学,2009.

[21] 蔡粤屏.西方个人金融业务的现状及在我国的发展的前景[J].南方金融,2000(9).

[22] 张宝春.资产定价模型与套利定价模型的应用比较[J].湖北财经高等专科学校学报,2005(1):47—50.

[23] 张亦春,周颖刚,许文彬. 中国股市效率损失研究[M]. 北京:北京人民出版社,2004.

[24] 冯彬,王铁山. 证券投资概论[M]. 北京:中国金融出版社,1999.

[25] 戴国强,张勇,吴许均. 投资基金[M]. 上海:上海译文出版社,2002.

[26] 李宏. 基金经理证券选择和市场定时能力的比较研究[J]. 山东理工大学学报:社会科学版,2002(10):12—14.

[27] 吕海涛. 中国期货市场的发展现状与趋势[J]. 哈尔滨金融高等专科学院学报,2004(4):49—51.

[28] 李娟. 如何进行个人的基金投资[J]. 中国统计,2002(9):34—35.

[29] 刘峰,尹小兵. 投资规划[M]. 北京:中信出版社,2004.

[30] 李明义. 金融业务与管理制度典范全书[M]. 北京:中国物价出版社,1999.

[31] 姚长辉. 货币银行学[M]. 北京:北京大学出版社,2002.

[32] 杨明生. 商业银行客户经理必读[M]. 北京:中国金融出版社,2003.

[33] 陈进. 电子商务金融与安全[M]. 北京:清华大学出版社,2000.

[34] 周光林. 现代商业银行内部控制制度的探讨[J]. 金融与保险,2002(1).